厚德博學
經濟匡時

匡时 金融学系列

财产保险学

栗　芳　主编

上海财经大学出版社

图书在版编目(CIP)数据

财产保险学 / 粟芳主编. —上海：上海财经大学出版社，2019.8
(匡时·金融学系列)
ISBN 978-7-5642-3327-3/F·3327

Ⅰ.①财… Ⅱ.①粟… Ⅲ.①财产保险-高等学校-教材 Ⅳ.①F840.65

中国版本图书馆 CIP 数据核字(2019)第 153225 号

责任编辑：刘晓燕
封面设计：张克瑶
版式设计：朱静怡

财产保险学

著 作 者：粟 芳 主编
出版发行：上海财经大学出版社有限公司
地 址：上海市中山北一路 369 号(邮编 200083)
网 址：http://www.sufep.com
经 销：全国新华书店
印刷装订：上海叶大印务发展有限公司
开 本：787mm×1092mm 1/16
印 张：24.75
字 数：470 千字
版 次：2019 年 8 月第 1 版
印 次：2019 年 8 月第 1 次印刷
定 价：49.00 元

前　言

财产保险学是一门涉及范围极广的学科。从风险来看，财产保险涉及了各种风险，包括台风、暴风、龙卷风、冰雹、洪水、车祸、空难、火灾、核风险、战争、病虫草害……从标的来看，财产保险产品涉及各个不同领域，比如汽车、船舶、飞机、卫星、核电站、建筑、工程、农业、法律、信用、保证、劳工补偿……所以，没有一个人能成为熟悉每一个财产保险险种的全才。实务中，保险人才也都是分领域的。他们通常熟悉某一个特定的财产保险产品领域，擅长处理某一种特定的风险。

财产保险学又是一门交叉学科。实务中的财产保险工作人员也都是交叉型的人才。他们不但需要了解保险的基本知识和理论，还需要具有较强的与该保险产品有关的专业技术背景。比如，车险的核保与理赔需要具有汽车制造技术的专业人员；火灾保险中则需要具有一定建筑专业背景的技术人员；工程保险中需要具有各种工程建筑知识的技术人员；责任保险中则需要具有法律背景的人才，甚至还得细分为是产品相关法律还是民事侵权法律等。

财产保险学还是一门实务性非常强的学科。正如同医生看病一样，看的病例多了，才知道如何设计保险产品的保险责任和除外责任，才知道如何控制保险产品的风险等。所以，保险实务界在这一方面是明显领先于保险理论界的。

为了应对财产保险学的上述特征，尽可能完整、真实地展现财产保险的精髓，本书在写作过程中做了如下处理：首先，力求体系的完善与健全。本书的重点是构造出财产保险的整体框架，让读者对财产保险的整体情况有初步的了解。其次，力求进行理论逻辑的分析。我们的强项是理论而不是实务，因此本书的写作比较重理论、轻实务。希望读者在通过本书初步掌握财产保险理论的前提下，能在工作中积累实务经验。再次，力求通俗易懂，注重理解。本书不纠结于细节，比如某公司保险产品的保险责任可能比本书多一条或少一条，这本身就是各公司的特色。而主要从行业条款、具有代表性大公司的条款来进行介绍；主要介绍为什么这么做，或者这么做之后有什么影响；力求能理解其中的道理与逻辑。为了避免混淆，本书说明了具体引用的保险公司的名称和保险条款的版本。本书分为以下三个部分：

第一部分：财产保险理论。介绍了财产保险的基本概念、特征，财产保险与人身保险之间的区别，以及财产保险的专业术语，希望能对财产保险的特殊性以及由此而导致的技术性处理有着清楚的理解。这个部分是财产保险的基础，也是本书的重点，是普遍适用于财产保险的技术性处理。

第二部分：财产保险产品。全面介绍了各种财产保险产品。介绍的逻辑是标的以及标的所面对的风险，基本上每一章介绍一种大类的保险产品。在介绍每一种保险产品时，都按照保险标的、保险责任、除外责任、赔偿处理、保险费率这几个部分，比较偏重于理论的介绍和分析，而未涉及实务性较强的核保与理赔。当然，大部分保险产品的道理都是相通的，所以前面的章节可能更细致一些，后面章节中相似的部分都省略了。

第三部分：财产保险经营与监管。从宏观层面介绍了财产保险经营过程中的关键环节以及相应的监管规定，主要考虑财产保险公司经营过程中各个风险控制的环节。考虑到篇幅问题，本部分内容较为简略。

笔者从事了20余年高等学校财产保险学本科和研究生的教学工作，在工作中积累了大量的讲义、资料和案例，并且对财产保险的一些特殊处理具有较为深入的理解。本书是基于这些坚实基础而编撰的。本书的目标读者主要是高等院校保险、金融专业的本科和硕士研究生，使他们对财产保险的整体框架和理论有深入了解，对财产保险实务有初步了解。当然，以专业技术背景初入职于财产保险公司的新员工也有必要阅读本书，以对财产保险产生全面的了解。

为了方便读者的学习和阅读，我们在每章开始时设计了引语，以使读者对本章产生浓厚的兴趣。在各章中间，我们还单独列出了许多案例、例题及财产保险的一些最新发展情况，帮助读者更好地理解理论，并对实务做法有所了解。在各章结束时我们还设计了习题供大家练习和检查。

限于能力与水平，笔者也无法做到熟知每一种财产保险产品，也无法熟练掌握与每一种保险产品相关的专业技术；同时，财产保险的理论和实践仍处于不断发展的过程之中，各种新事件、新问题层出不穷，本书竭尽所能，但仍然难免有一叶障目、以偏概全之处。敬请各位读者批评指正！

粟　芳
2019年5月

目　录

第三部分 财产保险经营与监管

第一部分

财产保险理论

第一章　财产保险概述

财产保险是以有形财产、经济收益和损害赔偿为保险标的的保险。因标的的特殊性而与人身保险截然不同。因此，财产保险业和人身保险业是两个截然不同的行业。财产保险通常为自然灾害和意外事故提供保障，承保因其发生而导致的直接损失与各种费用，间接损失因具有难以估定的特性，而较少对其提供保障。根据保险标的的不同，财产保险又分为有形财产保险、经济收益类保险和责任保险三大类。随着资本市场的发展、金融衍生工具的不断创新，保险界也在不断创新，还开发了许多非传统的风险转移模式，为传统保险提供了有效的补充。

第一节　财产保险的定义

一、财产保险的定义

我国《保险法》第二条给出了保险的明确定义："本法所称保险，是指投保人根据合同约定，向保险人支付保险费，保险人对于合同约定的可能发生的事故因其发生所造成的财产损失承担赔偿保险金责任，或者当被保险人死亡、伤残、疾病或者达到合同约定的年龄、期限等条件时承担给付保险金责任的商业保险行为。"在这个定义的前半部分，实际上就是对于财产保险的叙述。《保险法》第十二条又继续补充，"财产保险是以财产及其有关利益为保险标的的保险"。所以，结合《保险法》这两个法条，我们可以给财产保险定义如下：

财产保险是指投保人根据合同约定，向保险人支付保险费，当被保险财产及其有关利益发生了保险责任范围内的灾害事故而遭受了合同约定的经济损失时，保险人按照合同约定承担赔偿保险金责任的商业保险行为。

因此，从这个定义中可以看到，首先，财产保险的保险标的是财产及其有关利益；其次，保障对象仅限于被保险标的，而非被保险人的所有财产；第三，保障风险仅限于保险责任范围内的灾害事故，而非任何灾害事故；第四，保障的损失仅限于合同约定的经济损失，而非所有经济损失；第五，保险赔偿也要按合同约定进行计算。所以，在学习财产保险时，了解各种保险产品的保险标的范围、保障范围内的风险、保障范围内的损失，以及保险赔偿的计算方法就尤其重要。

当然，财产保险这个词语是近现代随着保险发展而产生的。财产保险最初可以分称为“水险”和“火险”，后来统一称为财产保险。实际上，这是指广义的财产保险，泛指一切以财产及其相关利益为保险标的的保险。当前，我们又可以将广义的财产保险称为非寿险(Non-life Insurance)。广义的财产保险的保险标的除了包括一切动产、不动产、固定的或流动的财产以及处于生产中的有形财产之外，还包括运费、预期利润、信用以及责任等无形财产。《保险法》第九十五条规定：“财产保险业务，包括财产损失保险、责任保险、信用保险、保证保险等保险业务。”所以，财产保险的范围很广泛，可以这样说，除了人身保险以外的各种保险均可归为财产保险。狭义的财产保险(Property Insurance)仅是指保险标的为有形财产的保险，也就是具体的一类财产保险产品而已。通常，当我们提及财产保险行业时，应从广义的财产保险角度来理解；而当我们提及某一类财产保险产品时，则应从狭义的财产保险来理解。

二、财产保险的特征

财产保险是保险业中一个重要的组成部分。财产保险是保险，要遵守《保险法》的各项规定、保险的基本原则、保险合同的各项约定以及符合保险精算模型要求；但其又具有诸多特征。比如：

1. 财产保险的保险标的是财产及其有关利益，包括有形财产、经济收益和损害赔偿。

2. 财产保险的保险标的必须是可以用货币衡量价值的财产或利益。在财产保险的赔偿计算中，财产或利益的实际价值是计算赔偿额的依据，是可能获得保险保障的最高经济限额。因此，财产或利益的实际价值必须能够用货币进行衡量。即使是无法用货币衡量价值的财产或利益，也必须转化为能用货币衡量价值后，才可以作为财产保险的保险标的。

3. 财产保险的业务活动具有法律约束力。财产保险合同也是一种典型的经济合同，财产保险关系的存在与成立是由具有法律约束力的财产保险合同确认的，财产保险合同明确了保险标的的合法归属、价值构成和保障的基本范围。保险人和投保人或被保险人订立保险合同的过程以及所承担的权利和义务都受到财产保险合同的约束。

4. 财产保险的保障功能表现为经济补偿。财产保险的补偿功能表现为被保险人的财产或利益在遭受保险责任范围内的损失后，保险人通过保险补偿使被保险人恢复到损失前的状态，不允许被保险人从保险补偿中获得额外利益。

5. 财产保险合同是属人的合同，这是财产保险合同的特征。财产保险合同是投保人（被保险人）和保险人之间的合同。严谨地说，财产保险合同所承保的并不是财产，而是财产所有人的损失。所以，投保人必须得到保险公司认可，符合有关品质、道德和信用的承保标准；未经保险人同意，不能把财产保险合同转让给其他人。倘若因财产出售而使财产所有权发生了转移，保险合同不能随财产的转移而自动转移，而必须经保险人同意之后才能转让。这是由于新的财产所有人具有与原财产所有人完全不同的风险，可能不符合承保标准，故需经核保通过后才可以转让。

除此之外，财产保险与人身保险还具有相当多的区别（见表 1-1）。

表 1-1　　财产保险与人身保险的区别

	财产保险	人身保险
保险标的	有形财产、经济收益和赔偿责任	人的生命和身体
保险标的的价值	必须能够用货币衡量	无价
保险赔偿	根据实际损失的金额及与保险金额的关系确定赔付金额	根据保险合同的约定进行定额给付
保险基本原则的适用	适用补偿性原则、比例分摊原则和代位追偿原则，存在重复投保、超额投保和不足额投保问题	不适用补偿性原则、比例分摊原则和代位追偿原则，不存在重复投保、超额投保和不足额投保问题
保险金额的限制	不能超过保险财产的实际价值	没有金额上的限制
保险期限	多为一年	多为长期
保险利益	投保人在投保时以及出险时对保险标的都具有保险利益，保险合同有效	投保人在投保时对被保险人具有保险利益，保险合同就有效
与宏观经济的关系	几乎不受利率、通货膨胀等因素的影响，对未来的预计也比较准确	受利率、通货膨胀等因素的影响更大，预计的未来因素变化更大
保险合同的转让	属人的合同，未经保险人同意不能转让（投保人的变更）	保险合同可以转让（投保人的变更）
出险的波动性	出险概率波动较大，具有巨灾风险	出险概率波动较小
再保险需求	再保险必不可少	经营稳定性较好，较少运用再保险

第二节　财产保险的对象

一、财产保险的保险标的

从财产保险的定义中可以看到，财产保险的保险标的包括有形财产（Tangible Property）、经济收益（Economic Benefit）和损害赔偿（Compensation for Damages）三大类。不同的保险标的具有不同的特征，保险公司为其设计了专门的保险产品。

有形财产是指以具体物质形态存在的财产，是我们能看得见、摸得着的财产。财产保险正是基于为有形财产提供保障才产生的。从保险的角度分类，通常可以把有形财产分为：建筑物，建筑物中的内部财产，货币和有价证券，机动车辆和拖车，运输过程中的财产，船只及其他运输工具，锅炉和设备等机器，修建中的工程等。

经济收益是指基于有形财产而在未来所产生的利益。比如基于抵押财产而产生的信用，基于有形财产在未来可能产生的利润等。

损害赔偿是指由于当事人未按时按质地履行合同，或未承担法律所规定的责任，或因自己的过错而侵犯了他人的权益时，依法应承担的经济赔偿责任。比如驾驶机动车辆时因不小心而撞伤了行人，没有按时交货而承担违约赔偿责任等。

二、财产保险保障的风险

财产通常面临着因自然灾害（Natural Disaster）和意外事故（Accident）而遭受损失的风险，因此，绝大多数财产保险所保障的风险都包括自然灾害和意外事故，除此之外还包括由于损害赔偿而导致的责任风险（Liability Risk）。

自然灾害是指给人类生存带来危害或损害人类生活环境的自然现象，包括但并不仅限于干旱、高温、低温、寒潮、洪涝、积涝、山洪、台风、龙卷风、火焰龙卷风、冰雹、风雹、霜冻、暴雨、暴雪、冻雨、酸雨、大雾、大风、结冰、霾、雾霾、浮尘、扬沙、沙尘暴、雷电、雷暴、球状闪电等气象灾害。当然，保险产品对所有的自然灾害并非都提供保障。

意外事故是指行为人的行为在客观上造成了一定的损害结果，但这并非出于行为人的故意，而是由于过失、不能抗拒或不能预见的原因而引起的。意外事故是人在为实现某种意图而进行的活动过程中，突然发生的、违反人的意志的、迫使活动暂时或永久停止的事件。比如车祸、空难、爆炸、原油泄露等。意外事故是一种动态的事件，它开始于风险因素的激化，是一系列事件按一定的逻辑顺序发展而导致的最终结果。

责任风险是指因个人或团体的疏忽或过失行为，造成他人的财产损失或人身伤亡，根据法律、合同而应承担的法律责任或合同责任的风险。随着法制不断健全，责任风险显得愈发重要。

知识窗 1-1　　我国的自然灾害①

我国是世界上自然灾害种类最多的国家，国家自然灾害综合研究组将自然灾害分为八大类：气象灾害、海洋灾害、洪水灾害、地质灾害、地震灾害、农作物生物灾害、森林生物灾害和森林火灾。

气象灾害：气象灾害有20余种，主要有以下种类：暴雨，雨涝，干旱，干热风，高温与热浪，热带气旋，冷害，冻害，冻雨，结冰，雪害，雹害，风害，龙卷风，雷电，连阴雨，浓雾，低空风切变，酸雨，沙尘暴。

海洋灾害：包括风暴潮，灾害性海浪，海冰，海啸，赤潮，厄尔尼诺现象。

洪水灾害：包括暴雨灾害，山洪，融雪洪水，冰凌洪水，溃坝洪水，泥石流与水泥流洪水。

地质灾害：包括泥石流，滑坡，崩塌，地面下沉，地震。

地震灾害：包括构造地震，陷落地震，矿山地震，水库地震等。

农作物生物灾害：包括农作物病害，农作物虫害，农作物草害，鼠害。

森林生物灾害：包括森林病害，森林虫害，森林鼠害。

除此之外，还有天文灾害、雷电、大雾等。

三、财产保险保障的损失

财产保险所保障的损失仅限于财产的经济损失，从不包括与人的身体或生命有关的损失，也不包括所谓的精神损失等。一般而言，财产保险所保障的损失包括以下三种：

1. 直接损失

财产的直接损失(Direct Loss)是指实际上造成的财物减少、灭失或损毁，以及因此增加的支出。例如汽车因碰撞而发生的修理费用，房屋因发生火灾而需重建的费用等。所有的财产保险都保障直接损失。直接损失又可以分为全部损失和部分损失。

(1) 全部损失(Total Loss)。全部损失是指保险标的遭受了全部的损失，又可分为实际全损、推定全损、协议全损及部分全损。

实际全损(Actual Total Loss)又称为绝对全损，是指保险标的发生保险事故后灭

① 百度百科：https://baike.baidu.com/item/%E8%87%AA%E7%84%B6%E7%81%BE%E5%AE%B3/81488。

失，或受到严重损坏而完全失去原有形体、效用，或者不能再归被保险人所拥有，即被保险人不可恢复地丧失标的所有权。包括以下几种情况：保险标的已完全灭失，如房屋被大火全部烧毁；或者保险标的属性已毁灭，丧失了原有的用途和价值；或者被保险人已不能恢复地丧失了对该标的的所有权，如车辆被盗窃了，或者是船舶失踪达到一定时期仍无音讯。被保险人如果遭遇实际全损，即可向保险人申请按保险金额全部赔付。

推定全损(Constructive Total Loss，Technical Total Loss)是指保险标的发生保险事故后虽尚未达到全部灭失状态，但完全灭失将是不可避免的，或修复该标的或运送货物到原定目的地所耗费用将达到或超过其实际价值。如果发生了推定全损，被保险人可以要求保险人按照部分损失赔偿，也可以向保险人申请并协商按照全部损失进行赔偿。此时，倘若保险人按照全部损失进行了赔偿，则会要求被保险人办理委付(Abandon)，即物上代位。即被保险人在获悉可靠的受损情况后，在适当的期限内向保险人发出口头或书面的委付申请书，声明愿意将保险标的残值的全部权利转让给保险人，并要求保险人按照全部损失赔偿。保险人同意接受委付申请时才有效。

协议全损(Compromised Total Loss, Arranged Total Loss)是指在某些情况下，保险标的所发生的损失既非实际全损，又没有达到推定全损的要求，但基于赔偿的便利或维持保险人与被保险人的良好业务关系等因素的考虑，保险人与被保险人双方一致同意以全部损失进行赔偿，此时称为协议全损。则保险人应被保险人的申请，在被保险人办理委付之后，保险人按全部损失进行赔偿。协议全损的处理有利于对保险合同规定的理解，有利于保险业务的开展，有利于提高赔偿的效率，有利于提高保险公司的服务水平和树立良好的行业形象。

部分全损(Total Loss of Part, Partial Total Loss)是指保险标的的一个独立的、非常容易划分的部分财产发生了全部灭失。例如，某个工厂有 3 台机器，由于失火而焚毁了一台机器，从全部机器来看就构成了部分全损。在海上保险中，有时也会把货物尽可能分割为几个部分，且每个部分有独立的分项保额。当其中某一部分的货物发生了全损时，就按照实际损失在该部分分项保额中进行赔偿。这样，有利于加快赔款的处理速度。

(2) 部分损失(Partial Loss)。部分损失是指保险标的没有达到全部损失程度的情况。实际上，凡不构成全部损失的情况均属于部分损失。在一般的财产保险中，部分损失不存在不同的状态。而在海上保险中，部分损失按其性质可以分为单独海损和共同海损两种。

单独海损(Particular Average)即保险标的因所保风险引起的不能列入共同海损的一种部分损失。单独海损是由属于保险责任范围内的风险所引起的，并且是属于船方、货方或其他利益方单方面遭受的损失，由各自单方面承担，并由各自的保险公司根据各自的保单条款而赔偿。比如船舶搁浅而导致的船底受损、货物被盗窃或被雨淋等损失。通常，单独海损只涉及标的物的灭失或损害，而不包括任何费用。

共同海损(General Average)是指在同一海上航程中，当船舶、货物和其他财产遭遇了共同危险时，为了大家共同的安全，而主动地采取合理的施救措施所直接造成的特殊牺牲以及所支付的特殊费用。这些合理的施救措施被称为共同海损行为(General Average Act)，包括共同海损牺牲(General Average Sacrifice)和共同海损费用(General Average Expenditure)，常常与人为的主观因素有关，是人为的、故意的损失。依照海商法的规定，共同海损应由所有受益方一起按比例分摊责任，这种分摊称为共同海损分摊(Contribution to General Average)。

很明显，海上保险中的单独海损与共同海损均属于部分损失。而且，共同海损往往是因为单独海损而引起的。除此之外，单独海损和共同海损具有严格的区别(见表1-2)。

表1-2　　单独海损与共同海损的区别

	单独海损	共同海损
损失原因	由所承保的风险直接导致的船、货的损失	为解除或减轻风险，人为地有意识地采取合理措施造成的损失
损失的承担者	由受损者自己承担	由受益各方根据获救利益的大小按比例分摊
损失的内容	损失本身	包括损失及由此产生的费用
涉及的利益方	只涉及损失方个人的利益	为船货各方的共同利益

2. 间接损失

间接损失(Indirect Loss)是直接损失的对称，是由于财产发生了直接损失而引起的各种后续损失，是未来发生的财产利益损失。例如，某一家庭的房屋被火烧毁，或因其他原因致使房屋倒塌而不能居住，在修复或重建之前必须租房居住，因此需要支付额外的租金。而如果出租给他人的房屋受损，租金收入就可能丧失。间接损失一般具有下述三个特征：其一，其是一种未来的可得利益，并非一种现实的利益；其二，所丧失的未来利益是具有实际意义的，而不是抽象或假设的；其三，该可得利益必须是一定范围的，即由于损害财物的直接损失所波及的范围，超出这个范围的损失则不能被认为是间接损失。与直接损失相比较而言，间接损失大多难以估定，故绝大多数的财产保险产品均不保障间接损失，只是在某些特殊的财产保险中才专门承保间接损失，比如营业中断保险。

3. 费用支出

在财产发生损失的过程中可能还会产生一些费用。例如，抢救火灾中受损物资而发生的灭火费用等。财产保险中所涉及的费用包括施救费用、救助费用、特别费用和额外费用。

施救费用(Sue and Labour Charges)是指被保险人或其代理人、受雇人或受让人在保险标的遭遇任何保险事故时，负有采取一切合理措施避免或减轻损失到最低限度的责任，从而进行各种施救工作并支出费用。当保险标的受损时，即使经被保险人竭力施救，产生了费用但并未奏效，保险标的仍然发生了全损。这时保险人通常对施救费用仍会予以负责。

救助费用(Salvage Charges)是指保险标的发生损失时，自愿救助的第三者在救助过程中直接发生的合理费用，以及实际使用救助设备、投入救助人员的合理费用。特别在海上保险中会经常遇到。确定救助费用时，应考虑救助人提供救助行为的及时性，用于救助的各种设备的可用性、使用情况以及救助设备的备用状况、效能和价值。施救费用与救助费用虽然都与降低财产损失有关，但两者有着明显的区别(见表 1-3)。

表 1-3　　施救费用与救助费用的区别

	施救费用	救助费用
行为实施的主体	被保险人(或其雇用人员或代理人)自己，是自救	被保险人和保险人以外的第三者，是他救
保险赔偿原则	无论施救行为是否有效，保险人对支出的施救费用均负责赔偿	按"无效果、无报酬"的原则进行支付
保险赔偿额度	通常在被保险财产本身损失的保险金额之外有单独的施救费用保险金额	救助费用与被保险财产本身损失合并计算，以被保险财产本身损失的保额为限
与共同海损的关系	与共同海损一般无关(除非是出于对船货共同利益的考虑)	大多数情况均是共同海损费用

额外费用(Extra Charges)是指为了证明损失索赔的成立而支付的费用，如检验费用、查勘费用、鉴定费用、理算费用等。一般只有在索赔成立时，保险人才对这些与索赔有关的费用负赔偿责任。一般而言，只要是根据保险人的要求而进行的检验所产生的费用，保险人均予以负责。

特别费用(Special Charges)是指运输工具在海上遭遇海难后，在中途港或避难港靠岸、卸货、存包、重装及续运货物所产生的费用。这是在损失发生后，为减少或避免损失的进一步扩大而引起的费用。特别费用将与其他费用合并计算，并以不超过保险金额为限。

第三节　财产保险的分类

财产保险的每个险种是基于特定的保险标的。因此,财产保险的分类也就是基于不同保险标的的分类。我们把这些按传统保险经营原理所设计出来的保险产品称为传统保险产品。近年来,随着保险业的不断创新,逐渐出现了一些基于融资的保险计划,称为非传统型保险。

一、传统保险产品

(一) 财产保险

财产保险的标的主要是有形财产及其有关的经济利益,其所涉及的险种最多,是保险行业的主要领域。根据保险标的所面临风险的不同特征,可进一步分类。

1. 静止的财产

静止的财产一直处于静止的状态或相对静止的状态。比如建筑物、机器、厂房、家具等。所面临的风险称为静止状态的风险,一般包括各种自然灾害,火灾、爆炸、空中坠物等意外事故,以及人为导致的盗窃、抢劫等静止状态的风险。主要的险种包括:

- 火灾保险(Fire Insurance):是财产保险中最早出现的险种。保险标的包括不动产和动产,保障的风险主要包括火灾和雷击,并能扩展保险责任,附加间接损失保险,如营业中断、额外居住费用、租金损失保险。
- 企业财产保险(Business Property Insurance):是基于火灾保险而发展起来的。保险标的物主要包括企业生产经营中所需的财产。这里的企业是广义的企业,包括一切营利及非营利性的机构。当然,针对一些特殊的企业会专门提供特殊的企业财产保险,比如核电站保险等。保障的风险是静止状态的风险。
- 家庭财产保险(Household Property Insurance):也是基于火灾保险而发展起来的。保险标的物主要包括家庭生活中所需的财产。保障的风险也是静止状态的风险。家庭财产保险与企业财产非常相似,但不同之处在于标的物的用途不同,企业财产的标的物是用于生产的,而家庭财产保险的标的物是用于生活的。
- 盗窃保险(Theft Insurance):赔偿因抢劫和偷窃所造成的财产破坏或失踪的损失,包括货币和证券损失。通常作为企业财产保险或家庭财产保险的附加险。

2. 运动中的财产

运动中的财产时而处于静止的状态，时而处于运动的状态。比如各种运输工具、运输中的货物等。其所面临的风险不但包括静止状态的风险，还包括运动状态的风险。即不但包括各种自然灾害，火灾、爆炸、空中坠物、盗窃等静止状态中的意外事故，还包括碰撞等运动中所发生的意外事故。主要的险种包括：

- 机动车辆保险(Motor Insurance)：保障机动车辆在使用的过程中，因自然灾害和意外事故对车辆本身造成的损失，以及对第三者所造成的损害。主要分为车损险和第三者责任险两大部分。
- 船舶保险(Hull Insurance)：保障船舶在使用的过程中，因为特定的自然灾害和意外事故对船舶本身及对其他财产的碰撞责任。包括全损险和一切险两个险别。
- 飞机保险(Plane Insurance)：飞机保险也分为财产和责任保险两部分。其中财产部分由机身险保障。保险公司一般以一切险为原则赔偿由于飞机坠毁和碰撞等原因造成的机身损失。责任险保障的风险包括飞机旅客人身伤亡、除了旅客以外的公众人身伤亡和财产损失三种。
- 海洋运输保险(Marine Transport Insurance)：保险人对船舶及其运输货物由于特定的损失原因，如恶劣气候、碰撞、沉没、搁浅、投弃、船长或船员的恶意行为，所造成的损失负赔偿责任，它还包括运费保险和责任保险。
- 内陆运输保险(Inland Transportation Insurance)：随着海洋运输保险的发展而产生，保障货物在运输过程中因发生自然灾害和意外事故而造成的损失。

3. 增值中的财产

增值中的财产时而处于静止或相对静止的状态，时而处于运动的状态；更重要的是，其价值在不断地增加。比如各种修建之中的工程、农业保险等。其所面临的风险不但包括静止状态的风险和运动状态的风险，还包括在增值过程中可能发生的各种人为的风险和意外事故，即操作的风险。主要的险种包括：

- 建筑和安装工程保险(Construction Engineering Insurance, Installation Engineering Insurance)：保障对象是各种在修建过程中的工程项目。包括建筑工程一切险和安装工程一切险。这两个保险均包括物质损失部分和第三者责任险部分。物质损失的保险项目承保各种自然灾害、意外事故及外来原因和人为的过失造成的损失。第三者责任险承保因发生意外事故造成工地及邻近地区第三者人身伤亡和财产损失而被保险人依法承担的赔偿责任。当然，因工程项目的不同有不同的险种，比如地铁工程保险、卫星发射保险、石油开发保险等。

- 农业保险(Agricultural Insurance)：保障对象是农业生产中处在增值过程中的财产，包括种植业保险和养殖业保险。其中种植业保险的保障对象是生长过程和收获过程中的农作物，而养殖业保险则是农业生产中养殖的各种动物。

(二) 经济收益保险

这类保险的标的不仅包括因有形财产而产生的经济收益，也包括因合同行为而产生的纯经济收益。

1. 信用保险

保险标的是因经济合同行为而产生的纯经济收益。信用保险(Credit Insurance)通常由经济合同中的权利人购买，保障因义务人不如期履行合同义务而导致权利人所遭受的损失，保险的风险是义务人的信用风险。

- 一般商业信用保险(Commercial Credit Insurance)：保险标的是一般商业活动中义务人的信用。权利人在投保后，因义务人信用风险而导致的损失由保险人负责赔偿。保险人赔偿权利人之后依法取得向义务人进行代位求偿的权利。
- 出口信用保险(Export Credit Insurance)：保险标的是国际贸易中义务人的信用。承保出口商因进口商违约或不按时支付货款而遭受的损失。
- 投资保险(Investment Insurance)：保险标的是投资所在国的政治风险。承保投资者的投资因投资所在国的政治变动、内战、暴乱、政府没收、汇兑限制等因素而遭受的经济损失。

2. 保证保险

保险标的也是因经济合同行为而产生的纯经济收益。保证保险是由义务人购买的。保险人承诺，倘若义务人不如期履行义务而导致权利人遭受损失，由保险人负责赔偿。保障的风险也是义务人的信用风险。保险人赔偿权利人之后有权利向义务人进行追偿。实际上，义务人是通过购买保证保险提高了自身的信用。

- 确实保证保险(Surety Bonds)：保证被保证人会按时履行所有合同责任，通常用于合同的招投标过程中。
- 忠诚保证保险(Fidelity Bonds)：对雇主因雇员的不诚实行为，如贪污、挪用、诈骗所遭受的损失提供保障。

3. 因有形财产而滋生的收益

保险标的是因有形财产发生直接损失而导致的各种间接的经济收益。

营业中断保险(Business Interruption Insurance)：保障标的是有形财产发生直接损失之后所产生的各种间接损失，比如营业中断期间利润的减少和费用的增加等。通常作为企业财产保险的附加险承保。

(三) 责任保险

责任保险是随着法律的完善而发展起来的一个新险种。保险标的是法律上所规定的责任。责任保险种类很多,与生产经营的过程、产品、职业行为、个人行为有关。大致可分为以下几种:

(1) 公众责任保险(Public Liability Insurance):保障企业在生产经营过程中因疏忽或过失而对第三者造成人身伤害或财产损失应承担的法律赔偿责任。

(2) 职业责任保险(Professional Liability Insurance):保障医生、律师、会计师、建筑设计师等专业人员在从事职业行为过程中因疏忽或过失而造成他人的人身伤害或财产损失的赔偿责任。

(3) 产品责任保险(Product Liability Insurance):保障责任者在瑕疵产品使用和销售的过程中因对消费者造成的人身伤害或财产损失而承担的法律赔偿责任。

(4) 雇主责任保险(Employee Liability Insurance):保障雇主因过失或疏忽而使雇员因工作受到伤亡而应承担的法律赔偿责任,通常包括医疗费、工资损失、抚恤金等。

(5) 个人责任保险(Personal Liability Insurance):承保个人和家庭成员因疏忽或过失行为而造成他人的人身伤害或财产损失的赔偿责任。这些行为应是生活中的行为,而并非职业行为。除此之外,财产所有人也要为自己的财产对第三者造成的人身伤害或财产损失而承担法律赔偿责任。

上述这些责任保险都是以主险的形式单独存在的,不依附于任何财产。前面也介绍了因各种财产使用过程中所产生的各种责任保险。通常,这种责任保险将与其所依附的财产一起承保。比如机动车辆第三者责任保险、船舶保险中的碰撞责任险、飞机保险中的责任险、建筑工程及安装工程中的责任险等。

二、非传统保险方式

非传统保险方式也称为非传统风险转移(Alternative Risk Transfer, ART)。传统的保险产品大多是保险公司设计好的完整的单个产品,非常成熟,只需要面向市场进行销售即可,或根据不同企业的特殊情况进行细微的调整。非传统风险转移不同于传统保险,其创造性地设计出各种有关风险承担、风险转移和风险投资的产品或机制。非传统风险转移是根据客户的具体需要而设计的,可以是多年度、多险种的综合型保险产品。其目的在于提高风险转移效率、拓宽可保风险的范围,并通过资本市场获取更多的承担能力。随着资本市场的发展和保险创新,出现了多种非传统的保险方式。比如:

(1) 伞型保单(Umbrella Policy):基于传统的保险产品,在两种或两种以上的传统保险产品保险金额的基础上提供补充保险,在传统保险的保险金额用尽之时触发保险责任,保险条款和条件通常遵循传统保险主保单的规定。保险的保障范围可能比传统保险产品更加广泛。

(2) 自保公司(Self-insured Corporations, Captive Insurance Company):由母公司所拥有,仅为母公司或其附属公司提供保险服务的组织机构。母公司直接影响并支配着专业自保公司的日常运营。通过自保公司可以合理地进行自留风险、合理避税,并享用再保险的价格优惠。

(3) 损失敏感性合同(Loss Sensitive Contract):保单持有人最终支付的保费是根据其在保险期限内实际发生的损失金额而确定的。保险期内,保险人先向保单持有人支付赔款,最终再由保单持有人向保险公司支付保费。因此,该合同实质上是保单持有人向保险公司获得了一笔"贷款"。损失敏感性合同也有多种,比如经验费率保单(Experience Rating Policy)、巨额免赔保单(Large Deductible Policy)、回溯型费率保单(Retrospectively Rated Policy)、有限风险合同计划(Finite Risk Contract)等。

(4) 多风险产品(Multi Risk Products):基于传统保险产品的设计,但是将多种风险结合到一个合同中,向企业提供有效应对风险的一种方案,其所提供的风险保障比分别投保传统保险更为廉价,实际上是根据多种损失事件的发生提供损失的融资。通常包括多种损失原因产品(Multi-line or Multi-year Products, MMP)和多触发条件产品(Multi-Trigger Products, MTP)。

(5) 应急资本(Contingent Capital):又称为或有资本或承诺资本。当企业发生了特定事件陷入财务困境之后,可以根据事先的承诺合同,以优先债务、优先股或次优先股等方式获得企业所需要的资本。类似于一个事先商讨好的期权,但特定事件一般与自然灾害或意外事故有关。

随着资本市场的发展、金融衍生工具的创新,保险界也在不断地创新。新产品、新工具层出不穷,充分满足不同企业和家庭的需要。

本章小结

- 财产保险是保险人对被保险人的财产及其有关利益在发生保险责任范围内的灾害事故而遭受经济损失时给予补偿的保险。
- 财产保险的特点是:财产保险是以财产及其有关利益为保险标的;财产保险的标的必须是可以用货币衡量价值的财产或利益;财产保险的业务活动具有法律约束力;财产保险对于保险标的的保障功能表现为经济补偿;财产保险属于社会商业活动的组成部分;财产保险合同是属人的合同。
- 财产保险与人身保险具有完全不同的特征。
- 财产保险的标的包括有形财产、经济收益和损害赔偿。

- 财产保险保障的风险包括自然灾害、意外事故和责任风险。
- 财产保险通常保障财产的直接损失以及相关的费用,有些财产保险也保障财产的间接损失。
- 全部损失可分为实际全损、推定全损、协议全损及部分全损。而凡不构成全损的损失均是部分损失。在海上保险中,部分损失按其性质可以分为单独海损和共同海损两种。
- 财产在发生损失时可能会产生一些费用。海上保险中把费用损失划分得非常详细,包括施救费用、救助费用、特别费用和额外费用。
- 财产保险包括传统保险产品和非传统保险产品。传统保险产品是比较成熟的单一的保险产品;而非传统保险产品则是结合风险管理的方法、资本市场等一对一量身定做的风险转移的方案。
- 传统保险产品根据标的的不同也包括三大类:有形财产保险、经济收益保险和责任保险。各种保险中又包括了许多不同的产品。
- 有形财产保险的财产种类包括静止的财产、运动中的财产和增值中的财产。其保障的风险也包括静止状态的风险、运动状态的风险和操作的风险。
- 经济收益保险的标的不仅包括因有形财产而产生的经济收益,也包括因合同行为而产生的纯经济收益。
- 非传统保险产品是根据客户的具体需要而设计的,可以是多年度、多险种的综合型保险产品。其目的在于提高风险转移效率、拓宽可保风险的范围,并通过资本市场获取更多的承担能力。

习题

1. 财产保险的定义是什么?具有哪些特点?

2. 请叙述财产保险与人身保险的区别,并分析每一个区别点存在的根本原因。

3. 财产保险通常保障哪些风险?

4. 解释下列词语:直接损失,全部损失,实际全损,推定全损,协议全损,可划分部分的全损,部分损失,单独海损,共同海损,施救费用,救助费用,特别费用,额外费用,静止状态的风险,运动状态的风险,操作的风险,非传统风险转移,伞型保单,自保公司,损失敏感性合同,多风险产品,应急资本。

5. 请简述共同海损与单独海损的区别。

6. 请简述直接损失与间接损失的区别。

7. 请简述施救费用与救助费用的区别。

8. 请分析有形财产通常会面临哪些风险。

第二章　财产保险的专业术语

由于财产保险标的的特殊性，其在保单条款、赔偿处理等许多方面都与人身保险不同，并有着许多专业术语和特殊的技术处理。学习和掌握这些技术方面的规定是掌握财产保险的根本与基础。随着经济的发展，财产保险的范围越来越广，已经进入经济领域的各个行业，为经济正常稳定地发展发挥保驾护航的重要作用。

第一节　财产保险合同的专业术语

财产保险合同也是保险合同，其要遵守《民法总则》《合同法》和《保险法》对于保险合同的各项规定。但是，由于保险标的的特殊性，在财产保险合同中有许多专业的术语和特殊的处理办法。

一、财产保险合同的形式

财产保险合同必须采用书面形式，投保人通过填写投保单提出要约，保险人以签发保险单作为承诺。财产保险合同大致包括以下五种形式：

(一) 投保单

投保单(Application)也称要保书或投保申请，是投保人向保险人发出的投保申请的要约。

投保单由保险人设计并统一印制，具有统一的格式。投保人必须按所列项目逐一填写，向保险人详细陈述有关保险的各类事项。保险人根据投保人所填写的投保单判断是否接受投保，以及以何种条件提供保障。当保险人正式接受投保，在投保单上签署承诺并签发正式保单时，保险合同即告成立。投保人在填写投保单的过程中必须遵循最大诚信原则。如果投保单填写不实并存在隐瞒或欺诈行为，保险合同的效力将有所减弱或完全失去效力。投保单是具有一定的法律效力的。如果某些信息在保险单上没有体现，但在投保单上注明，仍然具有法律效力。

（二）保险单

保险单(Policy)是保险人和投保人订立的正式的保险合同，是一种正式的法律文件，详细地列明了保险人和投保人的权利和义务。

保险单不仅是保险合同存在的书面凭证，也是被保险人提出索赔、保险人进行理赔的法律凭证。保险单具有以下法律意义：(1)证明保险合同成立；(2)确立保险合同的内容、权利与义务；(3)当事人双方履行保险合同的依据；(4)可能具有证券的作用。虽然保险单是保险合同成立的证明，但只要投保人提出的要约经保险人承诺，保险合同即告成立；即使保险人尚未出立保险单，也要承担保险责任。

（三）暂保单

暂保单(Binder)又称临时保险单，是保险人签发正式保单前出立的临时凭证。

但是，在订立保险合同时并不一定必须有出立暂保单这个环节。一般而言，暂保单在下列情形时使用：

(1) 保险代理人在已经争取到业务但尚未向保险人办好正式手续之前；

(2) 保险合同双方还没有完全谈妥条件，尚存在一些需进一步商讨的条款时；

(3) 保险公司的分支机构在接受投保后但尚未得到总公司的批准前。

暂保单的法律效力与正式保险单的法律效力完全相同，但有效期比较短，一般只有 30 天。当正式保险单签发后，暂保单就自动失效了。在正式保险单出立之前，保险人有权终止暂保单的效力，但是必须事先通知投保人。暂保单的内容比较简单，只载明被保险人、保险标的、保险金额等重要事项，有关保险双方的权利和义务都以正式出立的保单为准。

（四）保险凭证

保险凭证(Insurance Certificate)俗称为“小保单”，是一种简化的保险单，也是保险合同的书面证明，证明其参加了保险，与保险单具有相同的效力。

实际上，保险凭证的条款比较简单，便于携带，主要在以下几种情况下使用：

(1) 在签有货物运输保险预约合同的情况下，需对每一笔货物运输签发单独的保险凭证；

(2) 在企业单位的汽车及第三者责任保险中，需为每一辆车签发单独的保险凭证，从而证明其已经参加了保险；

(3) 在团体人身保险业务中，需要给每一个参加保险的人签发一张单独的凭证。

（五）批单

在保险单签发以后，如果投保人对保险单上的某些内容要求修改或变更，在向保险人提出申请征得保险人同意后，可以对保险单中的有关内容采用批单的方式进行更改，并将批单附在保险合同之后。

批单(Endorsement)是保险双方就保险单内容进行修改和变更的文件。

批单是保险合同的重要组成部分。批单不仅可以更改保险单的内容,也可以更改原有批单的内容,即后面的批单可以修改前面批单的内容。无论在什么情况下,我们都以时间最近的批单为准。

二、被保险人的含义

《保险法》规定,“保险合同是投保人与保险人约定保险权利义务关系的协议”。其中,“投保人是指与保险人订立保险合同,并按照合同约定负有支付保险费义务的人”。“被保险人是指其财产或者人身受保险合同保障,享有保险金请求权的人”。可见,投保人与被保险人的概念完全不同。《保险法》也规定,“投保人可以为被保险人”。在财产保险中,由于保险标的是财产而并非人,因此投保人与被保险人的概念没有必要刻意区分,甚至可以合二为一。所以,财产保险合同中的被保险人通常具有投保人和被保险人的双重含义。财产保险合同一般是由保险人和被保险人签署的。除此之外,财产保险合同中的被保险人含义和范围还比较广泛,有多种被保险人的含义。财产保险合同中必须对此进行明确的释义。

(一) 记名被保险人

记名被保险人(Named Insured)又称为指名被保险人,其是在保险单声明事项中载明的人,是与保险公司签署保险合同的个人或企业。

通常,记名被保险人的具体名字(包括个人或企业)都必须明确地写在保险合同中。比如,在机动车辆保险中,保险是由丈夫张三购买的,则“张三”的名字、身份证号码等就会明确写在保险合同中,并且由张三与保险公司签署保险单。

(二) 附加的被保险人

附加的被保险人(Additional Insured)是因为与记名被保险人有某种特殊联系,而被保单认可并提供相同保障的对象。

通常不会在保单中明确列出具体名称,也不具有索赔的权利。索赔权利仍然由记名被保险人行使。例如,在机动车辆保险中,任何经指名被保险人同意使用被保险机动车的合格驾驶员发生事故时,保险公司也必须承担赔偿责任。并且,赔偿之后不能向其进行代位求偿。比如,张三是记名被保险人,某日,其朋友李四借用张三的车辆,不慎撞到行道树上,造成车辆损毁。张三保险公司应当赔偿张三的损失,并不能向李四进行代位求偿。

(三) 共同的被保险人

共同的被保险人(Joint-names Insured)的概念与附加的被保险人概念相似,也是因为与记名被保险人有某种特殊联系,而被保单认可并提供相同保障的对象。

比如，在产品责任保险中，经销商为避免承担瑕疵商品的责任，可以要求制造商将其列为产品责任保险的共同被保险人。制造商则可以根据需要，将各级经销商的名字明确地列为共同被保险人，从而有利于产品的推广。同理，在出口业务中，出口商作为产品责任保险的被保险人，进口商通常会要求出口商将其列为共同被保险人，以便有产品责任诉讼时能用出口商所购买的保单来索赔。进口商一般会向出口商提出详细的保险要求，并作为交易合同的一个部分。

案例 2-1　　　　共同被保险人条款示例

兹经双方同意，本保险合同增加下列关系方为共同的被保险人：

It is agreed that the Parties named hereunder shall be regarded as joint-names insured under this Policy:

1. …

2. …

…………

每一被保险人在本保险合同下的权益以其对保险标的所具有的保险利益为限。

The claims payable under this Policy to each insured is limited to the interests the insured taken on the subject-matter insured.

各方被保险人遵守保险合同义务是获得赔偿的先决条件。

在列明作为共同被保险人的关系方时，通常有两种方式：

1. 直接列出名称，常用于各方关系明确而且关系比较固定的情形。比如租赁房屋的保险、共有财产的保险。房屋出租人和承租人因房屋租赁合同建立了相对固定的合同关系，两方可以同时作为租赁房屋保险的共同被保险人。财产共有关系也是相对固定的关系，所有的财产共有人均可作为共有财产的被保险人。

2. 仅列出关系方的来源或关系，常用于各方的关系比较明确但不太固定的情形。比如在仓储保险、委托加工店的物品保险中，仓储合同关系或者委托加工关系比较明确，但对于每一个关系方来说，不具有长期的稳定性。此时可以用“每一票仓储货物的所有人”(the owners named in each Bill of Lading issued by the Insured)、“每一委托客户”(the trustors /the clients/the customers who trust articles/goods with the Insured)等词语作为共同被保险人，而不是直接写出具体的企业名称。

有时，共同保险人条款中还会包括如下措辞：“共同被保险人的各独立关系方在保险项下的各项权利均视同每一关系方独立就各自保险利益持有单独的保险单来对待。任何共同被保险人所发生的任何欺诈、错误陈述、隐瞒或其他形式的违反保险合同的行为，通常只影响该共同被保险人的权益，其他无过错的被保险人权益不受任何影响”。在没有该措辞的情况下，若保险损失是由于其中一方违反义务或合同条件所引起，保险人可以根据保险条款的约定拒绝赔偿。此时，所有被保险人是作为一个整体来看待，即使作为共同被保险人的过错方不是在相应保险事故下具有保险金请求权的一方，保险人也可以拒绝赔偿。但是，有该措辞时，则需要注意：其一，“各独立关系方”是否包括作为投保人的记名被保险人。倘若包括，则意味着投保人（记名被保险人）不履行告知义务或者不履行交付保险费义务时，保险人仍然要承担保险责任。显然这是不太公平的。所以，一般仅约定为共同被保险人，而不包括作为合同订立人的投保人（记名被保险人）。其二，只有有了如上措辞，当保险损失是由于其中一方违反义务或合同条件所引起时，保险人既不能拒绝赔偿，也不能向具有被保险人身份的过错方进行追偿。这无形中扩大了保险人的保险责任，与责任保险中使用了交叉责任条款（Cross Liability Clause）的后果有些类似。

（四）被保险人

财产保险合同中，倘若只提到被保险人（Insured ），则是指广义的被保险人的概念。即所有因与记名被保险人有着某种联系，而被保单所认可并提供保障的所有对象，而不论是否在保单上明确列出名称。

被保险人的范围比记名被保险人更广，不但包括记名被保险人，而且包括附加的被保险人和共同的被保险人。

案例 2-2　　被保险人条款示例

商业综合责任保险的被保险人：记名被保险人是名字写在保险合同中的、签署保险合同的一方。被保险人则因保单指明的业务范围或相应职务的职责而可能包括下列各种：

- 记名被保险人为个人的，该个人的配偶也是被保险人；
- 记名被保险人为合伙企业或合资企业的，合伙人、合作伙伴及其配偶也是被保险人；
- 记名被保险人为有限责任公司的，公司的所有成员和经理也是被保险人；
- 记名被保险人为其他组织的，高级管理人员、董事均是被保险人；
- 雇员、房产管理人及对财产进行临时保管的任何人；
- 使用以记名被保险人的名义登记注册的“移动设备”的任何人；
- 新收购或新组建的组织。

三、保险责任的叙述方式

保险合同中，通常都会明确列明保险责任（Insured Liability）和除外责任（Exclusions)。其中,保险责任是指保险事故发生后保险人应承担的经济赔偿或给付保险金的责任范围。在保险条款中应标明因保险标的和险种的不同而确定的不同的风险责任范围。除外责任又称为责任免除,是指保险人不承担赔偿或给付保险金的风险责任范围。投保人通过除外责任的明示可以明确保险责任风险范围。责任免除是对保险责任的限制。但是,由于人类的认知总归是有限的,尚且无法洞悉所有的风险,因此在界定保险责任时需注意逻辑,防止出现漏洞。通常,在财产保险合同中叙述保险责任时,有列举式与概括式两种方式。

(一) 列举式

列举式是在保单中仅明确列明保险责任范围,又称为指定险保险单。

因此,在指定险保险单中,只有那些具体列明的损失原因及损失属于补偿范围,其他所有未列明的损失原因及损失一律属于除外责任。这种方式明确地限定了保险公司承担的风险,将没有考虑到、没有认知到的所有风险都列为除外责任。

(二) 概括式

概括式是在保单中仅明确列明除外责任的范围,凡是不在除外责任以内的风险都可以得到保障。

在概括式中,保险公司实际上是将没有考虑到、没有认知的所有风险都列入了保险责任,保险公司承担的风险比较大。所以,用概括式叙述保险责任的保单又称为"一切险"保单(All Risks)。但是,值得注意的是"一切险"并非真正的一切险,也是有除外责任的,所以在使用中通常都会加上引号。

保险公司在设计保险合同时,应该严格地考虑自己愿意、能够承担的风险,在列举式和概括式中做出决策,再进而根据所承担的风险进行合理的定价。

四、保险期限和保险责任起讫

财产保险合同中,保险期限(Insurance Period)是指保险人对被保险人承担保险责任的开始与结束的时间,是明确保险人和被保险人权利与义务有效的时间期限。保险期限通常都是按时间计算,财产保险的保险期限多为一年。在我国保险实务中都是采用"零时起保",即以开始承担保险责任之日的凌晨零时为具体开始时间,到保险责任结束之日的24点止。

除此之外,在一些保险中,保险责任具体的开始和结束时间也可以根据事件来确定,称为保险责任的起讫(Commencement & Termination)。比如在货物运输保险中,保险责任开始和结束的时间是按照航程计算,即从货物的起运地开始到目的地为止,或者从发货仓库起运时开始,在到达目的地收货人仓库时终止。并且有诸多关于保险责任起讫的条款,比如"仓至仓""门至门""舷至舷"条款等。当然,在不同的条款中，保险公司实际承担保险责任的时间是不同的。在建筑工程保险和安装工程保险中，保险责任起讫是按工程期计算，从工程施工日起到竣工验收日为止。在航空意外伤害保险中，保险责任起讫是从乘客过安检开始，直至出舱门时终止。

并且，在财产保险合同中可能还会同时出现保险期限和保险责任起讫。比如货物运输的预约保险合同，先预约保险期限，每一批货物运输的具体保险责任起讫则是按条款来确定的。

五、保险金额与赔偿限额

财产保险合同中都会标明具体的保险金额(Insured Amount)。保险金额是指在保险合同中明确载明的、由保险人承担赔偿责任的最高限额。即赔款只能小于等于保险金额。保险金额是计算保险费的基础，直接关系到合同双方主体的权利与义务。并且，根据补偿性原则，保险金额的高低决定了最终赔偿金额的大小。通常，保险金额是基于保险价值(Insurance Value)而确定的。保险价值是保险标的本身的价值。我国《保险法》规定："投保人和保险人约定保险标的的保险价值并在合同中载明的，保险标的发生损失时，以约定的保险价值为赔偿计算标准。投保人和保险人未约定保险标的的保险价值的，保险标的发生损失时，以保险事故发生时保险标的的实际价值为赔偿计算标准。"在保险实务中，确定保险金额时首先要考虑保险金额最好应该等于保险价值，做到足额投保；其次要考虑保险金额不能超过保险利益。

但是，在责任保险中，通常不采用"保险金额"，而是采用"赔偿限额"(Limit of Liability)。赔偿限额和含义与保险金额相似，均是约束了保险公司承担赔偿责任的最高限额。在责任保险中，保险公司的赔款最多也是小于等于赔偿限额的。那么，为什么在责任保险中采用赔偿限额而不采用保险金额呢？因为责任保险中被保险人应当承担的责任大小是根据法律而规定的。被保险人在投保时尚未发生责任事故，此时并不知道未来的具体赔偿责任，也不知道可能的最大赔偿责任，也不存在某个保险价值与其相对应。所以，责任保险中采用赔偿限额一词，与保险金额相区分，仅表示在该保单中保险公司承诺承担的最大赔偿责任，其应该小于等于被保险人实际承担的赔偿责任。责任保险中通常会规定多种赔偿限额。比如每次事故的人身伤害限额、每次事故的财产损失限额、每次事故限额、累计限额等。每次事故的人身伤害限额是指一次事故中就人身伤害方面赔偿的最高限额；每次事故的财产损失限额则是指一次事故中就财产损失方面赔偿的最高限额；每次事故限额是指一次事故中人身伤害赔偿和财产损失赔偿之和的最高限额；累计限额则是指保险期限内各次事故中所有赔偿之和的最高限额。

六、有效索赔的界定方式

由于各种保险事故具有不同的特征，事故的发生与发现的时间间隔时长时短。这给保险公司控制风险带来了较大的影响。因此，保险公司在保险期限的基础上设计了期内发生式和期内索赔式两种界定有效索赔的方式。

（一）期内发生式

期内发生式（Occurrence Basis）多用于短尾巴风险（Short Tail）。所谓短尾巴风险，是指事故的发生与发现的时间间隔较短。比如火灾、车祸、空难等。

期内发生式的含义是指：保险公司仅负责赔偿保险期限内发生的事故，而对于保险期限结束之后再发生的事故不给予赔偿。

这是因为，短尾巴风险的发生与发现的时间间隔较短，基本上一旦发生事故，立刻可被人知晓，很快就会向保险公司报案及索赔，保险公司即刻就可以着手理赔。因而在保险期限终了时，保险公司对该保单的责任也基本结束。即使有些是在期限终了前刚发生，但因其短尾巴风险的特征也不会延迟许久。保险公司对该保单的责任很快就会真正结束。这样处理有利于保险公司控制自身潜在的风险。

（二）期内索赔式

期内索赔式（Claims Made Basis）多用于长尾巴风险（Long Tail）。所谓长尾巴风险，是指事故的发生与发现的时间间隔较长。比如某些医疗事故、食品安全、员工忠诚等。例如，张三在 18 岁那年由于急性阑尾炎入院做了手术，术后康复出院，时而感觉腹中不舒服。直到张三 30 岁那年，在一次全面体检中，才发现张三的腹中有一把手术钳。在这起医疗事故中，事故发生于张三 18 岁那年，而被发现于张三 30 岁那年，整整延迟了 12 年。除此之外，员工忠诚也是如此，可能平时看上去非常老实本分的员工，在退休之后才被发现挪用公款，造成巨额亏空。因此，倘若保险公司对于长尾巴风险仍然采用期内发生式，则当保险期限终了时，保险公司对于该保单的责任并未结束，并且也不知道要延迟到何时才会真正结束。即使保险公司计提了准备金，也是预估而已，可能会因准备金不准确而给保险公司的经营带来不确定性。因此，保险公司对于长尾巴风险常常采用期内索赔式。

期内索赔式的含义是指：保险公司仅负责赔偿保险期限内提出索赔的事故，而对于保险期限结束之后再提出索赔的事故不给予赔偿。

这样，则当保险期限终了时，保险公司的责任就结束了，有效地解决了长尾巴风险发生与发现间隔较长而带来的风险。但是，针对长尾巴风险仅采用期内索赔式时，未来的风险虽然得到了控制，但过去的风险却未得到控制。被保险人有可能知道事故已经发生却隐瞒不报，买了保险之后才假装刚刚发现；或者可能在保险期限内突然索赔，说是几十年前发生的等。保险公司为了应对过去的风险，通常会在期内索赔式中在保险期限之前增加一个发生期，也称为追溯期。只有保险事故在发生期之后发生，并在保险期限内提出索赔的，才是有效索赔。发生期之前发生的事故，或者保险期限结束之后提出的索赔均无效。

当然，保险公司也可以对期内发生式进行改进，在保险期限结束之后设计了发现期，也称为索赔期。即只有在保险期限内发生，并且在发现期结束之前进行索赔的案件才是有效索赔。保险期限之前发生，或者发现期结束之后提出的索赔均无效。期内发生式和期内索赔式的区别见图 2-1。

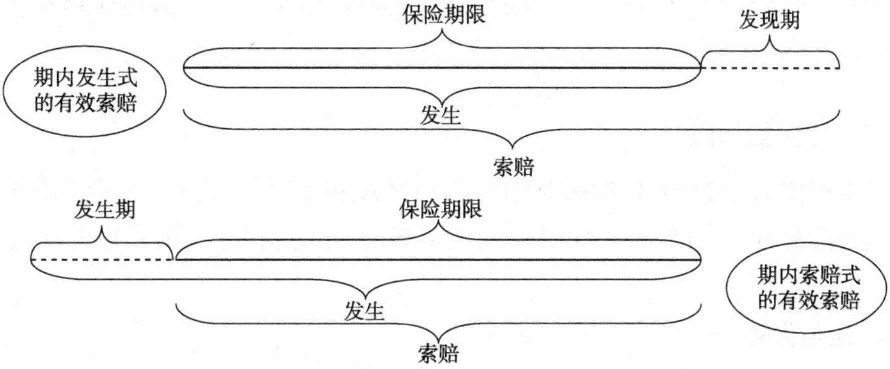

图 2-1　期内发生式与期内索赔式的有效索赔

第二节　财产保险的损失补偿方式

保险的损失补偿方式有多种，都是根据保险标的的特征而设计的。迄今为止，保险公司创新设计的损失补偿方式如图 2-2 所示。

损失补偿方式		代表性险种
给付型保险（津贴型）——定额保险		人寿保险、住院津贴保险
补偿型保险（报销型）	定值保险	货运险、文物保险
	不定值保险（重复价值保险）	企业财产保险（机器损坏保险）
	第一损失保险	责任保险、新型保险等

图 2-2　保险损失补偿方式

一、给付型保险

给付型保险又称为津贴型保险，即定额保险，指投保时投保人与保险公司约定保险金额，当约定的事故发生时，保险公司按照约定的保险金额给付。

定额保险(Fixed-sum Insurance)常用于人寿保险。由于人的生命是无价的，在发生约定的死亡保险事故时，保险公司无法确定究竟应该向受益人给付多少保险金，因此在投保时投保人需先与保险公司约定保险金额。而且，由于人的生命无价，所约定的保险金额无论为多少都不为过。这主要由投保人自身的财务实力所决定，看其能否承担高保险金额所对应的高保费。意外伤害保险也采用给付型保险。除此之外，健康保险中也有给付型保险，比如重大疾病保险、失能收入损失保险、长期护理保险，以及采用津贴型的住院医疗费用保险等。这些保险均是当约定事故发生时即按约定保险金额给付，而与实际发生的医疗费用没有任何关系。当然，给付型保险不遵守补偿性原则。

二、补偿型保险

补偿型保险要遵守补偿性原则，任何人不得从保险赔偿中获利。财产保险均采用补偿型保险的方式，补偿型保险又包括定值保险、不定值保险、第一损失保险三种方式。

1. 定值保险

在定值保险(Valued Insurance)中，投保时保险合同当事人双方事先要约定保险标的的价值(即保险价值)，并在保险合同中明确列明，同时将约定的保险价值作为保险金额；当损失发生时，保险人不考虑损失发生时财产的实际价值，只需要确定损失比例，即受损财产与全部财产的比例。这个比例可以是体积、容积、重量、数量等的比例，然后用损失比例乘以保险金额就得到了赔偿金额。当然，如果发生了全部损失，保险人就直接按保险金额赔偿。定值保险计算赔款的公式是：

$$赔款 = 保险金额 \times 损失比例$$

例题 2-1　　定值保险赔款计算示例

某公司从哈尔滨购买了100吨大米运至上海。购买时，哈尔滨的大米为6元/千克，上海的大米为10元/千克。投保人与保险人约定大米价值为8元/千克，并购买了保险金额为80万元的货物运输保险。当这批大米运送至徐州附近时不幸发生了火灾，导致80吨大米受损。在损失发生时，哈尔滨的大米为4元/千克，上海的大米为8元/千克，徐州的大米为7元/千克。此时保险公司的赔款计算应该为：

$$80 万元 \times (80 吨 /100 吨) = 64 万元$$

倘若在损失发生时，哈尔滨的大米为8元/千克，上海的大米为15元/千克，徐州的大米为 10 元/千克。此时保险公司的赔款计算仍然应该为：

$$80\text{ 万元} \times (80\text{ 吨}/100\text{ 吨}) = 64\text{ 万元}$$

这是因为定值保险中约定好保险价值之后，均按照约定的保险价值来计算赔款，与投保后保险标的的价值变化无关。但值得注意的是，在本例中，投保人投保时与保险公司约定的保险价值只能介于当时的买价与卖价之间，即 6～10 元/千克。倘若低于 6 元/千克，则保障不充分；而高于 10 元/千克，则可能因存在过度估值而引起道德风险。除此之外，定值保险中确定保险价值时最好是确定单价，这样方便赔款的计算；确定损失比例时，则最好是基于体积、重量、容积、数量等进行计算。

定值保险比较适合于保险价值波动比较大的保险标的，比如货物运输保险中的货物，有买价、卖价等多个价值。此时必须采取定值保险，投保时就约定好价值。除此之外，财产保险中一些难以估定价值的标的物，如高档工艺品、名贵书画、古玩、文物等，往往也使用定值保险承保。有时候，当保险标的物的市场价格迅速下降时，保险公司仍然按原来的定值进行赔偿，甚至高于其实际的市场价格。这虽然看上去违反了补偿性原则，但仍然是合理可行的。因为保险标的物的市场价格有涨也有跌，风险是对称的。

2. 不定值保险

在不定值保险(Unvalued Insurance)中，投保时，投保人和保险公司在保险单上不明确列明保险标的的保险价值，只列明保险金额；在损失发生时再确定保险标的的保险价值，并将保险金额与保险价值进行比较。此时有三种情况：

- 当保险金额等于保险价值时，为足额保险(Full Insurance)，则按实际损失进行赔偿；
- 当保险金额小于保险价值时，为不足额保险(Under Insurance)，则按投保比例进行赔偿，即：赔款＝实际损失×投保比例＝实际损失×(保险金额/保险价值)；
- 当保险金额大于保险价值时，为超额保险(Over Insurance)，则超额部分无效，仍然按实际损失进行赔偿。

不定值保险适用于市场价值变化不大的财产，如企业财产保险等。

例题 2-2　　　　不定值保险赔款计算示例

某企业将企业财产向保险公司投保了企业财产保险，保险金额为 100 万元。保险期间由于火灾，造成企业财产遭受了一定的损失。经过鉴定，企业财产的损失金额为 30 万元。请问在下列三种情况下保险公司分别应该赔偿多少?

● 在发生保险事故时,企业财产的实际价值是90万元:

由于企业财产的保险价值为90万元,低于保险金额100万元,属于超额保险。则超额部分无效,保险公司按实际损失30万元进行赔偿。

● 在发生保险事故时,企业财产的实际价值是100万元:

由于企业财产的保险价值100万元等于保险金额,属于足额保险。则按照实际损失30万元进行赔偿。

● 在发生保险事故时,企业财产的实际价值是120万元:

由于企业财产的保险价值为120万元,高于保险金额100万元,属于不足额保险,则按投保比例进行赔偿,赔偿金额=30万元×(100万元/120万元)=25万元。

不定值保险中,对于足额、不足额和超额保险的处理方式是符合补偿性原则的。根据补偿性原则,任何人不能从保险赔偿中获利,故超额保险时不能获得超过实际损失的赔款;否则投保人会故意做出超额投保,从而因有可能获得远超过实际损失的赔款金额而导致道德风险发生。同时,保险赔偿应该与保险金额相对应,一般而言保险金额越高,则赔偿金额越高;倘若不足额保险也要按实际损失全部赔偿,则对于足额投保的人而言不公平。

那么,不定值保险中如何确定保险标的物的保险金额和保险价值呢?通常有三种方法:重置价值(Replacement Value)、实际价值(Real Value)和协商价值(Consultative Value)。其中,重置价值是指重新购置同类财产的市场价格,或以同一或类似的材料和质量重新换置的价值或费用。实际价值是指保险标的物实际的价值,是需考虑折旧之后的价值。通常可以理解为:实际价值等于重置价值减去折旧。协商价值是保险合同当事人经过协商而确定的价值,通常是介于重置价值和实际价值之间。一般而言,投保时确定保险金额的方法应该和出险时确定保险价值以及损失金额的方法保持完全一致。倘若都采用重置价值来确定,则称为重置价值保险(Replacement Value Insurance)。所以,重置价值保险是不定值保险的一种,是指保险合同中的保险金额、保险标的物的保险价值以及发生损失时的实际损失金额均采用重置价值来确定。

重置价值保险的存在是具有一定原因的。由于通货膨胀、物价上涨等因素,即使建筑物等一些特殊的财产按照实际价值进行了足额投保,保险赔款也是按实际价值赔偿的,所赔偿的金额远不足以进行重建。所以,为了满足被保险人对受损财产进行重建的需要,允许投保人按重置价值投保,发生损失时则按重置价值赔偿。在有关机器设备的保险中,由于机器受损后修理时,替换上去的零部件都是新的,这样做比替换上一个旧零部件更加方便可行。故有关机器的保险中也都采用重置价值保险。在重置价值保险中，当发生了保险责任范围内的损失，若保险金额高于或等于损失发生时保险标的的重置价值，保险人应按重置价值赔偿，并以损失发生时保险标的的重置价值为限；若保险金额低于损失发生时保险标的的重置价值，则为不足额投保，保险人仅负比例赔偿责任，赔偿的计算公式是：

赔款＝按重置价值确定的损失金额×(保险金额/重置价值)

显然，重置价值保险在一定程度上违反了补偿性原则。因为被保险人损失了一个旧物件，却得到了一个新物件。但是其却具有较高的合理性。因为有时候按旧物件赔偿反倒非常麻烦，而按新物件恢复原状则显得更加切实可行，方便简单。

知识窗 2-1　　建筑物的重置价值确定方法

1. 使用“每平方米建筑成本×建筑面积”。建筑承包商一般能提供这类数据，或者有相关的资料手册，则可以根据建筑物的结构和剩余使用年限来进行估计。

2. 以原始成本为基础，根据建成年数从估价手册中查出通货膨胀系数，再计算得出重置成本。例如，原始成本是1亿元，估价手册显示10年前建成的建筑物当下的建筑成本已增加了72%，则重置成本是1.72亿元。

倘若建筑物较大和复杂，则往往要聘请注册估价师具体计算重置成本和折旧；当然，也可以从房地产经纪人得到建筑物的合理市价，但均不包括土地的价值。

3. 第一损失保险

定值保险和不定值保险都是保险中比较传统的损失补偿方式。定值保险源于水险，不定值保险则源于火险。两者的条款都是比较专业、复杂的。第一损失保险相对而言较为简单。

第一损失保险(First Loss Insurance)又称第一危险保险，投保人按照一次事故所能造成的最大损失金额来确定保险金额，而不要求保险金额必须等于保险价值；发生保险事故时，保险人按保险金额和损失金额之间的较小者进行赔偿。

其中，最大损失金额应以最大可能损失(Probable Maximum Loss, PML)为判断基础。最大可能损失是指在普通保险事故发生时，所有保护系统失灵、相关应急处理人员及公共救灾机构无法提供任何有效救助的情况下，单一设施可能遭受的最大损失金额。虽然，理论上最大可能损失最多就应该等于实际价值，但考虑到救灾行动的有效性，人们都会认为最大可能损失是低于实际价值的。

知识窗 2-2　　保险事故

根据保险事故的发生概率和损失程度，通常将保险事故分为普通保险事故与极端概率事故。两者的区别在于：

- 一是发生概率，极端概率事故的发生概率要远低于普通保险事故；
- 二是损失范围，普通保险事故的损失范围通常限定在单一地点，极端概率事故则往往波及广大地域。

如车祸、空难、工厂意外事故等均称为普通保险事故；而高烈度地震、飓风、海啸等则属于极端概率事故。最大可能损失是在普通保险事故的假设前提下估计的。

在第一损失保险中，从不考虑保险金额与财产实际价值之间的关系，无论是否足额投保，只要损失金额在保险金额以内，保险公司就按实际损失金额予以赔付，而超出保险金额的损失金额则由被保险人自己负责；倘若损失金额大于保险金额，则保险公司仅按保险金额赔偿。第一损失保险的特点在于操作简单，方便赔偿处理，也易于理解。如在家庭财产保险中的室内财产就使用的是第一损失保险。近年来新开发的越来越多的保险产品也都倾向于采取第一损失保险。实际上，责任保险中，保险公司的赔偿金额以保单中约定的赔偿金额为限，也可以理解为是采用了第一损失保险。

例题 2-3　　第一损失保险赔款计算示例

李某将所居住房屋中的室内物品向保险公司投保了家庭财产保险。投保时，室内物品价值 30 万元，考虑到一次损失的最大损失金额可能为 10 万元，因此李某购买的保险金额为 10 万元。保险期间，由于火灾，导致室内物品遭受了一定的损失。经过鉴定，室内物品损失金额为 7 万元。由于家庭财产保险中的室内物品部分采用的是第一损失保险，因此只要损失金额不超过保险金额，则按照实际损失金额赔偿。本案例中，损失金额为 7 万元，而保险金额为 10 万元，故保险公司赔偿 7 万元。

倘若损失金额是 12 万元，超过了保险金额 10 万元，则按照保险金额 10 万元进行赔偿。

第三节　财产保险的其他术语

一、免赔额

免赔额(Deductible)条款是财产保险中普遍使用的保险条款。除了财产保险之外，免赔额条款在健康保险中也得到广泛使用，但在人寿保险中通常不使用免赔额。

免赔额条款规定，在保险人根据保险的条件做出赔付之前，被保险人先要自己承担一部分损失。

(一) 免赔额的作用

免赔额条款并非是保险公司强加于被保险人身上的，在某些情况下也可以是被保险人主动选择和要求的。那么，财产保险中为什么要采用免赔额条款呢？从保险公司的角度和被保险人的角度而言，都存在不同的原因。

(1) 消除小额索赔，降低经营成本。从事故的发生概率来讲，小额索赔的损失发生概率比较高，经常容易发生。但是，在保险公司的理赔过程中，由于固定费用的存在，小额索赔的平均理赔费用相对而言较大。倘若保险人把时间和成本都用于处理小额索赔的案件，不但浪费了大量的费用，相对而言意义也不大。在设置了免赔额之后，倘若损失金额低于免赔额，则被保险人不会提出索赔，从而能消除许多小额索赔，降低保险公司的理赔费用等成本。

(2) 降低道德风险，提高被保险人的防灾防损意识。免赔额的设计相当于保险人与被保险人共同承担风险。每发生一次事故，被保险人自己也都需要承担部分损失。因此如同将被保险人和保险人的利益共栖，这势必使被保险人也非常注意财产的保护和防损工作，不会因购买了保险而高枕无忧，或忽视对财产的看护。因此，免赔额条款的设计在一定程度上可以防范被保险人的道德风险。

(3) 减少保险费。这是从被保险人角度进行的分析。在有免赔额条款的保险合同中，发生损失时被保险人自己要承担免赔额部分的损失，保险公司的赔款降低一些。根据补偿性原则，假设其他条件完全相同的情况下，有免赔额的保险就应该便宜一些，应提供部分保费的豁免。因此，在其他条件完全相同的情况下，免赔额愈大，保险费也就愈便宜。另外，从风险管理的角度而言，保险并不是补偿小额损失的恰当方法。对于损失程度比较小的事故，应采用风险自留的方式。所以，也可以把免赔额部分看作是被保险人风险自留的部分。被保险人可以主动地选取有免赔额的保险，从而通过部分风险自留获得低廉的保费，降低保险费用。

而由于人的身体或生命是无价的，人权高于物权。通常假设正常情况下，人不会为了钱财而故意伤害自己的身体或生命。因此在人寿保险、意外伤害保险、年金保险、给付型的健康保险中均不会采用免赔额条款，但在补偿型的健康保险中会采用免赔额条款，防范道德风险，剔除小额索赔等。

（二）免赔额的种类

在保险实务中，保险公司设计了多种有关免赔额的具体游戏规则，虽然细节不同，但目的都是相同的，都是为了防范道德风险，剔除小额索赔。

（1）绝对免赔额（Straight Deductible）。绝对免赔额是指无论在何种情况下被保险人都应该承担的免赔额。当损失金额低于绝对免赔额时，保险公司不赔；当损失金额高于绝对免赔额时，保险公司扣除免赔额部分后进行赔偿。绝对免赔额一般用于一次事故。例如，绝对免赔额为 500 元，被保险人连续发生了三次事故，损失金额分别为 100、500、1 000 元时，保险公司赔偿的金额依次是 0、0、500 元。而被保险人自己承担的免赔额则依次为 100、500 和 500 元。

（2）总计的免赔额（Aggregate Deductible）。总计的免赔额是保险期限内所有属于保险责任范围的损失加计在一起，当损失金额之和低于总计的免赔额时，保险人不做任何赔付；但全部损失金额之和超过了总计的免赔额时，保险人仅对超额部分的损失予以赔付。实际上，总计的免赔额也是绝对免赔额，只不过是基于保险期限计算，而非一次事故而已。例如，总计的免赔额为 500 元，因此当被保险人依次发生了三次事故，损失金额分别为 100、500、1 000 元时，则合计损失金额为 1 600 元，保险公司仅赔付 1 100 元，而被保险人承担 500 元。

（3）相对免赔额（Franchise Deductible）。相对免赔额中的免赔额部分并非始终需要被保险人承担。倘若损失低于相对免赔额，保险公司不承担任何赔偿责任；但当损失高于相对免赔额时，保险公司将赔偿全部损失。相对免赔额也是基于一次事故来计算的。例如，相对免赔额为 500 元，因此当被保险人依次发生了三次事故，损失金额分别为 100、500、1 000 元时，保险公司的赔偿金额依次为 0、0、1 000 元，被保险人自己承担的金额为 100、500 和 0 元。由于相对免赔额中当损失金额接近免赔额时，赔款金额有较大变化，因此可能会存在虚夸损失金额等道德风险。

（4）消失的免赔额（Disappearing Deductible）。消失的免赔额中，保险公司承诺，当损失金额超过免赔额之后，保险公司对于超出部分按大于 100％的一个特定比例进行赔偿，直至全部损失金额均由保险公司承担时，免赔额条款失效。例如，假定 500 元为消失的免赔额的起点，保险公司承诺，当索赔金额超过 500 元时，保险人对超额部分以 111％的比例进行赔偿，则当被保险人依次发生多次事故时，保险公司的赔偿金额、被保险人自己承担的实际免赔额如表 2-1 所示。

表 2-1　消失的免赔额计算过程　单位:元

	损失金额	赔偿金额	处理原因	实际免赔额
第一次事故	500	0	低于免赔额 500	500
第二次事故	1 500	1 110	(1 500－500)×111%＝1 110	390
第三次事故	5 000	5 000	(5 000－500)×111%＝4 995	5
第四次事故	5 050	5 050	(5 050－500)×111%＝5 050	0
第五次事故	6 000	6 000	免赔额已经消失	0

从表 2-1 中可以看到，倘若损失金额为 5 050 元时，被保险人实际承担的免赔额就全部消失了，所以才被称为“消失的免赔额”。实际上，消失的免赔额还是秉承了免赔额的一贯宗旨，不赔付小额损失，对大额损失全部赔偿。消失的免赔额也是适用于一次事故的。

(三) 免赔额的形式

另外，免赔额的形式多种多样。财产保险中，大多直接采用金额的形式。比如上文中所举的各个例子中均是直接采用金额的形式。但除此之外，也有采用百分比的形式。倘若采用百分比的形式，此时也称为免赔率，并且都是绝对的。比如免赔率为 30%，则意味着每一次保险事故发生后，被保险人自己都要承担 30%，而保险公司只赔偿损失的 70%。

天数也是常用的免赔方式，多用于损失金额与时间长短有关的保险之中。比如营业中断保险、住院医疗费用保险等。以住院医疗费用保险为例，假设保单规定的免赔天数为 7 天，则当被保险人的住院天数小于等于 7 天时，保险公司不承担任何赔偿责任；只有当被保险人的住院天数超过 7 天时，保险公司才承担赔偿责任。实务中，按绝对免赔额或相对免赔额的方式进行处理均有可能。

上述所介绍这些不同种类的免赔额及不同形式的免赔额通常也会混合使用。即在同一张保单中有多种形式的免赔额。比如，在同一张保单中，不但有基于每次事故的相对免赔额，还有基于保险期限的累计的免赔额，同时还有免赔率的存在等。保险公司可以将各种不同的免赔方式充分地混搭使用，从各个不同的角度来控制风险。但总而言之，保险公司设计免赔额的目的都是一样的，都是为了剔除小额索赔，防止道德风险。

(四) 免赔额的运用

免赔额虽然是保险公司在设计保险产品时确定的，但是从投保人的角度来看，倘若投保人在投保时主动地选择免赔额，则可以将免赔额部分看作投保人风险自留的部分。有时，由于足额投保的保费比较昂贵，则投保人可以选择有免赔额的保险，甚至免赔额较高的保险，从而获得较低的保费水平，降低自己的保费负担。或者，当投保人已经有了一份保险但又觉得保障不充分而想增加保险时，则可以在第一个保单的基础上再增加一个保单，新保单的免赔额则为第一张保单的保险金额，由此使两份保险分段承担不同的风险。比如，投保人已经有了一份医疗保险，保险金额为 5 万元。但由于通货膨胀，投保人觉得保险金额不足而想提高保障，则可以再购买一份保险，比如保险金额为 200 万元，但免赔额为 5 万元。此时，0～5 万元之间的损失由第一张保单承担赔偿责任；5 万～200 万元之间的损失则由第二张保单承担赔偿责任。

二、无赔款优待

无赔款优待(No Claims Discount，NCD)也称为索赔折扣，倘若被保险人在上一个保险期限内没有提出任何索赔申请，则在来年续保时可以享受一定的保费折扣。机动车辆保险中经常都会设置无赔款优待。无赔款优待制度最早始于 20 世纪 50 年代中期的欧洲，后来逐渐被世界上大多数国家所接受，各国在保险实践中逐步形成了符合自身国情的折扣等级和转移规则。在中国，NCD 最早是在 1980 年 12 月于中国人民保险公司的汽车保险条款中出现，最初的名字并不是无赔款优待，而是“无赔款安全奖励”。其后曾经多次更名，比如“无索赔优待折扣”“无赔款安全优待”等。1988 年 11 月人保公司第四次修改机动车辆保险条款时，才确定采用“无赔款优待”一词。

显然，无赔款优待制度的目的是以未来的保费折扣为诱导，鼓励被保险人控制风险、降低保险事故发生的概率，进而降低索赔的概率，从而控制被保险人的道德风险。除此之外，无赔款优待制度与免赔额制度有异曲同工之妙。因为，当某次事故的赔款金额较低，低于来年可能得到的保费折扣时，从经济的角度思考，被保险人此时应当选择自己承担损失，而不要向保险公司提出索赔。所以，无赔款优待制度也可以起到消除小额索赔、降低经营成本的作用，以及提高被保险人的防灾防损意识的作用。NCD 制度这一思想不仅可以应用于机动车辆保险，而且还可以应用于个人风险和与个人风险状况相关的短期性财产保险。

案例 2-3　　　　交强险中的无赔款优待

浮动因素			浮动比率
与道路交通事故相联系的浮动 A	A1	上一个年度未发生有责任道路交通事故	－10%
	A2	上两个年度未发生有责任道路交通事故	－20%
	A3	上三个及以上年度未发生有责任道路交通事故	－30%
	A4	上一个年度发生一次有责任不涉及死亡的道路交通事故	0%
	A5	上一个年度发生两次及两次以上有责任道路交通事故	10%
	A6	上一个年度发生有责任道路交通死亡事故	30%

三、共同保险条款(Coinsurance Clause)

在财产保险中,共同保险包括两层含义,其一是保险人之间的共同保险;其二是保险人与被保险人之间的共同保险。

1. 保险人之间的共同保险

当保险标的的保险价值比较高,一个保险人完全承保具有一定难度时,可由两个或两个以上保险人联合承保同一笔保险业务,或共同分担同一笔损失,此时就称为共同保险。共同保险是投保人与数个保险人之间就同一保险利益、同一风险共同订立一份保险合同。共同保险中,各保险公司承保的总金额不得超过保险标的的实际价值。共同保险的保险费率、保险期限、保险责任等都是由各保险人与投保人共同商订,即各保险人所承担的保险费率、保险期限和保险责任均是相同的。各保险人一起与投保人签署一份保单即可。当保险标的发生损失时,各保险人按保险合同中各自承保的比例承担损失赔偿责任。共同保险中,虽然在保险实务上,投保人仅须与一个保险人接洽,而不是所有的保险人;但在法律上,投保人仍然与所有的保险人直接发生关系。比如在卫星保险中,由于保险标的物的价值较高,因此常常由多家保险公司共同承保一个卫星的损失。当然,无论是原保险环节抑或是再保险环节,都可能采用共同保险的方式。

知识窗 2-3　　共同保险与相关概念的区别

共同保险与重复保险(Double Insurance)的区别

重复保险与共同保险都存在多个保险人,但共同保险只签订一份保险合同,保险金额不高于保险价值,而重复保险则签订数份保险合同,保险金额超出保险价值。

共同保险和重复保险有很大的区别:

1. 共同保险的各保险人的权利义务关系较为紧密。在共同保险中,尽管保险人为数人,但它们和投保人之间只存在一份保险合同。而重复保险的各保险人之间基本上没有权利义务关系,因为,在重复保险中,各保险人和投保人存在数份保险合同,但数份保险合同彼此没有任何联系。

2. 共同保险中,保险金额的总和不超过保险标的可保价值。重复保险则相反,保险金额的总和超过保险标的可保价值。

3. 重复保险容易引发道德风险,法律对重复保险的要求和规定也比较严格。共同保险则是法律允许的正常承保行为。

共同保险与再保险(Reinsurance)的区别

共同保险与再保险均为危险分散原则的应用。保险人为保证保险业务收支平衡与稳健的经营，在危险的种类与程度以及保险金额的承担上尽可能使用大数法则，扩大其分散危险的范围，再保险与共同保险是最为有效的手段。

再保险与共同保险都是保险人分散风险的方式，都具有扩大风险的分散范围、稳定保险经营的作用。两者都有两个或两个以上的保险人参与，而且在保险经营中，将再保险和共同保险结合起来运用的情况已屡见不鲜。共同保险的出现早于再保险，而再保险富于融通性，但相对于再保险而言，共同保险的手续繁琐、费时费力，涉及的保险人比较多，商谈事项较为复杂。除此之外，再保险与共同保险具有下列显著的区别：

1. 两者的风险分散方式不同。共同保险是投保人就同一保险标的、同一保险利益、同一风险事故与多家保险公司共同缔结合同，是对风险的横向分摊；而再保险是保险人之间建立保险关系，是对风险的第二次分散，为纵向分摊。

2. 就投保人与保险人之间的关系而言，在共同保险中，投保人与每个保险人之间有直接的法律关系；而在再保险中，投保人与再保险人之间没有直接的法律关系，再保险人仅与原保险人之间有直接的法律关系，因此，投保人无权向再保险人提出索赔请求，而再保险人同样也无权请求投保人缴付保险费。

共同保险与再保险虽然存在一些差异，但实务中两者渐趋接近，相辅相成。

共同保险在具体的做法上逐渐趋向于再保险化，表现为：

1. 并列式的共同保险实行首席共保人制度。首席共保人制度就是在若干共同保险人中推举一个保险人作为首席共保人，由首席共保人全权处理每项共同保险实务，首席共保人制度实际上采纳了再保险合同的首席再保险人制度，是共同保险的再保险化的具体表现。

2. 连带式的共同保险方式。连带式的共同保险方式，就是承保同一危险的各个共保人承担连带责任。所有的共同保险人对被保险人的保险赔偿承担连带的责任，每个共同保险人均有义务赔偿被保险人的全部损失，但共同保险人在向被保险人履行全部赔偿义务之后，应向其他共同保险人要求承担其分摊的份额。这种形式的共同保险实际上已经完全再保险化。

在共同保险再保险化的同时，再保险也采纳了共同保险的某些做法：在再保险合同内，明确规定再保险人要与原保险人为共同保险人，通过这种方式，再保险人直接参与直接保险业务。显而易见，原保险人与再保险人对同一危险承担共同责任的做法，是再保险的共同保险化的具体表现。

2. 保险人与被保险人之间的共同保险

共同保险条款规定，在损失发生的时候，财产保险金额必须大于等于被保险财产实际现金价值的一个规定比例。倘若达到了这个比例，则可以视为足额投保，进行全额赔偿；倘若在损失发生时没有遵守共同保险条款的这项比例，则被保险人要作为一个共同保险人与保险公司共同承担损失，此时保险公司的赔偿金额为：

$$赔偿金额 = 损失金额 \times \frac{保险金额}{规定的保险金额}$$

或：

$$赔偿金额=损失金额\times\frac{实际投保比例}{规定的投保比例}$$

例如，假定一栋建筑物在损失发生时的实际现金价值为 50 万元，但保险金额只有 30 万元。保险单中共同保险条款规定的投保比例是 80%，即规定保险金额必须大于等于 40 万元。假定发生的保险事故导致损失金额为 1 万元，则赔偿金额只有 7 500 元，即：

$$1万 \times \frac{30万}{40万} = 7\ 500(元)$$

或

$$1万 \times \frac{30万/50万}{80\%} = 1万 \times \frac{60\%}{80\%} = 7\ 500(元)$$

共同保险的概念非常好理解。实际上就是，保险人事先与被保险人约定了一个最低的投保比例（比如 80%），倘若被保险人的投保比例大于约定的投保比例，保险人则按足额投保赔偿；倘若实际投保比例低于约定的投保比例，保险人则按实际投保比例与约定投保比例之间的比值进行比例赔偿。

知识窗 2-4　　如何确定不定值保险中的保险金额

在不定值保险中，如何确定保险金额是投保人与被保险人所面对的难题。因为，不定值保险中足额投保的投保比例要求是 100%。而保险金额是投保时确定的，保险价值是损失发生时确定的，市场价格在不断地变化，让两者完全相等只是一种偶然。所以，投保人为了保证能够符合 100%足额投保的要求，势必在投保时就将保险金额定得略微高一些。较高的保险金额使得投保人必须多交保费，而倘若存在超额投保，却不可能得到超额的赔付，因此加重了投保人的保费负担。倘若投保人确定的保险金额偏小，损失发生时的投保比例达不到 100%而构成了不足额投保，则会因为不足额投保而少赔。所以，不定值保险一直被认为是一个理论上绝对公平、但对投保人不公平的损失补偿方式。倘若要绝对公平，则应该多保多赔、少保少赔，或多保不多赔、少保不少赔。但是这样又违反了补偿性原则。

共同保险条款的引入能解决这个不公平的问题。其实际上是降低足额投保的比例要求,比如从100%下降为80%。这样,投保人投保时只需按照当时的保险价值足额投保,将来即使由于通货膨胀等原因造成市场价值波动,一般情况下也不会造成被保险财产在一年之内贬值20%或以上,因此损失发生时的投保比例只要高于80%,就仍然可以得到足额赔偿。这也就是多保不多赔、少保一点点不少赔,但少保太多了,就要少赔了。共同保险条款鼓励投保人在投保的时候使保险金额尽量接近当时的实际价值,而将未来因市场波动造成的不足额风险由保险公司承担。所以,共同保险条款体现了保险公司的人性化和宽容。

四、分层保险与伞型保险

(一) 分层保险

保险人之间的共同保险是风险在横向的分散,各家保险公司各自按照自己的承保比例承担赔偿责任,所有保险公司的承保比例总和一起为被保险人提供全面的高额保障。但是,分层保险不同。分层保险(Layered Insurance Coverage)是风险在纵向的分散。当某些标的物的保险价值太高时,可以将保障分为几段或几层,每一层由一家或多家保险公司承保,并只有当损失金额超过了该层的起赔线之后,每一层中的保险公司在各自的赔偿限额之内承担赔偿责任。

分层保险虽然也是风险的纵向分散,但其不同于再保险。因为在再保险中,原保险公司是将风险全部由自己接受之后,超过承受能力的部分再办理再保险。因此,再保险公司不会直接与原保险的被保险人进行接触或签署合同。再保险与原保险是完全独立的两个民事行为。但在分层保险中,被保险人分别与各层的保险公司签署合同,可能会采用不同的承保条件或条款,各层相互之间是完全独立的。当然,不同层风险的损失概率和损失程度是不同的,一般而言,损失程度越高的层次损失概率越低。所以,被保险人可以通过分层保险以最合理的价格取得最优的保险组合。分层保险允许被保险人对不同的风险种类和程度使用不同的保单,这比一次购买一个大保单的可行性要高许多。而且,不同保险人有不同的风险承受能力、业务组合和专长的损失补偿。比如,一些保险人宁可接受损失程度较小但损失概率较大的风险,他们喜欢接近损失分布平均数的风险,这类公司比较适合承担处在低层的保险。而有些保险人却愿意接受损失程度较大但损失概率较小的损失,他们喜欢原理损失分布平均数的风险,这类保险公司则可以负责第二、第三甚至更高层数的保险。当然,每一层上也可以采用共同保险,由多家保险公司共同承保。通过分层保险将大保单进行拆分,被保险人能更容易地获得保障，而且可以从不同的保险人管理风险的专长中获得价格上的好处。比如，图 2-3 就是一个分层保险的示例。

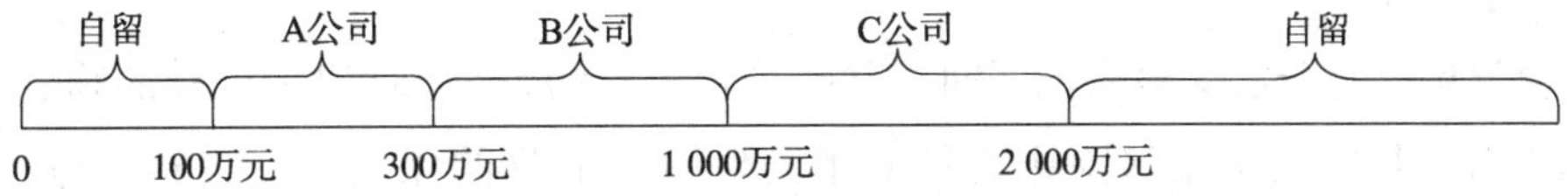

图 2-3 分层保险示例

比如图 2-3 中的分层保险，其中损失为 0～100 万元的部分由被保险人自留；100 万元～300 万元部分的损失由 A 保险公司承担，A 保险公司的赔偿限额实际为 200 万元；300 万元～1 000 万元的损失由 B 保险公司承担，B 保险公司的赔偿限额实际为 700 万元；1 000 万元～2 000 万元之间的损失由 C 保险公司承担，C 保险公司的赔偿限额实际为 1 000 万元。超过 2 000 万元部分的损失则由被保险人风险自留。

案例 2-4 纽约世贸中心的分层保单

1993 年 2 月，位于纽约的世贸中心被恐怖分子炸毁，导致财产、责任、业务中断等损失近十亿美元。纽约高速运输管理局有 6 亿美元的财产与业务中断保障和 4 亿美元的责任保障。下面列出了参与这项赔偿的多层财产保单及保险人：

自留　　每项索赔的＄100 000

第一层　从 Am Home Assurance and Home Indemnity 得到一千万美元

第二层　从 11 家公司得到赔偿额两亿九千万美元

第三层　从 5 家公司得到赔偿额一亿美元

第四层　从伦敦劳合社的 68 个辛迪加得到赔偿额一亿美元

第五层　从伦敦劳合社的 65 个辛迪加得到赔偿额一亿美元

2001 年，承租纽约世贸中心的希尔维斯坦地产公司考虑到全球恐怖活动升级，把最高赔偿额提高到 35.5 亿美元，并将风险分成 10 个等级。2001 年 9 月 11 日，闻名世界的 9·11 恐怖主义袭击发生，导致世贸中心全部损失。

（二）伞型保险

伞型保单（Umbrella Policy）通常基于责任保险，为保险公司已承保的基础保险（如一般责任、机动车责任和雇主责任）的保单限额提供补充，当基础保险的保单限额用尽之时触发保险责任，伞型保单的保险公司在其保单限额内承担赔偿责任。当然，一般而言，伞型保单的保险条款和承保条件通常都会遵循基础主保单的规定，此时伞型保单提供的是保障限额的补充。在少数情况下，伞型保单的保障范围可能比基础保险更为广泛，此时伞型保单提供的是保障范围的补充。伞型保险的主要目的是提供巨灾保障。

伞型保险与分层保险完全不同。分层保险中，通常是针对同一个标的物的保障金额进行分层。而伞型保险则是针对不同保险标的物的保险同时进行超额分层。或者打不太恰当的比方，倘若伞型保单下有两种保障责任，如机动车责任和产品责任，则相当于伞型保单安排了两个超赔的分层保险，即机动车责任超赔分层保险与产品责任超赔分层保险，但把这两个分层保险合在一起承保了。考虑到机动车辆责任与产品责任的相互独立性，因此伞型保单的安排比单独安排两个超赔分层保险要更为便宜。

案例 2-5　　　　　　　　伞型保单示例

比如，A公司向D保险公司购买了一份伞型保单，保障机动车责任与产品责任。已有的基础保单为，机动车责任保险由B保险公司承担，其中自留额为10万元，保单限额为100万元；产品责任保险由C保险公司承担，其中自留额为100万元，保单限额为1 000万元。D保险公司的伞型保单限额为1 000万元。则各部分的保障为：

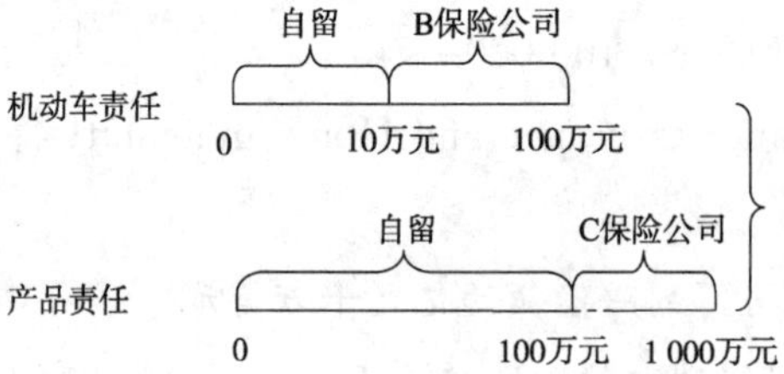

比如，当机动车责任与产品责任事故发生、损失金额各为210万元与1 500万元时，A公司先承担自留额10万元与100万元；然后在基础保单中，B保险公司承担机动车责任100万元，C保险公司承担产品责任1 000万元；然后在伞型保单中，D保险公司共承担500万元的赔偿金额。如下表所示：

	损失金额	A公司	基础保单		伞型保单
			B保险公司	C保险公司	D保险公司
机动车责任	210万元	10万元	100万元		100万元
产品责任	1 500万元	100万元		1 000万元	400万元
总损失	1 710万元	110万元	100万元	1 000万元	500万元

倘若机动车责任损失为 210 万元，而产品责任的损失为 2 500 万元，则除去 A 公司自留额 110 万元和 B 保险公司 100 万元与 C 保险公司的 1 000 万元，还有 1 500 万元的损失。则 D 保险公司仅承担 1 000 万元损失(不用再细分机动车责任和产品责任了)，余下 500 万元损失则由 A 公司自己承担。

五、财产保险的赔偿处理方式

财产保险中的赔偿方式一般包括以下几种：

(1) 货币赔偿：保险人以现金的方式直接支付保险金，当然，需要根据保险条款中规定的损失补偿方式具体计算保险赔偿金。在计算保险赔偿金时，对于特殊情况需要特殊处理。比如，对于成对或成套物品的赔偿处理，简单地按照比例计算可能就不太妥当了。比如，某建筑物门外挂的一对灯笼在火灾中烧毁了一个，此时倘若按照一个灯笼的价格(即一对灯笼价值的 50%)来赔偿则不妥。因为另一个灯笼无法单独使用，配对又很难找，通常只能舍弃而另外买一对全新的。这种情况下，赔偿一对灯笼价值的 70%或 80%则更为合理。

(2) 实物赔偿：保险人以实物替换受损标的物。通常，该实物应该具有与保险标的出险前同等的类型、结构、状态和性能。实物赔偿时通常要考虑折旧，即以旧换旧；倘若以新换旧，或功能有所增加、性能有所改善，则可能会因为被保险人有机会从中获利而引发道德风险，故需严格注意遵守补偿性原则。但特殊情况下也有例外。比如，保险标的物过于老旧，早已停产，根本找不到同型号的标的物了，以旧换旧根本不可行；甚至因零配件停产而导致连修理也不可行；另外，由于科技进步，尽管保险标的物原来的价格高昂，但当下的价值已经很低，倘若用实际价值考虑折旧进行货币赔偿，则赔偿金额微乎其微，被保险人可能难以接受……此时，可以考虑用具有与保险标的物出险前完全相同功能的实物进行替换，称为功能重置。比如，某办公室一台打印机在大火中被烧毁了，打印机型号很老了，无法修理。原先购买时价值不菲，但现在技术成熟，打印机非常便宜了。故考虑到其原来只具有黑白打印的功能，现赔偿一台黑白打印机即可。

(3) 实际修复：保险公司自行修理保险标的物或委托第三方修理受损标的，修理费用由保险人承担。实际修复多用于保险公司自己有维修的渠道，或者与第三方签署有维修长期合作协议的情况。这样不但可以节约保险公司的费用，还给客户提供了增值的保险服务。

当然，在上述各种赔偿处理方式中，保险人具有选择具体方式的权利。通常，保险人会根据当时的情况、各种不同赔偿方式可能存在的成本费用、保险人自身的便利、被保险人能够接受的情况、社会影响等诸多因素来进行综合的考虑。但是，无论如何，该权利归保险人所有。

六、危险单位的划分

危险单位(Exposure Unit)是指在一次保险事故中可能造成的最大损失范围。

通常，危险单位划分主要是指普通保险事故情景下的最大损失范围划分。在采用第一损失保险的时候，特别需要划分危险单位，危险单位划分是评估最大可能损失(Probable Maximum Loss, PML)的基础。保险公司通过危险单位划分确定最大损失范围后，就可以进一步估计该范围内保险财产遭遇保险事故可能导致的损失程度，从而得出最大可能损失金额，并确定自留风险比例及安排再保险。

危险单位的划分应该本着科学、谨慎和合理的原则进行，并遵守“存疑不分”的原则。即在存有疑惑和不确定的情况下，应该不做一个危险单位以上的进一步划分。危险单位划分的标准是：坐落于同一地点的两(多)项保险财产彼此有着安全的区隔，发生于其中一项财产的保险事故不会同时影响另一项保险财产。用统计学的语言就是两项财产的风险是相互独立的，而并非相关的。不同的保险产品有着不同的划分危险单位的方法，一般而言，有如下方法：

- 在财产险中，一座建筑物，不管有多少个被保险人或有多少张保单与建筑物有关，建筑物及建筑物内所有物品，包括相关的利润损失险、营业中断险和后果损失险都应被看作一个危险单位。即一座建筑物及其内含物品将作为一个危险单位，不应进一步进行危险单位划分。
- 在建筑和安装工程保险中，不管同一地点的一个工程涉及多少被保险人或保单，都应视为一个危险单位，其中不仅包括财产损失部分，同时也包括预期利润损失、延误开工和后果损失。除此之外，还应该明确记录在案工程项目属于新建、扩建还是内部改造。
- 附加风险中，如果附加风险受位于不同地点的风险影响，包括但不限于由于物质损失引起的供应商、客户以及相互关联的风险，无论它是在标的物所在地还是其他地点，每个地点可被看作一个独立的危险单位，但利润损失风险不能划分。
- 当标的包含已知和列明的位于其他地点的相关延伸风险，包括由于物质损失引起的但不限于供应商、客户以及相互关联的风险，而且保险公司在承保时记录在案，每个地点可被看作一个独立的危险单位，但利润损失风险不能划分。
- 未知、未列明或不能被确认的附加风险将按地点被看作不同的危险单位。

通常，保险公司应当在承保风险时就确认危险单位划分并记录在案。如果两个或两个以上的危险单位位于同一地址，保险公司应在其承保时就要在记录中明确标明这些建筑物、建筑物内物品以及利润损失或营业中断险、后果损失如何构成一个或多个危险单位。如果没有确认，在该同一地址上的建筑物及建筑物内物品及其相关利润损失等将被认为是构成一个危险单位。监管机构也根据不同财产的特征，就其危险单位的划分原则制定了相应的标准和规范，可供参考。

七、一次事故的界定

什么叫作一次事故呢？比如，什么叫一次车祸、一次洪水呢？一次事故的定义主要在巨灾合约中使用，以确定巨灾事件的次数。其目的是为了计算向再保险人摊回的金额。在第一损失保险中，一次事故的定义也非常重要。因此，如果在考虑应如何将一场持续时间较长的巨灾（如风暴）划分为多少次事件时，有关"一次事故"的定义就可以提供一个非常客观的标准。当然，在不同的保险产品和不同的风险中，对于"一次事故"有着不同的定义：

- 定义之一："一次事故"是指由同一种原因或一系列类似原因直接或间接造成的所有损失和损坏。不论这些损失在多长时间内和多大区域中发生，都应该将所有各次事故累计导致的损失总和算作一次事故。

在这个定义之下，关于"一次事故"的概念是非常清晰的。第一，其界定了导致灾害的原因，这种原因包括一种原因和一系列类似的原因，并强调了原因的"类似"性；第二，界定了造成损失的途径，包括直接的和间接的；第三，界定了损失发生的时间范围，即不论在多长时间内；第四，界定了损失发生的空间范围，即不论多大区域中；第五，界定了损失的数额范围，即所有损失累计总和。采用这个定义的保险产品较多。比如在员工忠诚保险中，被保险人的同一雇员个人或同一团伙的多人在保险期限内一次或多次实施不忠实行为或犯罪行为，给被保险人造成一次或多次或一系列损失，所有的事故均视为一次事故。在产品责任保险中也采用了这个定义：生产、出售的同一批产品或商品，由于同样原因造成多人的人身伤害、疾病或死亡或多人的财产损失，应视为一次事故造成的损失。

- 定义之二：按照时间来进行分割，比如，将168个小时（即一周）内的损失作为一次事故，也有将72小时（三天）内的损失作为一次事故。

这个定义多用于自然灾害，例如雪灾、洪水、地震等。倘若自然灾害的持续时间比较长，则将既定时间长度（如168个小时或72个小时）以内的损失合并为一次事故。至于具体从几点开始到几点结束倒不是非常关键，被保险人和保险公司可以协商。

知识窗 2-5　　9·11 中的一次事故

1993 年初，恐怖分子在世贸中心地下室引爆炸药，大楼人员伤亡严重。一些公司纷纷迁离。此后，世界贸易中心空置率居高不下。2001 年，世贸中心在经过 8 年的高空置率后，终于有人接手。希尔维斯坦地产公司代表希尔维斯坦地产公司与西地公司联合承租了世贸中心。

希尔维斯坦地产公司考虑到全球恐怖活动升级，计划购买最高赔偿额为 35.5 亿美元的保险，并雇用 Willis 保险经纪公司设计保险方案，希望将风险分成 10 个等级，以此分摊 35.5 亿美元。由于时间仓促，10 家保险公司的条款和定义存在着不一致的现象，埋下了隐患。

2001 年 9 月 11 日早 8 点 46 分，美利坚航空公司班机撞入世界贸易中心北塔；17 分钟之后，另一架飞机撞上了世界贸易中心的南塔。数据显示，双塔受袭间隔 17 分钟，倒塌间隔 23 分钟。那么，这究竟是一次事故还是两次事故呢？保险合同中的最高赔偿额是 35.5 亿美元，这是基于一次事故的最高赔偿额。如果发生了两次事故，则保险公司应赔偿 35.5 亿美元的两倍。

希尔维斯坦认为应该算两次袭击，理由是世贸"双子楼"遭恐怖分子所劫持飞机撞毁的时间前后相差 15 分钟以上（美国是判例法）。保险公司代表则认为是一次事故。2003 年 9 月，联邦上诉法院根据 3 家保险公司的合同条款，认定"双子楼"的倒塌为一次事故导致，保险公司只需要赔偿 35.5 亿美元。

希尔维斯坦地产公司当然不服，提起上诉。2004 年 12 月 6 日，美国纽约州法院裁定，世贸大楼在"9·11"事件中所遭受的袭击是两起单独事件，希尔维斯坦因此将可能获得 46 亿美元的保险赔偿。保险公司代表在总结辩论中说，保险赔付不应依赖于恐怖分子使用了"1 件、两件，或是 10 件、100 件武器"。而希尔维斯坦的代表则认为，裁定"9·11"为两起单独事件有先例可循，一起发生在加利福尼亚州的纵火案中，那名纵火犯就被裁定制造 4 起独立的火灾。

本章小结

- 财产保险合同大致包括：投保单、保险单、暂保单、保险凭证和批单。其中，投保单是投保申请的要约。保险单是保险人和投保人订立的正式的保险合同，而批单是用于修改保单的。
- 财产保险单中被保险人的范围比较广，除了有记名被保险人以外，还可能有附加的被保险人和共同的被保险人。

- 保险合同中，列明保险责任和除外责任的方式有列举式和概括式。
- 保险期限和保险责任的起讫都是对于保险人承担保险责任的时间限定。
- 财产保险中一般采用保险金额，而责任保险中则采用赔偿限额。
- 长尾巴风险应采用期内索赔式，并增加发生期(追诉期)的界定，或在期内发生式的基础上增加发现期(索赔期)。短尾巴风险则采用期内发生式即可。
- 财产保险的损失补偿方式都是补偿型保险，具体有定值保险、不定值保险(重置价值保险)、第一损失保险。定额保险是给付型保险，常用于人身保险之中。
- 免赔额的作用是：消除小额索赔，降低经营成本；减少保险费；降低道德风险，提高被保险人的防灾防损意识。有时候，无赔款优待也能够起到免赔额的作用。
- 免赔额有绝对免赔额、相对免赔额、总计的免赔额和消失的免赔额几类。可以采用金额、时间或比率的形式。
- 无赔款优待被保险人因在保险期限内没有提出索赔申请，续保时可以享受保险公司的保费折扣。
- 共同保险包括保险人之间的共同保险及保险人与被保险人之间的共同保险。其中，保险人之间的共同保险与再保险类似，都是为了分散风险。而保险人与被保险人之间的共同保险条款则规定，被保险财产的保险金额要等于财产在损失发生时实际现金价值的一个规定比例。否则只能够得到部分赔偿。共同保险条款是一个更加宽容、人性化的条款。
- 分层保险和伞型保险都是为了应对巨额损失而由多家保险公司提供保障的方式。
- 财产保险中的赔偿方式包括：货币赔偿、实物赔偿和实际修复，由保险人做出选择。
- 危险单位是指在一次保险事故中可能造成的最大损失范围，是根据两个财产的风险之间的相关性和独立性而展开的。
- 一次事故的定义至少有两种，分别适用于不同的情况。

习题

1. 请解释下列词语：投保单、保险单、暂保单、保险凭证、批单、记名被保险人、附加被保险人、共同被保险人、保险期限、保险责任起讫、长尾巴风险、短尾巴风险、期内索赔式、期内发生式、发现期、追溯期、发生期、索赔期、给付型保险、补偿型保险、定额保险、定值保险、不定值保险、重置价值保险、第一损失保险、普通保险事故、极端概率事故、绝对免赔额、相对免赔额、总计的免赔额、消失的免赔额、免赔率、无赔款优待、共同保险、功能重置、危险单位、一次事故。

2. 投保单、保险单和批单的法律地位有何区别?

3. 请解释财产保险中被保险人的含义，其是否就是记名被保险人呢?

4. 请分析保险公司在确定保险责任时，采用列举式和概括式对于保险公司而言，风险有何不同？

5. “一切险”是真正保障一切风险吗？为什么？

6. 在同一保单中，是否会同时用到“保险期限”和“保险责任起讫”？为什么？

7. 保险金额和赔偿限额分别用于什么情况？本质上有何区别？

8. 请分析长尾巴风险对于保险公司而言存在什么影响，期内索赔式是如何控制这种风险的？

9. 请解释不符合补偿性原则的三种损失补偿方式，为什么还允许它们存在呢？

10. 请解释普通保险事故与极端概率事故的区别。

11. 请解释免赔额的作用，并分析相对免赔额与绝对免赔额的区别。

12. 请简述无赔款优待的目的和作用。

13. 请分析共同保险与再保险的区别和联系。

14. 请分析共同保险与100％足额投保要求的本质联系。

15. 请分析分层保险与伞型保单的区别。

16. 财产保险中有哪些赔偿方式？选择权在谁？

17. 请简述危险单位的划分原则及其意义。

18. 一次事故的划分依据大概有哪些？

第二部分

财产保险产品

第三章　财产保险

企业财产保险和家庭财产保险均以静止财产为保险标的物，均起源于标准火灾保险。其保险责任、除外责任及赔偿处理等方面都具有代表性。正确理解标准火灾保险有助于全面认识财产保险产品。营业中断保险则是承保间接损失的典型险种。其是一个比较新的险种，理解营业中断保险也有助于进行产品的创新，开发更多以间接损失为保险标的物的新险种。

第一节　标准火灾保险

众所周知，火险是财产保险的起源之一。最初的财产保险主要是对有形财产提供火灾损失的保障。因此出现了诸多标准火灾保单(Standard Fire Policy)。中华人民共和国成立之前，我国的火灾保险一般直接采用西方国家通用的标准火灾保险条款。直到1951年1月，中国人民保险公司制定出了自己的火灾保险条款，不但包括火灾、雷电和爆炸，还包括地震、地陷、崖崩以及发生责任范围内灾害事故时遭受的盗窃损失。1954年和1955年又进行了两次修订。随着保险的发展，火灾保险的保险责任不断扩大，而不再是单一的火灾保险了。因此，业界逐渐放弃了“火灾保险”的称呼，而代之以“企业财产保险”“家庭财产保险”等。但是，火灾保险是财产保险的鼻祖，掌握火灾保险的技术处理有利于加深对其他保险的理解。

知识窗3-1　　火灾保险的诞生与成长[①]

● 历史上的伦敦大火

1666年9月2日，星期天午夜一点左右，位于伦敦市普丁巷的国王面包房突然起火。强劲的东风卷来的火星点燃了堆积的煤炭、木料、酒精、柴油桶，火

① https://www.sohu.com/a/113457470_467166

势不断向城区延烧。住在面包房顶楼的一个长工拉响了警报。目击者佩皮斯写道:“如果你当时素面朝天地站在风里,那么你几乎就会被火星组成的雨点烧焦。”面对大片的火海,用木桶或手摇抽水机救火显然是杯水车薪。在伦敦城的东边,士兵和水手们用火药炸毁房屋,形成的空地就是人们的防火通道。这个方法控制了火势,也保住了城东的伦敦塔桥。在城西,正当大火即将威胁到皇宫的时候,风势开始减弱,人们终于在星期五的凌晨将大火扑灭。这场大火持续了 4 天,是伦敦历史上八大灾难之一,导致五分之四的伦敦变为废墟,13 200 户住宅和 436 英亩土地被毁,财产损失 1 200 多万英镑,20 多万人流离失所。

● 牙医设立保险营业处

灾后的幸存者非常渴望能有一种可靠的保障。聪明的牙医巴蓬 1667 年独资设立营业处,办理住宅火险。1680 年,他同另外三人集资 4 万英镑,成立火灾保险营业所,1705 年更名为菲尼克斯火灾保险公司。巴蓬也被誉为“现代火灾保险之父”。巴蓬的火灾保险公司根据房屋租金计算保险费,并且规定木结构的房屋比砖瓦结构房屋的保费增加一倍。这种依房屋危险情况分类保险的方法是现代火险差别费率的起源,火灾保险成为现代保险,在时间上与海上保险差不多。

● 火灾保险开始发展

1710 年,波凡创立了伦敦保险人公司,后改称太阳保险公司,接受不动产以外的动产保险,营业范围遍及全英国。18 世纪末到 19 世纪中期,工业革命使人们对火灾保险的需求更为迫切。火灾保险发展异常迅速,并以股份公司为主。进入 19 世纪,在欧洲和美洲,火灾保险公司大量出现,承保能力有很大提高。1871 年芝加哥一场大火造成 1.5 亿美元的损失,其中保险公司赔付 1 亿美元。同时,火灾保险的理赔工作日趋复杂化,并提出了专业化理赔的要求。19 世纪初,大多数开展火灾保险业务的保险公司都雇用独立的专门技术人员作为其代理人,这类人就被称为“估价人”。

● 中国的火灾保险

中国最早的火灾保险公司是“香港火烛燕梳公司”(Hong Kong Fire Insurance Company),由英商怡和洋行 1866 年设立于香港,是中国最早出现的火险公司,注册资金为二万美金。该公司每年所获盈利,相当于股本的 50%,股票增值曾达到过 400%。早期火险业的营业范围不限于香港,也涉及广州、上海、北京等地。保险公司为防止被保险人放火搬物,在保户门楣上悬钉一种铜质或铁质火标，既便于警察查检，又提醒救火人员奋勇抢救。当时的保户都以悬挂保险商标为荣，因为保险公司不敢贸然承保非殷实的商店住户。香港火烛燕梳公司沿袭了英国保险公司的体制，也组建了消防队。后来消防队从保险公司分离出来，并入警察系统。

从中国大陆来看，火灾保险是中国人民保险公司成立以后开办最早的一项业务。在中国人民保险公司成立初期的1950年，当时确定火险的限额最高为30亿元(旧币)。当时的火灾保险包括普通火灾保险和公民财产保险两种。普通火灾保险主要承保私营工商业者的财产，公民财产保险承保个人的财产。到1952年10月，国家保险机构开办的普通火灾保险有了很大发展，据中南、华东、东北76个城市的统计，投保火灾保险的工商户占全部工商户的21.36%。1952年有40余万户职工、居民参加了保险。

本节以1943年美国纽约的标准火灾保险单为例进行介绍。

一、1943年美国纽约标准火灾保险单的变迁

在美国火灾保险的早期，保险公司各自设计了自己的火灾保险单，缺乏统一性，限制性条款也五花八门。在法院判决时，由于条款不统一而总是会做出不利于保险人的判决。因此，马萨诸塞州于1873年首先制定了标准火险单。纽约州在1886年也制定了标准火险单，并在1918年和1943年进行了两次修订。在纽约州于1943年第二次修订了标准火险单之后，这个版本就广泛地被各州所采用。除加利福尼亚州、马萨诸塞州、明尼苏达州和得克萨斯州之外的46个州均采用了1943纽约州标准火灾保险单。没有采用的4个州也是制定了自己的标准火险单，但基本内容与纽约标准火险单基本相同。

纽约标准火险单是一种保险责任范围不完整的合同，必须加上适当的附属保单和批单才能完整。这样也能满足具有不同特点的财产保险需求，以及满足不同个人和企业的需求。通常，1943年美国纽约标准火灾保险单有200多种附属保单。近年来，标准火险单基本不再使用，其基本条款已经结合到新的合同之中。但标准火险单仍是重要的具有代表性的保险文件，包括了诸多财产保险的基本概念，是各种保险技术处理的范本。

二、1943年美国纽约标准火灾保险单的技术规定

1. 保险标的物

标准火灾保险的保险标的物大多是建筑物。需要在声明部分详细地说明保险财

产的种类、坐落场所等。特别需要说明保险财产的建筑结构、屋顶种类、占用性质，比如是属于制造、零售还是批发使用等，甚至还需要说明消防设备的布置情况、与消防龙头和消防队的距离、所在城市的消防级别等。除此之外，倘若财产是抵押财产，则还需要说明抵押权人对抵押财产的可保利益。

一般而言，并非所有的建筑物及建筑物内的财产都可以承保。能作为保险标的物的建筑物应该是正规的建筑物，而并非任何用简易材料搭建的简易罩棚。除此之外，账册、票据、货币、契约、债券、图纸、文件、手稿等一些纸质的财产一律不保障。因为这类财产在火灾中发生损失之后，其具体的损失金额很难确定。金银、珠宝、文物等一些价值难以确定的财产也不予承保，除非在保险单中做了特别的约定。

2. 保险责任与除外责任

标准火灾保险单的保险责任范围非常狭小，通常保险责任只包含三种损失原因：火灾、雷电和搬迁财产所导致的直接损失。其中，标准火灾保险单中并没有对火灾做出明确的定义。但是从诸多的法院判决中，已经明确了火灾的具体含义。标准火灾保险单中的火灾必须符合两个条件：一是必须有火焰燃烧；二是必须是敌意的火（Hostile Fire）。因此，没有火焰的烤焦、烫损等情况不符合火灾的定义。比如煤堆的自燃现象，倘若只有烟而没有火焰，则不属于火灾。而敌意之火则是指越出正常范围的火，超越了人类控制的火。当然，敌意之火是与善意之火（Friendly Fire）相对应的。善意之火是指故意点燃、但控制在一定范围内燃烧的火，是为人类所用、带来好处的火。当然，倘若善意之火超越了其正常的范围，就会变成敌意之火。事实上，许多敌意之火都是因善意之火失去控制而导致的。雷电通常也会导致火灾。搬迁财产的损失则是指发生火灾时，为了避免财产遭受进一步的损失而搬迁财产的过程中所导致的损失。例如，一家店铺起火了，为了防止财产发生进一步损失，财产所有人把货物搬至路边堆放，却又因为缺乏人手看管而在混乱中被一抢而空。此时，保险公司不但会赔偿被火灾烧毁的财产损失，也会赔偿被抢劫的财产损失。法院在许多相关法律诉讼中对搬迁财产的损失进行了许多解释。一般而言，尽管暴雨、洪水、偷窃等其他责任均属于标准火灾保单的除外责任，但这些原因所造成的搬迁财产的损失也都属于保险责任。这实际上是近因原则的运用，也是鼓励被保险人在事故发生时积极地对财产进行施救。不过，通常在界定搬迁财产的损失时具有时间方面的限制。比如火灾发生后多少时间以内等。

标准火灾保单只保上述三种保险责任，其采用列举式来叙述保险责任。但也以举例说明的方式列举了一些除外责任。比如包括敌人攻击、入侵、骚乱、起义、内战、篡权、内政当局的命令、被保险人抢救财产时的疏忽、偷窃的损失等。这些除外责任都是非常典型的具有代表性的除外责任。其中，把战争或类似战争的行为造成的火灾和其他损失列入除外责任，是因为这类风险是巨灾风险，失去了分摊的基础；内政当局下命令焚毁的财产通常也不在承保之列。但是，倘若当发生保险责任范围内的火灾时，内政当局为了阻止火灾蔓延而命令破坏了保险财产，此时则属于保险责任。将被保险人抢救财产时的疏忽列入除外责任则是希望被保险人在损失发生后应采取合理的手段抢救或保护财产。在这个前提条件下，保险公司可能会面临较小的损失规模。当然，所谓"合理的手段"，法院的解释则是"预计在同样情况下，一个谨慎的未参加保险的人所会采取的一切手段"。保险人只是希望被保险人能够如同没有买保险的人一样，合理照顾自己的财产，不要因为购买了保险而产生任何道德风险；而并不是要求被保险人必须勇敢地冒着生命危险抢救财产，或者保证财产不发生任何风险。

3. 赔偿处理方面的规定

标准火灾保单只就被保险财产的直接损失予以赔偿，除非另有约定，否则一般对间接损失不予赔偿。并且，标准火灾保单采用了期内发生式的赔偿制度。即只有当火灾发生在保险期限内，保险公司才予以赔偿。比如说，倘若在保险期满前 2 分钟发生了火灾，而在保险期限结束前的 2 分钟里造成了少量损失，但在保险期限结束之后的几个小时里造成了大量损失，此时由于火灾发生在保险期限内，保险人仍将赔偿全部损失。但是，倘若在保险期限还未开始前 2 分钟发生了火灾，并且在保险期限开始后仍然未被成功灭火，并造成了大量损失，但由于火灾并非在保险期限内发生，保险人将不赔偿任何损失。

标准火灾保单中的保险单面额(Face Amount of the Policy)是保单最高的损失赔偿金额，适用于一次全部损失的赔偿。如果保险期内发生多次损失，保单面额并不会因保险公司的赔偿而减少。在赔偿时，损失金额的判定标准是损失发生时受损财产的实际现金价值。实际现金价值则是损失发生时受损财产的重置价值减去折旧。当然，保险公司也可以根据财产受损的情况选择修理或置换财产，但只能够以相似的材料和质量标准恢复原状，而不能从中获利。倘若由于政府有关的建筑法令(Building Code)造成了修理或置换财产的费用增加，则保险公司不承担这部分赔偿责任。比如，新的建筑法令要求新修或改建的建筑物都必须采用防火材料，而原来的老建筑却未采用防火材料，因此会造成修理房屋时费用的增加，保险公司只对采用原来材料进行修理的部分予以赔偿，而因采用新材料导致的费用增加部分不予赔偿。

倘若存在重复投保的情况，即数家保险公司同时承保同一保险标的物、同一保险利益和同一责任，且保险金额之和大于保险价值时，各家保险公司则按照各自保险金额与总保险金额的比例分摊赔偿责任。

4. 保险的中止与解除

标准火灾保单中规定保单中止的情况有三个：危险大量增加；建筑物无人居住或

未被占用连续超过60天；骚乱和爆炸造成的损失（除火灾损失）。根据最大诚信原则，当被保险财产的危险增加时，被保险人应及时通知保险人，由保险人判断是否继续承保，否则合同立刻中止。比如，某人购买了住宅火灾保险，但却在家中的地下室储存汽油，改变了家庭财产的风险特征，则保单立刻中止。当危险解除并恢复原状之后，保单自动复效。而无人居住或未被占用的建筑物失去了看护，具有较高的损失概率，保单通常会自动中止。当然，一旦有人入住，保单自动复效。骚乱和爆炸会造成被保险财产发生各种损失，标准火灾保单只保障其中火灾的损失，而对其他损失不予赔偿，当然也可以特约。

被保险人和保险人都有权解除保险合同。比如，被保险人可能因为被保险财产已经被出售，或可以从其他保险公司获得更为便宜的保险，或者因外界环境变化而不再需要保险了。但是，当被保险人提出解除合同的申请时，保险人退还保费时通常是按短期费率表计算，而不是根据时间长短按比例退还。比如，某张标准火灾保单一年的保费为1 000美元，在保险期限经历了6个月之后，被保险人提出解除的申请。此时保险公司只能够退还400美元，而不是按时间比例计算的500美元。即过去六个月的保费为年保费的60%。这样处理的原因有两个：其一是保单的各种费用并非随时间均匀发生，通常集中于签发保单时发生；其二是防范逆选择，比如冬季发生火灾的概率较高，而若被保险人只保障冬季几个月，而到夏季时就申请解除保单，则保险公司要收取大于时间比例的保费从而防范逆选择。保险人也有多种原因可能需要解除保险合同。比如为了避免物质风险或道德风险等风险因素的增加，或为了公司业务调整而取消无利可图的险种等。但此时，保险人在解除保单之前必须先向被保险人发出解除通知书，并按比例退还保费（而不再是短期费率表）。一般而言，解除通知书在被保险人收到通知书的10～30天后开始生效。

5. 抵押权人的利益和义务

倘若被保险财产被当作贷款时的抵押物，则抵押权人对于作为抵押物的被保险财产也具有可保利益。比如住房抵押贷款中，房屋被当作抵押物抵押给银行，倘若贷款人无力还贷，则银行有权利拍卖住房来弥补自己的损失。倘若被当作抵押物的房屋发生火灾而被烧毁，则银行收贷的利益会受到影响。因此，如何保护抵押权人对于抵押物的利益也是保险中通常要考虑的要点。通常，可以通过下列方法来保护抵押权人的利益：

(1) 抵押权人另行为抵押物购买保险。抵押权人可以另行单独地为抵押物购买保险，保险金额等于其对于抵押物的可保利益。但这种办法在实务中不常用。因为保费由抵押权人支付，实际上挤占了贷款收益，倘若变相地由借款人承担，则向借款人收取的利息必定增加，不利于市场竞争。

(2) 被保险人把保险单转让给抵押权人。这是由抵押人购买保险，然后把保险单转让给抵押权人。但这种方法也不太合理。因为抵押物在抵押人手中，应该是抵押人遵守保险合同的条款并履行看护义务。倘若因抵押人（被保险人）违反了保险条款，则发生损失时保险人不会赔偿，影响到抵押权人的利益。

（3）约定向抵押权人赔偿条款。即保险合同约定，在发生损失时，保险人应该向抵押权人赔偿损失。但是，如果被保险人违反了保险条款，保险人也会拒绝赔偿，也影响了抵押权人的利益。

（4）约定标准抵押条款。该条款规定：抵押权人有权从保险人处获得损失赔偿，而无论被保险人是否违反保险条款；抵押权人从收到解除通知到解除生效的时间要比被保险人长，以便做出应对；抵押权人有以自己名义根据保单条件起诉的权利。当然，为了得到上述权利，抵押权人必须行使以下义务：通知保险人有关财产所有权、居住情况的变化以及危险增加的情况；倘若被保险人没有向保险人交付保费，由抵押权人代为交付；倘若被保险人没有提供损失证明，抵押权人要代为提供；倘若保险人拒绝向被保险人承担赔偿责任，但仍必须向抵押权人赔偿，抵押权人则向保险人转让代位求偿权，由保险人向被保险人行使代位求偿权。标准抵押条款通常可以作为标准火灾保险单的单独批单，并且这是保护抵押权人利益的最好办法。

三、1943 年美国纽约标准火灾保险单的附属保单与批单

标准火灾保险单有诸多可以选择的附属保单和批单，只有这样，标准火灾保险才是完整的。下面介绍一些具有代表性的附属保单与批单。

1. 扩展保险责任范围批单

可以将保险责任范围扩展到包括爆炸、冰雹、骚乱、航空器、车辆、烟熏，并以与火灾保险相同的保险金额予以承保。除此之外，还可以继续采用故意破坏他人财产行为批单（Vandalism and Malicious Mischief），将保险责任范围扩展到包括恶意和无意地人为破坏各种财产的行为，包括不负责任的行为。但是，不包括建筑物的玻璃损失、偷窃、建筑物无人居住（Unoccupancy）或未被占用（Vacancy）连续超过 30 天以后发生的损失。

2. 住宅附属保单

该附属保单主要是为家庭生活中的住宅提供保障，明确地指出了保险标的物是家庭的住宅。当然，这一附属保单后来被单独的屋主保险（Homeowners Policy）所代替而较少使用。

住宅附属保单的保险财产包括住宅、附属建筑物以及被保险人和家庭成员所拥有的各种动产。一般只保障火灾、雷电和搬迁财产的损失，当然也可以对保险责任进行扩展，甚至扩展为“一切险”的形式。

3. 普通财产附属保单

该附属保单主要用于公寓、办公楼、商店和其他非制造企业的火灾保险。制造企业的工业财产和商业财产有单独的附属保单,但内容与其也比较相似。当然,这一附属保单逐渐被商业财产保险(Business Property Policy)所代替。

普通财产附属保单的保险财产包括建筑物和动产两大类。建筑物是不包括土地的不动产;动产则是指建筑物内的财产,包括不属于不动产的所有财产。无论是被保险人所有的自有动产还是被保险人保管的他人动产,都可以作为保险标的物。但通常仅限于声明部分列明的指定场所内,并且财产的保险价值比较稳定。不保障的财产则包括动物和家畜、航空器、船舶、农作物、草坪、车辆、户外招牌、水下和地下桩基、码头、地下管道、烟道和下水道等。一般有80%的共同保险条款。并且倘若保险金额满足了共同保险条款的要求,还可以扩大被保险财产的范围,比如把场所外的财产、新购置的财产、雇员衣物、重要文件等列入保障对象。

保险责任则包括火灾、雷电、搬迁财产损失、暴风、冰雹、烟熏、爆炸、骚乱、航空器和车辆等。即相当于标准火灾保险单及扩展保险责任范围批单的保险责任总和。

4. 产品保单

产品保单(Output Policy)用于承保制造商的营业动产,并且还可以向批发商或连锁商店提供,承保范围也扩大到不动产,将财产、内陆运输、车辆损失、机器损坏、犯罪保险等都包含在保险责任范围内。保险标的物包括所有营业不动产及1 000英尺以内的原材料和设备;动产方面,对于在保单区域内的动产均提供保障,而无论是否在声明部分列明,也包括内陆运输中的动产以及被保险人在法律上承担责任的他人动产。不保财产则与普通商业财产附属保单相似。产品保单采用"一切险"的形式提供保障,并且没有共同保险条款。

5. 预防通货膨胀批单

预防通货膨胀批单(Inflation Guard Endorsement)主要用于因通货膨胀而使保险金额不足的现象。该批单下,保单的保险金额在每个季度或每个月可以自动按照一个预定比例增加,比如1%~3%,从而保证保单时时刻刻都是足额投保。

6. 申报式附属保单

该保单适用于商业企业的财产价值变化较频繁或者财产具体价值难以预料的情况。比如,某些制造企业的原材料、存货的价值具有季节性,如节日之前的存货可能会大量增加;有的制造企业则可能经常会更新设备。申报式附属保单的保险财产通常不包括建筑物。一般在申报式附属保单签发时,投保人要预交保费。预交保费是基于75%的保险金额而计算的。然后在每个月末,投保人向保险公司申报财产的实际价值,在12个月全部结束之后计算全年的月度平均价值,再将这个月度平均价值乘以费率就可以得出该年度的应缴保费，并与预交保费进行比较，多退少补。

倘若投保人未能按时申报，则保险公司将对其进行惩罚，最高赔偿金额仅为 75% 的保险金额。比如，保险金额为 30 万元，但投保人未能按时申报，则发生事故时保险公司最多仅赔偿 22.5 万元。申报式附属保单通常都没有共同保险条款。因此，要求投保人全额申报财产价值，倘若发现隐瞒或申报金额小于全部价值，则按不足额投保进行比例赔偿。

7. 建筑工程申报式附属保单

建筑工程项目的价值也是逐步增加的，因此也需要进行申报。一般而言，财产价值的申报日期是由被保险人选择的，以 30 天为一个间隔期即可。保险金额按如下公式计算：

$$本月保险金额 = 本月申报价值 - \frac{本月申报价值 - 上月申报价值}{2}$$

这个保险金额表示了申报财产在各月份的平均价值，并由此确定该月的保费。建筑工程申报式附属保单适用于建设周期长、建设期内财产价值增加不均匀的大型项目，特别是具有多栋建筑物且开工和完工时间均不同的大型项目。

对于只有单栋建筑物且完工时间为半年左右的小项目，则无须使用上述的建筑工程申报式附属保单，而是应该使用更为简单的完工价值附属保单。完工价值附属保单是按项目完工时的价值来确定保险金额，费率较为便宜。由于项目完工时间较短，完工价值的变化不会太大。发生事故时，保险公司以当时的损失金额在保险金额之内进行赔偿。当然，倘若完工价值显著提高，也允许被保险人在建设期内增加完工价值并增加保险金额，但需从保单生效时计算并补缴保费。

四、标准火灾保险单的费率

知识窗 3-2　　美国的保险费率评定机构

美国的保险费率评定机构(Rating Bureau)是为各家保险公司服务的联合机构，基于各家保险公司所提供的保费收入和赔款支出等数据制定出基本费率。其主要任务就是收集与分析有关统计数据并制定各种财产和责任保险产品的费率，并负责根据所在州的法律要求进行费率的申请与上报。除此之外，费率评定机构还提供拟定保单格式和批单、评估城市消防级别等其他方面的服务。各家保险公司均采用费率评定机构制定的基础费率，能够缓和价格竞争，减少费率方面的不公平，降低自身的破产概率。目前，保险服务办公室(Insurance

Service Office, ISO)是美国最大的费率评定机构,始建于1971年,是由数家费率计算机构合并而成,总部设在纽约,在全美国都设有分支机构。美国大多数非寿险精算师都在ISO工作。ISO制定除劳工保险和保证保险以外的所有财产和责任保险的产品费率。近年来,其他国家也纷纷效仿,成立了保险业的费率计算机构,如日本和韩国等。中国也有一些公司开始效仿,以精算咨询的业务模式开展费率计算服务。

对于费率计算机构所计算的费率,监管机构有三种态度:第一种是要求所有保险公司都必须参加并采用,而且不能做任何调整;第二种则允许保险公司选择是否参加,并允许保险公司在使用时可以在一定幅度内调整;第三种则是费率仅供参考,各保险公司"公开竞争"。其中,第二种模式的使用最为普遍,第三种模式大约有20个州采用。

保险公司在厘定标准火灾保险的费率时,具体有下列三种方法:

1. 分类法

分类法中,根据所在社区的城市消防级别确定基本费率,再考虑建筑结构、居住户数、是房东还是租户等因素进行分类,每一种类别对应相应的费率。分类法比较适用于小型建筑物的火灾保险。通常,这类建筑物的价值比较低,风险变化较小,保费收入也较少。分类法简单易行,可以减少核保费用和厘定费率的费用。分类法中一般把建筑结构分为以下几种:木结构,部分木结构且部分砖石结构的仍归类于木结构;木梁砖石结构,梁为木头,但外墙为砖石或混凝土材料;不易燃的在混凝土地面上的钢骨结构;不易燃的砖石结构,即有混凝土地面、砖石墙和钢骨屋顶;高级防护建筑,指有防火措施的大型建筑物,比如自动灭火系统或自动火灾报警器等。

2. 表定法

表定法适用于大型建筑物的火灾保险。通常根据建筑结构以及占用、防护和险位的情况在基本费率的基础上进行加费或减费的调整。具体的基本费率和加费及减费的情况都由费率评定机构设计并提供。表定法主要有以下三种:

(1) 统一商业计算表(Universal Mercantile Schedule)。该表由穆尔(F. C. Moore)为代表的火灾保险承保人委员会于1892年制定并经历了多次修订,至今仍在美国东南部的20余个州使用,是其他现代表定法的基础。其基本费率是100美元保险金额的费率为0.25美元。各城市的基本费率则根据所在城市的火灾损失数据、消防级别和气候等进行调整,然后再根据具体建筑物的建筑结构、营业性质、防火和报警装置、与邻近财产的距离、受邻近财产影响的可能性、邻近财产的火灾保险费率、安全管理情况等进行加费或减费的处理。

(2) 狄恩分析计算表(Dean Analytic Schedule)。该表由火险专家狄恩(A. F. Dean)于1902年制定,并在1906年旧金山大地震和火灾后广泛使用。其主要观点是认为火灾是由许多较小但相互关联的危险因素共同作用的结果。与统一商业计算表相似,狄恩分析计算表也是在基本费率基础上进行加减费。基本费率是基于城市消防级别和建筑物的层数,加费和减费都使用百分比。比如占用性质的加费分为三类:灾因、火灾蔓延的媒介,建筑物内财产遭受火灾及被灭火用水和化学品破坏的可能性。

(3) 商业火险费率计算表(Commercial Fire Rating Schedule)。这是由ISO制定并可能为全美国统一使用的计算表。该表的基本构架与上述两种计算表相似,只存在细节差异。比如,该表的基本费率和加减费都用分数表示。基本费率是50分,加减费则直接加减这个分数,最后再把累计分数与建筑物对应的变换系数相乘即得到费率。ISO根据建筑物所在的城市类别、建筑结构和占用性质的差异,设计了大约350种建筑物的变换系数,数值从0.35到7不等。

3. 经验法

经验法常用于有多栋分布在不同场所建筑物的企业,财产较为分散,保费金额较大,此时可以基于该企业以往的损失数据来酌情进行减费。但是,对于一栋建筑物而言,通常均不采用经验法。

对于建筑物内的财产而言,其火灾保险的费率是与建筑物的费率分别厘定的。但通常都是基于建筑物的基本费率,再加上根据建筑结构、城市消防级别和财产种类确定的附加费率。一般而言,建筑物内财产的火险费率均会高于建筑物的火险费率。这是具有一定的理论根据的。因为,相比较而言,火灾大多源于建筑物内的财产,或者建筑物内的财产是必要的易燃物或媒介,因此建筑物内的财产发生火灾损失的可能性更大,而建筑物因火灾导致全部损失的概率则很小。标准火灾保险中的各种附加险、附属保单或批单等,大多采用分类法制定费率。比如,暴风、盗窃等风险可按地区分类,并考虑较长的经验期。"一切险"的费率则是将火灾保险及其他保险和批单的费率加总,再加上"一切险"附加费率等。

第二节　企业财产保险

企业财产保险(Business Property Insurance)是我国财产保险的主要险种,是在火灾保险的基础上逐渐发展而来的。企业财产保险是以生产经营的企事业单位为保障对象,以存放在固定地点并处于相对静止状态的财产为保险标的物。企业财产保险的典型保险标的物就是建筑物、厂房、机器设备等。比如机器虽然有时会运转,但其是在固定地点运转的，故称为相对静止状态。因此，企业财产保险保障的风险主要是静止状态的风险。

知识窗 3-3　　我国的企业财产保险的市场情况

2017 年，我国的企业财产保险的保费收入为 392 亿元，占整个财险市场的 4%；赔款支出为 226 亿元，赔付率达到了 58%。下表是最近十年我国财险市场上企业财产保险的市场经营情况。

	2008年	2009年	2010年	2011年	2012年	2013年	2014年	2015年	2016年	2017年
保费收入(亿元)	210	221	272	330	360	379	387	386	381	392
增长率(%)	12	5	23	21	9	5	2	0	−1	3
赔付支出(亿元)	176	128	117	129	165	214	215	216	266	226
市场份额(%)	9	8	7	7	7	6	5	5	4	4
赔付率(%)	84	58	43	39	46	56	56	56	70	58

资料来源：历年《保险年鉴》。

可以看到，企业财产保险的保费收入在过去 10 年内保持着小幅增长，赔付率波动也比较大。近年来，随着机动车辆保险的急剧增长，企业财产保险的市场份额还有所缩小，规模还有待扩展。

多年来，我国企业财产保险的保单条款也经历了几次变化。下面以中国人民保险公司(PICC)2009 年版本的企业财产保险条款为例来加以说明。PICC2009 年版本中包括三种企业财产保险的主险及若干附加险。主险是基本险、综合险和“一切险”。其中，基本险的保险责任最少，综合险是在基本险的基础上进行了责任的扩展，这两个都是以叙述的方式界定保险责任。“一切险”则是以概括的方式界定保险责任。

一、企业财产保险的保险标的

从保险利益的角度来看，企业财产保险基本险的保险标的包括下列三大类：属于被保险人所有或与他人共有而由被保险人负责的财产，由被保险人经营管理或替他人保管的财产，以及其他具有法律上承认的与被保险人有经济利害关系的财产。具体可以从可保财产、特约保险财产和不保财产进行分析。

1. 可保财产。可保财产是指为保险人所接受的保险标的物。这类财产通常可用两种不同的方式加以反映，第一，用会计科目来反映。例如，固定资产、流动资产、专用基金开支、专项物资和工程支出、账外财产。第二，以企业财产项目类别来反映。例如,房屋、建筑物和装修设备、机器及附属设备、交通运输工具、通信设备和器材、仪器仪表、器具、工具、用具和家具、成品、半成品、在制品、原材料等。

2. 特保财产。亦称特约保险财产,即与一般可保财产不同。这类财产必须经保险双方特别约定后并在保险单中载明保险价值才能给予承保。特保财产有两种:一是不增加费率的特保财产,这类特保财产的原因有两个,其一是因为这些财产的市场价格变化较大或无固定的价格,例如金银、首饰、珠宝、古玩、古画、古书、邮票、艺术品、稀有金属和其他珍贵财物,以及便携式通信装置、便携式计算机设备、便携式照相摄像器材以及其他便携式装置、设备等;其二是因为受某些风险的影响较小,例如堤堰、水闸、铁路、道路、涵洞、桥梁、码头。另一种是需要增加费率才能特保的财产,其主要原因是为了适应或满足部分行业的特殊需要,例如矿井、矿坑内的设备和物资。一般而言,尚未交付使用或验收的工程应属于建筑工程保险的标的物,倘若要在企业财产保险中进行保障,则需要特约。

3. 不保财产。即保险人不予承保的财产。通常,保险单中都规定了若干类不能投保的财产,主要分为以下几类:

(1) 不属于一般性生产资料或商品的财产,例如土地、矿藏、水资源及其他自然资源,矿井、矿坑;

(2) 缺乏价值依据或很难鉴定其价值的财产,例如货币、票证、有价证券以及有现金价值的磁卡、集成电路(IC)卡等卡类,文件、账册、图表、技术资料、计算机软件、计算机数据资料等无法鉴定价值的财产;

(3) 与政府的有关法令相抵触的财产,例如枪支弹药,违章建筑、危险建筑、非法占用的财产;

(4) 应当由其他险种承保的财产,例如领取公共行驶执照的机动车辆,在运输过程中的物资,以及牲畜、禽类和其他饲养动物、植物、农作物等。

在企业财产保险的基本险、综合险和一切险条款下,其可保财产、特保财产和不保财产的规定都是一致的。

二、保险责任

(一) 基本险的保险责任与除外责任

1. 保险责任

在企业财产保险基本险中,保险人承担由于下列风险所导致保险标的的直接损失,保险责任具体包括以下两个方面:

(1) 火灾、爆炸、雷击、飞行物体及其他空中运行物体坠落。

(2) 上述四种风险发生时,为抢救保险标的或防止灾害蔓延,采取必要的、合理的措施而造成保险标的的损失；保险事故发生后，被保险人为防止或减少保险标的的损失所支付的必要的、合理的费用。

基本险只包括上述枚举的这四种风险。费用方面，则不但包括风险发生过程中的施救与救助的费用，同时还包括事故发生后的合理费用。在这方面，需要注意以下要点：其一，风险必须已经发生。所有的费用应是在风险发生的事中或事后而产生的，而并非事故发生之前的预防性费用。其二，费用必须是“必要”和“合理”的。“必要”的含义体现为：倘若不发生这些费用，则损失会进一步扩大，甚至失去控制。“合理”的含义体现为：时间合理与金额合理。时间合理是指在保险事故发生时和以后的一定时间内发生的。金额合理则是指所发生的费用一般而言应小于所挽回的损失金额，除非特殊情况。

2. 除外责任

财产保险基本险条款只保障上述四种风险及施救与救助的费用，其他风险一律不保。保单条款中也明确地列明了除外责任，可以理解为对典型除外责任的举例说明。这些除外责任具体可以分为以下几类：

(1) 绝对除外责任。绝对除外责任在绝大多数财产保险中都是除外的。例如战争、类似战争行为、敌对行动、军事行动、武装冲突、罢工、骚乱、暴动、政变、谋反、恐怖活动，地震、海啸及其次生灾害，核辐射、核裂变、核聚变、核污染及其他放射性污染，投保人、被保险人及其代表的故意或重大过失行为，行政行为或司法行为。

(2) 自然灾害：暴雨、洪水、暴风、龙卷风、冰雹、台风、飓风、暴雪、冰凌、沙尘暴、突发性滑坡、崩塌、泥石流、地面突然下陷下沉。

(3) 保险标的的自然损耗现象。比如保险标的的内在或潜在缺陷、自然磨损、自然损耗，大气(气候或气温)变化、正常水位变化或其他渐变原因，物质本身变化、霉烂、受潮、鼠咬、虫蛀、鸟啄、氧化、锈蚀、渗漏、自燃、烘焙。

(4) 与污染有关的一切损失：大气污染、土地污染、水污染及其他非放射性污染，但因保险事故造成的非放射性污染不在此限。

(5) 间接损失：保险标的遭受保险事故引起的各种间接损失。

(6) 户外财产的损失：广告牌、天线、霓虹灯、太阳能装置等建筑物外部附属设施，存放于露天或简易建筑物内部的保险标的以及简易建筑本身，由于雷击造成的损失。

(7) 其他保险予以补充的一些风险：水箱、水管爆裂，盗窃、抢劫，锅炉及压力容器爆炸造成其本身的损失，任何原因导致供电、供水、供气及其他能源供应中断造成的损失和费用。

这些除外责任的描述能有助于对可保财产与保险责任的理解。比如更加明确的是，只保障直接损失，只保障室内的财产，不保障自然损耗，不保障污染相关损失等。另外，注意在有些除外责任的描述中，强调了“本身的损失”，则表明这些财产发生这些风险时本身的损失是除外的，但同时导致的其他财产的损失是可以赔偿的。比如在其他保险予以补充的一些风险中，“锅炉及压力容器爆炸造成其本身的损失”是除外的，这表示当锅炉及压力容器爆炸时，所造成的锅炉及压力容器本身的损失是除外的，但造成的其他财产的损失则属于保险责任范围。

（二）综合险的保险责任与除外责任

企业财产保险综合险的保险责任是在基本险基础上进行了扩展。其一是扩展了自然灾害的范围。除了雷击之外，还包括暴雨、洪水、暴风、龙卷风、冰雹、台风、飓风、暴雪、冰凌、突发性滑坡、崩塌、泥石流、地面突然下陷下沉。其二是扩展了“三停”损失，即被保险人拥有财产所有权的自用的供电、供水、供气设备因保险事故遭受损坏，引起停电、停水、停气以致造成保险标的直接损失。“三停”损失是企业财产保险综合险中一个非常具有特色的风险，理解时需要注意以下要点：首先，这必须是被保险人自有的供电、供水、供气设备；其次，必须因保险事故遭受损失，即由于前述的四项风险再加上扩展的自然灾害风险；第三，赔偿范围仅限于被保险标的物；第四，只赔偿直接损失。例如，制药厂因为本厂所有的变压器发生火灾而导致停电，致使冷库中储存的药品变质，所变质药品的损失就是典型的“三停”损失。但不包括因药品变质而违反交货时间约定的违约金、罚金等间接损失。

综合险的除外责任则与基本险几乎完全相同。只是，基本险除外责任中的自然灾害在综合险中予以承保；基本险除外责任中“任何原因导致供电、供水、供气及其他能源供应中断造成的损失和费用”在综合险中以“三停”损失的形式予以部分承保。

(3) “一切险”的保险责任与除外责任

企业财产保险“一切险”是采取了列举除外责任的概括式来叙述保险责任。“一切险”的保险责任比较概括和简单，包括由于自然灾害或意外事故造成保险标的直接物质损坏或灭失，保险事故发生时和发生后所支付的必要的、合理的施救与救助的费用。

但是“一切险”的除外责任却更多一些，在综合险的基础上明确地补充了以下内容：

1. 设计错误、原材料缺陷或工艺不善引起的损失和费用；
2. 非外力引起机械或电气装置本身的损坏；
3. 因被保险人及其雇员操作不当、技术缺陷造成被操作的机械或电气设备的损失；
4. 盘点时发现的短缺；
5. 任何原因导致公共供电、供水、供气及其他能源供应中断造成的损失和费用。

知识窗 3-4　　企业财产保险中的名词定义

企业财产保险中的各个名词都有明确的专业定义，部分具有代表性的定义如下：

火灾：在时间或空间上失去控制的燃烧所造成的灾害。必须同时具备三个条件：有燃烧现象，即有热、有光、有火焰；偶然、意外发生的燃烧；燃烧失去控制并有蔓延扩大的趋势。

爆炸：爆炸分物理性爆炸和化学性爆炸。物理性爆炸：由于液体变为蒸汽或气体膨胀，压力急剧增加并大大超过容器所能承受的极限压力，因而发生爆炸。化学性爆炸：物体在瞬息分解或燃烧时放出大量的热和气体，并以很大的压力向四周扩散的现象。

雷击：指由雷电造成的灾害。雷电为积雨云中、云间或云地之间产生的放电现象，包括直接雷击与感应雷击：雷电直接击中保险标的造成损失，属直接雷击责任。雷击产生的静电感应或电磁感应使屋内对地绝缘金属物体产生高电位放出火花引起的火灾，导致电器本身损毁，或因雷电的高电压感应，致使电器部件损毁，属感应雷击责任。

暴雨：指每小时降雨量达 16 毫米以上，或连续 12 小时降雨量达 30 毫米以上，或连续 24 小时降雨量达 50 毫米以上的降雨。

洪水：指山洪暴发、江河泛滥、潮水上岸及倒灌。但规律性的涨潮、自动灭火设施漏水以及在常年水位以下或地下渗水、水管爆裂不属于洪水责任。

暴风：指风力达 8 级、风速在 17.2 米/秒以上的自然风。

冰雹：指从强烈对流的积雨云中降落到地面的冰块或冰球，直径大于 5 毫米，是核心坚硬的固体降水。

台风、飓风：台风指中心附近最大平均风力 12 级或以上，即风速在 32.6 米/秒以上的热带气旋；飓风是一种与台风性质相同而出现的位置区域不同的热带气旋，台风出现在西北太平洋海域，而飓风出现在印度洋、大西洋海域。

沙尘暴：指强风将地面大量尘沙吹起，使空气很混浊，水平能见度小于 1 公里的天气现象。

暴雪：指连续 12 小时的降雪量大于或等于 10 毫米的降雪现象。

冰凌：指春季江河解冻期冰块飘浮遇阻，堆积成坝，堵塞江道，造成水位急剧上升，以致江水溢出江道，漫延成灾。陆上有些地区，如酷寒使雨雪在物体上结成冰块，成下垂形状，越结越厚，重量增加，由于下垂的拉力致使物体毁坏，也属冰凌责任。

突发性滑坡：斜坡上不稳的岩土体或人为堆积物在重力作用下突然整体向下滑动的现象。

崩塌：石崖、土崖、岩石受自然风化、雨蚀造成崩溃下塌，以及大量积雪在重力作用下从高处突然崩塌滚落。

泥石流：由于雨水、冰雪融化等水源激发的、含有大量泥沙石块的特殊洪流。

地面突然下陷下沉：地壳因为自然变异，地层收缩而发生突然塌陷。对于因海潮、河流、大雨侵蚀或在建筑房屋前没有掌握地层情况，地下有孔穴、矿穴，以致地面突然塌陷，也属地面突然下陷下沉。但未按建筑施工要求导致建筑地基下沉、裂缝、倒塌等，不在此列。

飞行物体及其他空中运行物体坠落：指空中飞行器、人造卫星、陨石坠落，吊车、行车在运行时发生的物体坠落，人工开凿或爆炸而致石方、石块、土方飞射、塌落，建筑物倒塌、倒落、倾倒，以及其他空中运行物体坠落。

自然灾害：指雷击、暴雨、洪水、暴风、龙卷风、冰雹、台风、飓风、沙尘暴、暴雪、冰凌、突发性滑坡、崩塌、泥石流、地面突然下陷下沉及其他人力不可抗拒的破坏力强大的自然现象。

意外事故：指不可预料的以及被保险人无法控制并造成物质损失的突发性事件，包括火灾和爆炸。

地震：地壳发生的震动。

海啸：是指由海底地震、火山爆发或水下滑坡、塌陷所激发的海洋巨波。

行政行为、司法行为：指各级政府部门、执法机关或依法履行公共管理、社会管理职能的机构下令破坏、征用、罚没保险标的的行为。

简易建筑：指符合下列条件之一的建筑：(1)使用竹木、芦席、蓬布、茅草、油毛毡、塑料膜、尼龙布、玻璃钢瓦等材料为顶或墙体的建筑；(2)顶部封闭，但直立面非封闭部分的面积与直立面总面积的比例超过10%的建筑；(3)屋顶与所有墙体之间的最大距离超过一米的建筑。

自燃：指可燃物在没有外部热源直接作用的情况下，由于其内部的物理作用(如吸附、辐射等)、化学作用(如氧化、分解、聚合等)或生物作用(如发酵、细菌腐败等)而发热，热量积聚导致升温，当可燃物达到一定温度时，未与明火直接接触而发生燃烧的现象。

三、保险金额和保险价值

企业财产保险的保险金额和保险价值是根据被保险财产的不同种类、企业财务制度的健全与否分别采用不同的方式加以确定。企业财产保险通常采用不定值保险。一般而言,保险标的的保险价值可以为出险时的重置价值、出险时的账面余额、出险时的市场价值或其他价值,由投保人与保险人协商确定,并在保险合同中载明。保险金额由投保人参照保险价值自行确定,并在保险合同中载明。根据补偿性原则,保险金额不得超过保险价值。超过保险价值的,超过部分无效,保险人会退还相应的保险费。在确定保险价值时,通常采用下列方法:

1. 账面计算法

这种方法适用于经营管理正常、财务制度健全的法人团体,并且适用于确定固定资产和流动资产的保险金额。固定资产的保险金额由被保险人按照账面原值或原值加成数确定,也可按照当时重置价值或其他方式确定。而固定资产的保险价值是出险时重置价值。流动资产以及存货的保险金额由被保险人按最近12个月任意月份的账面余额确定或由被保险人自行确定。流动资产的保险价值是出险时账面余额。

2. 估价计算法

这种方法适用于账外财产和代保管财产。账外财产和代保管财产的保险金额可以由被保险人自行估价或按重置价值确定。而保险价值是出险时重置价值或账面余额。账外财产和代保管财产应在保险单上分项列明。

需要注意的是,应采用同一种方法评估保险价值和保险金额。比如,倘若用重置价值确定了保险价值,则保险金额也应该按照重置价值来确定,从而保持数据的一致性。

四、企业财产保险的赔偿处理

(一) 赔偿方式

保险标的发生保险责任范围内的损失时,保险人有权在下列方式中选择某一方式赔偿:

(1) 货币赔偿:保险人以支付保险金的方式赔偿;

(2) 实物赔偿:保险人以实物替换受损标的,该实物应具有保险标的出险前同等的类型、结构、状态和性能;

(3) 实际修复:保险人自行或委托他人修理、修复受损标的。

同时,对保险标的在修复或替换过程中,被保险人进行的任何变更、性能增加或改进所产生的额外费用,保险人不负责赔偿。

（二）财产损失的赔款计算

企业财产保险采用的是不定值保险。在用货币赔偿时，当保险标的发生保险责任范围内的损失时，保险人首先应该确定是否足额投保，并按以下方式计算赔偿金额：

(1) 保险金额等于或高于保险价值时，按实际损失计算赔偿，最高不超过保险价值；

(2) 保险金额低于保险价值时，即发生了不足额保险，此时应该按保险金额与保险价值的比例乘以实际损失计算赔偿，最高不超过保险金额；

$$\text{赔款} = \frac{\text{保险金额}}{\text{出险时保险价值}} \times \text{实际损失或受损财产恢复原状所需修复费用}$$

无论对于固定资产、流动资产还是账外财产和代保管财产，赔款处理时的计算都是按照上面的方法进行。只是确定各种财产保险价值的方法有所不同。固定资产的保险价值是出险时重置价值。流动资产的保险价值是出险时账面余额。而账外财产和代保管财产的保险价值是出险时重置价值或账面余额。而且，同样需要注意的是，需采用与评估保险价值和保险金额相同的方法来评估损失金额，从而保持赔偿的合理性。

企业财产保险中普遍采用每次事故绝对免赔额或免赔率。在按照上述原则计算出损失金额之后，需扣除每次事故绝对免赔额之后的余额即为保险公司的赔款；或直接乘以(1－免赔率)即可。保险事故发生时，如果存在重复保险，则保险公司将按照比例分摊的方式分摊损失，即以各保险合同的保险金额之比来分摊赔偿责任。

（三）施救费用的赔款计算

有关施救、抢救、保护费用的赔偿要与保险标的的损失赔偿分别计算，即按照两个保险金额计算。具体情况是：

(1) 保险标的的保险金额大于或等于其保险价值时，被保险人为防止或减少保险标的的损失所支付的必要的、合理的费用，在保险标的损失赔偿金额之外另行计算，最高不超过被施救保险标的的保险价值。

(2) 保险标的的保险金额小于其保险价值时，被保险人为防止或减少保险标的的损失所支付的必要的、合理的费用，则需要按不足额投保来处理，即按被施救保险标的的保险金额与其保险价值的比例在保险标的损失赔偿金额之外另行计算，最高不超过被施救保险标的的保险金额。

倘若被施救的财产中，含有保险合同未承保的财产，则需要将施救费用按照被施救保险标的的保险价值与全部被施救财产价值的比例进行分摊，然后再根据保险金额与保险价值之间的关系进行进一步处理。

（四）其他赔偿方面的规定

(1) 赔偿之后保额的变化：企业财产保险中，保险标的遭受部分损失并经保险公司赔偿之后，该保险合同的保险金额将从损失发生之日起按保险人的已赔偿金额相应减少。保险人不退还保险金额减少部分所对应的保险费。倘若投保人请求恢复至原保险金额，应按原约定的保险费率另行支付恢复部分从投保人请求的恢复日期起至保险期间届满之日止按日比例计算的保险费。

(2) 代位求偿权：发生保险责任范围内的损失，应由其他有关责任方负责赔偿的，保险人自向被保险人赔偿保险金之日起，在赔偿金额范围内有权利向有关责任方行使代位求偿权，投保人和被保险人应当向保险人提供必要的文件和所知道的有关情况。当然，倘若被保险人已经从有关责任方取得了部分赔偿，保险人在赔偿保险金时应进行相应的扣减。具体的规定与代位求偿权中的规定完全一致。

(3) 索赔和诉讼时效：被保险人向保险人请求赔偿保险金的诉讼时效期间为二年，自其知道或者应当知道保险事故发生之日起计算。

例题 3-1　　企业财产保险的赔偿计算

某企业购买了企业财产保险综合险，保险期限为 2018 年 1 月 1 日至 12 月 31 日，保险金额为 500 万元，保险价值也为 500 万元，是足额投保。保险费率为每千元保额 3.50 元，保费为 1.75 万元。2018 年 3 月 7 日，该企业突发火灾，损失金额 320 万元，并产生了施救费用约 120 万元，该企业遂向保险公司提出索赔。则保险公司应该赔偿财产损失 320 万元与施救费用 120 万元，共计 440 万元。保险公司在 2018 年 5 月 10 日左右进行了赔偿。（倘若施救费用为 220 万元，则保险公司应该赔偿财产损失 320 万元与施救费用 180 万元，共计 500 万元。这是因为"在保险标的损失赔偿金额之外另行计算，最高不超过被施救保险标的的保险价值"。）

赔偿之后，企业财产保险的保险金额即刻下降为 500－320＝180 万元。倘若企业在 2018 年 5 月 10 日左右收到保险公司赔款之后，于 5 月 15 日递交了恢复保险金额的申请，则此时保险公司应该补交的保费为：(320 万元/1 000)×3.50×(231/365)＝7 088.22 元。（这是因为"倘若投保人请求恢复至原保险金额，应按原约定的保险费率另行支付恢复部分从投保人请求的恢复日期起至保险期间届满之日止按日比例计算的保险费"。）

2018 年 8 月 9 日，该企业又发生了一次小型火灾，损失金额为 30 万元，并产生了 10 万元的施救费用。则此时保险公司应该赔偿财产损失 30 万元和施救费用 10 万元，共计 40 万元。

倘若企业并未向保险公司申请恢复保险金额，则对于 8 月 9 日所发生的火灾，保险公司应该按照不足额保险来进行赔偿，赔款金额为：

30×(500－320)/500＋10×(500－320)/500＝14.4 万元（这是因为

“保险标的的保险金额小于其保险价值时，被保险人为防止或减少保险标的的损失所支付的必要的、合理的费用则需要按不足额投保来处理，即按被施救保险标的的保险金额与其保险价值的比例在保险标的损失赔偿金额之外另行计算，最高不超过被施救保险标的的保险金额。”）

五、企业财产保险的费率

在厘定企业财产保险的费率时，一定要考虑影响企业财产风险的各种条件和因素。企业财产保险保障的主要是静止状态的风险，即自然灾害和静止状态下容易发生的意外事故，特别是火灾风险，则企业财产保险应该考虑的风险因素包括：

地域因素 ：企业所在地点的气候、环境以及自然灾害发生的情况等。

企业的行业因素：企业所处的行业不同，其蕴含的风险自然有所不同。比如高等学校和石油化工制造企业相比较而言，高等学校的风险明显偏小。

企业自身因素：主要体现在管理水平、人员素质方面。显然，管理水平良好的企业自然具有较小的发生风险的概率。

在这些风险因素中，某些因素非常容易量化，但某些因素很难量化，比如人员素质。因此，目前我国现行的企业财产保险费率采用的是分类级差费率制。即充分考虑上述各种因素的不同情况，将其尽可能地进行分类，每一个类别对应着不同的费率水平。当然，基本险和综合险的费率水平也各不相同。具体而言，我国企业财产保险基本险和综合险的保险费率分为工业类、仓储类和普通类三类，每一类又按照财产的种类、占用性质和危险程度，分为不同的档次。每一个投保单位原则上适用于一个费率。如果企业仅选择投保部分财产，其费率应该根据其占用性质和危险程度确定。但如果部分保险财产与其他财产在同一个处所，则所确定的费率应不低于该行业使用的费率；在单独一个处所的，则按照最高危险程度确定费率。

企业财产保险均按照保险期限一年、保险金额为千元而计算所对应的单位保费，并为基本险和综合险设计了不同的费率。综合险年费率又分为费率 1 和费率 2，前者适用于华东、中南地区，后者适用于华北、东北、西北地区。具体的分类费率如表 3-1 所示。

1. 工业类

凡是从事制造、修配、加工生产的工厂，均按照工业险费率计收保险费。根据工业企业使用的原材料、主要产品生产过程中的工艺操作和处理的危险程度，把工业险费率分为六个级别。一级工业险的危险程度最小、费率最低；六级工业险的危险程度最大、费率最高。

一级工业险：适用于钢铁、机器制造、耐火材料、水泥、砖石制品等工业。

表 3-1 企业财产保险的费率等级表

类别	号次	占用性质	基本险年费率	综合险年费率	
				费率 1	费率 2
工业类	1	第一级企业	0.60	1.60	1.00
	2	第二级企业	1.00	2.00	1.50
	3	第三级企业	1.45	2.40	2.00
	4	第四级企业	2.50	4.00	3.50
	5	第五级企业	3.50	6.40	5.00
	6	第六级企业	5.00	8.00	7.00
仓储类	7	一般物资	0.60	1.50	1.00
	8	危险品	1.50	3.00	2.00
	9	特别危险品	3.00	5.00	4.00
	10	金属材料、粮食专储	0.35	1.00	0.50
普通类	11	社会团体、机关、事业单位	0.65	1.60	1.00
	12	综合商社、饮食服务业、商贸、写字楼、展览馆、体育场所、交通运输业、牧场、农场、林场、科研院所、住宅、邮政、电信、供电高压线路、输电设备	1.50	2.40	2.00
	13	石油化工商店、液化石油气供应站、日用杂品商店、废旧物资收购站、修理行、文化娱乐场所、加油站	2.50	3.00	3.00

二级工业险：适用于一般机械零件制造、修配行业。如自行车五金零件制造厂。

三级工业险：适用于以一般物资为主要原料的棉纺品、食品、轻工、电讯、电器、仪表、日常生活用品等工业。

四级工业险：适用于以竹、木、皮毛或一般可燃物资为主要原料或一般危险品进行复合生产的工业；棉、棉麻、塑料及其制成品、化纤、医药制造等加工工业；以油脂为原料的工业和文具、纸制品工业。

五级工业险：适用于以一般危险品及部分特别危险品为主要原料进行复合生产、制氧、挥发性试剂以及塑料、燃料制造等工业；大量使用竹、木、稻草主要原料的木器家具、工具、竹器、草编制品制造工业；油布、油纸制造工业。

六级工业险：适用于以特别危险品如磷、醚及其他爆炸品为主要原料进行复合生产的工业和燃料工业。

2. 仓储类

凡是储存大宗物资的仓库、露堆、罩棚、油槽、储气柜、地窖、趸船等，都适用于仓储险费率。根据仓储商品和物资的性质以及危险程度，仓储险费率可分为四个等级：一般物资、危险品、特别危险品和金属材料、粮食专储。

3. 普通类

工业和仓储业以外的其他行业使用普通险费率，划分为三级。

倘若投保人投保的企业财产保险期限小于 1 年，则收取的费率并非按时间长短比例收取，而是按照表 3-2 中所示的比例收取。比如，仅投保 6 个月，则保费费率为年费率的 60%。究其原因，一是因为承保过程中的固定成本并不随保险期限的缩短而等比例下降，二是为了防止投保人有选择性地投保时所存在的逆选择风险。

表 3-2　企业财产保险的短期费率比率

保险期限	一个月	两个月	三个月	四个月	五个月	六个月	七个月	八个月	九个月	十个月	十一个月	十二个月
按年费率(%)	10	20	30	40	50	60	70	80	85	90	95	100

六、企业财产保险中被保险人的义务

企业财产保险条款中规定了投保人或被保险人应尽的义务，概括起来就是要按照最大诚信原则，及时告知，并履行自己的保证义务，否则将按违反最大诚信原则的惩罚措施进行惩罚。具体包括：订立保险合同，保险人就保险标的或者被保险人的有关情况提出询问的，投保人应当如实告知，并履行最大诚信原则，如实填写投保单，倘若违反，则投保人应按约定交付保险费；应当遵守国家有关消防、安全、生产操作、劳动保护等方面的相关法律、法规及规定，加强管理，采取合理的预防措施，尽力避免或减少责任事故的发生，维护保险标的的安全；保险标的转让、保险标的的危险程度变化的，被保险人应当及时通知保险人，保险人根据情况再判断是否继续承保；知道保险事故发生后，被保险人应该积极施救，并及时通知保险人等；被保险人请求赔偿时，则应提供保险人要求的各种证明和资料。

七、企业财产保险的特别附加条款

PICC2009 年版本的企业财产保险设计了总共 177 条种类丰富的附件条款，以满足不同客户的需要。这些条款主要是用来扩大企业财产保险的保险责任或者修改原来的条款。主要有以下三大类附加条款：扩展类，包括一般扩展责任类(43 条)、特定标的扩展责任类(33 条)、扩展费用类(23 条)、扩展标的地点类(16 条)、扩展标的类(16 条)、扩展赔偿基础类(9 条)，以及限制类(9 条)和规范类(28 条)。限制类条款缩小了保险责任，将某些客户不会遇见的保险责任排除在外；规范类条款则是就某些特殊情况进行限定的条款。下面我们列举数种具有代表性的特别附加条款。

(一) 财产保险地震责任扩展条款

保险公司承诺赔偿因烈度达到保险财产所在地抗震设防标准的地震或由此引起

的海啸、火灾、爆炸所致保险财产的直接损失。通常，被保险财产因连续 72 小时内遭受一次或多次地震及余震所致损失视为一单独事故。但是，保险公司一般不赔偿下列损失：

(1) 因建筑物未达到国家建筑质量要求（包括抗震设防标准）所致保险财产的损失。

(2) 因地震、海啸导致的营业中断或其他间接损失。

(3) 由核反应、核辐射或放射性污染引发的损失。

地震责任扩展条款的每次事故最高赔偿限额为主险保险金额的 80%。通常也设有每次事故绝对免赔额，一般为每次事故人民币 40 万元或损失金额的 5%，两者以高者为准。费率则大约为主险费率的 10%。并要求投保人在投保时应如实向保险人提供建筑物本身的抗震设防达标证明、建筑物的建筑结构及主要原材料工艺质量证明等。

(二) 盗窃、抢劫扩展条款

保险公司承诺赔偿由于使用暴力手段进出保险标的坐落地址或被电子监测系统记录并经公安部门证明确系盗窃或抢劫行为所造成的保险标的的直接损失。但对下列原因造成的损失不负责赔偿：

1. 被保险人雇员、家庭成员及寄宿人员直接或间接参与盗窃及内外串通、故意纵容他人盗窃或抢劫所致的损失；
2. 放置在室外的保险标的遭受的盗窃损失；
3. 保险标的坐落地址发生火灾、爆炸时保险标的遭受的盗窃损失；
4. 无合格的防盗措施、无专人看管或无详细记录情况下发生的损失；
5. 营业或工作期间、进出库过程中发生的盗窃损失；
6. 盘点时发现的短缺。

附加盗窃险的费率为 2‰～3‰，贵重物品、易盗物品的费率为 3‰。盗窃险无单独的保险金额，企业财产保险的保险金额就是盗窃险的保额。被保险人在索赔时应向保险公司提供被盗窃的事实经过报告、向公安部门报案的报告副本、损失清单及有关账册、单据。并且，倘若保险人履行赔偿义务后破案追回的保险标的，如归被保险人，则被保险人应退还已获赔款；若被追回部分保险标的，则按赔偿比例进行分配。

(三) 扩展恐怖主义风险责任条款

保险公司承保保险单明细表中列明的保险财产在保险期限内因恐怖主义活动引起火灾、爆炸或空中运行物体坠落而导致的灭失或毁损。但不包括下列损失：

(1) 精神损失及其他间接损失；

(2) 公共当局没收、临时或永久征用所致的损失；

(3) 由于建筑物临时或永久被非法占据所致的损失；

(4) 由于核辐射、核爆炸、核污染及其他放射性污染所致的损失。

同时，保单对恐怖主义活动也给了明确的定义：任何组织或个人非法使用暴力破坏财产或者危害人身安全，致使社会公众处于恐慌状态，威胁或胁迫政府以达到其政治目的的行动。该扩展条款设计的每次事故赔偿限额通常为分项保险金额的70%，且有不低于10万元的每次事故绝对免赔额。任何时候，保险人都有权解除本条款项下的责任，但须提前48小时向投保人签发解约通知书注销本条款。

(四) 锅炉、压力容器扩展条款

保险公司承诺赔偿在保险合同中载明的保险标的地址内，被保险人所有的或管控的锅炉、压力容器在正常使用过程中由于操作不当或爆炸造成的自身损失。但存在下列情形时保险人不负责赔偿：

(1) 未按规定和技术规程进行维护保养、检修或违规运行及给水水质不良；

(2) 操作人员无政府有关部门签发的操作上岗证；

(3) 锅炉未取得政府有关部门颁发的使用登记证或年检合格证。

同时，被保险人应保证所投保的锅炉、压力容器的质量符合有关法规及行业规范。

(五) 灭火费用扩展条款

本条款保障被保险人为扑灭本保险合同中载明的保险标的地址内的火灾而发生的下列必要及合理的费用：雇员(不包括正常上班的雇员及属于被保险人专职消防队的雇员)协助灭火而产生的加班费用；对在灭火过程中使用过的灭火器材重新填充的费用；被保险人的雇员在灭火过程中直接损毁的个人物品。但是，本条款项下保险人的赔偿责任不超过本保险合同中载明的相应赔偿限额。

(六) 临时移动扩展条款

本条款扩展承保保险财产由于清洁、维修、修理或其他类似目的而临时移动时，从保险合同明细表中列明的场所至中华人民共和国境内(不包括港澳台地区)的任何地方由陆路、水路、铁路和航空往返运输途中因承保的风险所导致的物质损失。但受下列条件限制：

(1) 被移动保险财产的赔偿金额不得超过主险的保险金额，也不得超过保险金额减去所承保的建筑物和仓储物品保险金额的10%；

(2) 不适用于另有其他保险存在的情况；

(3) 不适用于保险合同项下承保的各类仓储物品或商品的移动；

(4) 也不适用于领取交通执照的机动车辆和汽车底盘，以及他人委托被保险人管理的财产。

(七) 新获取财产条款

本条款扩展承保在新处所内的被保财产,但须自被保险人获得此类财产的 90 天内通知保险人,且须支付附加保费。

(八) 便携式设备扩展条款

本条款保障由于保险事故造成放置在本保险合同中载明的保险标的地址内的并在本保险合同中列明的便携式通信装置、便携式计算机设备、便携式照相摄像器材的直接物质损失。

(九) 通货膨胀条款

本条款规定,保险人对保险标的物因通货膨胀造成实际价值增加,均予承保,但在投保时要约定赔偿金额与保险金额的百分比。

(十) 自动恢复保险金额条款

本条款规定,发生保险责任范围内的损失时,各项受损保险标的的保险金额自动恢复,但被保险人应按日比例支付恢复部分自损失发生之日起至本保险合同保险期间届满之日止期间的保险费。

(十一) 仓储财产申报条款

投保人、被保险人在保险合同中载明的仓储财产的保险费为预付保险费,保险人将根据下列约定进行调整:

(1) 被保险人应在每季度结束后三十天内向保险人申报该季度最后一天的库存价值,否则保险合同中载明的保险金额将视作当期的申报库存价值;

(2) 发生损失时,若保险仓储财产的实际库存价值超过保险金额,保险人按照保险金额与仓储财产实际库存价值的比例计算赔偿额;

(3) 保险期间届满时,保险费将根据申报库存价值的平均数作调整,但退还的保险费不得超过预付保险费的 50%;

(4) 发生损失后,保险金额将自动恢复,但被保险人应支付自损失发生之日起至保险合同保险期间届满之日止期间的保险费。

(十二) 成对或成套设备条款

当承保的属于成对或成套的机器设备的组件发生损失时,保险人按受损组件的价值在所属整对或整套设备中所占的合理比例计算赔偿额;但若修理或替换受损组件均不能使该成对或成套设备恢复到与同类设备基本相同的使用状况,按受损组件所属整对或整套设备的全部价值计算赔偿额。

(十三) 配对成套条款

由于被保风险造成的被保物品的损失,若为成套物品,则衡量其损失的方式应为:其占该套物品总价值的合理、正当的份额,并考虑其对该套物品的重要性,但不应将该重要性损失考虑在内；整套物品的全部价值，但被保险人须向承保人递交该套物品的剩余部分。

保险责任不超过丢失或损坏部分的价值，而不考虑作为成对或成套财产的一部分所具有的特殊价值，亦不超过该成对或成套财产占保险金额的相应比例。

第三节　家庭财产保险

家庭财产保险（Household Property Insurance）是以我国城乡居民家庭用于生活的家庭财产为保险对象，也主要就保险对象静止状态的风险提供保障。我国保险公司曾经开办过普通型家庭财产综合保险和家庭财产两全保险。为了适应城乡居民建造和购买房屋的需求，保险公司还先后开办了农民房屋保险、农民建房综合保险、抵押商品房保险、商品住宅综合保险等专项保险，并且还推出了一些投资型家庭财产保险和系列附加险。家庭财产保险是关系消费者安居乐业的一个重要险种，能有效避免天灾人祸所带来的损失。但是由于广大消费者的投保意识不是非常强，家庭财产保险的市场份额一直较低。

知识窗 3-5　　我国的家庭财产保险的市场情况

2017 年，我国的家庭财产保险的保费收入为 62.9 亿元，占整个财险市场的 0.6%；赔款支出为 25.4 亿元，赔付率达到了 40%。下表是最近十年我国财险市场上家庭财产保险的市场经营情况。

	2008 年	2009 年	2010 年	2011 年	2012 年	2013 年	2014 年	2015 年	2016 年	2017 年
保费收入（亿元）	12.7	15.1	19.3	23.3	28.5	37.9	33.7	41.7	52.15	62.9
增长率（%）	−25	19	28	21	22	33	−11	24	25	21
赔付支出（亿元）	7.4	5.8	6.4	6.1	10.6	17.2	11.5	16.8	23.6	25.4
市场份额（%）	0.5	0.5	0.5	0.5	0.5	0.6	0.4	0.5	0.6	0.6
赔付率（%）	58	38	33	26	37	45	34	40	45	40

资料来源：历年《保险年鉴》。

可以看到，家庭财产保险的保费收入在 2010 年左右有大幅增加，然后增长率下降，但仍保持在相对较高的水平。赔付率持续保持低水平，这说明家庭财产保险还有降价空间。

下面我们以中国人民财产保险股份有限公司家庭财产保险基本险和家庭财产保

险综合险的2009年条款为例，介绍家庭财产保险的基本内容。

一、家庭财产保险基本险

（一）保险标的

家庭财产保险基本险按保险标的的不同分别设计了不同的产品，包括对于房屋和室内财产的两种保险。

1. 可保财产

家庭财产保险基本险保障投保人自有的、坐落于保险单所载明地址内的家庭财产。家庭财产包括房屋及其室内附属设备与室内财产。

（1）房屋及其室内附属设备。例如固定装置的水暖、气暖、卫生、供水、管道煤气及供电设备、厨房配套的设备等。不包括附属建筑物及装潢等室内财产。所谓室内附属设施是指固定于房屋内部的供暖、卫生、供水、管道煤气及供电设施等。所谓附属建筑物是指附属于房屋外部或者独立于房屋的围墙、院门、车库、储物棚或储物室、游泳池、球场、喷泉、池塘等。而且，保险标的物仅限于钢结构，钢、钢筋混凝土结构，钢筋混凝土结构，混合结构以及砖木结构的房屋，不包括政府有关部门征用与占用的房屋、违章建筑和危险建筑。

（2）室内财产则包括室内装潢和室内物品。其中，室内装潢是指使用装饰材料对建筑主体结构内部进行的装饰，并且该装饰固定于地面、墙壁、天花板，比如木地板、墙面、灯具等。室内物品则包括三类：家用电器和文体娱乐用品，衣物和床上用品，家具及其他生活用具。但不包括以下室内物品以及日用消耗品：

① 缺乏价值依据或很难鉴定其价值的财产。如金银、珠宝、钻石及制品，玉器、首饰、古币、古玩、字画、邮票、艺术品、稀有金属等珍贵财物；现金、票证、有价证券、文件、书籍、账册、图表、技术资料、电脑软件及资料以及无法鉴定价值的财产；手表，各种磁带、磁盘、影音激光盘。

② 与政府的有关法令相抵触的财产。如非法拥有的财产、处于危险状态下的财产。

③ 必然会发生危险的财产。如存放于以芦席、稻草、油毛毡、麦秆、芦苇、竹竿、帆布、塑料布、纸板等为外墙、屋顶的简易屋棚及柴房内的财产。

④ 应当由其他险种承保的财产。如用于从事工商业生产、经营活动的财产和出租用作工商企业的房屋、建筑材料；各种交通工具；养殖及种植物；存放于院内、室内的农机具、农用工具及存放于室内的粮食及农副产品。

家庭财产保险综合险的保险标的则是将房屋和室内财产放在一张保单下进行了承保。

2. 特保财产

考虑到农户居家的特征,因此下列财产经保险合同双方特别约定并在保险合同中载明保险价值后,也可以承保。比如属于被保险人代他人保管或者与他人共有而由被保险人负责的可保财产,存放于院内、室内的非机动农机具、农用工具及存放于室内的粮食及农副产品。

(二) 保险责任和除外责任

家庭财产保险基本险的保险责任也是采用列举式进行表述,内容基本上与企业财产保险基本险完全一致,保障火灾、雷击、爆炸、飞行物体及其他空中运行物体坠落,以及事故发生时和事故发生后所采取必要的、合理的措施而造成保险标的的损失及费用。除此之外,增加了一条"不属于被保险人所有或使用的其他建筑物和固定物体的倒塌",相当于扩展了"飞行物体及其他空中运行物体坠落"的范围。但是明确地举例说明了以下责任不予承保:

(1) 在保险单载明地址内的房屋或其附属建筑物内从事生产或经营活动。

(2) 绝对除外责任:战争、类似战争行为、恐怖活动、军事行动、武装冲突、罢工、暴动、民众骚乱;地震及其次生灾害所造成的一切损失;核反应、核子辐射和放射性污染;被保险人及其家庭成员、寄宿人员、租借人员、雇佣人员的违法、犯罪或故意行为;行政行为或司法行为。

(3) 保险标的的自然损耗现象:如保险标的本身缺陷、保管不善导致的损毁;保险标的因变质、霉烂、受潮、虫咬、自然磨损、自然损耗、自燃、烘焙所造成本身的损失。

(4) 间接损失:保险标的遭受保险事故引起的各种间接损失。

因此,家庭财产保险只保障用于生活的各种财产,而不保障用于生产和经营的财产,从而与企业财产保险有所区别。对于"室内物品"的保险,还增加了"家用电器因使用过度、超电压、短路、断路、漏电、自身发热、烘烤等原因所造成本身的损毁"除外责任;其他除外责任则与企业财产保险基本险完全一致。

与企业财产保险综合险一致,家庭财产保险综合险的保险责任也较为宽泛,也是采用列举式来叙述保险责任。其在家庭财产保险基本险的保险责任基础上增加了下列风险:雷击、台风、龙卷风、暴风、暴雨、洪水、雪灾、雹灾、冰凌、泥石流、崖崩、突发性滑坡、地面突然下陷。并且在除外责任中增加:坐落在蓄洪区、行洪区,或在江河岸边、低洼地区以及防洪堤以外当地常年警戒水位线以下的家庭财产,由于洪水所造成的一切损失。

(三) 保险金额和保险期限

由于家庭财产一般无账目可查,而且财产的品种、质量、新旧程度差别很大,因此保险金额一般只能根据被保险人家庭财产的实际情况自行估价确定。在基本险中,房屋的保险金额由投保人参考购置价或市场价自行确定,保险价值为保险标的出险时的重置价值。室内物品的保险金额由投保人分项目自行确定。倘若没有分项目,则按各大类财产在保险金额中所占比例确定,即室内装潢占10%,家用电器及文体娱乐用品占30%,衣物及床上用品占30%,家具及其他生活用具占30%。

综合险中,房屋及室内附属设备、室内装潢的保险金额由被保险人根据购置价或市场价自行确定。房屋及室内附属设备、室内装潢的保险价值为出险时的重置价值。室内财产的保险金额由被保险人根据当时实际价值分项目自行确定。如果没有分项目,则按各大类财产在保险金额中所占比例确定,即室内财产中的家用电器及文体娱乐用品占40%(农村30%),衣物及床上用品占30%(农村15%),家具及其他生活用具占30%,农村农机具等占25%。特约财产的保险金额由被保险人和保险人双方约定。

家庭财产保险通常的保险期限为一年,但是,现在目前市场上也出现了保险期限为三年或五年的产品。各保险期限均是自保险单约定起保日零时起至期满日二十四时止。

(四) 赔偿处理

1. 赔偿方式

保险标的发生保险责任范围内的损失,保险人有权在货币赔偿、实物赔偿和实际修复三种方式中选择某种赔偿方式进行赔偿。当然,保险公司的赔偿仅仅是恢复原状的赔偿。如果在对受损保险标的替换或修复过程中,被保险人进行了任何变更、性能增加或改进,则保险公司对所产生的额外费用不负责赔偿。

2. 赔偿金额的计算

考虑到家庭财产保险的对象是居民,因此越简化越好。所以在计算赔偿金额时,如果采取的是货币赔偿,则均采用第一损失保险的形式计算赔偿额。

无论是房屋及室内附属设备、室内装潢还是室内物品,无论是全部损失还是部分损失,都在各自的保险金额内扣除免赔额之后按实际损失赔偿,室内物品则是在其分项目保险金额内扣除免赔额之后按实际损失赔付。

而对于被保险人所支付的必要、合理的施救费用,则按实际支出另行计算,最高也不超过受损标的的保险金额。若该保险标的的赔偿金额因重复保险的存在而减少时,保险人对于施救费用的赔偿金额也以同样的比例为限。

与企业财产保险相似,当保险标的在一个保险年度内遭受部分损失并经保险人履行赔偿义务后,自损失发生之日起按保险人的赔偿金额相应减少,其有效保险金额是原分项保险金额减去分项保险标的的损失赔偿金额后的余额。保险人不退还保险金额减少部分的保险费。如被保险人需恢复保险金额时,应按约定的原费率另行支付恢复部分从投保人请求的恢复日期起至保险期间届满之日止按日比例计算的保险费。对于投保三年、五年期的家庭财产保险，在下一个保险年度开始时，保险金额自动恢复。

二、家庭财产保险两全险

（一）家庭财产两全保险的性质

家庭财产两全保险兼有经济补偿和到期还本双重性质，保险公司用被保险人所交保险储金的利息作为保险费收入，在保险期满时将原交保险储金全部如数退还被保险人。

家庭财产两全保险的保险财产、保险责任、赔偿处理与家庭财产保险综合险完全相同。保险价值确定为保险标的出险时的重置价值。所不同的只是保险金额的确定方式，家庭财产两全保险是采取按份数确定保险金额的方式。投保份数最少不得少于一份，最多不能超过家庭财产的保险价值，超过部分无效。

（二）保险储金的交付

现行家庭财产两全保险的期限各不相同，但都是按份数购买，每份保险的保险金额和保险储金都是确定的。投保人在投保时必须一次性缴清保险储金。投保后中途也可以退保，保险公司将在扣除一定的费用之后办理退保。

（三）保险储金的退还

如前所述，家庭财产两全保险是以保险储金的部分利息收入作为保险费。因此，家庭财产两全保险中的保险储金与家庭财产保险综合险的保费在性质上完全不同。保险储金的性质是储蓄性的。在保险期满时，不论被保险人在保险期间有无获得赔偿，也不论保险合同在保险期满前是否终止，保险人均按照约定的计算方式退还全部储金及部分利息。当然，不同保险公司对于所承诺的保险储金利息的计算方式各有不同，但都是对利息回报部分有承诺的。

案例 3-1　安邦共赢 2 号投资型家庭财产保险（二年期）部分条款

第十条 本合同的保险金额按以下方式计算：

（一）保险按份出售，每份保险的保险金额为人民币 2 万元；

（二）如投保人购买多份本保险，总保险金额为单份保险的保险金额乘以实际投保份数，但总保险金额不得超过保险标的的保险价值，超过部分无效；

（三）在保险期间，如投保人减少投保份数，总保险金额将相应减少，减少金额为减少的投保份数乘以单份保险的保险金额；

（四）同一被保险人无论购买多少份本保险，其总保险金额上限为人民币 30 万元。

第十二条 投保人以缴纳保障金的形式投保本保险，不需另行缴纳保险费。

（一）如投保人投保一份本保险，其应缴纳的保障金为人民币 1 万元；

（二）如投保人投保多份本保险，其应缴纳的保障金总额为一份本保险应缴纳保障金乘以投保份数。

第十四条 在本保险的保险期间届满后，不论保险人是否支付过保险赔偿金，投保人均可按下列约定领取满期给付金。

第十五条 每份保险的满期给付金按如下公式计算：

$$10\,000+10\,000\times[(R_0+0.5\%)\times T_0+(R_1+0.5\%)\times T_1 +(R_2+0.5\%)\times T_2+\cdots+(R_n+0.5\%)\times T_n]\div 365$$

其中：R_0 对应相应的保险期间，为保险合同生效日中国人民银行公布的二年期定期储蓄存款利率；R_1 对应相应的保险期间，为保单生效后中国人民银行第一次利率调整后的两年期定期储蓄存款利率；R_2 对应相应的保险期间，为保单生效后中国人民银行第二次利率调整后的两年期定期储蓄存款利率；R_n 对应相应的保险期间，为保单生效后中国人民银行第 n 次利率调整后的两年期定期储蓄存款利率。

T_0 为自保险合同生效日至人民银行第一次利率调整日之间的实际天数；T_1 为自人民银行第一次利率调整日至人民银行第二次利率调整日之间的实际天数；T_2 为自人民银行第二次利率调整日至人民银行第三次利率调整日之间的实际天数；T_n 为保险期间内，自人民银行最后一次（第 n 次）利率调整日至保单满期日之间的实际天数。

第十六条 如投保人购买多份本保险，在保险期间届满时，总给付金额为单份保险的给付金额乘以实际投保份数。在保险期间，如投保人减少投保份数，总给付金额将相应减少，减少额为单份保险的给付金额乘以减少的投保份数。

家庭财产保险两全险具有保障和储蓄的双重功能。随着中国家庭财产保险市场的竞争越来越激烈，许多保险公司在家庭财产保险两全险的基础上开发了投资型产品。保险公司将被保险人缴纳的保险储金进行投资，每年的保费由保险人直接从投资收益中获得，投保人无须在缴纳保险投资金以外另行支付，保单到期后，被保险人无论是否获得过保险赔偿，均可以领取保险储金并获得投资收益。

三、投资型家庭财产保险

投资型家庭财产保险与人寿保险中的投资连接保险相似，投保人所缴纳的保费中的较大比例是储蓄保费。保险产品兼具保障和投资的功能，而且投资的成分很大。保障方面的规定与普通家庭财产保险相似，比如保险标的、保险责任和除外责任的规定等。保险金额则是以某种方式与投资账户的现金价值相联系，并且均采用第一损失保险。比如，有的保单规定，保险合同的保险金额为合同项下投保人账户份额价值的200%。其中，保险房屋和房屋装修的保险金额占80%，家用电器、服装、家具、床上用品的保险金额占20%。赔偿金额则不超过保险金额的规定。投资方面的运作则与基金完全相似，按份数购买；有单价；不同的产品具有不同的投资风格，比如是偏股型配置还是货币型配置等。近年来，随着监管部门提出“保险姓保”的理念，保险产品应当以保障能力为主，部分投资型家庭财产保险的销售受到了限制，投资功能萎缩而进一步突出保障功能。

四、家庭财产保险附加险

保险公司还为家庭财产保险提供了许多附加险，满足不同家庭的需要。在销售和宣传家庭财产保险时，保险公司将主险和附加险进行了不同方式的组合，打包提供给不同的消费者选择，满足买房自住、买房出租、租住房屋等不同家庭的需要。目前我国市场上的家庭财产保险的附加险主要有以下几种：

（一）附加盗抢险

保险标的是房屋及其室内附属设备、存放于保险单所载明地址室内的保险标的。保险责任则包括保险标的遭受外来人员撬砸门窗、翻墙掘壁、持械抢劫，并有明显现场痕迹经公安部门确认盗抢行为所致的丢失、损毁的直接损失，且被盗物品应在三个月以内未能破案的，保险人才会负责赔偿。除外责任则包括：无明显盗窃痕迹、窗外钩物行为所致的损失；因门窗未锁而遭盗窃所致的损失；因被保险人的雇用人员、同住人、寄宿人盗窃所致的损失。通常，保险金额以主险的保险金额为限，便携式用品需列明清单，如手提电脑、电子记事本、摄像机、照相器材、收音机、录音机、CD机、VCD机、DVD机等，且累计最高保险金额通常有限制，比如仅为5 000元。除此之外，都设置了每次事故免赔额。

（二）附加现金、首饰盗抢险

投保人需购买家庭财产保险主险且附加盗抢险之后方可购买本保险。保险标的则是现金、有价证券、首饰等。保险责任是存放于保险单所载明地址室内的保险标的遭受外来人员撬砸门窗、翻墙掘壁、持械抢劫，并有明显现场痕迹经公安部门确认盗抢行为所致丢失、毁损的直接损失。并且被盗物品应该在三个月以内未能破案的，保险人才会负责赔偿。但是在室外遭受抢劫、盗窃，或因保管不慎所致的损失是除外的，并且也不赔偿现金及有价证券的利息损失。

（三）附加恶意破坏损失险

本保险保障被保险标的由于遭受除被保险人及其家庭成员、承租人、寄宿人员、雇用人员以外的其他人员的盗窃、抢劫过程中的撬砸行为所致的损失。这些损失必须经公安部门确认后才能够得到赔偿。但是，如果是被保险人的家庭成员、雇用人员或寄居人盗抢或者纵容他人盗抢而造成保险财产的损失，或者保险标的丢失，或者被保险人的挑衅行为引起的损失，则是除外的。

（四）附加家用电器用电安全险

本保险保障由于下列原因致使电压异常而引起家用电器的直接损毁：供电线路遭受普通型家庭财产综合险保险责任范围内的自然灾害和意外事故；供电部门或施工部门的失误；供电线路发生其他意外事故。但是，如果是因为被保险人的故意行为以及违章用电、偷电或错误接线造成家用电器损毁，家用电器超负荷运行、自然磨损、固有缺陷、原有损坏、用电过度、自身发热以及超过使用年限后的损坏，则不在保障范围之内。

（五）附加管道爆裂及水渍险

本保险保障因被保险人室内的自来水管道、下水管道和暖气管道（含暖气片）突然破裂致使水流外溢或邻居家漏水造成被保险人保险财产的损失。但是，由于被保险人的故意行为、私自改动原管道设计，由于施工使管道破裂造成家庭财产的损失，因管道试水、试压造成管道破裂跑水造成的家庭财产损失，则不在保障范围之内。

（六）附加第三者责任险

本保险保障被保险人及其同住的家庭成员在住所内使用、安装或存放其所有或租借的财产时，由于过失和疏忽造成第三者的人身伤亡或财产的直接损毁，在法律上应由被保险人承担民事损害赔偿责任的，以及因上述民事损害赔偿纠纷引起合理、必要的诉讼、抗辩费用和其他事先经保险公司同意支付的费用。该附加险明确地列出了许多除外责任。

（1）故意、欺诈、酗酒、斗殴以及在精神错乱、病理性痴呆情况下引起的损害赔偿责任；

（2）涉及知识产权、姓名权、肖像权、名誉权、荣誉权的侵害赔偿责任及精神损害赔偿责任和费用；

（3）使用或驾驶各种动力与非动力交通、运输工具所造成的损害赔偿责任和费用；

(4) 违反“国家保护环境防止污染的规定”,由污物、水、气、噪音、磁波和电子波造成的财产和人身损害事故的赔偿责任和费用;

(5) 对被保险人的家庭成员、雇员民事侵权行为造成他人的财产或人身伤害的赔偿费用;

(6) 饲养的动物所造成的损害赔偿责任和费用;

(7) 燃放烟花爆竹所引起的民事损害赔偿责任和费用;

(8) 惩罚性赔偿及罚款;

(9) 各种间接损失及被保险人(或其家庭成员)私自承诺的费用。

(七) 附加租房费用损失险

本保险保障在保险期限内由于主险保险责任范围内的原因导致被保险人的房屋无法居住,被保险人支付的必需的、合理的租房费用。这实际上保障的是间接损失。保险人通常负责赔偿受损房屋合理恢复至可居住状态时的被保险人的租房费用损失。通常有三天的绝对免赔期。

第四节 营业中断保险

一、保险责任

营业中断保险(Business Interruption Insurance)又称为利润损失保险(Loss of Profits Insurance),是依附于经营业务所使用的物质财产相关保险上的,比如营业设备、建筑物、机器等的相关保险。营业中断保险是一种典型的保障间接损失的保险。通常,营业中断保险均要求投保人先就这些营业中所需要的物质财产必须购买相应的保险,比如企业财产保险基本险、综合险或一切险等,并且将物质财产损失保险在营业中断保险的保险合同中载明。然后,当物质损失保险合同主险条款所承保的风险造成保险标的遭受损失,导致被保险人营业受到干扰或中断,由此产生的赔偿期间内的毛利润损失,保险人按照保险合同的约定负责赔偿。通常,营业中断保险中的毛利润是指营业净利润与约定的维持费用之和,或者按照下列公式计算:毛利润=约定的维持费用－营业亏损×约定的维持费用/全部的维持费用。其中,维持费用是指被保险人为维持正常的营业活动而发生的、不随被保险人营业收入的减少而成正比例减少的成本或费用[①]。约定的维持费用则由投保人自行确定,经保险人确认后在保险合同中载明。

---

① 维持费用类似于固定成本。因为当生产停止时,变动成本则随之停止,但固定成本依然在发生。

保险人不负责赔偿下列损失：投保人、被保险人的故意或重大过失行为产生或扩大的任何损失；由于物质损失保险合同主险条款责任范围以外的原因产生或扩大的损失；地震、海啸及其次生灾害产生或扩大的损失；由于政府对受损财产的修建或修复的限制而产生或扩大的损失；恐怖主义活动产生或扩大的损失。有的保险公司还有扩展责任：因第三者受灾带来的营业中断损失，如供应商、销售商、电厂、水厂等受灾造成保险企业营业中断。

从所保障风险的角度来看，营业中断保险的保险责任范围与物质财产保险完全一致。只是物质财产保险仅保障直接损失，而营业中断保险保障间接损失。并且，只有当基本的物质财产保险保单所承保的物质财产遭受了保险责任范围内的损失后，保险公司才负责赔偿因此而产生的营业中断损失。

二、赔偿期间

营业中断导致的损失是在一定的时间段内产生的，因此营业中断保险需要对赔偿期间进行明确的约定。赔偿期间是指自物质保险损失发生之日起，被保险人的营业结果因该物质保险损失而受到影响的期间，但该期间最长不得超过保险合同约定的最大赔偿期。为了确定赔偿金额，被保险人必须与保险公司事先商定一个赔偿期限，即估计企业财产受损后为使生产或营业达到原有水平所需要的时间，通常以月或天数为计算单位，如 3 个月或更长时期。保险公司只负责赔偿期间内因营业中断造成的毛利润损失及必须支付的维持费用。而超出赔偿期间的毛利润损失和维持费用则不予赔偿。

因此，赔偿期间与保险期限是两个不同概念，保险期限仍是保险责任的期限。造成营业中断的灾害事故必须发生在保险期限内，保险期限结束后发生的灾害事故则不予赔偿；赔偿期间是保险公司负责赔偿利润损失的时间，可以超出保险期限，保险公司对超出赔偿期间的利润损失不予负责。比如，保险期限是 2017 年 1 月 1 日到 2017 年 12 月 31 日，而赔偿期间是 1 年。则如果受灾日期是 2017 年 6 月 30 日，尽管保险期限在 2017 年 12 月 31 日就终止了，但由于赔偿期限是 1 年，因此，保险公司要赔偿 2017 年 6 月 30 日到 2018 年 6 月 30 日之间的损失。赔偿期限与保险期限的关系如图 3-1 所示。

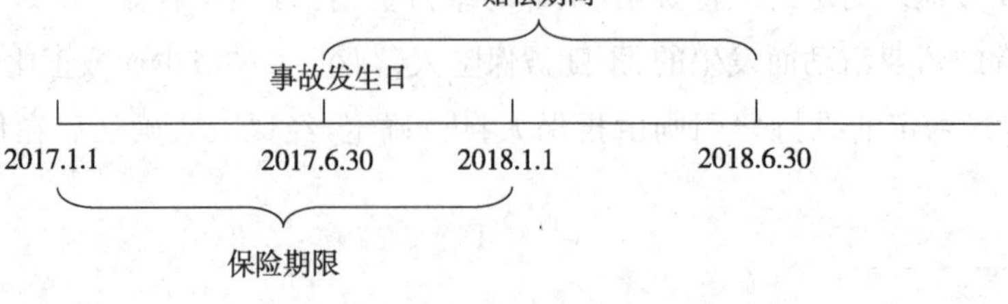

图 3-1　赔偿期间与保险期限的关系

所以，实际上，保险期限是约束的“赔与不赔”的时间限制；赔偿期间是约束的“赔多久”的时间限制。倘若没有赔偿期间这个约束，投保人很可能会产生道德风险，一直延迟不恢复营业。

三、保险金额

毛利润损失的保险金额是投保人估计出来的。一般，需根据企业上年度账册中的营业情况，再加上对本年度业务增长的趋势估计，以及通货膨胀等其他因素的估计，从而得出本年度预期毛利润金额。如果赔偿期间等于或少于 12 个月，则将本年度预期毛利润作为保险金额。如果赔偿期间超过 12 个月，保险金额应按时间比例增加，比如赔偿期间是 1.5 年，则保险金额可以为本年度预期毛利润的 1.5 倍，从而提供充足的保障。

在确定扩展责任的保险金额时，如果企业完全只依靠一个供应商或一个销售商，则保险金额应与营业中断保险的保险金额相同。如果依靠数个供应商或销售商，则保险金额可以适当减少。这与“把鸡蛋放在一个篮子”的道理一样，因为其中一个供应商或销售商发生事故并不会导致被保险人全部停产，只会使营业额降低一点。

四、赔偿计算

发生保险事故后，只有当被保险人在物质损失保险合同主险条款项下的保险责任已获得保险公司的认定，保险公司才很可能承担营业中断保险的赔偿责任。此时，保险公司需要计算赔偿期间内的毛利润损失。赔偿期间内的毛利润损失为分别按照营业收入的减少和经营费用的增加而计算得到的损失之和，并且需要扣除在赔偿期间内被保险人因保险事故的发生而从毛利润中减少或停止支付的费用。

1. 因营业收入减少导致的损失

因营业收入减少导致的损失等于毛利润率乘以赔偿期间内的实际营业收入与标准营业收入的差额，即：

$$\begin{matrix}\text{因营业收入减少}\\\text{导致的损失}\end{matrix}=\text{毛利润率}\times\left(\begin{matrix}\text{标准营}\\\text{业收入}\end{matrix}-\begin{matrix}\text{赔偿期间内的}\\\text{实际营业收入}\end{matrix}\right)$$

其中，营业收入是指被保险人在营业过程中，因销售商品、提供劳务或者让渡资产使用权等实现的收入金额。毛利润率是指发生物质保险损失之日前最近一个完整的会计年度内的毛利润与营业收入的比率。标准营业收入是指发生物质保险损失之日前十二个月中与赔偿期间对应的日历期间的营业收入。而且，在赔偿期间内，被保险人或他人代其在保险合同载明的营业处所以外的地点从事保险合同载明的经营业务而取得的营业收入，应计算在赔偿期间的实际营业收入内。

2. 因经营费用增加导致的损失

因经营费用增加导致的损失是指被保险人专门为避免或降低赔偿期间营业收入的减少而额外支出的必要的、合理的经营费用或成本。如果不支出这些费用，则赔偿期间的营业收入就会因保险事故的发生而降低。例如，商场发生火灾后为了继续营业而租用他人地方的租金，为了缩短实际赔偿期而支付的加班工资、快运费等额外费用等。通常，该项损失是以不超过毛利润率乘以因花费该经营费用而避免降低的营业收入为限。这也与“合理的”费用概念一致。但是在特殊情况下，这一原则可能会被打破。

如果投保人确定的维持费用仅包括营业所需的部分维持费用，则保险人对额外增加的经营费用的赔偿金额按照该经营费用乘以毛利润与毛利润加上未承保的维持费用的比例计算，即：增加的经营费用×毛利润/(毛利润＋未承保的维持费用)。

3. 不足额保险时的调整

如果最大赔偿期小于或等于十二个月，而且保险金额低于毛利润率与年度营业收入的乘积，此时就发生了不足额保险。那么，保险人对毛利润损失的赔偿金额应按照保险金额和毛利润率与年度营业收入乘积的比例计算确定，即相当于认为毛利润率与年度营业收入的乘积应作为足额投保的标准，从而计算投保比例：

$$\text{赔偿金额} = \text{毛利润损失} \times \frac{\text{保险金额}}{\text{毛利润率} \times \text{年度营业收入}}$$

如果最大赔偿期大于十二个月，且保险金额低于毛利润率与年度营业收入及最大赔偿期与十二个月的比例的乘积，则此时也是不足额保险，保险人对毛利润损失的赔偿金额应按保险金额和毛利润率与年度营业收入乘积的比例计算确定，即：

$$\text{赔偿金额} = \text{毛利润损失} \times \frac{\text{保险金额}}{\text{毛利润率} \times \text{年度营业收入} \times \frac{\text{最大赔偿期}}{12}}$$

这里，年度营业收入是指发生物质保险损失之日前十二个月内的营业收入。

4. 免赔额

营业中断保险中通常会设计绝对免赔额，其目的也是剔除短暂营业中断导致的小额索赔。免赔额通常可以用金额或时间表示。如果用时间表示，免赔天数至少是 3 天以上。比如，假定某企业在受灾后的 6 个月赔偿期间内的毛利润损失为 30 000 元，免赔天数是 7 天，则保险公司的赔偿金额应是：$30\,000 \times \frac{173}{180} = 28\,833$(元)。

同理，当营业中断保险发生赔偿之后，保险合同的保险金额也会自物质保险损失发生之日起按保险人的赔偿金额相应减少，保险人不退还保险金额减少部分的保险费。倘若投保人请求恢复至原保险金额，应需按原先约定的保险费率另行支付恢复部分从物质保险损失发生之日起至保险期间届满之日止按日比例计算的保险费。

例题 3-2　　　　营业中断保险的赔偿计算

某购物中心的年营业额为 1 000 万元，其中营业（生产）费用是 700 万元，维持费用 100 万元，净利润为 200 万元，则毛利润＝1 000 万元－700 万元＝300 万元。则：

$$毛利润率 = \frac{300\ 000}{1\ 000\ 000} \times 100\% = 30\%$$①

该购物中心购买了营业中断保险，保险期限是 2018 年 1 月 1 日至 12 月 31 日，赔偿期间为 6 个月。保险金额为 300 万元。2018 年 2 月 1 日，购物中心发生火灾导致部分区域停止营业，直到 7 月 31 日才全部恢复营业，实际停业期间是 6 个月。实际停业期间内的营业额是 100 万元。那么停业期间发生的毛利润损失是：

$$(1\ 000/2 - 100) \times 30\% = 120(万元)$$

当然，企业在投保营业中断保险时，还可以根据本年度的业务增长趋势和来年的通货膨胀等因素进行必要的调整。假设该购物中心每年的营业额平均增长 10%，另考虑 5%的通货膨胀率，则此时停业期间发生的毛利润损失是：

$$[(1\ 000 \times 110\% \times 105\%)/2 - 100] \times 30\% = 143.25(万元)$$

倘若保险金额不是 300 万元，而是 200 万元，则上述两种情况的毛利润损失分别是：

不考虑增长和通货膨胀时：$(1\ 000/2-100)\times30\%\times(200/300)=80$（万元）

考虑增长和通货膨胀时：$[(1\ 000\times110\%\times105\%)/2-100]\times30\%\times(200/300)=95.5$（万元）

五、费率

营业中断保险的费率是以物质财产保险的费率为基础费率，再根据赔偿期间的长短、免赔额或免赔期的长短等因素进行调整。至于扩展责任的费率，如果企业完全依

---

① 本例题是按照毛利润率进行计算的，当然，也可以按照毛利润＝营业净利润＋约定的维持费用之和，细致地考虑维持费用的变化情况。

靠一个供应商或一个销售商，费率可高达营业中断保险费率的100％。如果有数个供应商或销售商，费率可相应减少，通常是营业中断保险费率的50％。免赔额高低也是影响费率的一个因素。

案例3-2　　某保险公司营业中断保险费率

一、基准费率

财产损失引起的毛利润损失：财产保险实际费率的1倍；

机器损坏引起的毛利润损失：机器损坏保险实际费率的1倍；

赔偿期间为12个月，基准免赔期为3天。此处的实际费率为财产保险或机器损坏保险基准费率乘以各项调整系数之后得出的最终费率。

二、费率调整系数

免赔系数	
免赔期间	**调整系数**
基准免赔	1.0
基准免赔的2倍	0.8
基准免赔的3倍	0.7
赔偿期间系数	
赔偿期间	**调整系数**
6个月	1.30
12个月	1.00
18个月	0.87
24个月	0.75
30个月	0.68
36个月	0.60
保险费＝(毛利润保险金额＋审计费用赔偿限额)×基准费率×免赔系数×赔偿期限系数	

六、营业中断保险的附加险

营业中断保险也包括了诸多附加险。以中国人民保险公司2009年条款为例，包括扩展类22个条款和规范类14个条款。

其中，扩展类的条款包括：全部营业额条款，未保险的维持费用条款，通道堵塞条款，谋杀等条款，公众事业设备扩展条款，遗失欠款账册条款，恢复保险金额条款，每月预付赔款扩展条款，调整保险费条款，保单取消条款，不得进入条款，承包商/供应商条款，顾客/供应商/承包商条款，物质损失放弃免赔条款，关闭营业处所/设施条款，审计师条款，通道受阻条款，炸弹恐吓条款（只适用于财产利润损失险），政府法令条款（不超过连续10星期），营业费用增加条款，相关性条款，累积存货条款。

规范类条款包括：部门条款，账目分类条款，会计师条款，违反保险条件条款，错误及遗漏描述条款，保费调整条款，保险人90天通知取消保险或拒绝续保条款，新业务条款，产量条款，经营部门条款，新营业条款，预付赔款条款，不具名供应商及顾客扩展条款，放弃代位权条款。

第五节 其他财产保险

一、机器损坏保险

机器损坏保险(Machinery Breakdown Insurance)是专门承保各类已安装完毕并投入运行的机器由于人为的、意外的或物理性原因造成的物质损失。保险标的包括各类机器、工厂设备、机器装置，如发电机组（锅炉、滑轮发电组）、电力输送设备（变压器和高低压设备）、生产机器和附属设备（机械工具、制造机、织布机、抽水机），主要是各类工厂、矿山的大型机械设备和机具。

机器损坏保险的保险标的物也是企业财产保险的保险标的物，但两者的保险责任完全不同。机器损坏保险是对企业财产保险的补充。机器损坏保险与企业财产保险的不同之处就在于机器损坏保险是承保人为的、意外的或物理性原因造成的物质损失，而企业财产保险则是以自然灾害、火灾、爆炸、雷击等为主。也就是说，机器损坏保险保障操作的风险，而企业财产保险保障的是静止状态的风险。

（一）保险责任

保险公司负责赔偿被保险机器及其附属设备由于下列原因引起或构成突然的、不可预料的意外事故造成的物质损坏或灭失：

（1）设计、制造或安装错误，铸造或原材料缺陷。造成损失的这些错误或缺陷多半属于制造商或供应商的产品责任，但有时在法律或合同中无明确规定，或者索赔时效已过，保险公司可先行赔偿，然后根据情况向责任方追偿。

（2）工人、技术人员操作错误、缺乏经验、技术不善、疏忽、过失、恶意行为。在这项保险责任中的恶意行为仅限于被保险人不知道该破坏行为即将发生，而且也没有授意工人、技术人员进行这些行为的情况下，否则不予赔偿。

（3）离心力引起的断裂。这虽不是经常出现的损失原因，但有时也会对机器本身或周围财产造成严重损失。

（4）超负荷、超电压、碰线、电弧、漏电、短路、大气放电、感应电及其他电气原因。

例如正负极相碰引起的短路，电压过高、绝缘不良、电流放电和产生的压力。这项保险责任包括引起事故的电器元件本身的损失及由此波及其他保险财产的损失。

当然，保险事故发生后，被保险人为防止或减少保险标的的损失所支付的必要的、合理的费用，保险人按照保险合同的约定也可以负责赔偿。

（二）除外责任

机器损坏保险对下列各项不负责赔偿：

（1）绝对除外责任：例如战争、类似战争行为、敌对行为、武装冲突、没收、征用、罢工、暴动、民众骚动，核子反应和辐射或放射性污染引起的损失或费用，被保险人或其代表的故意行为或重大过失引起的损失或费用，地震、海啸及其次生灾害，保险事故发生后引起的各种间接损失或责任。

（2）自然损耗：机器设备运转后必然引起的后果，如自然磨损、氧化、腐蚀、锈蚀、孔蚀、锅垢等物理性变化或化学反应；各种传送传动带、缆绳、金属线、链条、轮胎、印模、可调换的工具、印刻滚筒、玻璃、磁、陶及钢筛、网筛、毛毡制品，一切操作中的媒介物（如润滑油、燃料、催化剂等），这些物品都必须定期更换，属于正常的消耗，如果这些物品与主机一同损毁，可予以赔偿。

（3）违反最大诚信原则：被保险人及其代表已经知道或应该知道被保险机器及其附属设备在本保险开始前已经存在的缺点或缺陷引起的损失或费用。

（4）政府行为：政府命令或任何公共当局没收、征用、销毁或毁坏；由于公共设施部门的限制性供应及故意行为或非意外事故引起停电、停气、停水。

（5）企业财产保险的保险责任：火灾、爆炸，雷击、飓风、台风、龙卷风、暴风、暴雨、洪水、冰雹、地崩、山崩、雪崩、火山爆发、地面下陷下沉及其他自然灾害。

（6）其他保险保障：飞机坠毁、飞机部件或飞机物体坠落；机动车碰撞；根据法律或契约应由供货方、制造人、安装人或修理人负责的损失或费用。

（7）水箱、水管爆裂。

（8）保险机器设备在修复或重置过程中发生的任何变更、性能增加或改进所产生的额外费用。

（三）保险金额

不论机器及其附属设备新旧程度，保险金额均按重置价值确定，即重新置换同一厂牌或相似的型号、规格、性能的新机器设备的价格，它包括出厂价格、运费、税款、可能支付的关税及安装费用。这是因为，无论是新机器还是老机器，修理时的零部件都是新的，所以根据补偿性原则，保险金额应该按照重置价值确定。如果保险金额低于重置价值，则发生损失时，按比例赔偿损失：

$$\text{赔偿金额}=\frac{\text{保险金额}}{\text{损失时实际重置价值}}\times\text{损失金额}$$

如果被保险机器不止一项时，应分项列明保险金额。如果机器设备的底座、附件需要保险，应在保单中注明，并增加保险金额。

（四）停工退费规定

机器损坏保险中，如果被保险锅炉、汽轮机、蒸汽机、发电机或柴油机连续停工超过3个月（包括修理但不包括由于发生保险责任范围内损失时的修理），停工期间的保费将会部分退还给被保险人。如果连续停工3～5个月，则退还保费的15%；连续停工6～7个月，则退还保费的25%；连续停工9～11月，则退还保费的35%；连续停工12个月，则退还保费的50%。一般而言，停工退费的规定不适用于季节性工厂所使用的机器。

正是由于机器损坏保险所保障的人为事故和物理性意外只有在机器使用的过程中才会发生，因此当机器停工而没有使用时，机器损坏保险不会发生损失。故保险公司设计了停工退费的规定。但是，由于手续费、核保费等一些固定成本已经发生，所以退还的保费比例与停工的时间比例并不一致。

（五）赔偿处理

保险公司的损失赔偿方式分为三种：货币赔偿、实物赔偿（置换受损的机器设备）、实际修复（保险人自行或委托他人修理、修复受损标的的费用）。保险人有权做出选择，并对保险标的在修复或替换过程中的任何变更、性能增加或改进所产生的额外费用不负责赔偿。

部分损失以将被保险机器设备修理至其基本恢复受损前状态的费用金额为准；全部损失或推定全损以保险机器设备损失前的实际价值为准；任何属于成对或成套的设备项目，若发生损失，保险人的赔偿责任不超过该受损项目在所属整对或整套设备项目的保险金额中所占的比例；发生保险事故时，若受损保险标的的分项或总保险金额低于重置价值时，其差额部分视为被保险人所自保，保险人则按保险合同中列明的保险金额与对应的重置价值的比例负责赔偿。如保险机器多于一项时，每一项将按照本保险合同规定的分项保险金额单独计算比例赔偿的责任。

如果被保险机器发生损失后可以修理，保险公司赔偿基本修复费用，包括损坏机器拆卸费用、重装费用、运费、税款等，但赔偿金额最高不超过受损机器的保险金额。如果受损机器由被保险人自行修理，保险公司赔偿材料费用、为修理而支付的工资以及其他合理费用。修理时需要调换零部件时，可以不扣除折旧，但残值应在赔偿金额中扣除。如经保险公司书面同意，还负责赔偿加班费、夜班费、公假日工作的费用以及快邮运费等额外费用，但对机器进行改造、更新或彻底进行检修所支出的费用，保险公司概不负责。如果临时修理费用构成最后修理费用的一部分，并且没有增加总修理费用，保险公司也负责赔偿临时修理费用。

(六) 附加险

为了满足不同企业不同机器的投保需求，机器损坏保险还有许多附加保险。比如，中国人民保险公司的机器损坏保险附加条款中就有 17 条扩展类条款和 6 条规范类条款。扩展类条款包括：罢工、暴乱、民众骚动损失条款，自动恢复保险金额条款，清除残骸费用条款，特别费用条款，空运费条款，专业费用条款，电动马达检修条款，蒸汽、水、气体涡轮机及涡轮发电机条款，锅炉爆炸、倒塌保险扩展条款，安装设备扩展条款，重新安装条款，传送带、刀具扩展条款，场外维修及改造条款，索赔费用条款，试车条款/调试条款，突然及意外放射性污染条款，污染清理条款。规范类条款则包括：资产增加条款，保险单制作人条款，标题条款，抢险施救条款，取费标准条款，完全置换条款。

二、计算机保险

(一) 保险标的

计算机保险(Computer Insurance)的保险标的包括保单列明地点的下列财产：计算机主机及外围设备，计算机网络设备，程控交换机设备。但下列财产不在保险标的范围以内：达到规定折旧年限的保险标的设备，不在被保险人营业场所、租用给他人的财产，主机及其他媒介中存储的各类数据、应用软件和系统软件(包括系统软件技术手册、使用许可证及存储介质)，计算机易消耗品、易磨损件，账册、图表、单据、记录、契约、手稿、资料、有价证券、票据或其他文件。

(二) 保险责任

计算机保险的保险责任采用列举式，仅保障保险标的由于下列原因造成的损失：火灾、爆炸、水管爆裂；雷击、暴雨、洪水、台风、暴风、龙卷风、暴雪、冰雹、冰凌、泥石流、崩塌、突发性滑坡、地面突然下陷下沉；飞行物体及其空中运行物体坠落；本岗位计算机操作人员的疏忽或过失；在配有断电保护装置及稳压设备或不间断电源(UPS)的情况下，由于供电单位或意外事故导致的突然断电、短路、其他电气原因；外来并有明显痕迹的盗窃、抢夺或抢劫行为。在发生保险事故时，为抢救保险标的或防止灾害蔓延，采取必要的、合理的措施而造成保险标的的损失；发生保险事故后，被保险人为防止或减少保险标的损失所支付的必要的、合理的费用。

可以看出，计算机保险的保险责任比较宽泛，相当于企业财产保险综合险的保险责任加上机器损坏保险的保险责任。即不但保障了计算机的静止风险，还包括了计算机在使用过程中的操作风险。

计算机保险的保险价值也是采用重置价值。

(三) 数据复制费用保险

数据复制费用保险是在计算机保险的基础上，保障因计算机保险的保险责任导致计算机设备出现故障后发生的下列数据复制费用：备份数据丢失、损坏的复制费用，载有被保险数据的存储媒介的重置费用。但不保障下列费用：复制盗版数据的费用，未存储保险数据的存储媒介的重置费用，数据的专利或保护费用。

特别说明，数据复制费用保险对非本岗位计算机操作人员过失或误操作导致的数据损失和媒介损失不负责赔偿。

数据复制费用保险的赔偿限额由被保险人和保险人双方根据复制数据的费用及数据媒介重置费用分别协商确定每次事故赔偿限额及保险期间累计赔偿限额，并在保险单明细表中分项列明。发生数据复制费用保险项下的损失，保险人在赔偿限额内对下列费用予以赔偿：从备份媒介中重新输入数据；从文件、资料中重新整理或编辑数据；重置数据媒介。若数据自事故发生之日起十二个月内未复制，保险人只赔付其存储媒介本身的重置费用。

(四) 增加费用保险

增加费用保险是指，当计算机硬件保险项下的设备发生了计算机保险中的保险事故后，被保险人为避免生产或营业中断所支付的必要的临时租赁费用，经保险人事先书面同意后由保险人负责赔偿。增加费用保险的赔偿限额由被保险人和保险人双方根据临时租用设备、场地的费用协商确定每日、每月及保险期间累计赔偿限额，并在保险单明细表中分项列明。发生增加费用保险项下的损失，保险人对每一保险项目的赔偿责任均不得超过保险单明细表中列明的分项赔偿限额，且保险期间内的累计赔偿金额不得超过保险单明细表中列明的累计赔偿限额。

三、现金保险

(一) 保险标的

凡属于被保险人所有或替他人保管或与他人共有的现金、政府债券、支票、现金银行汇票和邮政汇票，均可作为现金保险(Cash Insurance)的保险标的。

(二) 保险责任

现金保险的保险责任采用列举式，保障在保险单列明的地点范围内，由于下列原因造成保险标的的损失：火灾、爆炸、洪水；被保险人的雇员在前往银行送款或自银行提款回程中遭受抢劫；存放在金库、保险箱(柜)内遭受盗窃或抢劫；在营业过程中遭受抢劫；保险事故发生后，被保险人为防止或者减少保险标的的损失所支付的必要的、合理的费用。其中，保险责任中的盗窃或抢劫责任范围，必须是遭受非被保险人雇员的外来人员，并有明显盗窃痕迹或抢劫行为且经当地公安部门证明属实的损失。

除了常见的除外责任以外，还列明下列除外责任：送款或提款时由于无故绕道及随意停留造成的损失；因保管不善导致保险标的损坏、霉烂、虫咬的损失；保险标的遭受保险事故引起的各种间接损失。

通常，现金保险除了要求投保人和被保险人履行通常的保单义务以外，还会要求被保险人遵守国家有关部门制定的会计制度和有关保护财产安全的各项规定，被保险人需具有完备的安全防盗措施，在非营业时间内，必须撤去金库、保险箱（柜）的钥匙，并将保险标的锁入保险柜内，并二十四小时安排专门人员值班。对安全检查中发现的各种灾害事故隐患，在接到安全主管部门或保险人提出的整改通知书后，必须认真付诸实施。保险人可以对被保险人遵守前款约定的情况进行检查，向投保人、被保险人提出消除不安全因素和隐患的书面建议，投保人、被保险人应该认真付诸实施。投保人、被保险人未按照约定履行其对保险标的的安全应尽责任的，保险人有权要求增加保险费或者解除合同。

本章小结

- 标准火灾保险是财产保险的鼻祖，很多方面都非常具有代表性。其保险责任范围较小，仅包含三种损失原因：火灾、雷电和搬迁财产所导致的直接损失。
- 标准火灾保险还有多种附属保单与批单，以满足不同特征客户的需求。
- 企业财产保险在标准火灾保险的基础上发展而来，主要保障保险标的物的静止状态的风险。
- 企业财产保险包括基本险、综合险和“一切险”，三者具有不同的保险责任，保险责任逐步扩大。基本险和综合险采用列举式，“一切险”则采用概括式。
- 企业财产保险中，确定保险金额、保险价值和损失金额时，应该采用相同的方法。
- 家庭财产保险是以房屋、房屋装修及室内物品为标的的保险，也承保静止状态的风险。但大多采用第一损失保险。
- 家庭财产保险与企业财产保险具有很高的一致性，只是其承保对象必须是用于家庭生活的财产，而企业财产保险是用于生产经营的财产。除了标的的用途有所区别，两者在其他方面都具有较高的相似性。
- 家庭财产两全保险兼有经济补偿和到期还本双重性质，保险公司用被保险人所交保险储金的利息作为保险费收入，在保险期满时无论是否发生保险赔偿，都将按约定将本金和收益退还被保险人。保险公司还继续创新出投资型家庭财产保险。
- 营业中断保险又称为利润损失险，投保前需就物质财产购买物质财产的相关保险，营业中断保险仅保障企业的营业设备因发生物质财产保险中的保险事故而造成生产停顿所带来的间接损失。必要时可增加因第三者受灾带来的营业中断损失。
- 营业中断保险的保险金额是根据企业上年度账册中的销售额或营业额加上对本年

度业务发展的趋势和通货膨胀因素的估计所得出的本年度预期毛利润金额来确定。计算损失金额的基础是收入的减少与费用的增加。

- 机器损坏保险是专门承保各类已安装完毕并投入运行的机器由于人为的、意外的或物理性原因造成的物质损失。保险金额均按重置价值确定。机器损坏保险还有停工退费的规定。
- 计算机保险兼有企业财产保险综合险和机器损坏保险的责任，并同时提供数据复制费用保险和增加费用保险。
- 现金保险是保障现金、政府债券、支票、现金银行汇票和邮政汇票等具有价值的纸质文件，保险责任也比较具有特色。

习题

1. 标准火灾保险中对于火灾的正确理解是什么?

2. 标准火灾保险中的除外责任具有哪些特征？如何理解这些除外责任?

3. 在标准火灾保险和企业财产保险中，当实际保险期限短于一年时，所收费率并不与保险期限的时间长短成正比，这是为什么?

4. 标准火灾保险中是如何保护抵押权人的利益的?

5. 企业财产保险所保障的主要风险具有什么共同的特征?

6. 企业财产保险中为何某些保险标的需要特约？原因是什么呢?

7. 企业财产保险中的不保财产具有什么特征呢?

8. 如何正确理解企业财产保险中的“必要的”“合理的”施救费用?

9. 如何正确理解企业财产保险综合险中“三停”损失的含义?

10. 企业财产保险的费率是如何分类的，以及实行差别费率的主要依据是什么?

11. 某造纸厂投保企业财产保险基本险，固定资产按原值投保，保险金额为60万元，流动资产按最近账面余额确定，保险金额为30万元，账外财产估价投保，保险金额为4万元。投保不久便发生了一次火灾。机器设备损失15万元，成品半成品损失10万元，账外财产损失2万元。施救费用大约为10万元。损失发生后确定固定资产重置价值为80万元，流动资产出险时账面余额为50万元，账外财产出险时重置价值约5万元。请问保险公司应如何赔付？赔偿之后保险金额会发生什么变化?

12. 请分析家庭财产保险与企业财产保险的一致性与差异性。

13. 请分析家庭财产两全保险的性质，以及它与普通型家庭财产综合保险的相同点和不同点。

14. 请分析投资型家庭财产保险与家庭财产两全保险的异同。

15. 营业中断保险与企业财产保险有何关系?

16. 简释营业中断保险中的保险期限、赔偿期间和实际赔偿期的关系。

17. 为什么营业中断保险仅赔偿毛利润损失，而不是净利润损失呢？请解释其中的缘由。

18. 某超市年营业额为600万元，其中营业成本是450万元，工资、折旧费、利息、广告费、保险费等维持费用为50万元。假如该超市于次年6月30日发生火灾，直到年底才全部恢复营业，实际赔偿期6个月，保险合同规定的赔偿期间也是6个月。在实际赔偿期内超市的营业额是60万元。假定该超市在投保营业中断保险时还根据本年度业务发展趋势和通货膨胀因素对营业额作了调整，预计该年度的营业额比上年增长15%。试计算保险公司应赔偿该超市毛利润损失金额。

19. 简释机器损坏保险的保险责任和赔偿处理方法。

20. 机器损坏保险与普通财产保险有什么区别?

21. 机器损坏保险的停工退费是什么意思？为什么要如此处理?

22. 计算机保险的保险责任有哪些？当计算机发生事故丢失数据时，保险公司是如何赔偿所需要的费用的?

23. 现金保险保障哪些风险呢？在处理方面有何特性呢?

第四章　运输工具保险

运输工具保险以各种运输工具为保险标的物，比如海、陆、空三种运输方式中所使用的船舶保险、机动车辆保险和飞机保险。这些标的物具有时而静止、时而运动的共性，因此所保障的风险不仅包括静止状态的风险，也包括运输工具在运动状态中的风险。除此之外，使用运输工具的过程中也蕴涵了责任风险，故运输工具保险是财产保险和责任保险的综合保险，涉及的保险责任较多。机动车辆保险是财产保险市场份额最大的险种，是最值得注意的重点。

第一节　机动车辆保险

随着我国经济的发展，机动车辆的使用越来越普及，交通事故的发生次数也逐年上升。因此，开办和发展机动车辆保险业务，尤其是第三者责任保险，对维护社会稳定和保障受害人的利益具有非常重要的意义。机动车辆保险（Motor Vehicle Insurance）的保险标的物是指包括汽车、拖拉机、摩托车及各种专用车、特种车在内的，能在公共道路上行驶的车辆，有时也习惯上称为汽车保险（Automobile Insurance）。机动车辆保险是我国财产保险市场上保费收入市场份额最大的一个险种。2017 年，机动车辆保险的保费收入为 7 521 亿元，占财产保险市场的 71%。所以，车险市场的竞争非常激烈。机动车辆保险市场也一直是保险监管的核心领域。

2002 年 8 月，中国保监会下发了《关于改革机动车辆保险条款费率管理制度的通知》，规定从 2003 年 1 月 1 日起，在全国范围内实施新的车险条款和费率管理制度。这在历史上称为“第一次商车费改”。各家保险公司纷纷推出了各种各样的新产品，市场竞争激烈而混乱。2004 年 5 月 1 日，《中华人民共和国道路交通安全法》（简称《道交法》）开始正式实施，首次提出“要建立机动车第三者责任强制保险制度，设立道路交通事故社会救助基金”。2006 年 3 月 28 日，国务院颁布了《机动车交通事故责任强制保险条例》，2006 年 7 月 1 日起正式实施机动车辆强制性保险制度。2007 年，中国保险行业协会制定了机动车商业保险行业基本条款，包括了 A、B、C 三种不同的条款。各家保险公司也都直接采用了这些行业条款，使得车险市场的价格竞争暂时缓和。2010 年 6 月，保监会出台了《关于在深圳开展商业车险定价机制改革试点的通知》，拉开了“第二次商车费改”的序幕，各地区逐批开始试点改革。2017 年 7 月 6 日，保监会发布了《关于整治机动车辆保险市场乱象的通知》和《关于商业车险费率调整及管理等有关问题的通知》，改革进入了“实操”阶段，车险市场的秩序进一步规范，消费者从中获益匪浅。

知识窗 4-1　　我国的机动车辆保险的市场情况

2017 年，我国的机动车辆保险的保费收入为 7 521 亿元，占整个财险市场的 71%；赔款支出为 3 938 亿元，赔付率达到了 52%。下表是最近十年我国机动车辆保险的市场经营情况。

	2008 年	2009 年	2010 年	2011 年	2012 年	2013 年	2014 年	2015 年	2016 年	2017 年
保费收入(亿元)	1 703	2 156	3 004	3 505	4 005	4 721	5 516	6 199	6 834	7 521
增长率(%)	15	27	39	17	14	18	17	12	10	10
赔付支出(亿元)	1 047	1 201	1 376	1 751	2 248	2 720	3 027	3 336	3 648	3 938
市场份额(%)	73	75	77	76	75	76	69	74	74	71
赔付率(%)	61	56	46	50	56	58	55	54	53	52

资料来源：历年《保险年鉴》。

可以看到，由于中国汽车保有量的增加，机动车辆保险的保费收入在过去 10 年内持续保持着增长的势头，近年的增速放缓。机动车辆保险一直占据财险市场三分之二的份额，是财险市场的龙头老大；赔付率也比较平稳。

下面我们以 2008 年的交强险条款和 2015 年中国保险行业协会推出的行业标准条款(条款编号 H2015102)为例来介绍机动车辆保险的相关知识。

一、机动车交通事故责任强制保险

机动车交通事故责任强制保险(简称“交强险”，Mandatory Traffic Liability Insurance)是由国家强制执行的。这种“强制性”体现为“强买强卖”。“强买”是指所有持有牌照并在公共道路上行驶的机动车辆都必须依法投保；“强卖”则指经营交强险的保险公司不得拒绝承保。许多国家和地区都设立了交强险制度，并都在法律层面上确定了其“强制性”的法律基础。

(一) 交强险的实施背景及原因

在交强险制度实施之前，实行的是商业机动车第三者责任保险（简称“商业三责险”）。商业三责险是按照自愿原则由投保人选择购买。由于种种原因，商业三责险投保比率比较低。比如，2005 年的投保率大约为 35%。因此，在缺乏保障的背景下，倘若发生了道路交通事故，由于致害人没有购买保险，而且本人的赔偿能力又比较有限，受害人往往无法得到及时赔偿，从而造成了大量的经济赔偿纠纷；或者致害人肇事后逃逸，导致受害人根本无法得到任何赔偿，从而影响了社会稳定与和谐，滋生出社会矛盾。随着机动车保有量的不断提高，交通事故频发。因此，实行交强险制度即通过国家法律强制机动车所有人或管理人购买相应的责任保险，能够提高三责险的投保面，从而在最大程度上为交通事故受害人提供及时和基本的保障。交强险具有以下作用：

(1) 有利于道路交通事故中的受害人获得及时有效的经济保障和医疗救治。强制性确保所有机动车都有保险，在交通事故中至少都能够承担部分责任。

(2) 有利于减轻交通事故肇事方的经济负担，因为交强险具有“不盈不亏”的经营原则。

(3) 有利于促进道路交通安全，降低道路交通事故的发生概率；因为交强险中通常都设计了“奖优罚劣”的费率制度，从而通过加费的方式促进驾驶人增强安全意识。

(4) 有利于充分发挥保险的社会保障功能，维护社会稳定。

交强险的本质是引导驾驶员的驾驶行为，降低交通事故的发生概率，并在发生交通事故时确保受害人能够及时得到一定程度的赔偿；所以，一定要从“保护受害人利益”的角度去理解交强险，从而能够明白其许多与商业三责险不同处理方法的原因。

(二) 保险责任与赔偿限额

交强险的保险责任采用概括方式表述。被保险机动车发生道路交通事故造成受害人人身伤亡或财产损失的，依法应当由被保险人承担的损害赔偿责任，由保险公司在交强险每次事故的责任限额以内予以赔偿。其中需注意的是，受害人即常说的“第三者”，是指在机动车发生交通事故时遭受人身伤亡或财产损失的人，但是不包括被保险机动车本车车上人员和被保险人。比如驾驶员、本车上乘客、本车上的财产及本车等均不在受害人的范畴以内。另外，还需要注意，这里的被保险人是指狭义的被保险人概念，仅包括记名被保险人。

从 2008 年开始，我国实行的交强险责任限额为 12.2 万元，采用分类限额的方式。其中，死亡伤残赔偿限额为 11 万元，医疗费用赔偿限额为 1 万元，财产损失赔偿限额为 2 000 元。如果被保险人在交通事故中无责任，赔偿限额则分别为死亡伤残赔偿限额 1.1 万元、医疗费用赔偿限额 1 000 元、财产损失赔偿限额 100 元。

死亡伤残赔偿限额通常负责赔偿丧葬费、死亡补偿费、受害人亲属办理丧葬时支出的交通费用、残疾赔偿金、残疾辅助器具费、护理费、康复费、交通费、被抚养人生活费、住宿费、误工费、被保险人依照法院判决或者调解承担的精神损害抚慰金等。而医疗费用赔偿限额则负责赔偿医药费、诊疗费、住院费、住院伙食补助费、必要合理的后续治疗费、整容费和营养费等。

另外，需注意的是，交强险支持无责任赔偿。这一点在《道交法》中也有明确规定。通常，当行人与机动车辆发生交通事故时，正常情况下双方都是根据各自在交通事故中的责任大小承担损失。责任大多赔，责任小少赔。但当机动车一方无责任时，考虑到行人处于弱势、人权高于物权等诸多因素，法律规定通常都会向行人倾斜，机动车也要承担赔偿责任。通常，无责时应承担有责时的10%的赔偿责任。

（三）除外责任与垫付追偿

交强险的除外责任比较少，绝大多数的情况下都会承担赔偿责任，除了由于下列原因造成的损失或费用，交强险不负责赔偿：

(1) 因受害人故意造成的交通事故的损失。这一点在《道交法》中有明确规定。一般而言，只要是机动车辆与行人发生的交通事故，机动车辆一方都要承担责任。即使机动车辆一方无责，也要承担无责任赔偿。但是，倘若有证据表明，交通事故是受害人故意造成的，则机动车辆一方不承担赔偿责任。除此之外，当机动车辆处于静止状态下，与行人发生碰撞，机动车辆一方也不承担责任。

(2) 被保险人所有的财产及被保险机动车上的财产遭受的损失。这是因为这不属于第三者的范畴。

(3) 被保险机动车发生交通事故，只是受害人停业、停驶、停电、停水、停气、停产、通信或网络中断、数据丢失、电压变化等造成的损失以及受害人财产因为市场价格变动造成的贬值、修理后因为价值降低造成的损失等其他各种间接损失。这保持了与其他财产保险的一致性，仅就直接损失进行赔偿，而不赔偿各种间接损失。

(4) 因交通事故产生的仲裁或诉讼费用以及其他相关费用。

除此之外，交强险还规定了垫付与追偿的情形，即在下列这些情况下，保险公司虽然"赔偿"了受害人，但不能称为"赔偿"，只能称作"垫付"，即保险公司帮致害人垫付的赔款，日后需向致害人追偿。保单条款一般是如下详细规定的：被保险机动车在下列情况下发生交通事故，造成受害人受伤需要抢救的，保险人在接到公安机关交通管理部门的书面通知和医疗机构出具的抢救费用清单后，按照国务院卫生主管部门组织制定的交通事故人员创伤临床诊疗指南和国家基本医疗保险标准进行核实。对于符合规定的抢救费用，保险人在医疗费用赔偿限额内垫付。倘若被保险人在交通事故中无责任，则保险人在无责任医疗费用赔偿限额内垫付。对于其他损失和费用，保险人不负责垫付和赔偿：

- 驾驶人未取得驾驶资格；
- 驾驶人醉酒的；
- 被保险机动车被盗抢期间肇事的；
- 被保险人故意制造道路交通事故的。

对于交强险的垫付与追偿条款，首先要理解这些条款的初衷。前面多次强调，交强险的目的是为了保护在交通事故中的受害人，因此在上述情况下，尽管致害人有着非常大的过错，甚至已经违反了法律，但从保护受害人的角度来说，保险公司还是会先行垫付，让受害人能够得到及时的治疗，然后再向致害人追偿，让致害人为自己的错误承担责任。换个角度讲，交强险将致害人不愿、无力或无法赔偿受害人的风险转移给了保险公司，从而保护受害人的利益。其次需注意，保险公司在上述情况下，仅垫付与受害人人身伤害有关的医疗费用，并不垫付任何受害人的财产损失。其原因在于人权高于物权，在抢救受害人时，人命高于一切，而财产损失则要根据过错原则，由致害人自己承担赔偿责任。

（四）赔偿处理

发生保险事故之后，被保险人有权向保险人申请赔款，并需要提供必备的材料，如交强险的保险单、索赔申请书、被保险人和受害人的有效身份证明、被保险机动车行驶证和驾驶人的驾驶证、公安机关交通管理部门出具的事故证明或有关法律文书及其他证明，以及受害人财产损失程度证明、人身伤残程度证明、相关医疗证明及有关损失清单和费用单据等证明和资料。

保险公司在计算交强险的赔偿金额时，首先应根据公安机关交通管理部门出具的事故证明或有关法律文书及其他证明，确定涉事机动车是否有责任，并分为“有责”与“无责”；然后在“有责”与“无责”各自交强险的各分项赔偿限额以内，对受害人的死亡伤残费用、医疗费用、财产损失分别计算赔偿额。请注意，交强险只区分“有责”与“无责”，而不考虑责任大小。因此，无论责任大小，哪怕仅承担5%的责任，也称为“有责”。即：

- 对于受害人的机动车、机动车上人员、机动车上财产损失：某分项核定损失承担金额＝受害人的该分项损失金额÷$(N-1)$
- 对于受害人的非机动车、非机动车上人员、行人、机动车外财产损失：某分项核定损失承担金额＝受害人的该分项损失金额÷N

其中，N为涉事机动车的数目。总赔款基本计算公式为：

$$\begin{aligned}\text{总赔款} &= \sum \text{各分项损失赔款} \\ &= \text{死亡伤残费用赔款} + \text{医疗费用赔款} + \text{财产损失赔款}\end{aligned}$$

各分项损失赔款应该等于各分项核定损失承担金额。当各分项核定损失承担金额超过了交强险各分项赔偿限额时，各分项损失赔款以交强险各分项赔偿限额为限。

例 4-1　　交强险的赔偿计算 1

A、B两车互碰，A车主责（70%的责任），驾驶员医疗费用 5 000 元，修车费用 10 000 元；B车次责（30%的责任），驾驶员残疾，根据残疾程度鉴定的赔偿额为 50 000 元，修车费用 50 000 元，则交强险的赔偿为：

A车交强险应向B车赔付，死亡伤残核定损失承担金额为 50 000 元，低于死亡伤残赔偿限额（110 000 元），故赔偿 50 000 元；财产核定损失承担金额为 50 000 元，超过了财产损失限额（2 000 元），故仅赔偿 2 000 元。

B车交强险应向A车赔付，医疗费用核定损失承担金额为 5 000 元，低于医疗费用赔偿限额（10 000 元），故赔偿 5 000 元；财产核定损失承担金额为 10 000 元，超过了财产损失限额（2 000 元），故仅赔偿 2 000 元。

倘若上例中，A车全责，B车无责，其他情况都一样，则两车交强险赔付结果为：

A车仍是有责，故赔偿不变。

B车无责，因此应在无责时的赔偿限额下赔偿A车的损失，医疗费用核定损失承担金额为 5 000 元，高于无责时医疗费用赔偿限额（1 000 元），故赔偿 1 000 元；财产核定损失承担金额为 10 000 元，超过了无责时的财产损失限额（100 元），故仅赔偿 100 元。

倘若保险事故涉及多辆肇事机动车，则应该按照如下程序来进行计算：

(1) 将受害人的各分项损失分摊到每一辆肇事机动车。如果对于受害人而言，肇事机动车均有责或均无责，则简化为各肇事机动车对受害人的各分项损失进行平均分摊；如果肇事机动车不是均有责或均无责，而是有的车辆有责、有的车辆无责，则各肇事机动车按其适用的交强险分项赔偿限额占总分项赔偿限额的比例，对受害人的各分项损失进行分摊。即：

- 某分项核定损失承担金额 = 该分项损失金额 × [适用的交强险该分项赔偿限额 /（$\sum$ 各致害方交强险该分项赔偿限额）]

(2) 各被保险机动车的保险人将应赔偿各受害人的各分项损失加总，则为该分项的损失承担金额。倘若该分项损失承担金额高于交强险各分项赔偿限额，则按各受害人分项损失进行比例赔偿。即：

- 被保险机动车对某一受害人分项损失的赔偿金额 = 交强险分项赔偿限额 ×（事故中某一受害人的分项核定损失承担金额/ Σ各受害人分项核定损失承担

金额之和）

另外还需要注意，肇事机动车中的无责任车辆，不参与对其他无责任车辆和车外财产损失的赔偿计算，仅仅参与对有责任方车辆损失或者车外人员伤亡损失的赔偿计算。所以，为了简化起见，计算时应该把无责方合并计算。而且，无责方应该先赔，有责方在扣减无责赔偿之后各受害人的分项核定损失金额再进行计算。

例 4-2　　　　交强险的赔偿计算 2

A、B、C 三车互碰造成三方车损，并造成路人甲受伤。各方责任和损失金额为：A 车主责（责任为 70%），车辆损失 6 000 元；B 车无责，车辆损失 5 000 元；C 车次责（责任为 30%），车辆损失 3 000 元；路人甲医疗费用 45 000 元。则各车交强险的赔付为：

医疗费用部分：路人甲的医疗费用应由 A、B 和 C 车承担。其中：

A 车应承担：45 000×10 000/(10 000＋10 000＋1 000)＝21 429(元)（大于有责时 10 000 元的限额，故仅赔偿 10 000 元）

B 车应承担：45 000×1 000/(10 000＋10 000＋1 000)＝2 143(元)（大于无责时 1 000 元的限额，故仅赔偿 1 000 元）

C 车应承担：45 000×10 000/(10 000＋10 000＋1 000)＝21 429(元)（大于有责时 10 000 元的限额，故仅赔偿 10 000 元）

财产损失部分：

无责方 B 车应先行赔偿：B 车先赔 100 元，A 车与 C 车分别赔偿 50 元（简化计算）。

A 车的车损应由 C 车承担，共 6 000－50＝5 950(元)；

B 车的车损应由 A 和 C 车承担，各承担 5 000/2＝2 500(元)；

C 车的车损应由 A 车承担，共 3 000－50＝2 950(元)。

则：

A 车交强险应承担 B 和 C 的损失，共(5 000/2)＋2 950＝5 450(元)＞2 000(元)

则 A 车赔偿 B 车：2 000×(2 500/5 450)＝917(元)

A 车赔偿 C 车：2 000×(2 950/5 450)＝1 083(元)

C 车交强险应承担 A 和 B 的损失，共 5 950＋(5 000/2)＝8 450(元)

则 C 车赔偿 A 车：2 000×(5 950/8 450)＝1 408(元)

C 车赔偿 B 车：2 000×(2 500/8 450)＝592(元)

综上：

A 车交强险赔偿：10 000＋2 000＝12 000(元)（其中支付甲医疗费用

10 000 元，支付 B 车车损 917 元，支付 C 车车损 1 083 元）。

B 车交强险赔偿：1 000＋100＝1 100（元）（其中支付甲医疗费用 1 000 元，支付 A 车车损 50 元，支付 C 车车损 50 元）。

C 车交强险赔偿：10 000＋2 000＝12 000（元）（其中支付甲医疗费用 10 000 元，支付 A 车车损 1 408 元，支付 C 车车损 592 元）。

显然，交强险的赔偿是比较有限的，因此还需要商业三责险进行补充。

（五）保费收入和费率优惠

交强险的保费收入是全国统一的，以 6 座以下家庭自用车为例，交强险一年的基础保费为 950 元。但是，为了"奖优罚劣"，交强险还实行了费率浮动（见案例 2-3）。则交强险最终保险费的计算为：

$$\begin{matrix}\text{交强险最终}\\\text{保险费}\end{matrix}=\begin{matrix}\text{交强险基础}\\\text{保险费}\end{matrix}\times\left(1+\begin{matrix}\text{与道路交通事故相}\\\text{联系的浮动比率}A\end{matrix}\right)$$

知识窗 4-2　　交强险之道路交通事故社会救助基金

道路交通事故社会救助基金（简称"救助基金"）是《道交法》规定的一项制度，是交强险制度的补充，旨在保证道路交通事故中受害人不能按照交强险制度和侵权人责任得到赔偿时，可以通过救助基金的救助获得及时抢救或者适当补偿，充分体现了以人为本的原则，体现了国家和社会对公民生命安全和健康的关爱和救助，有助于化解社会矛盾、促进和谐社会建设。

救助基金的来源通常包括：按照机动车交通事故责任强制保险的保险费的一定比例提取的资金，对未按照规定投保机动车交通事故责任强制保险的机动车的所有人、管理人的罚款，救助基金管理机构依法向道路交通事故责任人追偿的资金，救助基金孳息及其他资金。

在下列情形中，救助基金可以垫付道路交通事故中受害人人身伤亡的丧葬费用、部分或全部抢救费用：抢救费用超过交强险责任限额的；肇事机动车未参加交强险的；机动车肇事后逃逸的。

通常，需要救助基金垫付部分或者全部抢救费用的，公安机关交通管理部门应当在 3 个工作日内书面通知救助基金管理机构，救助基金管理机构应当在 5 个工作日内进行审核，对符合垫付要求的，救助基金管理机构应当将相关费用划入医疗机构账户。并且，"医疗机构对交通事故中的受伤人员应当及时抢救，不得因抢救费用未及时支付而拖延救治"。需要救助基金垫付丧葬费用的，则由受害人亲属凭公安机关交通管理部门出具的尸体处理通知书和本人身份证明向救助基金管理机构提出书面垫付申请，救助基金管理机构在3个工作日内对符合垫付要求的申请按标准垫付丧葬费用，并书面告知公安机关交通管理部门。

二、机动车第三者责任保险

1. 保险责任与除外责任

机动车第三者责任保险(以下简称“商业三者险”，Automobile Liability Insurance)的保险标的是交通事故中机动车一方应当为受害人承担的赔偿责任。保险责任采用概括式，只要在保险期间内，被保险人或其允许的驾驶人在使用被保险机动车过程中发生意外事故，致使第三者遭受人身伤亡或财产直接损毁，依法应当对第三者承担的损害赔偿责任，只要不属于除外责任的范围，保险人都会根据合同约定对于超过交强险各分项赔偿限额以外的部分负责赔偿。而且，保险事故发生时，无论被保险机动车未投保交强险，还是交强险已经失效，商业三者险对于交强险赔偿限额以内的损失和费用均不负责赔偿。

商业三者险的除外责任比交强险多，并且规定得都比较详细，有些除外责任在车损险中也同样适用。可以把商业三者险的除外责任分为六个部分：

第一部分，绝对除外责任：与企业财产保险中的绝对除外责任相似，也包括地震及其次生灾害、战争、军事冲突、恐怖活动、暴乱、污染(含放射性污染)、核反应、核辐射；第三者、被保险人或其允许的驾驶人的故意行为、犯罪行为，第三者与被保险人或其他致害人恶意串通的行为。需要注意的是，被保险人或其允许的驾驶人的故意行为和犯罪行为涉及保险欺诈，而第三者的故意行为和犯罪行为在《道交法》中都是不予支持的。

第二部分，保险车辆不合格的情形：发生保险事故时被保险机动车行驶证、号牌被注销的，或未按规定检验或检验不合格；被扣押、收缴、没收、政府征用期间；在竞赛、测试期间，在营业性场所维修、保养、改装期间；全车被盗窃、被抢劫、被抢夺、下落不明期间。这部分主要排除了保险车辆使用中存在的一些违反交通法规的情形，从而保证保险车辆是在正常使用的过程中，而对于非正常使用的所有情况予以除外。

第三部分，驾驶人员不合格的情形：驾驶员饮酒、吸食或注射毒品、服用国家管制的精神药品或者麻醉药品；无驾驶证，驾驶证被依法扣留、暂扣、吊销、注销期间；驾驶与驾驶证载明的准驾车型不相符合的机动车；实习期内驾驶公共汽车、营运客车或者执行任务的警车、载有危险物品的机动车或牵引挂车的机动车；驾驶出租机动车或营业性机动车，无交通运输管理部门核发的许可证书或其他必备证书；学习驾驶时无合法教练员随车指导；非被保险人允许的驾驶人。这部分主要排除了保险驾驶员违反交通法规的情形。

第四部分，被保险人违反最大诚信原则：事故发生后，在未依法采取措施的情况下驾驶被保险机动车或者遗弃被保险机动车离开事故现场；事故发生后，被保险人或其允许的驾驶人故意破坏、伪造现场、毁灭证据；被保险机动车被转让、改装、加装或改变使用性质等，被保险人、受让人未及时通知保险人，且因转让、改装、加装或改变使用性质等导致被保险机动车危险程度显著增加；投保人、被保险人或其允许的驾驶人知道保险事故发生后，故意或者因重大过失未及时通知，致使保险事故的性质、原因、损失程度等难以确定的，保险人对无法确定的部分，不承担赔偿责任，但保险人通过其他途径已经及时知道或者应当及时知道保险事故发生的除外。保险事故损坏第三者财产时应尽量修复，修理前被保险人应当会同保险人检验，协商确定修理项目、方式和费用，保险人可以重新核定未协商确定的部分，倘若被保险人违反本条款而导致无法确定的损失，保险人也不负责赔偿。

第五部分，不属于第三者的范畴：被保险人及其家庭成员、被保险人允许的驾驶人及其家庭成员所有、承租、使用、管理、运输或代管的财产的损失，以及本车上财产的损失；被保险人、被保险人允许的驾驶人、本车车上人员的人身伤亡。这里需要注意，第三者的界定在人身伤亡和财产损失中是不同的，财产损失的第三者范围要比人身伤亡的范围更广一些。两者相比较之后容易发现，被保险人的家庭成员、被保险人允许的驾驶人的家庭成员的人身伤亡属于商业三者险的赔偿范围。其中，家庭成员是指被保险人的直系血亲和在一起共同生活的其他亲属。本车上的一切人员是指意外事故发生的瞬间，在本保险车辆上的一切人员，包括此时在车下的驾驶员以及车辆行驶中或车辆未停稳时非正常下车的人员。

第六部分，保险公司明确规定的除外损失和费用：被保险机动车发生意外事故，致使任何单位或个人停业、停驶、停电、停水、停气、停产、通信或网络中断、电压变化、数据丢失造成的损失以及其他间接损失；第三者财产因市场价格变动造成的贬值，修理后因价值降低引起的减值损失；停车费、保管费、扣车费、罚款、罚金或惩罚性赔款；超出《道路交通事故受伤人员临床诊疗指南》和国家基本医疗保险同类医疗费用标准的费用部分；律师费，未经保险人事先书面同意的诉讼费、仲裁费；精神损害抚慰金；应当由交强险赔偿的损失和费用。

2. 赔偿限额和赔偿处理

商业三者险中仅规定每次事故的责任限额。这个限额是就一次事故中所有财产损失和人身伤害的赔偿限制，没有设置分项目的赔偿限额。投保人在投保时选择确定即可。通常有 20 万元、50 万元、80 万元、100 万元、100 万元以上，以及不超过 1 000 万元等多种档次。倘若主车和挂车连接使用并视为一体，发生了保险事故后，主车保险人和挂车保险人则在各自三者险的责任限额内承担赔偿责任。但是,总赔偿金额是以主车三者险责任限额为限。

发生保险事故时,被保险人或其允许的驾驶人应及时采取合理必要的施救和保护措施,防止或减少损失,并在保险事故发生后 48 小时内通知保险人。在向保险人索赔时,被保险人应当提供与确认保险事故的性质、原因、损失程度等有关的证明和资料,比如保险单、损失清单、有关费用单据、被保险机动车行驶证和发生事故时驾驶人的驾驶证等;属于道路交通事故的,则应当提供公安机关交通管理部门或法院等机构出具的事故证明、有关的法律文书(判决书、调解书、裁定书、裁决书等)及其他证明。

计算赔款时,保险人是根据被保险机动车一方在事故中所承担的事故责任比例来承担相应的赔偿责任。一般而言,事故责任比例是公安机关交通管理部门处理事故时确定的。如果没有确定事故责任比例,则为:被保险机动车负主要事故责任的,事故责任比例为 70%;被保险机动车负同等事故责任的,事故责任比例为 50%;被保险机动车负次要事故责任的,事故责任比例为 30%;被保险机动车不承担事故责任的,事故责任比例为 0。

然后,根据商业三者险保险合同中规定的保险责任及除外责任等条款,来核定出第三者损失金额,并在扣减交强险已经赔偿的部分和考虑事故责任比例后计算赔款:

- (第三者损失金额－交强险已赔偿部分)×事故责任比例等于或超过每次事故赔偿限额:赔款＝每次事故赔偿限额×(1－事故责任免赔率)×(1－绝对免赔率之和)
- (第三者损失金额－交强险已赔偿部分)×事故责任比例低于每次事故赔偿限额时:赔款＝(第三者损失金额－交强险已赔偿部分)×事故责任比例×(1－事故责任免赔率)×(1－绝对免赔率之和)

其中,事故责任免赔率通常为:被保险机动车负全部责任的,事故责任免赔率 20%;被保险机动车负主要责任的,事故责任免赔率 15%;被保险机动车负同等责任的,事故责任免赔率 10%;被保险机动车负次要责任的,事故责任免赔率 5%。当然,一些保险公司也为了让投保人在投保时有更多的选择,设计了多种事故责任免赔率。比如在交通事故中,被保险机动车负全部责任的,事故责任免赔率 10%;被保险机动车负主要责任的,事故责任免赔率 8%;被保险机动车负同等责任的,事故责任免赔率 5%;被保险机动车负次要责任的,事故责任免赔率 3%。投保人也可以选择不计免赔,则无论保险车辆的驾驶人在交通事故中负何种责任,事故责任免赔率均为 0。当然,事故责任免赔率越高,则保费越便宜。除此之外,在特殊情况下,还要实行一些绝对免赔率。比如违反安全装载规定，但违规装载并非保险事故发生原因的，实行10%的绝对免赔率。为了保护第三方受害人的利益，如果各方的责任清楚，被保险人可以请求保险人直接向第三方赔偿。如果被保险人怠于请求，则第三方有权就其应获赔偿部分直接向保险人请求赔偿。

知识窗4-3　　交强险与商业三者险的异同

交强险和商业三者险都属于责任保险，都是就交通事故中机动车一方应当向第三者承担的责任提供保障；目的都是保障交通事故中第三方受害人能够获得及时有效的赔偿；赔偿对象都是第三方的损失。因此，两者具有非常明显的共性，但是，两者在赔偿原则、赔偿范围等各个方面都存在明显区别：

一是法律地位不同。交强险是法定的强制保险，投保人必须购买，保险公司也必须卖。商业三者险是纯粹的商业保险，投保人可以选择购买，保险公司也可以选择承保，甚至拒绝承保。

二是经营原则不同。交强险是按照不盈不亏的原则制定保险费率，保险公司经营交强险不得以盈利为目的，并与其他保险业务分开管理、单独核算，而且交强险配套的社会救助基金更是体现了社会公益性。商业三者险则是商业性险种，是可能需要盈利的。

三是责任限额不同。交强险是实行分项责任限额，分为死亡伤残赔偿限额、医疗费用赔偿限额、财产损失赔偿限额，以及无责任赔偿限额。商业三者险实行的是每次事故限额，责任限额不分项。

四是经营自主权不同。交强险实行统一条款和基础费率，保险公司几乎没有经营自主权，不得调整或更改。商业三者险则是由保险公司自主设计，条款和费率可以各具特色。

五是保险责任范围不同。除了极其个别的情况之外，交强险的赔偿范围几乎涵盖了所有道路交通责任风险，而且没有任何免赔率和免赔额。而商业三者险中通常设有除外责任和免赔率等。

六是赔偿原则不同。交强险支持"无过错责任"赔偿，而商业三者险严格遵守"过错责任"原则。这是因为交强险更是立足于保障受害人的利益，以便及时合理地补偿其遭受的损失。所以基本上只要发生交通事故，无论机动车方是否存在事故责任，无论事故责任大小，保险公司均会对受害人的损失承担赔偿责任。而商业三者险中，保险公司则是根据被保险机动车在交通事故中应承担的责任比例来确定赔偿责任。

七是保险人向投保人的追偿权不同。在特定情况下，交强险的保险人须依法先行向受害人赔付，然后再向肇事者进行追偿，实则是将受害人可能得不到赔款的风险转移给了保险公司。商业三者险的保险人则是严格按照保险责任和除外责任来判断是否赔偿，不存在向投保人追偿的情况。

两者的区别可以概括如下：

	交强险	商业三者险
强制性	机动车必须买，保险公司必须卖	自愿投保
条款费率	条款费率全国统一	各公司自行确定，各地也有不同
定价原则	不盈利、不亏损	无特别规定
赔偿限额	全国统一的分项目责任限额	根据需要自选，赔偿限额不分项
责任范围	几乎会赔偿所有交通事故	有除外责任、免赔率等设置
无责赔付	无责时赔偿有责时的十分之一	遵守过错责任原则，无责不赔
追偿权	特定情况下可以向肇事者追偿	不可以向肇事者追偿
赔偿顺序	第一位	在交强险之后赔付
赔偿计算	按肇事方的数目分摊	按事故责任比例计算
经营资格	经监管机构批准的公司	申请获得

案例 4-1①

2002 年 10 月 17 日，在厦门省道 206 线的汇腾大厦路口，厦门同安舫达运输有限公司（下称“舫达公司”）所属的货车将行人李某撞伤。经交警部门认定，该车驾驶员违章超载，且路经人行横道时没有注意避让行人，应负全责。该车于 2001 年 5 月 24 日向太平洋财产保险股份有限公司投保了商业三者险，责任限额为 50 万元。

因此，舫达公司在赔偿李某各项损失 25 万元后向太平洋保险公司索赔。太平洋保险公司在研究了保单条款之后做出了拒绝赔偿的决定，依据是当时的保险合同条款规定“保险车辆装载必须符合《道路交通管理条例》中有关机动车辆装载的规定，使其保持安全行驶技术状态，否则保险人有权拒绝赔偿”。舫达公司对此决定不服，于是将太平洋告上法院。厦门中级人民法院经审理后认为，该车违反保险合同中有关车辆适载的约定，且超载的确是导

① http://www.aabaoxian.com/article.php/482

致事故发生的原因之一,因此保险公司有权拒赔。

(1) 法官认为该不该赔要看二者的因果关系。虽然根据保险法及保险合同关于第三者责任险的规定,免责事项中因驾驶员违章引起的,主要是无证驾驶、证照不符、酒后驾车、车辆逃逸等情况,超载并非法定或约定免责的事项,但超载条款的约定,有其合法合理的地方。因为,车辆适载的规定一旦不被遵守,车辆上路后危险程度便大大加强,一方面不能保障正常的道路行驶,另一方面也加大了保险公司的承保风险,这对保险公司而言是极不公平的。因此,投保人负有使车辆处于适载状态的义务,包括对车辆常规车况的检查,车辆装载符合交通法规定的限制。但是,并非只要交通事故中出现超载情况,保险公司就可以拒赔,而应当进一步考虑超载行为与事故之间的因果关系。如果事故和超载没有因果关系,则保险公司应当予以赔偿。如果存在因果关系,则对于事故是否是超载引发的,超载是否是事故发生的主要原因,被保险人负有举证义务,如果不能举证,保险公司有权拒绝赔偿。

(2) 律师认为是否赔偿应根据近因原则确定。无论交通事故是否因为超载而引起,只要车辆超载,交警在对事故进行认定时,都会将超载列为其中的一个诱因。因此,只要是车辆超载,违反了保险合同对被保险人义务的约定,那么保险公司就可拒赔。但也有律师认为,在超载较为普遍的现实中,虽然超载违反了保险合同约定,但保险事故的发生若主要是未注意避让行人引起的,超载只是加重行为的后果,则根据保险法近因原则,保险公司应当予以赔偿。

(3) 调整与修改。这一争论在 2007 年的保险行业条款中得到了考虑。如前文介绍,当前的商业三者险并没有将超载列为除外责任,而是增加了10%的免赔率。

三、车辆损失险

1. 保险责任

车辆损失险(以下简称“车损险”,Vehicle Loss Insurance)的保险标的是车辆本身。保险人主要对被保险车辆由于碰撞原因和非碰撞原因引起的损失承担赔偿责任,采用了列举式来叙述保险责任。保障被保险人或其允许的合格驾驶员在使用被保险车辆过程中,由于下列原因造成保险车辆的直接损失:碰撞、倾覆、坠落,火灾、爆炸,外界物体坠落、倒塌;雷击、暴风、暴雨、洪水、龙卷风、冰雹、台风、热带风暴,地陷、崖崩、滑坡、泥石流、雪崩、冰陷、暴雪、冰凌、沙尘暴,受到被保险机动车所载货物、车上人员意外撞击,载运保险车辆的渡船遭受上述自然灾害(只限于有驾驶员随车照料者)。除此之外,发生保险事故时,被保险人或其允许的合格驾驶人为防止或减少被保险机动车的损失所支付的必要合理的施救费用，保险人在保险金额以内负责赔偿，且在机动车损失赔偿金额以外另行计算。

其中的各个关键词语都有明确的定义。比如，保险车辆是指保险合同中载明的机动车辆，包括原汽车制造厂商固定装置在车上且含在售价中的零配件，但不包括出厂后另外加装或改装的设备与设施。碰撞是指被保险机动车或其符合装载规定的货物与外界固态物体之间发生的、产生撞击痕迹的意外撞击。倾覆是指被保险机动车由于自然灾害或意外事故，造成被保险机动车翻倒，车体触地并失去正常状态和行驶能力，不经施救不能恢复行驶。坠落是指被保险机动车在行驶中发生意外事故，整车腾空后下落而造成本车的损失；倘若非整车腾空，仅由于颠簸造成被保险机动车损失的，则不属于坠落。外界物体倒塌是指被保险机动车自身以外的物体倒下或陷下。火灾则是指被保险机动车本身以外的火源引起的、在时间或空间上失去控制的燃烧(即有热、有光、有火焰的剧烈的氧化反应)所造成的灾害。

2. 除外责任

车损险的除外责任可以划分为五个部分。其中的第一至第四部分与商业三者险基本相同。第一部分中大多数都是绝对除外责任；第二部分则是由于保险车辆不合格的原因；第三部分则是因为驾驶人不合格；第四部分是被保险人违反最大诚信原则的情况。第五部分则为保险公司根据车损险的特征明确规定的除外损失和费用：人工直接供油、高温烘烤、自燃、不明原因火灾；违反安全装载规定；因市场价格变动造成的贬值、修理后因价值降低引起的减值损失；自然磨损、朽蚀、腐蚀、故障、本身质量缺陷；遭受保险责任范围内的损失后，未经必要修理并检验合格继续使用，致使损失扩大的部分；车轮单独损坏，玻璃单独破碎，无明显碰撞痕迹的车身划痕，以及新增设备的损失；发动机进水后导致的发动机损坏。

其中的一些专业术语的含义如下：自燃是指在没有外界火源的情况下，由于本车电器、线路、供油系统、供气系统等被保险机动车自身原因或所载货物自身原因起火燃烧。车轮单独损坏是指未发生被保险机动车其他部位的损坏，仅发生轮胎、轮辋、轮毂罩的分别单独损坏，或上述三者之中任意二者或三者的共同损坏。玻璃单独破碎是指未发生被保险机动车其他部位的损坏，仅发生被保险机动车前后挡风玻璃和左右车窗玻璃的损坏。车身划痕损失是指仅发生被保险机动车车身表面油漆的损坏，且无明显碰撞痕迹。新增设备是指被保险机动车出厂时原有设备以外的，另外加装的设备和设施。值得注意的是，这些经常发生的如自然磨损、车身单独划痕、车灯单独损坏、玻璃单独破碎等小额损失都不属于保险责任。

3. 保险金额

车损险的承保方式采用的是不定值保险。保险合同规定，保险金额按投保时被保险机动车的实际价值确定。其中，实际价值是由投保人与保险人根据投保时的新车购置价减去折旧金额后的价格，或依据其他市场公允价值协商确定。市场公允价值则是指熟悉市场情况的买卖双方在公平交易的条件下和自愿的情况下所确定的价格，或无关联的双方在公平交易的条件下一项资产可以被买卖或者一项负债可以被清偿的成交价格。

知识窗 4-4　　旧车投保时的折旧处理

折旧金额按月计算。折旧金额＝新车购置价×被保险机动车已使用月数×月折旧系数。如果不足一个月的部分则不计折旧。最高折旧金额不超过投保时被保险机动车新车购置价的80%。

目前通用的折旧系数如下表所示。

车辆种类	月折旧系数			
	家庭自用	非营业	营业	
			出租	其他
9座以下客车	0.60%	0.60%	1.10%	0.90%
10座以上客车	0.90%	0.90%	1.10%	0.90%
微型载货汽车	/	0.90%	1.10%	1.10%
带拖挂的载货汽车	/	0.90%	1.10%	1.10%
低速货车和三轮汽车	/	1.10%	1.40%	1.40%
其他车辆	/	0.90%	1.10%	0.90%

4. 赔偿处理

车损险的赔偿处理与商业三者险基本一致，所需各种文件材料、事故责任比例划分、事故责任免赔率等也基本一致。车损险赔款的具体计算方法为：

被保险机动车发生全部损失时，保险人按实际价值赔偿（考虑到保险金额也是按照实际价值确定的）：赔款＝（保险金额－已从第三方获得的赔偿金额 ）×（1－事故责任免赔率）×（1－绝对免赔率之和）－绝对免赔额

被保险机动车发生部分损失时，保险人按实际修复费用在保险金额内赔偿：赔款＝（实际修复费用－已从第三方获得的赔偿金额）×（1－事故责任免赔率）×（1－绝对免赔率之和）－绝对免赔额

施救费用方面，倘若被施救的财产中含有非车损险保障标的物的其他财产，则应

按被保险机动车实际价值在总施救财产实际价值中的占比来分摊施救费用，并在保险金额的范围内进行赔偿。即：施救费用赔款＝(实际施救费用×保险车辆实际价值/施救财产总价值)×事故责任比例×(1－事故责任免赔率)×(1－绝对免赔率)。当然，施救费用也是另行计算，而不与损失金额合并。

其中的"已从第三方获得的赔偿金额"是第三方依据法律而应承担的赔偿，而不考虑其是否购买了交强险或商业三者险，也不考虑商业三者险的免赔额和免赔率等。为了"奖优罚劣"，鼓励驾驶人谨慎驾车，并且考虑到车损险的标的是财产而不是人，车损险中还设计了各种免赔率：机动车损失应当由第三方负责赔偿，无法找到第三方的，增加30%的绝对免赔率；违反安全装载规定、但不是事故发生的直接原因，增加10%的绝对免赔率。① 除此之外，投保人与保险人在投保时还可以协商确定绝对免赔额。

赔偿之后，与企业财产保险不同的是，车损险的保险金额不会下降，而是保持不变。也就是说，只要每一次事故的损失金额小于保险金额，被保险人都可以得到赔偿，而无论累计赔偿金额是否高于保险金额。因此，被保险人在保险期限内可能得到的累计赔款金额的平均值应该是事故发生次数的均值与每次事故损失金额的均值之积。

车损险赔偿中还充分运用了代位求偿原则。倘若交通事故是第三方所导致的，保险人应当积极协助被保险人向第三方索赔。当然，被保险人也可以直接向保险人索赔，保险人在保险金额内先行赔付被保险人后，在赔偿金额内代位行使被保险人对第三方请求赔偿的权利。此时，被保险人应提供必要的文件和所知道的有关情况。而且，被保险人已经从第三方取得损害赔偿的，保险人进行赔偿时要相应扣减被保险人从第三方已取得的赔偿金额(就是上文公式中的"已从第三方获得的赔偿金额")。如果在保险人赔偿之前，被保险人自动放弃对第三方请求赔偿的权利，则保险人也不承担任何赔偿责任。如果因被保险人故意或重大过失导致保险人不能行使代位求偿权的，保险人可以扣减赔款或要求返还相应赔款。

知识窗 4-5　**"高保低赔"的思考**

在2012年之前的车损险保险合同中，无论被保险车辆是新车还是旧车，都是按照新车购置价确定保险金额的。然后，当保险车辆发生道路交通事故造成保险金额大于实际价值(如全部损失)时，保险公司则按照车辆出险时的实际价值赔偿，而不是新车购置价。这被称为"高保低赔"，即按新车购置价投保而按

① 当然，如果违反安全装载规定且是事故发生的直接原因的，则属于除外责任，保险公司拒绝赔偿。

实际价值赔偿。这一做法引起了广大消费者的不满，被认为是保险公司的霸王条款。2011 年 10 月中国保监会出台的《关于加强机动车辆商业保险条款费率管理的通知》进行了改革，改成了按"实际价值"投保。那么，"高保低赔"的问题是否存在呢？下表对此进行了分析。

车损情况	基于补偿性原则的赔偿上限	基于补偿性原则，与赔偿金额相对应的保险金额
全部损失	考虑折旧，按实际价值赔偿	按车辆实际价值投保
部分损失	按实际修理费用赔偿	修理时所替换上去的零部件都是新的，应按新车购置价投保

也就是说，车辆损失分为全部损失和部分损失两种情况。发生全部损失时，根据补偿性原则，保险人最多按车辆折旧后的实际价值赔偿，因此保险金额也应该按照实际价值确定。发生部分损失时，通常赔偿实际修理费用，而不用考虑零部件的折旧，因此保险金额也应该按照新车购置价投保。所以，倘若将机动车辆的全部损失和部分损失分开承保，即车辆全损险和车辆部分损失险（太平洋保险公司在历史上曾经推出过此类产品），则两个保险应该有各自不同的保险金额和费率。但现代的车损险通常是把全部损失和部分损失合在一起投保，故保险金额就高不就低地用新车购置价来代替（而并非两者之和）；费率则依然是按照全部损失和部分损失各自不同的损失概率和损失程度（赔偿金额）厘定保费之后的总和。

前文中介绍过，当下的车损险保险金额是用实际价值来确定。那么，当被保险机动车发生了部分损失时，就存在不足额保险的情况。理论上，保险公司就不能够按照实际修理费用进行赔偿，而应该用实际修理费用乘以投保比例后进行赔偿。但前文中所介绍的现行条款实际上规定保险公司仍按照实际修理费用赔偿。很明显，这种做法在理论上违反了保险补偿性原则。当然，或许将保险金额的确定标准从"新车购置价"改为"实际价值"是息事宁人、勿惹纠纷的障眼法而已。

所以，理论上分析，所谓的"高保低赔"霸王条款并不存在，而是消费者对保险条款的误解。不应该将部分损失的"新车购置价"保险金额称作"高保"，而与全部损失的"实际价值"赔偿金额即"低赔"相比较，牛头对上了马嘴。

5. 保险期限

车损险的保险期限都是一年。保险合同除了到期自然终止的情况以外，还可能由于其他原因在保险期限内终止。比如以下情况：

- 保险车辆发生保险事故导致全部损失，保险责任终止；
- 保险车辆发生部分损失，但一次赔款金额与免赔金额之和（不含施救费用）大于或等于保险金额时，保险责任终止。

此时，保险人不退还车损险及其附加险的保费。

例 4-3　　机动车辆保险赔偿计算示例

甲车和乙车分别属于A公司的甲、乙两个车队，这两个车队是独立核算、独立经营的。两个车队都为自己车队的车辆购买了交强险、车损险和商业三者险（责任限额80万元）。某日，甲车和乙车相撞，经交通管理部门判定，甲车负主要责任，承担70%的责任；而乙车负次要责任，承担30%的责任。事故导致的损失金额为：甲车车辆损失5万元，驾驶员医疗费用1万元。乙车车辆损失2万元，驾驶员医疗费用0.5万元。

考虑到两个车队是独立核算的，故互为第三者（倘若不是独立核算的，则不互为第三者）。

1. 交通管理部门的裁定

交强险赔偿之后事故总损失金额为：5万+1万+2万+0.5万=8.5万元

甲车（70%的责任）：8.5万×70%=5.95万元

乙车（30%的责任）：8.5万×30%=2.55万元

其中，甲车应承担5.95万元损失，其损失金额为6万元，乙车向甲车支付0.05万元；乙车应承担2.55万元损失，其损失金额为2.5万元，乙车向甲车支付0.05万元。无论是否购买了保险，交通管理部门都是如此裁决的。倘若没有买任何保险，则损失全部由各自承担；倘若各自购买了保险，则保险公司承担部分损失。

2. 保险公司赔款金额的计算

(1) 交强险

甲车的保险公司支付乙车0.7万元：

车辆损失：2万>2 000，赔偿2 000元

医疗费用：5 000<10 000，赔偿5 000元；

乙车的保险公司支付甲车1.2万元：

车辆损失：5万>2 000，赔偿2 000元

医疗费用：1万=10 000，赔偿10 000元；

交强险赔偿之后改写损失金额为：甲车车辆损失4.8万元，驾驶员医疗费用0万元。乙车车辆损失1.8万元，驾驶员医疗费用0万元。

(2) 第三者责任保险（采用标准免赔率）

甲车的保险公司应赔偿乙车的损失：

车损：1.8万×70%×(1−15%)＝10 710(元)

乙车的保险公司应赔偿甲车的损失：

车损：4.8万×30%×(1−5%)＝13 680(元)

(3) 车辆损失险(采用标准免赔率)

甲车的保险公司应基于甲车车损计算赔偿额(扣减已从第三方获得的赔款)：

车辆损失险＝(4.8万−4.8万×30%)×(1−15%)＝4.8万×70%×(1−15%)＝28 560(元)

乙车的保险公司应基于乙车车损计算赔偿额(扣减已从第三方获得的赔款)：

车辆损失险＝(1.8万−1.8万×70%)×(1−5%)＝1.8万×30%×(1−5%)＝5 130(元)

综上，甲车从保险公司得到赔款共计54 240元，其中乙保险公司的交强险和三者险支付25 680元，即2 000＋10 000＋13 680；甲保险公司支付28 560元。乙车从保险公司得到赔款共计22 840元，其中甲保险公司的交强险和三者险支付17 710元，即2 000＋5 000＋10 710；乙保险公司支付5 130元。

3. 结合交通管理部门裁定并考虑保险后的实际自付损失

甲车损失6万元，从保险公司共获得54 240元，从乙车获得500元，余下5 260元由其自己承担。乙车损失2.5万元，向甲车支付500元，从保险公司共获得22 840元，余下的2 660元由其自己承担。所以，由于事故免赔率的存在，以及车损险只赔车辆损失而不包括人员伤亡等原因，即使购买了足额的保险，保险公司也不会就交通事故中的所有损失金额进行赔偿。被保险人或多或少都要自己承担一部分。

四、机动车车上人员责任险

(一) 保险责任与除外责任

车损险只保障被保险车辆的损失，而不保障被保险车辆内的人员伤害；交强险和商业三者险只赔偿对方车辆内的人员伤害，也不赔偿被保险车辆内的人员伤害。车上人员责任险(Motor Vehicle Passenger Insurance)弥补了这一空白。保险期间内，被保险人或其允许的驾驶人在使用被保险机动车过程中发生意外事故致使车上人员遭受人身伤亡，只要不属于除外责任的范围，保险人都会对被保险人依法应当对车上人员承担的损害赔偿责任负责赔偿。与交强险和商业三者险相似,车上人员责任险叙述保险责任时采用的是概括式,列举了多项除外责任。

一般而言,车上人员责任险的除外责任包括商业三者险中的第一至第四部分。即绝对除外责任、车辆不合格、驾驶人不合格、投保人或被保险人违反了最大诚信原则。除此之外,保险人也不负责赔偿下列人身伤亡、损失和费用:被保险人及驾驶人以外的其他车上人员的故意行为造成的自身伤亡,车上人员因疾病、分娩、自残、斗殴、自杀、犯罪行为造成的自身伤亡,违法、违章搭乘人员的人身伤亡,罚款、罚金或惩罚性赔款,超出《道路交通事故受伤人员临床诊疗指南》和国家基本医疗保险同类医疗费用标准的费用部分,律师费及未经保险人事先书面同意的诉讼费和仲裁费,精神损害抚慰金。

(二) 责任限额与赔偿处理

车上人员责任险的责任限额包括每次事故责任限额和每座责任限额。每次事故责任限额是指在一次事故中保险公司赔偿的金额之和;每座责任限额则是指在每次事故中每一个乘客最多能够得到的赔偿金额。在投保时,投保人需与保险人协商确定每次事故责任限额和每座责任限额,同时还需确定投保乘客的座位数。当然,每次事故责任限额=每座责任限额×投保座位数。一般而言,要求投保乘客座位数,应按照被保险机动车的核定载客数(驾驶人座位除外)来确定。

发生交通事故之后,也与商业三者险和车损险一样,需提供相应的证明文件、资料等。赔款计算则按照以下原则进行:

当(依合同核定的每座车上人员人身伤亡损失金额－交强险赔偿金额)×事故责任比例高于或等于每座赔偿限额时:赔款＝每座赔偿限额×(1－事故责任免赔率)

当(依合同核定的每座车上人员人身伤亡损失金额－交强险赔偿金额)×事故责任比例低于每座赔偿限额时:赔款＝(依合同核定的每座车上人员人身伤亡损失金额－交强险赔偿金额)×事故责任比例×(1－事故责任免赔率)。

其中的事故责任比例及事故责任免赔率等均与商业三者险和车损险完全一致。

五、机动车全车盗抢险

(一) 保险责任与除外责任

机动车全车盗抢险(Robbery and Theft Insurance)的保险责任采用列举式,主要包括:被保险机动车被盗窃、抢劫、抢夺,经出险当地县级以上公安刑侦部门立案证明,满60天未查明下落的全车损失;被保险机动车全车被盗窃、抢劫、抢夺后,受到损坏或车上零部件、附属设备丢失需要修复的合理费用;被保险机动车在被抢劫、抢夺过程中受到损坏需要修复的合理费用。可以概括为车辆被盗抢没找回、车辆被盗抢后找回但有损失、车辆被盗抢未遂且有损失三种情况，都是与车辆被盗抢及其过程有关的。

一般而言，全车盗抢险除了将通行的绝对除外责任、违反最大诚信原则等情况列入除外责任之外，还设置了以下除外责任：被保险人索赔时未能提供出险当地县级以上公安刑侦部门出具的盗抢立案证明；驾驶人、被保险人或投保人故意破坏现场、伪造现场、毁灭证据；被保险机动车被扣押、罚没、查封、政府征用期间；被保险机动车在竞赛、测试期间，在营业性场所维修、保养、改装期间，被运输期间；因诈骗引起的任何损失；因投保人、被保险人与他人的民事、经济纠纷导致的任何损失；非全车遭盗窃，仅车上零部件或附属设备被盗窃或损坏；新增设备的损失；遭受保险责任范围内的损失后，未经必要修理并检验合格继续使用，致使损失扩大的部分。

这里需要注意，"盗抢"和"诈骗"的含义完全不同，因诈骗引起的任何损失都除外。

（二）保险金额与赔偿处理

全车盗抢险的保险金额也是根据保险车辆的实际价值来确定。发生全车被盗抢时，根据补偿性原则，也是按照车辆实际价值进行赔偿的。

被保险机动车发生了全车被盗抢，被保险人应当在知道保险事故发生后的 24 小时内向出险当地的公安刑侦部门报案，并报告保险人。索赔时，被保险人须提供保险单、损失清单、有关费用单据、机动车登记证书、机动车来历凭证以及出险当地县级以上公安刑侦部门出具的盗抢立案证明。赔偿处理时，若被保险机动车全车被盗抢，则赔款＝保险金额×（1－绝对免赔率之和）；若被保险机动车因全车被盗抢而需要修复的，按实际修复费用在保险金额内计算赔偿额。全车盗抢险中设置了多个免赔率，比如发生全车损失的绝对免赔率为 20％；发生全车损失，被保险人未能提供机动车登记证书、机动车来历凭证的，每缺少一项，增加 1％的绝对免赔率。保险人在赔偿之后，取得物上代位权，对被盗抢的车辆具有了所有权。

全车盗抢险的保险金额变动方式与车损险一致。当被保险机动车发生保险事故导致全部损失，或一次赔款金额与免赔金额之和达到保险金额，保险人按合同约定支付赔款后，保险责任也即告终止，保险人不退还机动车全车盗抢保险及其附加险的保险费。

六、附加险

机动车辆保险除了上述五个主险之外，还设计了众多附加险。附加险条款的法律效力优于主险条款。附加险条款未尽事宜，以主险条款为准。除附加险条款另有约定外，主险中的责任免除、免赔规则、双方义务同样适用于附加险。各种附加险充分满足了不同消费者的需要，对主险提供了各种角度的补充和延展。下面我们介绍一些主要的附加险。

1. 玻璃单独破碎险

在投保了车损险后方可投保玻璃单独破碎险，保障被保险车辆在使用过程中，挡风玻璃或车窗玻璃的单独破碎损失。保险人按实际损失金额赔偿。当然，投保人与保险人可协商选择按进口或国产玻璃投保及赔偿。但是需注意的是，这里的玻璃仅仅是挡风玻璃和车窗玻璃，不包括灯具及车镜玻璃。车辆在安装、维修过程中造成的玻璃破碎也是除外不赔的。玻璃单独破碎险通常没有任何免赔率或免赔额的规定。

2. 自燃损失险

在投保了车损险后方可投保自燃损失险。自燃损失险保障在没有外界火源的情况下，由于本车电器、线路、供油系统、供气系统等被保险机动车自身原因或所载货物自身原因起火燃烧造成本车的损失，以及发生保险事故时，被保险人为防止或减少损失所支付的必要合理的施救费用。同理，施救费用数额在机动车损失赔偿金额以外另行计算，最高不超过自燃损失险的保险金额。

自燃损失险不赔偿下列情况的损失：自燃仅造成电器、线路、油路、供油系统、供气系统的损失，而没有造成车辆损失；由于擅自改装、加装电器及设备导致被保险机动车起火造成的损失；在使用被保险机动车过程中，因人工直接供油、高温烘烤等违反车辆安全操作规则造成的损失。

自燃损失险的保险金额也是按车辆实际价值来确定。发生全部损失时，保险人在保险金额内计算赔款；发生部分损失时，则在保险金额内按实际修理费用计算赔款。每次赔偿时，自燃损失险都要实行20%的绝对免赔率。

3. 新增加设备损失险

所谓新增加设备，是指被保险机动车在出厂时原有设备以外另外加装的设备和设施。这些新增加设备在车损险中都不是保障标的物。通常，在投保了车损险后方可投保新增加设备损失险。投保时，投保人应逐一列明车上新增加设备明细表及价格。购买了此附加险之后，被保险机动车因发生车损险责任范围内的事故，造成车上新增加设备的直接损毁，保险人在附加险保险金额内按实际损失计算赔款。也就是说，购买了新增加设备损失险之后，新增加设备也将获得主险车损险的同等保障，相关保险金额、赔偿处理、免赔等均完全相同，只是新增加设备有自己单独的保额。

4. 车身划痕损失险

在投保了车损险后方可投保车身划痕损失险。车身划痕损失是指仅发生被保险机动车车身表面油漆的损坏，且无明显碰撞痕迹。因为没有发生碰撞，所以这项损失在车损险中也是除外的。在投保了车损划痕损失险之后，被保险机动车在被保险人或其允许的驾驶人使用过程中，发生了无明显碰撞痕迹的车身划痕损失，由保险人按合同约定负责赔偿。但是，也设置了一些除外责任：被保险人及其家庭成员、驾驶人及其家庭成员的故意行为;因投保人、被保险人与他人的民事、经济纠纷导致的任何损失;车身表面自然老化、损坏,腐蚀造成的任何损失。车身划痕损失险保险金额有多个档次,比如2 000元、5 000元、10 000元或20 000元等,由投保人和保险人在投保时协商确定。赔偿时,在保险金额内按实际修理费用赔偿,但每次赔偿实行15%的绝对免赔率。在保险期间内,累计赔款金额达到保险金额,车身划痕损失险的保险责任就终止了。实务中,大多数保险公司只对两年及两年以内的新车提供车身划痕损失险,而对两年以上的旧车不再销售车身划痕损失险。

5. 发动机涉水损失险

在投保了车损险后方可投保发动机涉水损失险,保障被保险机动车在使用过程中,因发动机进水导致的发动机的直接损毁,以及发生保险事故时,被保险人为防止或减少被保险机动车的损失所支付的必要合理的施救费用。同样,施救费用数额是在附加险保险金额之内另行计算。发动机涉水损失险没有除外责任,只要是发动机进水了,保险公司都予以赔偿。只是每次赔偿均实行15%的绝对免赔率,并按照实际修理费用在保险金额内计算赔款。

6. 修理期间费用补偿险

在投保了车损险后方可投保修理期间费用补偿险。当被保险机动车在使用过程中,发生车损险责任范围内的事故,造成车身损毁,致使被保险机动车停驶,保险人按合同约定在保险金额内向被保险人补偿修理期间的部分费用,作为代步车费用或弥补停驶损失。修理期间费用补偿险实际上保障的是车辆发生损失过程中的部分间接损失。但在下列情况下,保险人不承担修理期间费用补偿:因车损险责任范围以外的事故而导致被保险机动车损毁或修理;非在保险人认可的修理厂修理时,因车辆修理质量不合要求造成返修;被保险人或驾驶人拖延车辆送修期间。

赔偿时,修理期间费用补偿险是按照天数来进行赔偿的,即保险金额=日补偿金额×补偿天数。日补偿金额及补偿天数由投保人与保险人在投保时协商确定,约定的补偿天数最高不超过90天。若全车发生损失,按保险单载明的保险金额赔偿;若仅发生部分损失,则赔款=日赔偿金额×从送修之日起至修复之日止的实际天数。实际天数超过双方约定的补偿天数时,以双方约定的补偿天数为准。通常,每次事故都有1天的绝对免赔额。在保险期间内,累计赔款金额达到保险单载明的保险金额时,本附加险保险责任终止。

7. 车上货物责任险

在投保了商业三者险后可投保车上货物责任险。车上货物责任险与前文介绍的车上人员责任险相似,只是保险标的是货物而不是人。购买了车上货物责任险之后,在保险期间内,发生意外事故致使被保险机动车所载货物遭受直接损毁,被保险人依法应该承担的损害赔偿责任由保险人负责承担。通常设置了以下除外责任：偷盗、哄抢、自然损耗、本身缺陷、短少、死亡、腐烂、变质、串味、生锈，动物走失、飞失、货物自身起火燃烧或爆炸造成的货物损失；违法、违章载运造成的损失；因包装、紧固不善，装载、遮盖不当导致的任何损失；车上人员携带的私人物品的损失；保险事故导致的货物减值、运输延迟、营业损失及其他各种间接损失；法律、行政法规禁止运输的货物的损失。车上货物责任险不同于货物运输保险，货物运输保险大多保障不可抗力事件导致的货物损失，而车上货物责任险则保障驾驶员有责任时的损失。

车上货物责任险的责任限额由投保人投保时与保险人协商确定。被保险人索赔时，应提供运单、起运地货物价格证明等相关单据。保险人在责任限额内按起运地价格计算赔款。每次赔偿时实行20％的绝对免赔率。

8. 精神损害抚慰金责任险

在投保了商业三者险或机动车车上人员责任保险后方可投保精神损害抚慰金责任险。而且，附加险的保险标的依主险而定。即在投保人仅投保商业三者险的基础上附加时，保险人只负责赔偿第三方的精神损害抚慰金；在投保人仅投保机动车车上人员责任保险的基础上附加时，保险人只负责赔偿车上人员的精神损害抚慰金。

在保险期间内，被保险人或其允许的驾驶人在使用被保险机动车过程中，发生已投保主险约定的保险责任内的事故，造成第三方或车上人员的人身伤亡，受害人据此提出精神损害赔偿请求，保险人依据法院判决及合同约定，对应由被保险人或被保险机动车驾驶人支付的精神损害抚慰金，在扣除交强险支付的赔款后负责赔偿。但是下列情况除外：根据被保险人与他人的合同协议，应由他人承担的精神损害抚慰金；未发生交通事故，仅因第三方或本车人员的惊恐而引起的损害；怀孕妇女的流产发生在交通事故发生之日起30天以外的。

每次事故赔偿限额由保险人和投保人在投保时协商确定，赔偿时则依据人民法院的判决在保险单所载明的赔偿限额内计算赔款，每次赔偿实行20％的绝对免赔率。

9. 不计免赔率险

投保了任一主险及其他设置了免赔率的附加险后均可投保不计免赔率险。保险事故发生后，按照对应投保险种约定免赔率计算的、应当由被保险人自行承担的免赔金额部分，由保险人负责赔偿。但是，下列情况下，保险人不负责赔偿：车损险中应当由第三方负责赔偿而无法找到第三方的；因违反安全装载规定而增加的；发生机动车全车盗抢保险约定的全车损失保险事故时，被保险人未能提供机动车登记证书、机动车来历凭证的，每缺少一项而增加的；车损险中约定的每次事故绝对免赔额；未选择附加本条款的险种约定的；不可附加本条款的险种约定的。

10. 机动车损失保险无法找到第三方特约险

投保了车损险后可投保机动车损失保险无法找到第三方特约险。此时，对于被保险机动车损失应当由第三方负责赔偿，但因无法找到第三方而增加的由被保险人自行承担的免赔金额，由保险人负责赔偿。

11. 指定修理厂险

投保了车损险后可投保指定修理厂险。此时，机动车损失保险事故发生后，被保险人可自行指定修理厂进行修理。

七、机动车辆保险的费率厘定

机动车辆保险的费率厘定可以说是财产保险产品中最为完善的费率制度，经过了多次的调整和修改。

(一) 费率计算公式

机动车辆保险的保费基本上是在基准纯风险保费的基础上考虑诸多费率调整因子后计算的。调整基准纯风险保费时主要有乘法和加法两种方法。

乘法保费计算公式：保费＝基准纯风险保费 $\times C_1 \times C_2 \times C_3 \times \dots C_n$。$C_1$，$C_2$，$C_3$，…，$C_n$ 为各种费率调整因子的系数。由乘法原理可知，乘法公式有乘数效应。费率因子系数的微小变动都会对最终保费产生很大影响。这要求费率厘定必须精确，否则任何小小差错都可能变成大误差。

加法保费计算公式：保险费＝基准纯风险保费 $\times (1+C_1+C_2+C_3+C_4+\dots C_n)$。$C_1$，$C_2$，$C_3$，…，$C_n$ 为各种费率调整因子的系数。历史上曾经也有公司使用过加法计算公式。

实际上，加法计算公式和乘法计算公式的本质都是一样的，只是所设计的费率因子系数的形式不同而已。当前机动车辆保险都是采用乘法保费计算公式。

(二) 费率调整因子

费率调整因子是对机动车辆发生事故的损失概率和损失程度有影响的一些因素。一般来讲，包括从车、从人、从地和其他因素四个方面。

1. 费率的从车因素

从车因素是机动车辆保险中最为重要的因素。因为车辆因素体现了被保险车辆的性能和价值，是决定车辆出险概率和出险金额的客观因素。保险公司在从车因素方面通常主要会考虑车辆品牌、车辆型号、车辆座位数或吨位数、车辆用途、车辆种类、车龄、特殊装置、产地、汽车安全装置等。在机动车辆保险的历次改革后，从车因素都考虑得更加全面。

2. 费率的从人因素

从人因素在各国的机动车辆保险中都是主要风险因素，是影响风险的主观因素。

因为驾车人的素质是保障车辆安全的关键。但是，从人因素很难精确考量。目前所采用的从人因素通常主要包括：指定驾驶员、性别、年龄、驾驶培训情况、驾驶水平、肇事记录等。随着 UBI 等一些车联网技术的出现，一些保险公司还根据驾驶员的驾驶习惯和遵守交规的情况来厘定保险费率。

3. 费率的从地因素

不同地区具有不同的地理环境、道路条件、气候、医疗条件和经济水平，因此从地因素也是一个重要的车险费率因素。不但各省(地区)有各自不同的费率表，除此之外，还会考虑下列从地因素：行驶区域、停放场所等。但是，从地因素考虑得仍然比较粗略，相对而言是最为薄弱的环节。例如在地域划分上，没有考虑地形、地貌、高速公路分布、交通拥堵状况、住所环境等。车程的考虑也太粗略，例如在个人用车中，天天都用于上下班的车辆风险与偶尔用于上下班的车辆风险不同；上班车程为 1 公里的车辆与上班车程为 10 公里的车辆的风险也不同。

4. 其他费率因素

除了从车、从人和从地因素之外，通常还有一些其他费率因素，比如销售渠道、无赔款优待、承保车辆数等。主要是从费用的角度考虑的。

理论上，影响机动车辆保险的风险因素还不止上面罗列的这些，还有许多其他因素。但是在实务中，考虑到数据不容易获得、道德风险、法律相关规定、消费者的接受程度等诸多原因，所以并非所有风险因素都能够被用作费率因子。

知识窗 4-6　　车损险费率(保险行业条款全国推广版 2016)

一、保费计算公式：商业车险保费＝基准保费×费率调整系数

其中，基准保费＝基准纯风险保费 /(1－附加费用率)；基准纯风险保费为投保各主险与附加险基准纯风险保费之和。

费率调整系数＝无赔款优待系数×自主核保系数×自主渠道系数

二、计算过程

1. 基准纯风险保费：根据被保险机动车车辆使用性质、车辆种类、车型名称、车型编码、车辆使用年限所属档次，直接在被保险机动车使用地区的费率表中查询基准纯风险保费。每个地区有各自不同的费率表格。

- 车辆使用性质：非营业用车和营业用车。非营业用车包括家庭自用汽车、企业非营业客车、党政机关及事业团体非营业客车、非营业货车、非营业挂车；营业性车辆包括出租及租赁营业客车、城市公交营业客车、公路客运营业客车、营业货车、营业挂车。

■ 车辆种类：将客车分为6座以下、6～10座、10～20座、20～36座、36座以上，将货车分为2吨以下、2～5吨、5～10吨、10吨以上、低速载货汽车。

■ 车型名称则根据车辆各自的型号，并且有各自的车型编码。

■ 车辆使用年限：对于非营业性车辆，分为1年以下、1～2年、2～6年及6年以上；营业性车辆则分为2年以下、2～3年、3～4年及4年以上。

2. 费率调整系数

包括无赔款优待及上年赔款记录，交通违法系数，自主核保系数，自主渠道系数，可选绝对免赔额系数。

无赔款优待	系数
连续3年没有发生赔款	0.60
连续2年没有发生赔款	0.70
上年没有发生赔款	0.85
新保或上年发生1次赔款	1.00
上年发生2次赔款	1.25
上年发生3次赔款	1.50
上年发生4次赔款	1.75
上年发生5次及以上赔款	2.00

交通违法系数是根据当地监管部门及保险行业协会规定，据实使用；自主核保系数和自主渠道系数则根据公司自主上报的系数使用规则，在规定的范围之内调整使用；可选绝对免赔额系数则设置了300、500、1 000、2 000元四种绝对免赔额，免赔额越高，折扣越大。

第二节　沿海内河船舶保险

沿海内河船舶保险的保障标的是在中华人民共和国境内合法登记注册并从事沿海、内河航行的船舶。在公海上远洋航行的船舶则属于远洋船舶保险的保障标的。远洋船舶保险与沿海内河船舶保险最为明显的区别就是承保船舶的航行区域不同。远洋船舶的航行区域属于无限航行区域，只要船舶根据自身的性能和状况，能够停靠和通航的水域均可以航行。在《海商法》中，为了区别航行类别，远洋船舶的航区通常为一类；而国内船舶则限制在沿海二、三类航区，内河则是A、B、C、J航区以及湖泊、水库内航行。承保国际航行的远洋船舶保险和远洋货物运输保险统称为海上保险，是另一个自成一体的系统。本书将在第六章中介绍。

知识窗4-7　　我国船舶保险的市场情况①

2017年，我国船舶保险的保费收入为48亿元，占整个财险市场的0.5%；赔款支出为34.8亿元，赔付率达到了72.5%。下表是最近十年我国船舶保险的市场情况。

	2008	2009	2010	2011	2012	2013	2014	2015	2016	2017
保费收入(亿元)	38.7	41.8	50.8	55.9	55.7	53.5	55.1	55.1	51.19	48
增长率(%)	23.6	8.0	21.5	10.0	−0.4	−3.9	3.0	0.0	−7.1	−6.2
赔付支出(亿元)	13.4	19.2	23.8	27.3	30.5	28.7	33.6	33.4	36.74	34.8
市场份额(%)	1.7	1.5	1.3	1.2	1.0	0.9	0.7	0.7	0.6	0.5
赔付率(%)	34.6	45.9	46.9	48.8	54.8	53.6	61.0	60.6	71.8	72.5

资料来源：历年《保险年鉴》。

可以看到，与整个财产保险市场相比较而言，船舶保险的发展比较滞后，发展速度低下。

本节将依据中国人民财产保险股份有限公司沿海内河船舶保险条款(2009版)介绍沿海内河船舶保险。中国人民财产保险股份有限公司沿海内河船舶保险条款(2009版)是为了配合2009年我国《保险法》的全面修订，而在“沿海内河船舶保险条款(1996版)”的基础上进行的大幅修订。目前仍是沿海内河船舶保险市场沿用的条款。实务中，既有分开的沿海船舶保险和内河船舶保险，也有两者合并在一起的沿海内河船舶保险(Costal and River Hull Insurance)。

一、保险标的

作为保险标的的船舶是指在中华人民共和国境内水域，依照中国的法律、法规和主管部门的规章进行合法登记注册，从事合法营运或作业航行的船舶，包括海船、河船和其他可视为船舶的水上移动或浮动的装置。船舶包括船壳(船体)和按照国家及行政管理部门的有关规定应该配备的机器、设备、仪器和索具。船上的燃料、物料、给养、

① 应包括远洋船舶保险的保费收入及赔款支出。

淡水等财产不属于此保险标的的范围。用于军事目的的船舶和渔业船舶也不属于该保险标的范围。其中船舶按结构分为铁壳轮船、木壳轮船、机帆船、水泥船、木船等；按用途分为客船、货船、渡船、趸船、起重船、游艇、工作船（包括测量船、挖泥船、救护船、消防船、打捞船）。

二、保险责任

沿海内河船舶保险的保险责任范围分为全损险和"一切险"。

(一) 全损险

全损险（Total Loss Insurance）的保险责任叙述方式采用列举式，保障由于下列六项原因造成保险船舶的全部损失：八级以上（含八级）大风、洪水、地震、海啸、雷击、崖崩、滑坡、泥石流、冰凌，火灾、爆炸，碰撞、触碰，搁浅、触礁，由于上述灾害或事故引起的船舶倾覆、沉没，船舶失踪。值得注意的是，全损险只有在保险船舶发生全部损失时才予以赔偿，而由于上述六项原因导致部分损失时，则不予赔偿。

其中，八级以上（含八级）大风是指风速达到 17.2 米/秒以上的大风，使水面掀起狂浪。海啸是指由于地震、火山喷发或海底地壳发生变异而引起海水长周期波动产生的巨浪和风暴造成海面巨大涨落的现象。但核爆炸引起的海啸不属保险责任。碰撞是指船舶在可航水域与其他船舶或沉没中的船骸发生直接接触或撞击。浪损和间接碰撞不属于保险责任范围。触碰是指船舶同船舶以外的任何固定的、浮动的物体直接接触或撞击，但仅限于船舶与码头、港口设备、航标及钻井平台的直接接触或撞击。对于保险船舶本船上的索具、设备、子船、货物、锚链、锚等与本船某一部位发生的撞击以及保险船舶的锚、锚链与他船、他物发生的接触，均不属碰撞、触碰。搁浅是指船舶在航行或停泊中遭受意外造成船舶底部与海底、河床或浅滩紧密接触，使之无法航行，处于静止或摇摆状态，并造成船舶损坏或停航十二小时以上。触礁是指船舶在航行中撞击礁石或搁置在礁石上致使船舶受损的意外事故。船底触碰水下沉船、木桩等水下障碍物也视同触礁。船舶失踪是指船舶启航后下落不明，超过 6 个月以上未得到其行踪消息。自船舶在合理时间内被获知最后消息的地点到达目的地时起 6 个月后受理。若船舶不在航行中，而是在码头、港口、岸边停泊中丢失，不属失踪责任。

(二)"一切险"

沿海内河船舶保险"一切险"也是采用列举的方式来叙述保险责任，所以，其并非真正意义上的"一切险"。沿海内河船舶保险"一切险"承保全损险保险责任中列举的六项原因造成保险船舶的全损或部分损失，以及所引起的下列责任和费用：

(1) 碰撞、触碰责任。保险船舶在可航水域碰撞其他船舶或触碰码头、港口设施、航标等其他固定建筑物，致使上述物体发生的直接损失和费用，包括被碰撞船舶上所载货物的直接损失，依法应当由被保险人承担赔偿责任。“一切险”对每次碰撞、触碰责任仅负责赔偿金额的四分之三，但在保险期限内一次或累计最高赔偿额以不超过保险金额为限。保险人不负责赔偿本船舶上的货物损失；保险船舶是非机动船舶时，保险人也不承担碰撞、触碰责任，但当作为保险船舶的非机动船舶由同一保险公司承保的拖船拖带时，可视为机动船舶。

(2) 共同海损分摊额。“一切险”负责赔偿依照国家有关法律或规定应当由保险船舶摊负的共同海损牺牲和费用。除合同另有约定外，共同海损的理算办法应按《北京理算规则》办理。

(3) 保险船舶在发生保险事故时，被保险人为防止或减少损失而采取施救及保护措施所支付的必要的、合理的费用，由保险人负责赔偿。但共同海损、救助及施救三项费用之和的累计最高赔偿金额以不超过保险金额为限。

从“一切险”的保险责任可以看出，“一切险”实际上是船舶保险与责任保险的综合。首先，船舶保险部分，与全损险不同的是，“一切险”还承保保险船舶的部分损失；其次，碰撞、触碰责任类似于机动车辆保险的商业三者险，是属于责任保险。然后，与其他保险一样，对于施救、救助费用也予以赔偿；当然，共同海损也是其中一种救助费用。

案例 4-2

2005 年 11 月 3 日，浙江省奉化市顶盛船务有限公司(下称顶盛公司)就其所属的船舶“顶盛 11”轮向中国人民财产保险股份有限公司宁波分公司(下称保险公司)投保，投保单中特别约定“碰撞、触碰责任以条款为准”。保险公司签发了沿海内河船舶保险单，保险险别为沿海内河船舶“一切险”附加船东对船员责任险。保险条款第二条“一切险”对“碰撞、触碰责任”做了如下规定：本公司承保的保险船舶在可航水域碰撞其他船舶或触碰码头、港口设施、航标，致使上述物体发生的直接损失和费用，包括被碰撞船舶上所载货物的直接损失，依法应当由被保险人承担的赔偿责任。保险条款“除外责任”中约定，桥的损失和费用属于除外责任。2005 年 12 月 2 日，“顶盛 11”轮在行驶过程中为避让一小船，触碰了苏通大桥临时墩，造成临时墩严重损失。顶盛公司赔偿临时墩的损失后，向保险公司索赔遭拒，遂向法院提起诉讼。

武汉海事法院一审认为：(1)关于“一切险”的承保范围。从保险条款的规定看，保险船舶的触碰事故属于保险事故，且船舶触碰的范围包括码头、港口设施、航标。但顶盛公司主张保险条款的列举没有穷尽船舶触碰的范围，而保险公司则主张此种列举是列明式，已穷尽船舶触碰的范围。双方对船舶触碰范围的列举是否穷尽理解不同，属于对保险条款如何解释的问题。保险合同作为格式合同的一种，对格式条款有两种以上解释的，应当做出不利于提供格式条款一方的解释。故本案事故造成的损失及责任属于“一切险”承保范围。(2)关于“除外责任”条款的效力。保险公司主张本案事故造成的损失属于除外责任，其已对除外责任条款进行了明确说明。但本案除外责任条款仅包括桥的损失和费用，未明确界定大桥临时墩损失的性质，且保险公司无法证明其对除外责任条款进行了明确说明，故该条款不产生效力。武汉海事法院一审判决：保险公司赔付顶盛公司的相应损失。

保险公司不服，提起上诉。湖北省高级人民法院二审认为：(1)关于承保范围。保险条款以列举规范规定了保险人的赔偿责任。本案保险船舶触碰的是桥墩，不属于保险责任范围，保险公司无须赔偿。(2)关于“明确说明”的问题。本案当事人争议的焦点是涉案事故是否属于保险人赔偿范围，而不是涉案事故是否属保险人责任免除条款的内容，故保险公司在本案争议的问题中没有“明确说明”的义务。湖北高院二审判决如下：一、撤销一审判决。二、驳回顶盛公司的诉讼请求。

顶盛公司不服，申请再审。最高人民法院审查认为：本案所涉“沿海、内河船舶保险条款”对触碰责任的范围作了列明式的规定，保险人对触碰责任的承保范围仅限于“触碰码头、港口设施、航标”，致使上述物体发生直接损失和费用。故本案“一切险”的承保风险应当为列明风险，未在保险条款中列明的风险不属于保险公司的承保范围。顶盛公司签署的投保单中特别约定“碰撞、触碰责任以条款为准”，说明顶盛公司已知悉有关保险条款，保险公司对保险条款已尽到一般性说明义务。综上，本案事故不属于保险责任范围，保险公司无须承担赔付责任，裁定驳回顶盛公司的再审申请。

三、除外责任

保险船舶由于下列情况所造成的损失、责任及费用，保险人不负责赔偿：

(1) 船舶不适航、船舶不适拖(包括船舶技术状态、配员、装载等，拖船的拖带行为引起的被拖船舶的损失、责任和费用，非拖轮的拖带行为所引起的一切损失、责任和费用)。船舶不具备适航条件主要包括下列情况：船体本身及机械设备；人员配备，易耗物品(燃料、给养、消防、救生器材等)；装运运输合同指定的货物的能力等。这通常是默示保证。

(2) 船舶正常的维修、油漆，船体自然磨损、锈蚀、腐烂及机器本身发生的故障和舵、螺旋桨、桅、锚、锚链、橹及子船的单独损失。

(3) 浪损、座浅。

(4) 被保险人及其代表(包括船长)的故意行为或违法犯罪行为。例如,丢弃船舶、纵火焚烧、凿破船底、有意触礁与碰撞。

(5) 清理航道、污染和防止或清除污染的责任和费用,水产养殖及设施、捕捞设施、水下设施、桥的损失和费用。

(6) 因保险事故引起本船及第三方的间接损失和费用以及人员伤亡或由此引起的责任和费用。例如,停航、停业的营运损失(船工工资、运费、租金、燃料、给养等)、利润损失,延迟到达目的港致货物的市价跌落损失,各种罚款,违约金。

(7) 战争、军事行动、扣押、骚乱、罢工、哄抢和政府征用、没收。

(8) 其他不属于保险责任范围内的损失。

案例 4-3

原告:上海中福轮船公司

被告:中国人民保险公司上海市分公司

被告中国人民保险公司上海市分公司(以下简称上海某保险)就"仲宇"轮的保险向原告上海中福轮船公司(以下简称中福轮船)开具定期"沿海内河船舶保险单",载明被保险人为中福轮船;险别为"一切险"。保单"一切险"条款约定,保险人承保因碰撞、触碰等事故引起船舶倾覆、沉没,造成的船舶全损或部分损失;但对于船舶不适航造成的损失不赔偿;被保险人应当确保船舶的适航性,否则保险人有权终止合同或拒绝赔偿。

中福轮船是"仲宇"轮的船舶经营人。该轮载重吨 1 300 吨,核定舱载量为前货舱 655 吨,后货舱 645 吨。"仲宇"轮装载 1 260 吨货物(前货舱约 510 吨,后货舱约 750 吨)从宁波北仑港出发驶往上海港,宁波海事局签发了出港签证。次日,该轮行至乌龟岛附近水域时沉没。其时船舶国籍证书、船舶检验证书、船舶营运证书均在有效期内。

吴淞海事处的"水上交通事故责任认定书"认定,"由于瞭望疏忽,对流压估计不足及操纵不当,船舶右舷中后部触碰水下障碍物,导致二舱破损进水,致使船舶沉没"。但上海某保险认为,"仲宇"轮后货舱超载约 105 吨,船舶沉没是其本身不适航所致,且中福轮船不是该轮所有人,无可保利益。双方争执因而成讼。

法院经审理认为:(1) 中福轮船为"仲宇"轮的船舶经营人,对该轮具有可保利益;(2) 该轮沉没原因系触碰水下障碍物,属保险合同约定的"一切险"承保范围;(3) 该轮开航时的吃水情况与核定设计要求的差距极小,属正常范围,总体上并未超载。前货舱载货约 510 吨,后货舱载货约 750 吨,为配载严重不当。但在未超载情况下,仅以货物配载不当认为船舶不适航,依据不足。

上海某保险不能证明自己符合免责条件,依法应承担保险赔偿责任。据此,判决上海某保险赔偿中福轮船船舶全损人民币279.50万元及其利息。

四、保险期限和保险金额

除另有约定外,沿海内河船舶保险的保险期限最长为一年。起止日期以保险单载明的时间为准。除法律另有规定或合同另有约定外,保险责任开始后,保险双方均不得解除合同。但当被保险人在投保时存在违反最大诚信原则的情况时,保险人有权解除合同。

通常,船龄在三年(含三年)以内的船舶视为新船,新船的保险价值按重置价值确定,船龄在三年以上的船舶视为旧船,旧船的保险价值按实际价值确定。其中重置价值是指市场新船购置价,实际价值是指船舶市场价或出险时的市场价。

保险金额按保险价值确定,也可以由保险双方协商确定,但保险金额不得超过保险价值。船舶保险金额的确定应考虑到船舶的使用年限、新旧程度、船质结构及用途等因素。

五、赔偿处理

由于船舶致损的原因比较复杂,保险人在接到被保险人的出险通知后,必须及时对受损船舶进行认真查验,在定责(确定损失原因是否属于保险责任)的前提条件下,进行正确、合理的定损(确定受损情况、程度及实际应赔金额)。

在全损险中,船舶发生全损后按照保险金额进行赔偿。但当保险金额高于保险价值时,以不超过出险时的保险价值计算赔偿额。这实际上也说明是按照保险船舶的实际价值在保险金额以内进行赔偿的。总的原则是被保险人在任何情况下不能通过保险而获得可保利益以外的额外利益。

在"一切险"中,首先,由于沿海、内河船舶保险"一切险"的保险金额适用于保险船舶本身的损失、碰撞责任所致的损失以及共同海损与施救及救助费用三个方面,因此保险人应严格区分并分别在各自的保额(即船舶的保险金额)内计算赔款。然后再根据赔偿规定计算应赔金额。在保险有效期内,保险船舶发生保险事故的损失或费用支出,保险人均按以下规定赔偿:

(1) 全部损失。与全损险赔偿处理完全相同。但是需注意的是,如果保险金额低于船舶约定的保险价值时,施救费用应按照这个比例进行赔付。保险船舶航行中失踪6个月以上,可作全损处理,按保险金额赔偿。

(2) 部分损失。新船按实际发生的损失、费用赔偿,但保险金额低于保险价值时,按保险金额与该保险价值的比例计算赔款。旧船按保险金额与投保时或出险时的新船重置价值的比例计算赔款，两者以价高的为准。其中的原因是替换上去的零部件都是新的，因而旧船按实际价值投保就存在着不足额保险的情况，因此需按比例赔偿。部分损失的赔偿金额以不超过保险金额或实际价值为限，两者以低的为准。但一次或多次累计的赔款等于保险金额的全数(含免赔额)时，则保险责任即行终止。

(3) 船舶碰撞、触碰责任的赔偿。该项赔偿在保险金额限度内应遵循按过失责任赔偿的原则：全过失全赔，无过失不赔，有过失分摊。如果是单方面过失所致，过失船舶的保险人按对方实际损失情况并在保险金额限度内赔偿对方财产损失。如果是双方互有过失所致，则双方保险人应按各方所负过失程度的比例赔偿对方所遭受的损失。因保险船舶的碰撞责任所致被碰撞船舶及所载货物的损失应当合并计算，碰撞责任的累计最高赔偿金额以保险金额为限。每次碰撞、触碰责任仅负责赔偿金额的四分之三。

例 4-4　　船舶保险赔偿计算示例

甲、乙两船碰撞，经港监裁决，甲船负 70%的过失责任，乙船负 30%的过失责任。甲船损失了 200 万元，所载货物损失 100 万元，乙船损失了 300 万元，所载货物损失 80 万元。两船都向某保险公司投保了“一切险”，则赔款计算如下：

甲船保险公司：

甲船损失：200 万元×70%＝140 万元

碰撞、触碰责任：(300＋80)万元×70%×3/4＝199.50 万元

乙船保险公司：

乙船损失：300 万元×30%＝90 万元

碰撞、触碰责任：(200＋100)万元×30%×3/4＝ 67.50 万元

(4) 共同海损、施救及救助费用、救助报酬的赔偿。按《北京理算规则》，赔偿应当由保险船舶摊负的共同海损牺牲和费用。保险船舶发生共同海损事故时，对施救、救助费用、救助报酬的赔偿，保险人只负责获救的船舶价值与获救的船、货、运费总价值的比例分摊部分。

例 4-5　　船舶保险施救、救助费用分摊计算示例

A 轮的保险金额为 2 000 万元(足额投保)，所载货物价值为 4 000 万元。发生保险事故后，经施救、救助，获救船舶价值为 1 200 万元，获救货物价值为 2 800 万元，获救运费为 200 万元，施救、救助费用、救助报酬共计 400 万元。保险人应负责赔偿船舶的施救、救助费用、救助报酬为：400×1 200/(1 200＋2 800＋200)＝114.29(万元)

六、沿海内河船舶保险附加险

沿海内河船舶保险有许多附加保险。例如附加拖轮拖带责任保险，附加船主对旅客责任保险，附加船东对船员责任保险，附加第三者人身伤亡责任保险，附加滚装船承运人责任保险、附加四分之一碰撞、触碰责任保险，附加四分之三碰撞、触碰责任保险，以及共同海损、施救及救助保险等等。

（一）船东对船员责任保险

当保险船舶在航行运输或停泊中船上在岗船员发生死亡或伤残，根据劳动合同或法律规定，依法应由船东（被保险人）对船员承担的医疗费、住院费和伤残、死亡补偿费，保险人负责赔偿。但是，下列责任除外：战争、类似战争行为、叛乱、罢工或核子辐射所致船员的伤残或死亡；殴斗、自杀、自残、疾病、违法犯罪行为所致船员的伤残或死亡；船东的故意行为所致船员的伤残或死亡；任何人的工资、奖金、补助等；船员在岸上发生的死亡和伤残。

保险金额按船舶定额、船员每人的责任限额累加的总额而确定。船员每人的责任限额则由投保人或被保险人在投保时从最高赔偿责任限额范围内选定，并在投保单和保险单内注明。

（二）船主对旅客责任保险

保险公司承担下列保险责任：保险船舶在运输过程中发生自然灾害或意外事故，造成船舶上旅客死亡或伤残，依法应由被保险人（船主）承担的直接经济赔偿责任。但下列责任除外：战争、类似战争行为、叛乱、罢工、暴动或由于核子辐射所致的旅客伤残、死亡或疾病；旅客因疾病、传染病、分娩、流产所致的本人伤残或死亡；旅客殴斗、自残、自杀、欺诈或犯罪行为所致本人的伤残或死亡；船主的故意行为或重大过失所致的旅客伤残或死亡。

投保时，投保人和保险公司确定每位旅客最高赔偿责任限额，以及船舶法定载客数，并在保单中载明。发生保险事故后，旅客索赔时应出示有效的船票，证实其作为合法乘客的身份。在保险有效期内，不论发生一次或多次赔偿，每位旅客的赔偿累计不超过最高赔偿责任限额。保险期限最长为一年，起止日期以船舶保险单上载明的时间为准。保险责任以每次船舶离开码头开始生效，船舶抵达目的港码头终止。

（三）货物运输承运人责任保险

当投保了沿海内河船舶保险的船东作为承运人，方可投保本附加险。保险责任则包括：在保险期间内，保险船舶在载货运输过程中，由于被保险人的过失，造成船舶发生火灾、爆炸、碰撞、触碰、搁浅、触礁，以及因上述意外事故造成船舶倾覆、沉没，致使保险船舶上所载货物遭受直接损失，依法应由被保险人承担赔偿责任时，保险人在保单载明的赔偿限额内负责赔偿。发生保险责任范围内的事故时，被保险人为减少承运货物的损失而支付的必要、合理的救助费用，保险人也负责赔偿。

但不包括下列原因造成的损失、费用和责任：被保险人及其代表的故意行为；被保险人超越政府交通主管部门核定的经营范围、运输区域或航线开展运输业务；被保险人在被政府交通主管部门责令停业整改或责令停业之后，继续开展运输业务；船舶不适航；不可抗力；货物的自然属性和潜在缺陷；货物的自然减量和合理耗损；包装不符合要求；识别标志、储运指示标志不符合规定；托运人申报的货物重量不准确；托运人押运过程中的过错；普通货物中夹带危险、流质、易腐货物；托运人、收货人的其他过错。

保险人也不赔偿下列损失：被保险人及其船员自带的货物、被保险人免费承运的货物的损失；活动物、活植物的疾病、死亡、枯萎、减重；甲板装载的非集装箱货物的损失；因货物错误交付、延迟交付所造成的任何性质的损失；罚款、罚金、惩罚性赔款及违约金；假冒、伪劣货物以及禁运品的损失。

保险期间为一年。承运的货物发生保险责任范围内的损失时，被保险人必须提供有关部门的证明及责任裁定书，同时应在二十四小时内将详情通知保险人。保险人按起运地价格在赔偿限额内负责赔偿。

（四）拖轮拖带责任保险

保险标的是沿海、内河拖轮的拖带责任。承保保险拖轮以顶推、绑(旁)拖、吊拖等方式拖带他船在可航水域发生保险事故，致使被拖带船舶以及所载货物遭受损失，根据拖带合同依法应由保险拖轮承担的赔偿责任。被保险人在投保时必须向保险人提供其拖带合同。在保险期内，拖带合同如有变更或更改，必须事先征得保险人同意，否则保险人有权解除本保险合同或拒绝赔偿。

（五）附加四分之一碰撞、触碰责任保险

本保险负责赔偿沿海内河船舶保险条款中对于船舶碰撞、触碰责任不负责赔偿的四分之一部分，但在保险期间内一次或累计最高赔偿额以船舶保险金额四分之一为限。

（六）附加油污责任险条款

保险责任包括：由于被保险船舶上的油泄漏而造成水域的污染，被保险人采取合理措施清除或减少污染而支出的费用；补偿政府有关部门为防止或减轻上述损害而支出的合理费用；由于被保险船舶上的油泄漏而造成对第三方的污染损害，被保险人在法律上应负的赔偿责任；执法机构依法因油污而对保险船舶的罚款；被保险人为保险人全部或部分承保的责任或费用而支付的经保险人事先同意的有关法律诉讼费用。除外责任则包括：被保险船舶违章排放；碰撞、触碰事故中致使第三方造成的污染；法律规定船东免责。

每次事故赔偿限额则由投保人在投保时选定，并按时一次交纳全部约定的保险费。发生保险事故时，被保险人必须先行付清或解除由于被保险船舶油的泄漏所产生的费用和责任。保险人在每次油污责任事故的限额内进行赔偿。

第三节　飞机保险

飞机保险（Aircraft Insurance）又称为航空保险（Air Insurance），是以航空公司为客户对象并以飞机为保险标的而开展的一系列保险。1974 年，中国人民保险公司为中国民航出具了中国第一张飞机险保险单，承保了当时的 4 架三叉戟飞机。此后，飞机保险随着我国航空事业的发展而与时俱进。飞机保险具有高价值、高风险、专业性和技术性较强的特征，再保险和共保必不可少，险种也具有国际性。下面我们以中国人民财产保险股份有限公司的航空机身、零备件“一切险”及航空公司责任险条款为例来介绍飞机保险。

一、保险责任

该保单的生效时间以北京时间为准，保障被保险标的在保险期限内于世界任何地方发生的机身、零备件和设备由任何风险导致的物质毁灭或损坏，以及因航空公司的利益或由航空公司的运营引起的被保险人的法定责任。当然，当飞机飞往一些风险较大的特殊国家或地区时，必须在航行前声明详细情况，且在保险人签发书面确认后才可以提供保障。具体而言，保险责任主要包括三个方面：

(一) 机身险——机身/零备件和设备的毁灭或损坏

机身险承保的保险责任非常广泛，基本上保障飞机在飞行或滑行中以及在地面上，不论任何原因（不包括除外责任）造成飞机及其附件的意外损失或损坏，如飞机坠落、爆炸、失火、失踪、碰撞等造成飞机的全部损失或部分损失。此外，还负责因意外事故引起的飞机拆卸、重装和清除残骸的费用。例如，飞机在滑行时滑出跑道，陷入泥地，需要把飞机拆卸后搬运和重装，对由此产生的费用，保险公司也负责赔偿。机身险保障了飞机在飞行或滑行中以及在地面上的一切风险。但是，由于飞机在飞行、滑行以及在地面上面临不同的风险，也有一些飞机保险将这三种情况分别承保，分为飞行、滑行、地面三种情况。我国的机身险采取的是统保的策略。

1. 机身险保险责任

机身险部分的保险责任包括：根据飞机的协议价值负责赔偿由被保险人拥有、经营或由其负责的飞机（包括因修理、维修而临时从飞机上拆卸下来由被保险人监管或控制的标准部件，除非上述拆卸下来的零件已由其他类似部件替换）在保单期限内由任何原因导致的物质毁灭或损坏；负责赔偿由被保险人拥有、经营或属于其他方但由被保险人负责的、已从飞机上拆离并被替代的零备件及设备在保单期限内的任何时候、由任何原因造成的物质毁灭和损坏，包括被保险人在飞机上运送的零备件或作为备件的外挂发动机及其相关附件；保障在被保险人接受新飞机或者新增飞机之前，飞机上的买方供应设备在安装前和安装完毕后，在保单期限内由任何原因造成的物质毁灭或损坏；被保险飞机起飞后失去联络，且在五天内无任何消息，则视为失踪，保险人负责赔偿。当然，若上述损失是由于除外责任导致的，则均不赔偿。

其中，"飞机"指保单中列明金额的飞机机身、机器设备、仪表和飞机整体，包括飞机上的娱乐系统。对于"拆卸过程中的部件"，从拆离开始直到该部件从飞机上拆卸的过程完毕并完全与飞机分离，且安全地接触地面、平车或专用支架时止，都被认为是飞机的一部分。对于"安装过程中的部件"，则从将该部件安装到飞机上的过程开始，该部件脱离地面、平车或专用支架时止都被认为是飞机的一部分。"零备件和设备"应指未安装到飞机上的飞机标准部件，包括飞机发动机、零备件、设备和飞机上服务用品备件，但不包括因维修或修理而临时从飞机上拆卸下来的并且没有被其他同类型备用件代替的部件。飞机的修理费用包括维修所需的有关人员、材料、工具和设备往返飞机修理地点的运输费用，及受损飞机或零备件运往及运离修理地点的运输费用。不论是陆运还是空运，应采取最可行的运输方式。除此之外，飞机的修理费用还包括必要的试飞及重新取得适航证的费用。

2. 机身险除外责任

- 机械故障、自然磨损和渐进损坏、内在缺陷和失灵属于除外责任。飞机的推进系统应当被看作一个完整的单位，它包括发动机以及作为推进系统运行所必需的附属设备。推进系统内部的任何失灵、机械故障等类似情况以及推进系统内部因此而导致的间接损失等都属于除外责任（不包括坠落丢失部件）。但此除外责任不适用于由于机械故障、自然磨损和渐进损失、内在缺陷和失灵而导致的被保险飞机其他部分的意外毁灭或损坏。
- 由于吸入石子、砂砾、尘土、沙子、冰块等造成的发动机的渐进损失将被认为是"自然磨损及渐进损失"而除外。但是，如果单一的一次有记录的事故发生并导致发动机在飞机首次着陆时立即撤出运营，则应当赔偿。但如果发动机没有在飞机首次着陆时立即撤出运营，则不保障因发动机继续运转而导致的任何后续或进一步损失。而且，在检查、维修、性能监控和其他类似活动中被首次辨认并记录单一的一次事故后立即撤出运营，则应当赔偿。但不保障从事故最初发生至损失被发现之日，因发动机继续运转导致的任何后续或进一步损失。

- 零备件和设备的保险部分还有下列除外责任：保险标的在任何加工过程中以及直接因加工引起的毁灭或损坏；由于不明原因的失踪、不可解释的丢失或在盘点时发现的短缺引起的毁灭或损坏。

3. 机身险扩展责任

机身险还有一些扩展责任，例如以下责任：

- 无论飞机是否受到损坏，由于不可抗力或判断失误导致飞机降落在无法再次起飞的地点而引起的拆卸飞机的费用，以及将飞机从着陆地点运往最近的适合飞机运行地点并重新组装的费用。但此项费用不得超过该飞机的保额。
- 被保险人或其代理为了防护、保护、保存和修复被保险飞机、零备件和设备而发生的诉讼、人工和交通费用和支出，以及救助费用和开支。

当前，机身险一般使用定值保险。在保单中要求列明飞机的价值、零部件和设备的价值，以及买方供应设备的价值。保单通常规定，在发生毁灭或损坏时，被保险人不能将受损飞机或零备件或设备委付给保险人。当修理费用加上施救费用及从出险地点运往修理地点并恢复运营的费用估算达到或超过保险金额的约定比例时，被保险人可以选择宣布推定全损，保险人将按飞机的保险金额扣除受损飞机残值后赔付给被保险人。残值则可由专家来确定或经被保险人和保险人双方一致同意通过拍卖的形式确定。

(二) 法定责任——旅客、行李、货物、邮件、飞机第三者责任和航空综合第三者责任

负责赔偿被保险人因为下述事故造成的人身伤亡或财产损失应承担的法律赔偿责任：涉及飞机或飞机零备件或有关设备的事故；在机场区域发生的事故；在其他地区发生的、与被保险人从事航空旅客或货物运输业务有关的事故；在提供与使用或者运营飞机有关或涉及航空运输业务过程中发生的事故。

除外责任则包括：被保险人拥有、租用、租赁、借贷或占用的财产的毁灭或损坏；任何注册机动车辆的责任(包括被保险人及其代表拥有或使用的车辆在机场范围内造成的人身伤亡或财产损失，只要该人身伤亡和财产损失并未在被保险人投保的其他机动车辆责任保险项下得到保障)；因修理或者置换任何由被保险人生产、建造、改装、修理、提供服务、处理、销售、供应或分发的有缺陷的货物、产品或者其中任何有缺陷的部件而产生的费用(不适用于整架飞机)；因不恰当或者不完善的操作、设计或说明书造成的损失(不适用于对人身伤亡或财产损失的责任)等等。另外，对于“噪音、污染及其他风险”以及“石棉”引起的损失还有特殊规定。当然，该部分保单还设计了诸多的免赔额。

这里所指的第三者通常是指购买飞机票的旅客或为被保险人同意免费搭载的旅客,但不包括为完成被保险人的任务而免费搭载的人员;除此之外,还包括地面的第三者。例如,飞机坠落致使地面工厂损毁以及地面人员伤亡,保险公司都要负责赔偿。但是被保险人及其支付工资的机上和机场工作人员的人身伤亡或财物损失除外。

该部分还可以扩展保障范围:根据同邮政机构签订的有关邮件运输合同而应当承担的法律责任;对与被保险人无雇用关系但乘坐被保险人飞机的授权观察员所应承担的法律责任,即使上述人员并不持有机票;因与被保险人空运旅客有关的任何运输方式运送旅客而产生的法律责任,但不包括任何公路交通法律或其他相应法规所要求的强制保险的任何保险责任;对作为旅客持有机票搭载被保险人飞机的被保险人的雇员所承担的法律责任,包括该雇员在执行被保险人任务的过程中。

也可以扩展承保被保险人的下述费用:清理残骸——如果被保险人出于在任何飞机中的利益,在事故后应支付因实际或者试图吊起、移动、拆卸受损飞机或者因在吊起、移动、拆卸飞机过程中的疏忽或失败而产生的任何责任、索赔、需求、损坏以及发生的任何费用;任何搜索和营救工作引起的费用;使用灭火泡沫——为了减少被保险飞机的损失,或为了降低事故的损失或事故发生的可能性(不论该事故是否实际发生),被保险人在跑道上或向被保险飞机使用灭火泡沫而发生的费用或依法应承担的金额;对被保险飞机发生的事故进行的公众调查、民用航空机构的调查或其他相应机构的调查,需由被保险人支出的合理费用。

知识窗 4-8　　飞机保险与航空意外伤害保险的区别

飞机保险的第二部分中虽然也承保旅客、行李、货物、邮件的损失,但是这属于责任保险,与旅客自己购买的航空意外伤害保险有着本质的区别。两者的区别见下表:

	飞机保险(第二部分)	航空意外伤害保险
投保人/被保险人	航空公司	乘客自己
险种	责任保险	人身意外伤害保险
保障对象	第三者(旅客)	自己
强制程度	准强制性,每家航空公司必须购买	自愿
赔偿顺序	先由保险公司赔偿给航空公司,再由航空公司赔偿给旅客	由旅客或其指定受益人直接持保单到保险公司索赔
赔偿金额限制	根据法律规定的责任,在保单限额内赔偿	在保单限额内赔偿

(三) 人身侵害保险

首先应该正确理解人身侵害的含义。与第二部分法定责任相比较而言，第三部分的“人身侵害”是侧重于航空公司的行为对第三者的精神伤害，而不是身体的伤害。所以，采用了“侵害”一词，与“伤害”以示区别。

该部分是保障被保险人因在保单期限内的以下一种或几种行为导致要对任何人受到的损害进行赔偿的法定责任，但是这些行为应当是仅针对与被保险人航空运营有关的行为或是与保单保障的其他利益有关的行为：非法逮捕、扣留、拘留或关押；恶意诉讼；错误进入、逐出或其他侵犯私人占有权的行为；由于推迟或拒绝运送而造成非故意的歧视，但不包括客票超售的情况；公布或发表污蔑、诽谤或其他毁坏名誉或侵犯个人隐私权的贬损材料，但明细表所列被保险人或其代理人做出的与其广告、广播或电视节目活动有关的公布或发表行为除外；内科医生、外科医生、护士、药剂师、医疗技术人员或其他参与医护的人员在为被保险人或代表被保险人提供紧急医疗救护服务时发生的意外医疗过失、错误或失误(可以扩展)。

除外责任则包括：被保险人通过任何合同或协议承担的责任，除非在没有该合同的情况下被保险人仍然要承担责任；由于被保险人所为，或在其默许或同意下对刑法或法规的故意违反造成人身侵害而应承担的责任；对于上述保险责任中有关“公布或发表污蔑、诽谤或其他毁坏名誉或侵犯个人隐私权的贬损材料……”，当相同或相似材料的第一次有害公布或发表发生在保险有效期之前，以及被保险人在明知上述行为不良性质的情况下仍进行或指使他人从事该公布或发表行为，所造成人身侵害而应承担的责任；对直接或间接与被保险人有雇佣关系的人的责任，包括与被保险人有过去、现在或潜在雇佣关系的人。

案例 4-4

1998 年 4 月 15 日下午 4 点 04 分，韩国大韩航空公司一架麦道大型货机从上海虹桥机场起飞，升空至 1 000 米就坠毁在上海闵行莘庄镇一处建筑工地，造成三名民工当场死亡，数十名民工受伤。附近的住宅小区的房屋以及设施、设备和居民财产也受到不同程度损害。该住宅小区的 37 户居民向法院提起群体诉讼，要求大韩航空公司赔偿损失。

上海市第一中级人民法院经审理后于 2000 年 12 月 26 日做出判决：被告应对原告房屋及公用设施进行修缮；对原告房屋贬值应予以赔偿；被告对影响原告日常生活及工作造成的损失给予赔偿。每户居民根据不同情况分别获得 8 万至 12 万元人民币。这是中国内地首例国外航空器坠毁引起的诉讼案。

二、除外责任

值得注意的是，飞机险采用的是“一切险”的形式承保，所以其除外责任的界定非常细致。而且，由于飞机经常在各个国家之间飞行，故其风险比较特殊，涉及的问题也比较多。

（一）共同的除外责任

除了上述各个部分特殊的除外责任以外，各部分还有一些共同的总除外责任，比如战争、劫持和其他风险，核风险，有关日期识别的风险，以及合同（第三方权利）法案1999除外责任。相关除外责任的界定如下：

1. 战争及其相关风险除外责任

保单不负责由下列原因引起的索赔：战争、入侵、外敌行为、敌对行为（不论宣战与否）、内战、叛乱、革命、起义、戒严、军事政变或试图篡权；任何使用原子或核裂变/聚变或其他类似反应或放射性力量或物质的战争武器实施的敌对性爆炸；罢工、暴乱、民众骚乱或劳工骚动；任何个人或团体以政治或恐怖主义为目的之行为，不论其是否为某主权势力的代理，也不论损失是否因意外或故意行为所致；任何恶意行为或阴谋破坏行为；任何政府（不论公民的、军事的或事实上的）或公共或地方权力机构对所有权或使用权的没收、国有化、充公、管制、扣留、占用或征用；在未经被保险人同意的情况下任何飞机上的人员或团体对飞机或机组人员的劫持、非法扣押或不正当控制（包括试图实施此种占领或控制）。

2. 核风险除外责任

保单不负责直接或间接来源于以下方面的费用、损失及法律责任：放射性的、有毒的、易爆炸的或其他有害的爆炸性核装置或核部件；运输（包括与其相关的储存和处理手续）过程中的一切具有放射性或放射性兼有毒、易爆炸或其他有害特性的任何其他放射性物质；任何其他放射性物质的离子辐射或污染，或该物质本身有毒、易爆炸或其他的有害特性而造成、导致或引起的任何财产的毁灭、遗失或损坏。

所谓放射性物质或其他放射源不包括：耗余的铀或任何形态的自然铀；达到制造最后阶段，可用于科学、医疗、农业、商业、教育或工业方面的放射性同位素。

3. 日期识别除外条款

保单不负责由以下原因直接或间接、全部或部分引起或导致的任何性质的索赔、损坏、受害、损失、费用、支出的补偿或赔偿责任（无论是否源于违约责任、侵权行为、过失、产品责任、误告、欺诈或其他行为）：任何计算机硬件、软件、集成电路、芯片或信息技术设备或系统（无论归被保险人还是第三方所属）不能准确或完全处理、交换或传输与任何年、日期或时间有关的数据或信息，无论在该年、日期或时间转换之时还是其之前或之后；任何为保证以上年、日期或时间准确转换而实施或试图改变或修改计算机硬件、软件、集成电路、芯片或信息技术设备或系统（无论归被保险人还是第三方所属）或任何与这种改变或修改相关的意见或服务；任何与以上年、日期或时间转换有关的由被保险人或第三方行为、行为失败或决定导致任何类型财产或设备的不能使用或不可利用。

4. 合同（第三方权利）法案 1999 除外条款

任何未参与本保险或再保险的人，根据合同（第三方权利）法案 1999，实施本保险或再保险某项条件的权利，或使本保险或再保险在没有其许可的情况下被废除、变更或改动的权利，在该保险或再保险中属除外责任。

（二）保单的第二和第三部分的除外责任

对于保单第二和第三部分，还有下列除外责任：因财务过错或无力偿付债务而引起的索赔；因被保险人的任何董事或官员的任何错误行为而引起的这些人的个人责任；由受信托人或受托管人的行为而引起的责任；被保险人的雇员在雇用期间因工作招致的伤害（不适用于被保险人的雇员作为旅客搭乘飞机的情况）；因被保险人的聘用、雇用和解雇行为而引起的任何索赔；被保险人根据其任何合同或协议而承担的责任，但即使没有这种合同和协议，被保险人也应承担的责任不在此限，但批单另有规定者不在此限；由被保险人的管理层或董事和官员，主张、实际从事、指使或在其知情并同意下进行的任何非法、违反或不诚实行为；被保险人因拥有或经营旅馆引起的责任；被保险人因拥有或经营餐饮服务而引起的责任，但在机场范围内或与航空公司业务相关者不在此限；由于被保险人的旅行社行为、旅游经营行为或货运经营行为引起的责任，但执行航空运输合同中发生一次事故者不在此限；被保险人因拥有或经营娱乐场所、公众俱乐部或体育设施而引起的责任；因广告活动而引起的任何索赔，但本项除外条款不适用由此造成人身伤亡或财产损失而应承担的责任；因宣传和/或赞助性活动而引起的任何索赔，但直接与飞机的经营有关的活动或在机场基地举行的活动不在此限；因商店或餐馆引起的任何索赔。但此除外条款不适用于被保险人在机场内拥有或经营的商店或餐馆，或被保险人在机场外办理登机手续场所拥有或经营的商店或餐馆（售票处不应被视为此除外条款中的商店）。

（三）保单第二部分单独的除外责任

1. 噪音、污染及其他风险

保单不负责直接或间接由下列原因引起、导致或造成的索赔：噪音（不论人耳是否能听到）、振动、音震及其他相关现象；任何形式的污染和传染；电或电磁干扰；对财产使用的干扰。但是，如果上述情况源于或导致了坠毁爆炸起火、碰撞或有记录的飞行事故所致异常飞行操作，保单仍然负责。

2. 石棉除外条款

保单不负责直接或间接由于以下事件导致或与之相关的任何索赔：事实的、宣称的或威胁的有任何形式的石棉存在，或有任何其他含有或宣称含有石棉的物质或产品存在；或是对于事实的、宣称的或威胁的有任何形式的石棉存在，或有任何其他含有或宣称含有石棉的物质或产品存在，任何被保险人或其他人进行检测、监控、清洗、清除、容纳、处理、中和、防护或采取任何其他方式应对的义务、请求、要求、命令、法令或法规要求。然而，本除外条款不适用于任何导致或来源于坠毁爆炸起火、碰撞或有记录的飞行事故所致异常飞行操作。

三、停航退费

停航退费是机身险中比较特殊的条款。若所承保飞机停航，则保险所提供的对该飞机的飞行和滑行保险保障在停航期间将终止，倘若飞机连续停航达到或超过 14 天，且被保险人在本保险年度结束时将停航情况通知保险人，则保险人在保险期限结束时会将部分保费退还。计算停航退费时，经保险人同意之后，应以飞行险保费与地面险保费之差的 80％，根据实际停航天数按日比例执行退费。若飞机连续停航达到或超过 14 天，其中一部分停航天数在本保险年度内而另一部分在续转后的保险年度期限内，则在本保单年度只退还本年度保险期限内停航天数部分的保费。经协商同意，投保地面险飞机如果连续 10 天之内非营运飞行不超过 3 小时，该期间也可视为连续停航期间而计算停航退费。在保险期限内，如果因为飞机或发动机制造商总部所在国的民航当局的命令或建议，或者因为被保险人出于安全考虑所做的决定，或因为罢工，被保险人机队的所有飞机或者某一机型的所有飞机连续 5 天以上停飞，被保险人应立即将此情况通知保险人，保险人将在保险年度结束时按实际停航天数，以日比例计算，退还机身险保费的 75％。

为了精确计算停航退费，飞行险应从飞机为起飞而进行的滑行开始，到飞机停止在卸载点为止。地面险应为飞机不在上述飞行状态时。

但倘若出现下列情况，不予以退费：在飞机适航书证的年度续转以及相关必要工作期间；连续停航未达到 14 天，但如果前述有关飞机适航书证年度续转的所述期间发生在停航期内，则被保险人有权将其所述期间前后停航日相加，计算是否达到或超过退费所需的 14 天；该飞机在本保险年度已提出保险索赔。

四、附加险

（一）航空保费保障保险条款

由于飞机的价值比较昂贵，飞机保险的保费也不菲。为了鼓励航空公司主动控制风险，除了“停航退费”的规定之外，还可以因损失较低而退还部分保费。其意思是说，只要被保险人所持有的航空机身、零备件“一切险”及航空公司责任险在特定时期的损失及相关费用低于投保人和保险人所约定的数值，则保险人将按照约定兑现“良好记录返还”的部分保费；但是，当损失及相关费用高于投保人和保险人所约定的数值，则投保人将丧失“良好记录返还”部分保费的权利。航空保费保障保险条款则保证，即使损失及相关费用高于投保人和保险人所约定的数值，保险人仍然承诺补偿投保人所丧失的“良好记录返还”的部分保费的权利。

但是，如在航空公司机身、零备件“一切险”及责任险保单中规定“注销”或“续转后退费”条款，则保单不负责该条款启动后被保险人无法取得的保费返还。

(二) 航空机身“战争及相关风险”

主要将战争及其相关风险除外责任纳入保险范畴。其规定也非常详尽。保单负责赔偿飞机由于下列原因造成的、在被保险人的机身“一切险”保单中除外的毁灭或损坏：战争、入侵、外敌行为、敌对行为（不论宣战与否）、内战、叛乱、革命、起义、戒严、军事政变或试图篡权；罢工、暴乱、民众骚乱或劳工骚动；任何个人或团体以政治或恐怖主义为目的之行为，不论其是否为某主权势力的代理，也不论损失是否因意外或故意行为所致；任何恶意行为或阴谋破坏行为；任何政府（不论公民的、军事的或事实上的）或公共或地方权力机构对所有权或使用权的没收、国有化、充公、管制、扣留、占用或征用；在未经被保险人同意的情况下任何飞机上的人员或团体在飞机飞行中对飞机或机组人员的劫持、非法扣押或不正当控制（包括试图实施此种占领或控制）；被保险人因为上述风险而无法控制飞机时发生事故导致的索赔。当飞机在保单除外地区以外的完全适合该飞机运行的机场安全地归还被保险人后，飞机应被视为重新回到被保险人控制之下（上述安全归还要求该飞机处于引擎熄火且不在任何胁迫的停放状态下）。其中，飞机飞行中是指从登机后所有外部舱门关闭时起、直到前述舱门打开以供人员离开飞机时止，或是飞机在运动中的期间。对螺旋翼飞机而言，飞机飞行中是指其旋翼因发动机动力而旋转、由发动机产生的动量带动而旋转或是自动旋转期间。

另外还赔偿部分勒索赎金和劫持费用。保单将按照下列条件、除外条款和限制条款，在限额之内，负责赔偿被保险人在处理下列事件时产生的合理支出的90%：在保单期限内，对飞机一览表中所列飞机或其旅客、机组人员发出的威胁；飞机由于没收或劫持等原因而产生的必要的额外费用。但是，该部分规定的保险保障如果在某地区系属非法，则在该地区无效，被保险人始终有责任保证不做任何有关政府当局不允许的事情。

保单不负责由下列任何一种或多种原因造成的毁灭、损失或费用：(1)下列任何国家之间爆发的战争（不论宣战与否）：英国、美国、法国、俄罗斯、中国。当上述战争爆发时，如果被保险飞机正在空中飞行，则除外条款在飞机完成第一次着陆后生效。(2)飞机注册国政府或任何受其管辖的公共或地方当局对飞机所有权或使用权的没收、国有化、充公、管制、扣留、占用或征用。(3) 任何实际实施或是威胁采用的化学、生物或生化物质的放射、排放、释放或泄漏(除非以上物质完全且直接被用于或威胁用于飞机的劫持、非法扣押或不正当控制；或除非以上物质完全且直接被用于或威胁用于任何对飞机、其乘客或机组人员的威胁；或除非任何化学、生物或生化物质的放射、排放、释放或泄漏导致飞机在飞行中受到毁灭或损坏)。(4)任何债务、无法提供担保或保证，或任何其他由法院受理的或其他形式的财务纠纷。(5)飞机的所有权人对飞机的重新占有或试图重新占有，或是根据保单下被保险人可能参与的合同而对飞机实施的重新占有或试图实施的重新占有。(6)延误、丧失使用，或除有特别规定以外的任何其他间接损失，不论该损失是否由飞机的毁灭或损坏所引起。(7)任何使用原子或核裂变/聚变或其他类似反应的装置的爆炸。(8)任何对放射性污染或物质的使用以及任何对电磁脉冲的使用，无论敌意与否。

案例 4-5

2004 年 9 月 16 日下午，浙江余姚，一架直升机在某风景区上空低空盘旋了几圈后突然坠落，造成 1 名驾驶员和 3 名随机人员死亡，受伤 3 人。失事的 EC135/B7009 直升机是春兰集团 2002 年斥资 3 000 万元人民币购置的，由青岛直升机航空有限公司代购并负责执管。

春兰公司在 2002 年买下直升机后，就在某保险公司投保了包括“飞机机身一切险”“法定责任险及法定责任险之扩展战争险”在内的飞机险。2004 年 6 月 22 日，春兰公司连续第三年投保。不过这次变成了三家保险公司共保，份额分别为 50%、30%、20%。失事飞机投保的险种涉及机身“一切险”和法定责任险，其中飞机机身为定值保险，保险金额 3 000 万元；法定责任险中分项投保旅客座位险和地面第三人责任险，旅客座位险中，飞机的旅客座位为 5 座，每名旅客责任赔偿限额为 50 万元，地面第三人责任险的每次事故赔偿限额为 500 万元。事故发生后，春兰公司给死伤人员及家属支付赔偿金后，向保险公司索赔，但保险公司拒赔。

三家公司拒赔的理由是，直升机保单上写明的用途是“公务”。“9·16”事故飞行执行的是“空中拍照”，按照《通用航空经营许可管理规定》，“空中拍照”与“公务飞行”是两种不同的经营项目，因此，春兰公司飞机的用途不符合保单规定，所发生坠机事故不在保单保障范围之内，属于保单条款约定的除外责任。春兰公司不服，向泰州市中级人民法院起诉。2005 年 12 月，法院一审判决三家保险公司赔付 3 064 万元。保险公司不服，向江苏省高级人民法院提起上诉。终审判决维持了一审判决结果。

我国目前只有极少数几家大型企业拥有自有公务飞机，而此类企业自有公务飞机失事引发保险赔偿诉讼的则更为少见。在“9·16”事故前，仅有长沙远大空调有限公司一架直升机2000年5月22日坠入湘江，远大公司于2001年1月向长沙市中院提起诉讼，要求保险公司赔偿保险费近800万元，最后以保险公司赔偿680万元而结案。与该案相比，春兰公司飞机保险赔偿案诉讼标的额巨大，而且涉及《保险法》领域的诸多重要法律理论问题，其审判对于同类案件都会产生较为深远的影响。引人注意的是，在“9·16”发生之后几个月，国家民航总局公布了《通用航空经营许可管理规定》，其中对公务飞行与空中拍照加以区分。然而，由于事后规定没有追溯效力，江苏法院依据《保险法》的条例做出有利于春兰公司的判断。

本章小结

- 交强险是由国家强制执行的“强买强卖”的保险制度，是为了在最大程度上为交通事故受害人提供及时和基本的保障。
- 为了保护受害人的利益，交强险支持无责任赔偿，还在特殊情况下实施对致害人(被保险人)进行追偿的权利。
- 商业三者险保障被保险人或其允许的驾驶人在使用被保险机动车过程中导致第三者人身伤亡或财产损毁，而依法应当对第三者承担的损害赔偿责任。但设置了六个部分的除外责任：绝对除外责任、保险车辆不合格的情形、驾驶人员不合格的情形、被保险人违反最大诚信原则、不属于第三者的范畴、其他除外损失和费用。
- 车损险的保险标的是车辆本身。保险人主要对被保险车辆由于碰撞原因和非碰撞原因引起的损失承担赔偿责任，采用列举式来叙述保险责任。除外责任包括绝对除外责任、保险车辆不合格、驾驶人不合格、被保险人违反最大诚信原则及根据车损险的特征明确规定的除外损失和费用。
- 车损险采用不定值保险，保险金额按投保时被保险机动车的实际价值确定。实际价值是由投保人与保险人根据投保时的新车购置价减去折旧金额后的价格，或依据其他市场公允价值协商确定。
- 车损险和商业三者险赔偿时，都要考虑被保险人承担的责任大小。责任大多赔，责任小少赔，无责任不赔。
- 车上人员责任险保障保险期间内，被保险人或其允许的驾驶人在使用被保险机动车过程中发生意外事故致使车上人员遭受的人身伤亡。

- 全车盗抢险则保障车辆被盗抢没找回、车辆被盗抢后找回但有损失、车辆被盗抢未遂且有损失三种与车辆被盗抢及其过程有关的风险。
- 机动车辆保险还设计了诸多附加险，以满足不同消费者的需求。
- 影响机动车辆损失概率和损失程度的风险主要有从车、从人和从地三大类因素。
- 沿海内河船舶保险的保障标的是从事沿海、内河航行的船舶。全损险只保障船舶的全部损失，而“一切险”则保障全部损失及部分损失，碰撞与触碰的责任，共同海损、施救与救助的费用。
- 飞机保险承保航空公司的飞机，具有高价值、高风险、专业性和技术性较强的特征，再保险和共保必不可少，险种也具有国际性。
- 航空机身、零备件“一切险”及航空公司责任险条款包括三个部分的保障：机身险，旅客、行李、货物、邮件、飞机第三者责任险和航空综合第三者责任险，人身侵害保险。
- 机身险使用定值保险，采用“一切险”的方式，保障范围较宽。
- 飞机保险中通常设置停航退费等退还保费的条款，目的是为了鼓励航空公司努力控制风险。

习题

1. 请简述交强险中“强制性”的体现和原因。

2. 请简述交强险分项目设置赔偿限额的原因，以及无责任赔偿的法律基础。

3. 应当如何正确理解交强险中“垫付与追偿”条款？

4. 简述交强险中道路交通事故社会救助基金的含义与作用。

5. 请分析商业三者险六个部分的除外责任在交强险中的运用情况。

6. 请深入比较交强险与商业三者险的异同。

7. 请分析车损险和商业三者险共同除外责任的特征。

8. 请分析应该如何合理确定车损险的保险金额。

9. 甲车购买了交强险、80万元商业三者险和足额的车损险。某日，甲车与行人乙发生交通事故。交警认为，甲车承担主要责任（70%），行人乙承担次要责任（30%）。发生损失情况如下：甲车车损为50 000元，行人乙医疗费用为80 000元，请计算保险公司的赔偿金额。（负主要责任的事故责任免赔率为15%）

10. 某日，甲车和乙车相撞，甲车负全责，乙车无责。甲车和乙车都发生了损失。其中，甲车车辆损失了50 000元，货物损失了100 000元，司机医疗费用为20 000元。乙车车辆损失了30 000元。两车都购买了交强险、足额的车损险和100万元商业三者险，请计算各车保险公司的赔偿金额。（负全部责任的事故责任免赔率为20%）

11. 请分析车上人员责任险与交强险和商业三者险的不同之处。

12. 请简述下列词语的含义：玻璃单独破碎，自燃，新增加设备，车身划痕，发动机涉水，车轮单独损坏。

13. 请分析影响机动车辆风险损失概率和损失程度的各种风险因素。

14. 沿海内河船舶保险的保障标的与远洋船舶保险有何区别？

15. 沿海内河船舶保险的保险价值和保险金额是怎样确定的？“一切险”的保险金额分别适用于哪些方面？

16. 沿海内河船舶保险对碰撞触碰责任的赔偿原则是什么？

17. 某货轮的保险金额是 5 000 万元(足额投保)，所载货物价值为 8 000 万元。发生保险事故后，经施救、救助，获救船舶价值为 3 000 万元，获救货物价值为 6 000 万元，获救运费为 500 万元，施救、救助费用、救助报酬共计 700 万元，计算保险人应负责赔偿的施救、救助费用、救助报酬。

18. 飞机保险具有什么特征？

19. 航空机身、零备件“一切险”及航空公司责任险包括哪几个部分的保障？人身侵害与人身伤害的区别是什么？

20. 请分析飞机保险与航空意外伤害保险的区别。

21. 请分析飞机保险中“停航退费”的含义及原因。

第五章　国内货物运输保险

国内货物运输保险是以在国内运输中的货物为保险标的，因运输工具的不同而有着不同的保险产品，包括水路、陆路和航空运输保险。本章以国内货物运输保险为主进行介绍。货物运输保险是典型的财产保险，与所采用运输工具对应的保险也具有一定的相似之处。但是，运输中的货物是处于运动状态中的财产，其价值会不断地发生变化，而且货物在运输途中所面临的风险也比较大。同时，还要区分货物运输保险与承运人责任保险的区别。

第一节　国内货物运输保险概述

国内货物运输保险是以在国内处在运输过程中的货物为保险标的，承保保险标的物因遭遇自然灾害或意外事故所造成的损失。近年来，随着经济的发展，货物运输保险也有了一定的发展，但其发展速度与财产保险市场以及整个国民经济的发展速度还不相匹配，整体发展速度相对较为缓慢。

知识窗 5-1　　我国的货物运输保险的市场情况①

2017 年，我国货物运输保险的保费收入为 100.2 亿元，占整个财险市场的 0.95%；赔款支出为 62.2 亿元，赔付率达到了 62%。下表是最近十年我国货物运输保险的市场情况。

	2008 年	2009 年	2010 年	2011 年	2012 年	2013 年	2014 年	2015 年	2016 年	2017 年
保费收入（亿元）	71.0	61.3	78.7	98.0	101.7	102.9	95.4	88.2	85.5	100.2
增长率（%）	13	−14	29	24	4	1	−7	−8	−3	17
赔付支出（亿元）	27.8	26.2	28.9	35	40.5	42.8	43.7	46.2	55.3	62.2
市场份额（%）	3.04	2.13	2.02	2.12	1.91	1.66	1.19	1.05	0.92	0.95
赔付率（%）	39	43	37	36	40	42	46	52	65	62

资料来源：历年《保险年鉴》。

① 应包括海洋运输货物保险的保费收入及赔款支出。

可以看到,货物运输保险的发展速度不均匀,占财产保险市场的份额也非常小。

一、货物运输保险的特点

货物运输保险(Cargo Transportation Insurance)因其不同的运输工具而具有不同的保险产品,比如陆路货物运输保险、水路货物运输保险、航空货物运输保险、邮包货物运输保险、管道货物运输保险等。其中,国际海洋运输货物保险与远洋船舶保险一起独立为海上保险,本书将在第六章中介绍。本章仅就国内各种形式的货物运输保险进行介绍(简称"货物运输保险")。货物运输保险也是财产保险的一种,其保险标的物也是有形财产,但是其与普通的财产保险(如企业财产保险)有所区别,主要有以下几个方面的特点:

(1) 货物运输保险的保险标的具有动静结合、以动为主的特征。普通财产保险是以存放在固定地点的各种财产作为保险标的,保险标的通常处于相对静止的状态,因而仅面临着静止状态的风险。而货物运输保险的保险标的是从一地运往另一地过程中的货物,中途可能停留、候运,到了目的地后也可能停仓待取,当然,运输是整个环节中重要的一环,所以是动静结合,以动为主,具有较大的流动性。也就是说,货物运输保险不但保障静止状态的风险,还保障运动状态的风险。

(2) 货物运输保险的保障范围要比普通财产保险广泛得多。在发生保险责任范围内的灾害事故时,普通财产保险仅负责被保险财产的直接损失及为避免损失扩大采取施救、保护等措施而产生的合理费用。运输中的货物面临更多的风险,货物运输保险除了负责上述损失和费用外,还要承担货物在运输过程中因破碎、渗漏、包装破裂、遭受盗窃以及整件货物提货不着而引起的损失,甚至被雨淋、霉烂、变质的损失等。

(3) 货物运输保险的责任起讫是以航程为主。普通财产保险的保险期限一般按明确的时间确定,从既定日期的早晨0点开始到预定日期的晚24:00结束。而货物运输保险属于航程保险,关于保险责任的起讫时间是根据不同条款来规定的。比如,"仓至仓"条款规定责任起讫是从货物运离发货人最后一个仓库时开始,直至运达目的地的收货人的第一个仓库或储存地为止,以运输保险标的实际所需的运程为准。

(4) 货物运输保险大多采用定值保险单。处在运输中的货物有多个价格,比如起运地成本价、目的地成本价、目的地市价等,这给货物运输保险的理赔带来了麻烦。因此,货物运输保险常采用定值保险。保险金额一般是以货物的购进价格加上运杂费、税款、保险费等费用以及货物在运输途中所必须支付的费用作依据。

(5) 货物运输保险涉及的利害关系人较多。普通财产保险的投保人大多是财产的所有人或看护人，最多因财产抵押涉及抵押权人。但是，货物运输保险涉及了发货人、收货人、托运人、承运人等。投保人可以是发货人，也可以是收货人。被保险人随着货物所有权的变化而相应变化。与其他保险不同的是，由于保险货物在运输过程中具有流动性，货物所有权可以转移，因此保险单可由投保人背书转让，而无须征得保险人同意。

货物运输保险与普通财产保险的区别如表 5-1 所示。

表 5-1　　货物运输保险与普通财产保险的区别

	货物运输保险	普通财产保险
风险特征	动静结合、以动为主	静止状态的风险
保险责任	更为宽泛	明确列明的保险责任
责任起讫	不同条款的规定，以运程为主	明确的开始与结束的时间
损失补偿方式	定值保险	不定值保险
投保人/被保险人	投保人可以是发货人或收货人。被保险人随着货物所有权的变化而变化	投保人即被保险人，多为财产所有人或看护人
保单转让	保单随货物所有权转让而自动转让，无须征得保险人同意	财产所有权变更时，保单转让需经保险公司同意方才有效
保单解除	保险责任开始后，任何人不得解除保单	投保人可以解除合同，或投保人与保险人协商之后解除

二、货物运输保险的投保方式

在投保货物运输保险时，可以通过直接业务、代理业务和预约业务三种形式进行。这三种方式各有特色，分别适用于不同的情况。

(1) 直接业务(Direct Business)是指由保险公司直接办理上门业务，由投保人填写投保单，经审核后签发保险单。这种直接业务通常适用于运输次数比较少，但运输量比较大的情况。

(2) 代理业务(Agent Business)是指运输单位就自己所承运和代办托运的货物与保险公司签订代理合同代办运输险的承保手续，并取得代理手续费。在代理业务中，运输单位取得了保险公司的代理权，代理销售保险产品，并取得保险代理佣金。其通常在办理货物托运时就顺带销售了货物运输保险。比如火车站、邮局、快递公司等。

(3) 预约业务(Appointment Business)则是针对货运量大并且同意统保的单位，由保险公司与保户签订预约保险合同。保户则根据合同规定的时间将启运通知书、启运登记单、投保清单等单证报送保险公司，而保险公司则逐月核对和结算。预约业务中通常都要采用预约保险合同 (Open Cover)。预约保险合同是一种为了简化手续而签发的长期性保险合同的凭证，通常要定明预约的保险责任范围、保险财产范围、每一保险或保险地点的最高保险金额、保费的结算方法等，一般没有保险期限的规定，但是订有注销条款。订约的任何一方都可以提前发出注销通知，当通知的到期日满，合同即终止。每一批货物运输时，则签发保险凭证，证明其已经参加了保险。

三、货物运输保险与承运人责任保险的区别

一些人对购买货物运输保险不太理解。他们认为："既然自己交付了运费委托了承运人运送货物，则承运人应当保证将货物安全送达目的地，倘若发生任何损失，承运人都应该承担责任。为什么还需要购买货物运输保险呢？"这种理解实际上是错误的。正确理解了这个问题也就正确理解了货物运输保险与承运人责任保险（Carrier's Liability Insurance）的区别。诚然，托运人的确向承运人支付了运费，但是，当货物发生损失时，承运人只是在自己依照法律有过失时才承担赔偿责任。此时，倘若承运人购买承运人责任保险，则由承运人责任保险的保险公司负责赔偿；倘若承运人没有购买承运人责任保险，则由承运人自己负责赔偿。如果承运人已经按照法律要求履行了看护义务，但货物仍然发生了损失，则承运人不承担任何赔偿责任，此时的损失应当由货物运输保险的保险人负责赔偿；当然，如果货主没有购买货物运输保险，则应当由相关利益方自己承担。

货物运输保险与承运人责任保险存在着明显的区别：

1. 保险标的不同

货物运输保险的保险标的是运输过程中的货物；而承运人责任保险的保险标的是承运人在运输货物的过程中应当承担的责任。

2. 保险责任不同

货物运输保险保障的是在货物运输过程中的自然灾害和意外事故，大多是由于不可抗力等因素所导致的。承运人责任保险仅保障由于承运人未履行自己的责任而导致的损失。承运人应当承担的责任在法律中都有明确规定。另外，在海上货物运输中，根据国际提单公约，承运人可以免责的风险，包括自然灾害、共同海损、管船过失、意外事故等。承运人只承担由于没有提供适航船舶或者没有妥善保管好货物而使运输货物受损所负的赔偿责任。

3. 险种类别不同

货物运输保险是针对运输过程中的货物提供的保障，仍然属于有形财产的保险；而承运人责任保险则属于责任保险，是为承运人应当承担的责任而提供的保障。

4. 赔偿对象不同

当货物发生损失时，货物运输保险是由保险公司直接赔偿货主，然后再取得代位

求偿权，向可能承担损失责任的各方进行代位求偿。而在承运人责任保险中，承运人先依据法律规定的责任和赔偿金额向货主进行赔偿，然后向保险公司提出索赔。保险公司根据保险合同的约定再向承运人进行赔偿。

第二节 国内陆上货物运输保险

陆上货物运输保险根据运输工具的不同还可以细分，比如公路货物运输保险、铁路货物运输保险以及将公路和铁路合并承保的陆上货物运输保险。本书以中国人民保险公司的相关产品为例进行介绍。

一、公路货物运输保险

（一）保险标的

公路货物运输保险(Road Cargo Transportation Insurance)是以在公路运输过程中的货物作为保险标的的保险。所谓货物，主要是指具有商品性质的贸易货物。其中不包括金银、珠宝、钻石、玉器、首饰、古币、古玩、古书、古画、邮票、艺术品、稀有金属等珍贵财物，此类财产必须经投保人与保险人特别约定并在保险单上载明才能承保。也不承保蔬菜、水果、活牲畜、禽鱼类和其他动物。

（二）保险责任

公路货物运输保险一般保障下列风险：火灾、爆炸、雷电、冰雹、暴风、暴雨、洪水、海啸、地陷、崖崩、突发性滑坡、泥石流；由于运输工具发生碰撞、倾覆或隧道、码头坍塌，或在驳运过程中因驳运工具遭受搁浅、触礁、沉没、碰撞；在装货、卸货或转载时因意外事故造成的损失；因碰撞、挤压而造成货物破碎、弯曲、凹瘪、折断、开裂的损失；因包装破裂致使货物散失的损失；液体货物因受碰撞或挤压致使所用容器(包括封口)损坏而渗漏的损失，或用液体保藏的货物因液体渗漏而造成该货物腐烂变质的损失；符合安全运输规定而遭受雨淋所致的损失；在发生上述灾害事故时，因纷乱造成货物的散失以及因施救或保护货物所支付的直接合理的费用。

这里需注意两个“碰撞”的不同含义。公路货物运输保险不但保障运输工具发生碰撞而导致的货物损失，同时也保障运输工具虽然没有发生碰撞、但货物与货物之间或货物与运输工具之间发生碰撞而导致的货物损失。也就是说，对于货物在运输过程中由于颠簸、抖动等造成的货物损失都提供保障。

（三）除外责任

公路货物运输保险中一般不保障由于下列原因造成保险货物的损失：战争、敌对行为、军事行动、扣押、罢工、暴动、哄抢；地震；盗窃或整件提货不着；在保险责任开始前，保险货物已存在品质不良或数量短差；保险货物的自然损耗、本质缺陷与特性；市价跌落、运输延迟；发货人责任；投保人、被保险人的故意行为或违法犯罪行为；经国家有关部门认定的违法、非法货物。

其中，“盗窃”不仅仅限于整件货物被盗，而是只要有明显痕迹能证明货物的一部分或整件货物被盗。“整件提货不着”中，“整件”的含义可理解为按运输部门的货物运输有关规定进行包装的、完整的一件货物，即货物运输单上所列明的一个完整的包装件(集装箱除外)。“盗窃”的损失是从原因来分析的，而“整件提货不着”的损失是从结果来分析的，只要结果是整件都提货不着，则不予赔偿；通常不考虑“整件提货不着”的原因，无论由于盗窃，还是被甩出车外，甚至根本没有托运等。

(四) 责任起讫

公路货物运输保险中的责任起讫采用的是“仓至仓”条款。即保险责任自保险人签发保险凭证后，保险货物运离起运地发货人的最后一个仓库或储存处所时起，至该保险凭证上注明的目的地的收货人在当地的第一个仓库或储存处所时终止。但是，倘若保险货物运抵目的地后，如果收货人未及时提货，则保险责任的终止期最多延长至保险货物卸离运输工具后的十五天。

这里需要注意的是，保险责任的开始必须具备两个条件，其一是签发保险凭证，其二是保险货物运离起运地发货人的最后一个仓库或储运处所。这两个条件缺一不可。其中“运离” 是指保险货物从起运地发货人的最后一个仓库或储存处所中被装载于主要运输工具或辅助运输工具的过程。“运离”包含两种情况，一种情况是一件货物被装运上运输工具，这件货物可视为“运离”，另一种情况是货物虽未装上运输工具，但已开始被搬动，这时也应视为“运离”。在运离的过程中，货物是一件件地运离的。因此，“运离”一件负责一件，“运离”一批负责一批，直至货物全部“运离”时保险人的风险达到最大。而在到达的过程中，货物也是一件件从运输工具上“运离”的。“运离”一件就终止一件，直至货物全部被“运离”时保险人的责任就终止了。因此，在货物运输过程中，保险人承担的风险是逐渐变化的，在“运离”货物时是逐渐增大的，随后保持不变，而在到达“运离”货物时是逐渐减小的，直到责任终止。

(五) 保险价值和保险金额

公路货物运输保险当然采用定值保险。保险价值为货物的实际价值，按货物的实际价值或货物的实际价值加运杂费确定。保险金额由投保人参照保险价值自行确定，并在保险合同中载明。保险金额不得超过保险价值。超过保险价值的，超过部分无效，保险人应当退还相应的保险费。

知识窗 5-2 公路货物运输保险的费率示例

公路货物运输保险的费率是考虑货物本身特征并结合运输距离确定的。

一、货物分类

将货物分为普通货物和危险货物两类。

普通货物：煤焦类；矿石类；矿物性建筑材料；钢铁、有色金属制品、钢轨及其配件类；糠、渣、麦壳、糟粕类；毛皮、鬃、骨类；盐类；农业机械类；肥料及农药类；运输工具类；木材类。

危险货物：石油及制品类；木材类；粮食、油料作物类；棉、麻、烟草、甘蔗、甜菜类；肥料及农药类（烈性危险农药）；工业机械、电器、仪器仪表类；小百货、化妆品类；化学原料及其制品类；纺织品衣、被、鞋帽类；文体用品类；医药类；玻璃、搪瓷及陶瓷制品类；食糖、糕点、面包、茶等；平板玻璃（费率为 15‰）；其他类。

二、费率示例

	500 公里以内	501～1 000 公里	1 001～1 500 公里	1 500 公里以上
普通货物	0.5‰	0.8‰	1‰	1.5‰
危险货物	1‰	1.5‰	2‰	3‰

（六）赔偿处理

如果收货人发现货物有所损失，必须在货物运抵保险凭证载明目的地的收货人在当地的第一个仓库或储存处所时起的十天内向当地保险机构申请并会同检验受损的货物。也就是说，申请检验的时效是十天。这主要是为了保全有关货物损失程度的一些证据。如果时间太长，则当时的损失程度就不容易勘察。如果被保险人从获悉保险货物遭受损失的次日起，经过一百八十天不向保险人申请赔偿、不提供必要的单证或者不领取应得的赔款，则视为自愿放弃权益。

被保险人向保险人申请索赔时，必须提供下列有关单证：保险单（凭证）、运单（货票）、提货单、发票（货价证明）；承运部门签发的事故签证、交接验收记录、鉴定书；收货单位的入库记录、检验报告、损失清单及救护保险货物所支付的直接合理的费用单据；被保险人所能提供的其他与确认保险事故的性质、原因、损失程度等有关的证明和资料。

保险人收到被保险人的赔偿请求后，应及时就是否属于保险责任做出核定并通知被保险人。情形复杂的，保险人在收到被保险人的赔偿请求并提供理赔所需资料后三十日内未能核定保险责任的，保险人与被保险人应商定回复期间。若属于保险责任的，在与被保险人达成有关赔偿金额的协议后十日内履行赔偿义务。

货物发生保险责任范围内的损失时，保险金额等于或高于保险价值时，保险人应根据实际损失计算赔偿金额，最高赔偿金额以保险价值为限；保险金额低于保险价值的，保险人对其损失金额及支付的施救保护费用按保险金额与保险价值的比例计算与赔偿。保险人对货物损失的赔偿金额，以及因施救或保护货物所支付的直接合理的费用，应分别计算，并各以不超过保险金额为限。

保险货物发生保险责任范围内的损失，若根据法律规定应当由承运人或其他第三者负责赔偿部分或全部的，被保险人应先向承运人或其他第三者提出书面索赔，直至诉讼。保险事故发生后，保险人未赔偿保险金之前，被保险人放弃对有关责任方请求赔偿的权利的，保险人不承担赔偿责任；如被保险人要求保险人先予赔偿，被保险人应签发权益转让书，将代为求偿权移交给保险人，并协助保险人向责任方追偿。由于被保险人的故意或重大过失致使保险人不能行使代位请求赔偿权利的，保险人可以相应扣减保险赔偿金。

二、铁路货物运输保险

铁路货物运输保险(Railway Cargo Transportation Insurance)的保险标的是国内经铁路运输的货物。保险标的等方面的定义和处理与公路货物运输保险非常相似，只是在保险责任方面有一些细微差别。铁路货物运输保险包括基本险和综合险两个险别。

基本险保障由于下列保险事故造成保险货物的损失和费用：火灾、爆炸、雷电、冰雹、暴风、暴雨、洪水、海啸、地陷、崖崩、突发性滑坡、泥石流；由于运输工具发生碰撞、出轨或桥梁、隧道、码头坍塌；在装货、卸货或转载时，发生意外事故。基本险还保障在发生上述灾害、事故时，因施救或保护货物而造成货物的损失及所支付的直接合理的费用。

综合险则在基本险的基础上增加了下列损失和费用：因受震动、碰撞、挤压而造成货物破碎、弯曲、凹瘪、折断、开裂的损失；因包装破裂致使货物散失的损失；液体货物因受震动、碰撞或挤压致使所用容器(包括封口)损坏而渗漏的损失，或用液体保藏的货物因液体渗漏而造成保藏货物腐烂变质的损失；遭受盗窃的损失；由于外来原因致使提货不着的损失；符合安全运输规定而遭受雨淋所致的损失。

可以看出，公路货物运输保险相当于是铁路货物运输保险的综合险。两者在其他方面的规定都基本相似，也是采用“仓至仓”条款。只是如果收货人未及时提货，则保险责任的终止期最多延长至收货人接到到货通知单后的十五天(以邮戳日期为准)。

三、陆上货物运输保险

陆上货物运输保险(Overland Transportation Cargo Insurance)的保险标的是国内经汽车和火车运输的货物。保险标的范围也与公路运输保险一致。陆上货物运输保险根据保险责任的不同包括陆运险和陆运"一切险"两个险别。

陆运险负责赔偿被保险货物在运输途中遭受暴风、雷电、洪水、地震自然灾害,或由于运输工具遭受碰撞、倾覆、出轨,或在驳运过程中因驳运工具遭受搁浅、触礁、沉没、碰撞,或由于遭受隧道坍塌、崖崩,或失火、爆炸意外事故所造成的全部或部分损失。以及被保险人对遭受承保责任内危险的货物采取抢救、防止或减少货损的措施而支付的合理费用,但以不超过被救货物的保险金额为限。相当于铁路货物运输保险的基本险,不包括外来原因造成的货物损失。

陆运"一切险"的保险责任叙述较为概括,除包括陆运险的保险责任之外,还负责被保险货物在运输途中由于外来原因所致的全部或部分损失。

除外责任与公路货物运输保险及铁路货物运输保险也都非常相似。但不同之处在于,陆上货物运输保险的除外责任中不包括地震造成的损失,盗窃或整件提货不着的损失。当然,考虑到陆运险的保险责任采用的是列举式,而陆运"一切险"采用概括式,故这些除外责任在陆运"一切险"中才有效。

陆上货物运输保险也采用"仓至仓"条款,自被保险货物运离保险单所载明的起运地仓库或储存处所开始运输时生效,包括正常运输过程中的陆上运输和与其有关的水上驳运在内,直至货物运达目的地收货人的最后仓库或储存处所或被保险人用作分配、分派的其他储存处所为止,如未运抵上述仓库或储存处所,则以被保险货物运抵最后卸载的车站满六十天为止。

四、附加保险

上述各种陆上货物运输保险都有一些附加保险条款,对主险进行了充分的补充。

(一) 公路货物运输保险附加盗窃、抢劫保险条款

保险人对保险货物在保险期间内由于外来的有明显盗窃、抢劫、哄抢痕迹并经公安部门证明确系盗窃、抢劫、哄抢行为以及全车被他人诈骗所致的直接经济损失承担赔偿责任。需注意的是,无论是盗窃还是抢劫,必须有作案痕迹。倘若是没有作案痕迹的整件提货不着的损失,则保险公司不予赔偿。而且,应当在被保险人报案30天后未能侦破。如果是全车被骗所致保险货物的直接经济损失,则须经县级以上(含县级)公安刑侦部门立案满三个月未能侦破。除此之外,保险人不负责赔偿下列原因造成保险货物的损失:保险货物被政府有关部门征用、罚没、扣押,被保险人或驾驶员与他人

发生民事纠纷，投保人或被保险人的故意行为、违法犯罪行为。

责任起讫比“仓至仓”条款略短一些，从保险货物运离保险凭证载明的起运地时起，至运抵保险凭证载明的目的地卸离运输工具时止。若保险货物运抵目的地后收货人未及时卸货，则保险责任的终止期从抵达目的地当日零时起计算最多延长48小时。

当然，被保险人向保险人索赔时，须提供出险地公安部门出具的证明；盗窃、抢劫、哄抢事故报告，损失清单，公安部门的证明材料及被保险人所能提供的其他与确认保险事故的性质、原因、损失程度等有关的证明和资料。通常，对于被盗、被抢货物的赔偿均实行20%的绝对免赔，对于全车被骗的赔偿实行30%的绝对免赔。

（二）公路货物运输定额保险条款

公路货物运输保险通常采用定值保险，这也是绝大多数货物运输保险所采用的损失补偿方式。但是，公路货物运输定额保险条款则将定值保险改为了第一损失保险。即货物发生保险责任范围内的损失时，保险人根据道路交通事故处理办法及其他有关法律规定确定应承担的损失，然后在保险金额内对损失进行赔偿。损失低于保险金额的，按损失赔偿；损失高于保险金额的，则以保险金额为限。有关施救或保护所支付的直接合理的费用，应分别计算，并各以不超过保险金额为限。而且，在保险人赔偿后，其保险金额应当相应减少，被保险人需恢复保险金额时，应补交保险费，由保险人出具批单批注。当一次赔款金额等于保险金额时，或承运车辆发生全部损失时，保险责任终止。与采用定值保险的公路货物运输保险相比而言，公路货物运输定额保险条款省却了确定保险价值环节，而只需确定损失金额后，按损失金额和保险金额的较小者赔偿即可。

除外责任方面，除去公路货物运输保险中常用的除外责任，公路货物运输定额保险将驾驶员和承运车辆不合格的一些情况列为除外责任：驾驶员持审验不合格的驾驶证，或未经公安交通部门同意，持未检验的驾驶证驾车；承运车辆没有公安交通管理部门核发的行驶证和号牌，或未按规定检验或检验不合格。

责任起讫均采用“车上风险”条款。单程货物运输定额保险的责任起讫自签发保险单后货物装上运输工具时开始至卸离运输工具时止；如果货物未卸离运输工具，但实际运输里程超过保单载明的公里数时，自超出之时保险责任也即终止。定期货物运输定额保险的责任起讫期则自保险货物装上运输工具时起至卸离运输工具时止。

单程、定期货物运输定额保险，投保人在保险责任开始前，要求解除合同的，应当向保险人支付应交保险费金额10%的退保手续费，保险人退还保险费。定期货物运输定额保险，在未实施货物运输行为时，投保人要求解除合同的，保险人可以按短期费率标准收取自保险责任开始之日起至合同解除之日止的保险费，不足一个短期收费期限的，按相应的短期期限收费，剩余部分退还投保人。

（三）陆上运输冷藏货物保险条款

陆上运输冷藏货物保险是针对在运输过程中需要冷藏的货物而提供的保险。该保险负责赔偿被保险货物在运输途中由于下列原因造成的全部或部分损失：暴风、雷电、地震、洪水；陆上运输工具遭受碰撞、倾覆或出轨；在驳运过程中驳运工具搁浅、触礁、沉没、碰撞；隧道坍塌、崖崩、失火、爆炸。本保险还负责赔偿被保险货物在运输途中由于冷藏机器或隔温设备的损坏或者车厢内贮存冰决的溶化所造成的解冻溶化而腐败的损失，被保险人对遭受承保责任内危险的货物采取抢救、防止或减少货损的措施而支付的合理费用，但以不超过该批被救货物的保险金额为限。

除外责任则在陆上货物运输保险的基础上增加了以下内容：被保险货物在运输过程中的任何阶段，因未存放在有冷藏设备的仓库或运输工具中，或辅助运输工具没有隔温设备或没有在车厢内贮存足够的冰块所致的货物腐败；被保险货物在保险责任开始时因未保持良好状态，包括整理加工和包扎不妥，冷冻上的不合规定及骨头变质所引起的货物腐败和损失。

保险责任的起讫方面，保险责任自被保险货物运离保险单所载起运地点的冷藏仓库装入运送工具开始运输时生效，包括正常陆运和与其有关的水上驳运在内，直至该项货物到达保险单所载明的目的地收货人仓库时继续有效，但最长保险责任以被保险货物到达目的地车站后十天为限。

（四）陆上货物运输战争险条款

陆上货物运输战争险负责赔偿以下损失：直接由于战争、类似战争行为和敌对行为、武装冲突所致的损失；各种常规武器，包括地雷、炸弹所致的损失。而不赔偿由于敌对行为而使用原子或热核制造的武器所致的损失和费用，以及根据执政者、当权者或其他武装集团的扣押、拘留引起的承保运程的丧失和挫折而提出的任何索赔要求。

在责任起讫方面，陆上货物运输战争险采用的是"车上风险"条款。即只保障货物在车上时的损失。保险责任自被保险货物装上保险单所载起运地的火车时开始到卸离保险单所载目的地的火车时为止。如果被保险货物不卸离火车，保险责任最长期限以火车到达目的地的当日午夜起算满四十八小时为止。如在运输中途转车，不论货物在当地卸载与否，保险责任以火车到达该中途站的当日午夜起算满十天为止，如货物在上述期限内重新装车续运，保险恢复有效。如运送契约在保险单所载目的地以外的地点终止，该地即视为本保险目的地，仍终止责任。

第三节 国内水路及航空货物运输保险

一、水路货物运输保险

水路货物运输保险(Waterway Cargo Transportation Insurance)的保险标的是在国内江、河、湖泊和沿海经水路运输的货物。有关货物的定义和范围也与公路货物运输保险完全一致。水路货物运输保险包括基本险和综合险两个险别，在保险责任范围方面有细微差别。

基本险负责赔偿下列保险事故造成保险货物的损失和费用：火灾、爆炸、雷电、冰雹、暴风、暴雨、洪水、海啸、崖崩、突发性滑坡、泥石流；船舶发生碰撞、搁浅、触礁，桥梁、码头坍塌；由于以上两项原因所致船舶沉没失踪；在装货、卸货或转载时因意外事故造成的损失；按国家规定或一般惯例应承担的共同海损的牺牲、分摊和救助费用；在发生上述灾害事故时，因纷乱造成货物的散失以及因施救或保护货物所支付的直接合理的费用。

综合险则在基本险的基础上增加了以下内容：因受碰撞、挤压而造成货物破碎、弯曲、凹瘪、折断、开裂的损失；因包装破裂致使货物散失的损失；液体货物因受碰撞或挤压致使所用容器(包括封口)损坏而渗漏的损失，或用液体保藏的货物因液体渗漏而造成该货物腐烂变质的损失；遭受盗窃的损失；符合安全运输规定而遭受雨淋所致的损失。其与铁路货物运输的综合险基本相似，只是不包括外来原因所导致的损失。

责任免除的规定也与公路货物运输保险基本相似，只是根据运输工具的特征增加了船舶本身的损失。责任起讫采用“仓至仓”条款。倘若保险货物运抵目的地后，如果收货人未及时提货，则保险责任的终止期最多延长至保险货物卸离运输工具后的十五天。损失补偿方式仍采用定值保险。

案例 5-1

1999 年 1 月，江西某公司将 184 吨价值 100 万余元的棉浆粕向保险公司投保了水路货物运输综合保险，运输工具为“赣南昌货 0236”轮，航线注明为上海至南昌，交保险费 1 177.6 元。同年 1 月 13 日 18 时 30 分，满载货物的“赣南昌货 0236”轮航行至黄浦江 106 灯浮附近，为避免与他船碰撞，驾驶员采取倒车、右满舵等紧急避让措施，致使船舶打横，绑扎货物的绳索绷断，引起装载于舱面的 54.7 吨棉浆粕掉入江中漂失。漂失的棉浆粕价值人民币 350 080 元。事故发生后，货主向保险公司报案并递交了出险通知书，并将 54.7 吨上述货物损失按保险金额每吨 6 400 元计 350 080 元向保险公司索赔，但保险公司发出了拒赔通知书，拒绝赔偿。

保险人认为，首先被保险人没有履行告知义务。《保险法》第37条规定："在合同有效期内，保险标的危险程度增加的，被保险人按照合同约定应当及时通知保险人，保险人有权要求增加保险费或者解除合同。被保险人未履行前款规定的通知义务的，因保险标的危险程度增加而发生的保险事故，保险人不承担赔偿责任。"在这起事故中，有54.7吨的承保货物装载在舱面上。但按照保险条款，保险标的只有全部装载在船舱内，保险公司才能提供保障。而本案中被保险人将部分标的装载在舱面，使危险增加，但是并没有履行告知义务，没有通知保险人。

其次，驾驶员拨正航向并不是施救行为。保险条款中倾覆险的解释是指"运输工具在行驶或航行中，车身、船体翻倒或倾侧，失去正常状态，非经施救不能继续行驶或航行"。涉案承运船舶在航行条件正常的情况下，避让他船，虽大幅度倾斜，但驾驶员迅速拨正航向后，该船立即脱险恢复常态。由于驾驶员拨正航向的行为系驾驶船舶的连续行为，而非专门的施救，因此这起事故不属于保险责任范围。

二、水路、陆路货物运输保险

水路、陆路货物运输保险则是针对联运的货物，为采用汽车、船舶和火车作为运输工具的货物提供保障。保险责任等相关规定与公路货物运输保险大体相似，只是根据运输工具的特征进行了略微变动。水路、陆路货物运输保险分为基本险和综合险两种。

基本险的保险责任中，与水路货物运输保险基本险相比而言，增加了地震和地陷导致的损失。综合险的保险责任则与水路货物运输保险综合险完全一致。除外责任中只是明确列明，全程是公路货物运输的，不予赔偿盗窃和整件提货不着的损失。责任起讫仍采用"仓至仓"条款。

知识窗5-3　　国内货物运输保险的费率示例

一、国内货物运输保险的风险因素

1. 运输方式：分为直达运输、联运和集装箱运输等。联运是指需采取两种或两种以上运输工具才能将货物从起运地运达目的地，其基本费率是按联运中收费最高的一种运输工具来确定，并另加费。

2. 运输工具：分为陆运、水运和空运三种。其中陆运包括火车、汽车和驿运三种；水运包括沿海内河的轮船、机动船和非机动船等。

3. 货物的性质：分为一般货物、一般易损货物、易损货物和特别易损货物四类。易损程度越高，保险费率也就越高。

二、费率表示例

1. 基准费率

运输方式	直达运输					联　运
	水运		陆运		空运	
	江河	沿海	公路	铁路		
基准费率‰	1.8	1.6	2.0	1.5	1.0	以运输方式中费率最高的为基准，每转运一次提高20%

2. 风险修正系数

- 货物类型调整系数(0.2-7.0)：分为七类货物，根据货物性质进行调整，易碎、易损货物系数较高，坚固、抗碰撞、不易损的货物系数较低。
- 包装方式系数(0.7-1.3)：分为散装、裸装、一般包装和多重包装四种。
- 货场种类系数(0.9-1.1)：根据货场的运货量大小、运货能力和设备确定，分为小型、中型和大型货场。
- 运输距离调整系数(0.6-1.3)：考虑不同运输方式下的运输距离。
- 道路类型系数(0.7-1.2)：根据不同的运输方式选择相应的道路类型系数，比如航道类型、公路类型和铁路类型等。
- 船舶类型系数(0.5-4)：根据船龄和吨位数选择。
- 装载方式系数(0.7-1.3)：分为集装箱、整车、整车零担混合、零担。
- 承运人资质系数(0.7-1.3)：根据承运人的人员资格、技术水平、能力素质、信用水平等因素进行费率调整，分为三级。
- 运输路线气候因素系数(1.0-1.2)：分为正常气候，多雾、台风、冰雪季节及地区。
- 预期及经验赔付率系数(0.5-2.0)：分为40%及以下，40%～60%，60%～70%，70%～90%，90%以上。
- 规模系数(0.5-1.0)：同一投保人在一定时期内投保多笔业务时，根据投保规模大小及费用节省程度进行调整。
- 特别风险调整系数(2-10)：当有特别风险时，比如风险可能发生较大变化、有较高道德风险、中途转换高风险的运输工具、途经高风险地区等，用此系数调整。

三、航空货物运输保险

航空货物运输保险（Air Cargo Transportation Insurance）承保民航部门所托运的一切货物。关于货物的定义和范围也与公路货物运输保险等一致。航空货物运输保险不分险别，其保障范围类似于前述各保险的综合险。把水路、陆路货物运输保险的保险责任与航空货物运输保险的保险责任相比较可以发现，航空货物运输保险的保险责任不但包括自然灾害和意外事故导致的货物损失（见表 5-2），还包括一些外来原因所造成的货物损失。只是保险责任的表述上有些细微的差别，其中斜体字的地方是两者的不同之处。

表 5-2　水路、陆路货物运输保险综合险与航空货物运输保险的保险责任比较①

水路、陆路货物运输保险综合险	航空货物运输保险
由于运输工具发生碰撞、搁浅、触礁、倾覆、沉没、出轨或隧道、码头坍塌所造成的损失	由于飞机遭受碰撞、倾覆、坠落、*失踪*（在三个月以上）、在危难中发生卸载以及遭遇恶劣气候或其他危难事故发生抛弃行为所造成的损失
因火灾、爆炸、雷电、冰雹、暴风、暴雨、洪水、地震、海啸、地陷、崖崩、*滑坡*、*泥石流*所造成的损失	因遭受火灾、爆炸、雷电、冰雹、暴风暴雨、洪水、海啸、地震、地陷、崖崩所造成的损失
因受震动、碰撞、挤压而造成货物破碎、弯曲、凹瘪、折断、开裂或包装破裂致使货物散失的损失	因受震动、碰撞或压力而造成破碎、弯曲、凹瘪、折断、开裂等损伤以及由此引起包装破裂而造成的散失
液体货物因受震动、碰撞或挤压致使所用容器（包括封口）损坏而渗漏的损失，或用液体保藏的货物因液体渗漏而造成保藏货物腐烂变质的损失	凡属液体半流体或者需要用液体保藏的保险货物，在运输途中因受震动、碰撞或压力致使所装容器（包括封口）损坏发生渗漏而造成的损失，或用液体保藏的货物因液体渗漏而致保藏货物腐烂的损失
遭受盗窃或整件提货不着的损失	保险货物遭受偷盗或者提货不着的损失
符合安全运输规定而遭受雨淋所致的损失	在装货、卸货时和港内地面运输过程中*因遭受不可抗力的意外事故*及雨淋所造成保险货物的损失
在发生上述灾害事故时，*因纷乱造成货物的散失*以及因施救或保护货物所支付的直接合理的费用；*按国家规定或一般惯例应分摊的共同海损的费用*	在发生责任范围内的灾害事故时因施救或保护保险货物而支付的合理费用
在装货、卸货或转载时，因遭受不属于包装质量问题或装卸人员违反操作规程所造成的损失	

航空货物运输保险与水路、陆路货物运输保险的除外责任也基本相似。

航空货物运输保险的保险金额也可以按照货物的实际价值或实际价值加运杂费

① 表格中的斜体字代表两者的不同之处。

和保险费确定。保险责任自保险货物经承运人收讫并签发航空货运单注明保险时起，至空运目的地收货人当地的第一个仓库或储存处所时终止。但保险货物空运至目的地后，如果收货人未及时提货，则保险责任的终止期最多延长至收货人接到到货通知单以后的十五天(以邮戳日期为准)。这里的保险责任开始与国内水路、陆路货物运输保险有所不同，保险责任是从承运人收到货物并签发航空货运单时开始，而并非从保险货物运离起运地发货人的最后一个仓库或储运处所开始。

另外，在航空货物运输保险中还规定，如果飞机在飞行途中，由于被保险人无法控制的运输延迟、绕道、被迫卸货、重新装载、转载或承运人运用运输契约赋予的权限所做的任何航行上的变更或终止运输契约，致使保险货物运输到非保险单所载目的地时，在被保险人及时将获知的情况通知保险人，并在必要时加交保险费的情况下，保险可以仍然继续有效。保险责任按下述规定终止：保险货物如在非保险单所载目的地出售，保险责任至交货时为止。但不论任何情况，均以保险货物在卸载地卸离飞机后满十五天为止；如果保险货物在十五天期限内继续运往保险单所载原目的地或其他目的地时，保险责任仍按原来的规定终止。

第四节　其他货物运输保险

一、物流货物保险

物流货物保险(Logistics Cargo Insurance)的标的物是以物流方式流动的货物。其中，物流是指被保险人根据实际需要，将运输、储存、装卸、搬运、包装、流通加工、配送和信息处理等基本功能实施有机结合，使物品从供应地向接收地实体流动的过程。物流货物是指被保险人进行物流的物品。近年来，我国的物流业发展非常迅速，物流货物保险充分地保障了物流过程中的风险。

(一) 保险标的

下列物流货物在事先申报并明确保险价值后可作为特约保险标的：金银、珠宝、钻石、玉器、贵重金属；古玩、古币、古书、古画；艺术作品、邮票。这些物品的共性在于价值比较高，故需要特别约定保险价值。但下列物流货物不在保险标的范围之内：枪支弹药、爆炸物品；现钞、有价证券、票据、文件、档案、账册、图纸。

(二) 保险责任

物流货物保险根据物流货物所处的不同状态，将物流过程分为物流运输、装卸、搬运过程和物流储存、流通加工、包装过程两个环节。其中，物流运输、装卸、搬运过程与货物运输更为接近，时而运动、时而静止；而物流储存、流通加工、包装过程则更多处于静态，与企业财产保险更为相近。保险责任的界定在两个不同环节中具有细微差别，包括以下方面：

(1) 保险标的在物流运输、装卸、搬运过程中，由于下列原因造成的损失：火灾、爆炸；雷击、暴风、暴雨、洪水、暴雪、冰雹、沙尘暴、冰凌、泥石流、崖崩、突发性滑坡、火山爆发、地面突然塌陷、地震、海啸及其他人力不可抗拒的破坏力强大的自然现象；运输工具发生碰撞、出轨、倾覆、坠落、搁浅、触礁、沉没，或隧道、桥梁、码头坍塌；碰撞、挤压导致包装破裂或容器损坏；符合安全运输规定而遭受雨淋；装卸人员违反操作规程进行装卸、搬运；共同海损的牺牲、分摊和救助。这部分与货物运输保险综合险类似。

(2) 保险标的在物流储存、流通加工、包装过程中遭受的自然灾害和意外事故。其中自然灾害与上面相似(不包括地震与海啸)，意外事故是指外来的不可预料的以及被保险人无法控制并造成物质损失的突发性事件。这部分与企业财产保险综合险类似。

(3) 保险事故发生时，为抢救保险标的或防止灾害蔓延，采取必要的、合理的措施而造成保险标的的损失；保险事故发生后，被保险人为防止或减少保险标的的损失所支付的必要的、合理的施救费用；经保险人书面同意的，被保险人为查明和确定保险事故的性质、原因和保险标的的损失程度所支付的必要的、合理的费用。

(三) 除外责任

物流货物保险的责任免除也与一般的货物运输保险的综合险基本相似，但根据物流业的特点增加了下列除外责任：被保险人自有的运输、装卸、搬运工具不适合运输或装卸、搬运保险标的，或被保险人自有的仓库不具备存储或流通加工保险标的的条件；保险标的设计错误、工艺不善、本质缺陷或特性、自然渗漏、自然损耗、自然磨损、自燃或由于自身原因造成腐烂、变质、伤病、死亡等自身变化；保险标的包装不当，或保险标的包装完好而内容损坏或不符，或保险标的的标记错制、漏制、不清；发货人或收货人确定的保险标的数量、规格或内容不准确；保险标的遭受盗窃或不明原因地失踪。

保险人也不负责赔偿下列损失、费用和责任：保险期间开始前已运离起运地存储仓库或存储处所的保险标的的损失和费用；在水路运输过程中存放在舱面上的保险标的的损失和费用，但集装箱货物不在此限；储存在露天的保险标的的损失或费用；盘点时发现的损失，或其他不明原因的短量；被保险人的各种间接损失；发生在中国境外的财产或费用的损失及免赔额。从除外责任的界定可以看出，物流货物保险的确是与货物运输保险及企业财产保险相似的。

(四) 保险金额与保险期间

物流货物保险的保险价值为保险标的买卖合同价格加上按保险合同双方约定的

加成比例计算的加成部分。特约保险标的保险价值为被保险人申报并经确认的价值。保险金额应与保险价值相等。物流货物保险采取预收保费的方式，以保险期间内被保险人预计发生的保险金额为基础计收预付保险费。保险合同期满后再以被保险人申报的实际发生的保险金额作为计算实际保险费的依据多退少补。因此，被保险人在保险期间内，应按约定填写物流货物保险申报单，及时申报保险标的的物流情况。保险人根据物流货物保险申报单计算实际保险费。

物流货物保险的投保人和被保险人通常都是物流公司。物流公司的业务也是不间断的持续业务，因此保险期间也是按时间确定，通常为一年。不同批次保险标的的保险责任则自各批次保险标的运离买卖合同上注明的起运地存储仓库或存储处所开始，至该买卖合同上注明的目的地存储仓库或存储处所时终止，采用“仓至仓”条款。如果保险期间结束时，保险标的的物流过程尚未结束，则该保险标的的保险责任自动延长至保险标的到达合同注明的目的地存储仓库或存储处所时。如果收货人未及时提货，则保险责任延长至该保险标的卸离运输工具后十五天。

(五) 附加险

1. 物流货物保险附加提货不着保险条款

将物流货物保险扩展承保在物流运输过程中由于提货不着造成保险标的的损失。所谓提货不着是指在物流运输过程中物流货物不明原因地失踪。与货物运输保险类似，提货不着是只论结果不论原因，只要结果是提货不着，保险公司都予以赔偿。

2. 物流货物保险附加盗窃险条款

将物流货物保险扩展承保在物流过程中由于盗窃造成保险标的的损失。此处只保障盗窃，是指需留下作案痕迹的盗窃行为。

3. 物流货物保险附加冷藏货物保险条款

将物流货物保险扩展承保物流过程中由于冷藏机器或隔温设备损坏并连续停止工作达二十四小时以上而致保险标的解冻融化后腐烂所造成的损失。

二、油气管道运输保险

油气管道运输保险(Oil and Gas Pipeline Transportation Insurance)的保险标的是在管道内运输的油和气。管道运输作为一种不可忽视的重要的运输方式，油气管道运输保险也随之应运而生。

油气管道运输保险保障由下列原因引起保险标的的损失：火灾、爆炸、碰撞；雷电、暴风、暴雨、冰雹、洪水、崖崩、泥石流、突发性滑坡、地面突然塌陷；飞行物体及其他空中物体坠落；高温、高压、严寒致使油气管道破裂。油气管道运输保险还保障保险事故发生后，被保险人为抢救保险标的的或防止灾害蔓延，采取必要的、合理的措施而造成保险标的的损失，以及被保险人为防止或者减少保险标的的损失所支付的必要的、合理的费用。当然，这两项都是在保险标的损失赔偿金额之外按实际支出另行计算，最高以被施救财产的保险金额为限。

油气管道运输保险的责任免除则包括：被保险人的故意或重大过失行为；战争、敌对行为、军事行为、武装冲突、恐怖活动；地震、海啸；核辐射、核爆炸、核污染及其他放射性污染；烟熏，大气、土地、水污染及其他污染；国家机关的行政、执法行为；罚款或惩罚性赔偿；间接损失。也不包括下列损失和费用：运输过程中保险标的的正常短少以及其自身质量不满足运输标准造成的损失；管道建设的工程质量不符合国家有关行业标准或管道运行时的各项指标不符合运行标准造成保险标的的损失；由于第三方施工造成保险标的的损失。这里需要注意，在管道运输过程中由于泄露造成的污染是比较常见的损失，但油气管道运输保险将其作为了除外责任。

油气管道运输保险的保险价值按投保时油、气的销售价或销售价加运杂费确定。保险金额由投保人参照保险价值自行确定，并在保险合同中载明。

与其他货物运输保险的保险期间及责任起讫不同，管道运输是一个持续不断的过程，并不存在航程的说法。所以，油气管道运输保险的保险期间与其他财产保险一样，按时间来确定，通常为一年，并在保险单中明确载明。每次运输保险责任起讫则是指在保险单明细表中载明的保险输送管道区间内，自保险标的进入输送管道起，至到达目的地卸离输送管道出口终止。

油气管道运输保险还有一些附加条款。比如，扩展污染责任保险条款将扩展承保在保险期间或追溯期内，被保险人因过失造成油、气管道及其沿线的附属设备发生意外事故而发生油、气渗漏污染致使第三方遭受人身伤亡或财产损失，且在保险期间内，由该第三方或其他利害关系人首次向被保险人提出赔偿要求，依法应由被保险人承担的经济赔偿责任。其次，还包括因盗窃、抢劫行为产生的污染致使第三方遭受人身伤亡或财产损失，依法应由被保险人承担的经济赔偿责任，以及因保险事故发生而由被保险人承担的仲裁或诉讼费用及事先经保险人书面同意支付的律师费用。此处需注意的是，由于污染的发生与发现之间可能存在着实际上的延迟，故油气管道运输保险扩展污染责任保险条款在保险期间结束后设计了追溯期。只要赔偿要求是在保险期间或追溯期内首次提出的，均为有效索赔。

扩展油气盗抢保险条款则扩展承保经公安部门确认的有明显外来痕迹的盗窃、抢劫导致的油气损失。

三、邮包保险

邮包保险(Parcel Post Insurance)是专门为邮包这种特殊的货物提供的保险。根据保险责任的不同分为邮包险和邮包“一切险”两个险别。

邮包险负责赔偿被保险邮包在运输途中由于恶劣气候、雷电、海啸、地震、洪水等自然灾害，或由于运输工具搁浅、触礁、沉没、碰撞、倾覆、出轨、坠落、失踪，或由于失火、爆炸等意外事故所造成的全部或部分损失。被保险人对遭受承保责任内危险的货物采取抢救、防止或减少货损的措施而支付的合理费用，以不超过该批被救货物的保险金额为限。

邮包“一切险”不仅承担包括上述邮包险的各项责任，还负责赔偿被保险邮包在运输途中由于外来原因所致的全部或部分损失。

邮包保险的除外责任则与其他货物运输保险相似。

邮包保险的保险责任自被保险邮包离开保险单所载起运地点寄件人的处所运往邮局时开始生效，直至该项邮包运达本保险单所载目的地邮局，自邮局签发到货通知书当日午夜起满十五天终止。但是，在此期限内邮包一经递交至收件人的处所，保险责任即行终止。

特别的，邮包保险还有战争险附加条款。专门负责赔偿以下损失和费用：直接由于战争、类似战争行为和敌对行为、武装冲突或海盗行为所致的损失，以及由此而引起的捕获、拘留、扣留、禁制、扣押所造成的损失；各种常规武器，包括水雷、鱼雷、炸弹所致的损失；共同海损的牺牲、分摊和救助费用。但不予承担由于敌对行为使用原子或热核制造的武器所致的损失和费用，以及根据执政者、当权者或其他武装集团的扣押、拘留引起的承保航程的丧失和挫折而提出的任何索赔。

本章小结

- 国内货物运输保险是以在国内运输过程中的货物为保险标的，承保标的物因遭遇自然灾害或意外事故所造成的经济损失。根据运输工具的不同，我国的国内货物运输保险主要有陆路、水路和航空货物运输保险。
- 与普通财产保险相比较而言，货物运输保险具有以下特征：保险标的具有动静结合、以动为主的特征；保障范围要比普通财产保险广泛得多；责任起讫是以航程为主；采用定值保险单；涉及的利害关系人较多。
- 投保货物运输保险时，可以通过直接业务、代理业务和预约业务三种形式进行。三种方式各有特色，分别适用于不同的情况。
- 货物运输保险与承运人责任险完全不同：货物运输保险主要承保运输过程中的自然灾害或意外事故等不可抗力事件；承运人责任险只有当承运人对货物所发生的损失应依法承担责任时才赔偿。

- 货物运输保险的保险标的是在运输过程中的货物。金银等珍贵财物必须经特约后承保。不包括蔬菜、牲畜等鲜活货物。
- 无论是哪种形式的货物运输保险，保险责任与除外责任等方面的规定均非常相似。有些货物运输保险有基本险、综合险和“一切险”之分，均承保自然灾害、意外事故以及一些外来原因导致的货物损失。
- 货物运输保险中的“碰撞”有两层含义：一是指运输工具发生碰撞而导致的货物损失，二是指运输工具没有发生碰撞、但货物与货物之间或货物与运输工具之间发生碰撞而导致的货物损失。两种“碰撞”有时在不同的险别中承保。
- 货物运输保险的责任起讫通常采用“仓至仓”条款，保险责任起讫是自签发保险凭证和保险货物运离起运地发货人的最后一个仓库或储存处所时起，至保险凭证上注明的目的地收货人在当地的第一个仓库或储存处所时终止。有的在“仓至仓”条款的基础上进行了微调，有的则采用责任更短的“车上风险”条款。
- 货物运输保险一般以定值保险方式承保，保险金额由货价或货价加运杂费确定。也有附加险是基于第一损失保险的方式承保的。
- 物流货物保险根据物流货物所处的不同状态，将物流过程分为物流运输、装卸、搬运过程和物流储存、流通加工、包装过程两个环节。两个环节的风险有所不同。
- 油气管道运输保险保障管道由于自然灾害或意外事故导致的泄露。保险价值按投保时油、气的销售价或销售价加运杂费确定。每次运输保险责任起讫则是指在保险单明细表中载明的保险输送管道区间内，自保险标的进入输送管道起，至到达目的地卸离输送管道出口终止。油气管道运输保险扩展污染责任保险条款值得重视。

习题

1. 请简述货物运输保险的特点。

2. 请解释下列词语的含义：直接业务、代理业务、预约业务、盗窃、整件提货不着、仓至仓条款、车上风险条款、运离

3. 请分析货物运输保险与承运人责任保险的区别。

4. 简述仓至仓条款与车上风险条款的区别。

5. 应当如何理解货物运输保险中有关“碰撞”的含义？

6. 请简述采用第一损失保险方式的货物运输保险是如何运作的，其与定值保险的货物运输保险有何区别？

7. 根据当前的保单条款，对地震提供保障的货物运输保险有哪些？

8. 请分析货物运输保险的费率因素通常有哪些。

9. 国内水路、陆路货物运输保险的基本险和综合险在保险责任范围方面有哪些主要区别？

10. 比较国内航空货物运输保险与国内水路、陆路货物运输保险的保险责任。

11. 请分析物流货物保险中，物流运输、装卸、搬运过程和物流储存、流通加工、包装过程这两个环节的风险有何不同，其所提供的保障有何不同？

12. 油气管道运输保险与其他一般的货物运输保险之间存在着哪些不同？

第六章　海上保险

海上保险是财产保险中的一个主要部分。其历史悠久，主要包括以远洋运输为主的船舶保险和货物运输保险。英国伦敦保险协会设计的船舶保险和海洋运输货物保险的标准条款，成为各国保险的参考标准。海上保险主要保障海难和外来风险，其面临的风险种类繁多，风险导致的损失金额也比较大。并且由于海上保险涉及船舶所有人、承运人、托运人等许多利益方，因此其理赔也非常复杂。

第一节　海上保险概述

海上保险(Marine Insurance)是一个古老的综合型保险，主要承保各种海上的自然灾害和意外事故所引起的损失，它分别以船舶和货物作为保险标的，把船舶在营运过程中、货物在运输过程中可能遭遇的危险作为保障范围。海上保险保障的是海上风险，主要是指海上及航行中的风险以及偶然发生的意外事故，具体而言包括自然灾害、意外事故、外来风险、海上损失和费用。

知识窗 6-1　　上海航运保险协会

为了应对我国航运业保险发展水平较低的问题，并促进上海航运中心的发展，2017 年在上海成立了上海航运保险协会(Shanghai Institute of Marine Insurance)。该协会是由全国各大保险公司牵头成立的非营利性专业社会团体法人，其中人保、太保、中再、平安、大地等 12 家保险公司、经纪公司为主发起人，现有会员 45 家。

上海航运保险协会的宗旨是：以社会主义市场经济理论为指导，遵照国家的法律、法规和政策，遵守社会道德风尚，团结和组织从事保险业务的公司、与航运保险业相关的营业性机构、代表机构，促进和推动航运保险市场的公开、公平、公正发展；维护会员的合法权益，积极为会员服务，发挥航运保险领域会员与政府之间的桥梁作用。

主要任务有维护行业利益、增强行业呼声、促进合规经营、开展专业研究、提升有序发展、建设信息共享、推动国际交流以及加强人才培养八大职能；业务范围为开展技术培训、统计调研、编辑出版业内刊物、咨询服务、国内外信息技术交流等。上海航运保险协会的数据显示了2018年和2017年航运业保险的保费收入与赔款支出。

单位：万元	2018年				2017年		
	保费收入	保费增长率	赔款支出	赔付率	保费收入	赔款支出	赔付率
航运保险	345 066	2%	212 224	62%	338 076	204 562	61%
1. 远洋船舶险	146 002	10%	121 810	83%	132 226	116 862	88%
2. 沿海内河船舶险	14 733	0%	10 560	72%	14 758	4 348	29%
3. 船舶建造险	17 123	71%	6 796	40%	10 007	12 161	122%
4. 进口货运险	25 160	−6%	10 921	43%	26 639	12 716	48%
5. 出口货运险	21 797	−6%	11 252	52%	23 233	10 034	43%
6. 国内货运险	70 555	5%	34 045	48%	67 009	29 861	45%
7. 海事责任险	43 101	−32%	14 637	34%	63 587	18 047	28%

从统计数据中可以看出，航运业保险包括远洋船舶保险、沿海内河船舶保险、船建险、进口货运险、出口货运险、国内货运险和海事责任险。本书中，对于沿海内河船舶保险在第四章中进行了介绍，国内货运险在第五章中进行了介绍，本章主要介绍其他保险。

一、海上保险保障的风险

按照海上风险的性质，可以分为海难和外来风险两种。其中，根据英国《1906年海上保险法》附则一第7条规定，“海难”是指海上偶然发生的事故或灾难，并不包括风和浪的普通作用，因此，一般常见的可预测的海浪并不是海难。海难包括自然灾害和意外事故，外来风险包括一般外来风险和特殊外来风险。

(一) 海难

1. 自然灾害

自然灾害(Natural Calamities)是指不以人的意志为转移的自然界力量所引起

的灾害。在海上保险中，自然灾害并不泛指一切自然力量所引起的灾害，而只保障六种自然灾害，包括恶劣气候、雷电、海啸、洪水、地震以及其他人力不可抗拒的灾害。

其中，恶劣气候一般是指海上发生的飓风、大浪引起船只颠簸和倾斜造成的船舶的船体、机器设备的损坏或者因此而引起的船上所载货物相互挤压、碰撞而导致破碎、渗漏、凹瘪等损失。雷电是指由雷电所直接造成的或者由于雷电引起火灾所造成的损害。海啸主要是指由于海底地壳发生变异，有的地方下陷，有的地方升高，引起剧烈震荡而产生巨大波浪，致使保险标的遭受损害或灭失。海啸包括地震海啸和风暴海啸。地震海啸是由于海底的地壳发生变异或海底的火山喷发而引起海水剧烈的震荡产生巨浪；风暴海啸是指因海上风暴引起海面异常升起形成的巨浪，致使货物和船舶受到损害或灭失。地震则不但包括海底地壳的剧烈运动，还包括陆地上发生的地震。其他人力不可抗拒的灾害则通常包括浪击落海和海水、湖水与河水进入船舶、驳船、运输工具、集装箱或大型海运箱及储存处所等。

2. 意外事故

意外事故(Fortuitous Accidents)，是指由于偶然的非意料中的原因所造成的事故，同样的，在海上保险中，意外事故也并不包括所有的海上意外事故。海上保险保障十种意外事故，包括沉没、搁浅、触礁、碰撞、倾覆、火灾或爆炸、强盗或海盗行为、投弃、船长或船员的疏忽或恶意行为以及失踪。

其中，沉没是指船体全部或大部分已经没入水面以下，并已失去继续航行能力。若船体部分入水，但仍具航行能力，则不视作沉没。搁浅是指船舶与海底、浅滩、堤岸在事先无法预料到的意外情况下接触，并搁置一段时间，使船舶无法继续行进以完成运输任务。但规律性的潮汛涨落所造成的搁浅则不属于保险搁浅的范畴。触礁是指载货船舶触及水中岩礁或其他阻碍物(包括沉船)。区分触礁与搁浅的标准是，如果船舶解除水中障碍物以后，船舶仍能继续移动，则被认为是触礁。但是如果船舶解除障碍物之后，船舶不能往前移动，则被认为是搁浅。碰撞是指船舶与船或其他固定的、移动的固定物的猛力接触。如船舶与冰山、桥梁、码头、灯标等相撞等。倾覆是指船舶在航行中遭受自然灾害或意外事故，导致船身翻倒或倾斜，处于非正常的、非经施救或救助就不能继续航行的状态。随着船体的倾覆，船上的货物可能混杂、相互碰撞，或掉落水中造成损失。

火灾是指船舶本身、船上设备以及载运的货物失火燃烧。爆炸是指船上锅炉或其他机器设备发生爆炸和船上货物因气候条件(如温度)影响产生化学反应引起的爆炸。强盗或海盗行为是指船外人员以暴力窃夺或海盗抢劫所致的损失，不包括暗中偷窃行为，也不包括船上人员或旅客的偷窃。投弃是指在紧急情况之下，为保全船货的共同安全而人为地将船上部分货物或船舶设备抛弃。船长或船员的疏忽或恶意行为是指船长或船员背着船东或货主故意损害船东或货主利益的一种非法行为，船长或船员的不法行为也是海上货物运输过程中较为常见的一项风险。船长或船员的恶意行为主要表现在：故意弃船、纵火烧船或凿沉船舶；故意违反航行规则，导致船舶遭受处罚；与敌对方交易、走私或冲越封锁线，以致船货被扣押或没收；欺诈出售或私自抵押船舶和货物等。失踪是指船舶在航行中由于非战争原因失去联络，音讯全无，并且超过了一定期限后，仍无下落和消息，即被认为是失踪。

（二）外来风险

海上保险还保障一些海上风险以外的其他外来原因所造成的外来风险（Extraneous Risks）。这些外来原因必须是意外的、非预期的。外来风险又可分为“一般外来风险”和“特殊外来风险”两类。

1. 一般外来风险

一般外来风险（General Extraneous Risks）主要是针对海上运输货物的风险。包括偷窃、破碎、淡水雨淋、受潮、受热、串味、玷污、渗漏、钩损和锈损等。海上运输货物保险业务中所能承保的一般外来风险有以下几种：

偷窃（Theft）是指整件货物或包装货物的一部分被人暗中窃取造成的损失。偷窃不包括公开的劫夺。提不到货（Non-Delivery）是指货物在运输途中由于不明原因被遗失，造成货物未能抵达目的地，或运抵目的地时发现整件短少，没能交付给收货人的损失。淡水雨淋（Fresh Water and Rain Damage）是指由于淡水、雨水以及冰雪融化的水，造成货物的水渍损失。短量（Short Delivery）是指货物在运输途中或货物到达目的地时，发生的包装内货物数量短少或散装货物重量短缺。渗漏（Leakage）是指盛在容器中的流质或半流质货物，在运输途中由于外来原因造成容器损坏而引起的渗漏损失，或用液体浸泡的货物，如酱菜等，因液体渗漏而引起货物变质、霉烂等损失。破碎（Breakage）是指易碎物品在运输途中因搬运、装卸不慎，以及受到震动、颠簸、碰撞、压迫而造成货物本身破碎或破裂。受潮、受热（Sweating and Heating）是指由于气温变化或船上通风设备失灵而使船舱内水汽凝结，造成舱内货物受潮、发热而致霉烂等损失。串味（Taint of Odor）是指货物受其他带异味的物质影响失去原味，丧失了其原有的用途和价值。例如，茶叶和樟脑丸放在一起，发生串味，使茶叶失去饮用价值。玷污（Contamination）是指货物同其他物质接触而受污染，例如布匹、纸张、食物、服装等被油类或带色的物质污染而造成损失。钩损（Hook Damage）是指袋装、捆装的货物，在装卸、搬运过程中因使用手钩、吊钩操作不当而致货物的损失。生锈（Rust）是指金属或金属制品的一种氧化过程。海运货物在装载时无生锈现象，但经过海上运输，货物生锈了，造成损失。碰损（Clash）是指金属或金属制品货物在运输途中因受震动、颠簸、碰撞、压迫而造成凹瘪、变形的损失。

2. 特殊外来风险

特殊外来风险(Special Extraneous Risks)是指除一般外来风险以外的其他外来原因导致的风险。特殊外来风险往往是由于战争、罢工、拒绝交付货物等政治、军事、国家禁令及管制措施所导致的风险。这类风险不仅针对运输中的货物,也针对船舶。

战争风险(War Risks)是指由于战争行为、敌对行为以及由此引起的抓捕、拘留、禁止及各种战争武器所引起的货物损失。罢工风险(Strikes Risks)是指由于罢工者、被迫停工工人或参加工潮、暴动、民众斗争的人员的行为所造成的货物损失。拒收风险(Rejection Risks)是指由于在进口港被进口国的政府或有关当局拒绝进口或没收货物所造成损失的可能性。

二、海上保险保障的损失

(一) 海上损失

海上损失是指船舶和货物在海上运输中由于海上灾害事故等造成的损害与灭失,凡是与海上运输有关联的海陆连接的运输过程中发生的损害与灭失,都属于海上损失的范畴。在海上保险实务中,保险财产的损失通常包括全部损失和部分损失。当然,全部损失包括实际全损、推定全损、协议全损和可划分部分的全损。部分损失则包括单独海损和共同海损。

(二) 相关费用

海上保险承保的费用损失主要有施救费用、救助费用、特别费用和额外费用。施救费用是指被保险人或其代理人、受雇人或受让人在保险标的遭受任何保险事故时,负有采取一切合理措施避免或减轻损失到最低限度的责任,从而进行各种施救工作并支出费用。救助费用是指船舶或货物遭遇海上危险事故时,对于自愿救助的第三者的救助行为使船舶或货物有效地避免或减少损失所支付的酬金。额外费用是指为了证明损失索赔的成立而支付的费用,如检验费用、查勘费用、海损理算费等。特别费用是指运输工具在海上遭遇海难后,在中途港或避难港卸货、存包、重装及续运货物所产生的费用。

知识窗 6-2　　海上保险的发展历程

海上保险经历了长时间的发展,内容不断丰富,标的范围也不断扩大。

第一阶段:保险标的限于船舶、货物和运费。

第二阶段:保险标的扩展到凡是与航海有关的财产、利益或责任。在范围上包括了与航海有关的内河或陆上的损失,保险标的的种类则增加了建造中的船舶等。

第三阶段：保险标的范围不断扩大。我国《海商法》规定，下列各项可以作为保险标的：船舶；货物；船舶营运收入，包括运费、租金、旅客票款；货物与其利润；船员工资和其他报酬；对第三人的责任；由于发生保险事故可能受到损失的其他财产和产生的责任、费用。其中，所谓船舶是指船和其他海上移动式装置，但是用于军事的、政府公务的船舶和20总吨以下的小型船艇除外。

三、海上保险的保险期限

海上保险的保险期限有多种确定的方法，包括定期保险、航程保险和混合保险三种。

1. 定期保险

定期保险（Term Insurance）是以保险单上载明的日期作为保险责任起讫期的保险，期限最长为一年。保险期限届满时，如果被保险船舶尚在航行途中或处于危险中或在避难港或中途港停靠，经被保险人事先通知保险人并按日比例加缴保险费后，保险责任可继续到船舶抵达目的港为止。保险船舶在延长时间内发生全损，需加缴六个月保险费。

2. 航程保险

航程保险（Voyage Insurance）是指以船舶自起运港到目的港为保险责任起讫期的保险。其责任期限以保险单上载明的航程为准，可以是一次航程、往返航程或多次航程。航程的起止时间按下列规定办理：

- 不载货船舶：自起运港解缆或起锚时开始至目的港抛锚或系缆完毕时终止。
- 载货船舶：自起运港装货时开始至目的港卸货完毕时终止。但自船舶抵达目的港当日午夜零点起最多不得超过30天。

3. 混合保险

混合保险（Mixed Insurance）是既保航程又保航期的保险，其承保的是一定时间内特定航行过程中的风险。因此，混合保险以航程为主，同时为了避免航程中拖延时间过长，又具体规定了期限，两者以先发生者为准。

四、海上保险的承保方式

海上保险的承保方式包括逐笔保险、流动保险、总括保险和预约保险四种。

逐笔保险是由保险人与投保人双方一笔笔地商定承保项目和承保条件的保险，比较适用于船舶保险以及货物批量较为零星、收货人较为分散的进出口货物运输保险，在海上保险业务中广为采用。

流动保险是一种预约的定期保险，即保险人对投保人在约定期限内所运输的一定量的保险货物实行总承保的保险。在这种承保方式下，保险双方签订的保险合同需载明运输货物的名称、承保险别、航行区域以及保险总金额，并对每条运输船舶每次事故的货物损失确定一个限额。被保险人在签约时应对保险期限内所要运输货物的总价值做出估计，以此作为确定保险金额的依据，然后按照平均费率先预付一笔保险费。在合同有效期内，被保险人每发运一批货物，即通知保险人自动承保。保险费待合同期满后再进行结算，按照分批发运货物的实际情况，对预付的保险费进行多退少补。

总括保险与流动保险基本相似，保险双方事先约定一个保险期限，在合同上载明保险货物名称、承保险别、航行区域以及保险总金额，保险人对投保人在合同有效期内发运的每批货物同样全部承保。其适用于在一定期限内分批发运、航程短、每批发运的货物基本相同且价值低的进出口货物。总括保险与流动保险相比较而言，两者的相同点在于，都是保险双方事先约定一个保险期限，在合同上载明保险货物名称、承保险别、航行区域以及保险总金额，保险人对投保人在合同有效期内发运的每批货物同样全部承保。但两者的区别则在于保险责任和保费的结算不同。

预约保险又称为开口保险，是海上保险中一种重要的承保方式，在实际业务中被广泛采用。其适用于货物批量较多、期限较长而需要在一定时期内分批发运的进出口货物，尤其是以 FOB（离岸价格）和 CFR（成本加运费价格）贸易术语成交的进口货物。预约保险中，如果被保险人延迟填写起运通知书，甚至因为疏忽遗漏而未填写，保险人也会允许被保险人补办，即使补办时发运的货物已经受损，保险人仍然承担赔偿责任。只不过采用不定值保险的方式，以损失发生地当时的市场价值作为确定其保险价值的依据来计算赔款。当保险人事后发现被保险人没有通知，即使发现时发运的货物已经平安抵达目的地，仍会要求被保险人如数缴付保险费。定期预约保险的保险期限通常为一年至两年。也有不定期预约保险，则是长期适用。只有当签约的保险双方中一方事先通知另一方，才能终止预约保险合同，但是必须在合同终止前 30 天之内通知对方。

第二节　远洋船舶保险

远洋船舶保险（Hull Insurance）是以各种类型的船舶作为保险标的，承保船舶在海上航行或停泊期间发生各种保险事故所造成的全部或部分损失以及可能引起的责任赔偿。远洋船舶保险采用定期保险单或航程保险单，其特点是保险责任仅以水上为限。这里我们介绍我国在1972年制订并经多次修改的远洋船舶保险条款，即中国远洋船舶保险条款2009版。

一、保险责任

远洋船舶保险的保险标的是船舶，包括其船壳、救生艇、机器、设备、仪器、索具、燃料和物料。远洋船舶保险条款的险别分为全损险和"一切险"，另外还有船舶战争险和罢工险等多个附加保险。

（一）全损险保险责任

全损险承保由于下列原因所造成的被保险船舶的全部损失：地震、火山爆发、雷电等自然灾害；搁浅、碰撞、触碰任何固定或浮动物体或其他物体或其他海上灾害；火灾或爆炸；来自船外的暴力盗窃或海盗行为；抛弃货物；核装置或反应堆发生的故障或意外事故。这些核装置或反应堆是指船舶航行所使用的核动力，并非用于军事目的。除此之外，还包括下列原因所致的损失：装卸或移动货物或燃料时发生的意外事故；船舶机件或船壳的潜在缺陷；船长、船员有意损害被保险人利益的行为；船长、船员和引水员、修船人员及租船人的疏忽行为；任何政府当局，为防止或减轻因承保风险造成保险船舶损坏引起的污染，所采取的行动。但这些损失应不是由于被保险人、船东或管理人未克尽职守所致的。这一条款称为疏忽条款，又称为印区玛瑞（Inchmaree）条款，即由于不可预料的疏忽或过失所造成的损失，不属于海难的范畴。

（二）"一切险"保险责任

船舶"一切险"除承保全损险责任范围内的风险所造成被保险船舶的全部损失以外，还负责因这些风险造成的船舶的部分损失，以及碰撞责任、共同海损分摊、救助费用和施救费用。

（1）全部损失。包括被保险船舶由于遭受保险事故而造成的实际全损和推定全损。

（2）部分损失。保险人在保险金额的限度内负责赔偿船舶的部分损失，如果在保险期限内发生多次部分损失，只要每次损失金额不超过保险金额，保险人仍予以赔偿。

（3）碰撞责任。指被保险船舶由于航行疏忽或过失造成与其他船舶碰撞或触碰任何固定的、浮动的物体或其他物体而引起的在法律上应负的赔偿责任。但保险人对碰撞所引起的人身伤亡、疾病、保险船舶所载的货物或财物或其所承诺的责任、清除障碍物、任何财产或物体的污染或玷污、延迟损失或丧失使用的间接费用等不负责赔偿。当保险船舶与其他船舶碰撞、双方均有过失时，除一方或双方船东责任受法律限制外，碰撞责任的赔偿应按交叉责任的原则计算。当保险船舶碰撞物体时，亦适用此原则。我国船舶保险碰撞责任的赔偿以被保险船舶的保险金额为限。按照国际惯例，被保险船舶与同一船队的其他船舶发生碰撞事故须承担责任时，也应视为第三方船舶，由保险人予以负责。在我国条款中，保险人对碰撞责任承担四分之四的责任，负责全部赔偿金额，但以保险金额为限。

(4) 共同海损和救助费用。保险人负责赔偿被保险船舶的共同海损、救助费用的分摊部分。而且，如果保险船舶发生共同海损牺牲，被保险人可获得对这种损失的全部赔偿，而无须先行使向其他各方索取分摊额的权利。在进行共同海损的理算时，一般应该按照有关合同规定或适用的法律或惯例理算，如运输合同无相关规定，则应按《北京理算规则》或其他类似规则办理。当所有分摊方均为被保险人或当保险船舶空载航行并无其他分摊利益方时，共损理算应按《北京理算规则》或明文同意的类似规则办理，如同各分摊方不属同一人一样办理。该航程应自起运港或起运地至保险船舶抵达除避难港或加油港外的第一个港口为止，若在中途港放弃原定航次，则该航次即行终止。

(5) 施救费用。我国船舶“一切险”条款规定，当承保风险造成船舶损失或船舶处于危险中，被保险人为防止或减少损失而采取的各种措施所产生的合理费用，保险人予以赔偿。保险人对施救费用赔偿不受船舶本身损失、碰撞责任、共同海损分摊和救助费用等赔偿金额的限制，但不得超过船舶的保险金额。

(6) 其他费用。包括由于船舶碰撞事故或第三者过失造成被保险船舶受损，被保险人或保险人为此而进行合理诉讼或抗辩所引起的法律诉讼等各种费用，以及为确定保险责任范围的损失而进行检验、查勘等的合理费用，均由保险人负责赔偿。

例题 6-1

计算碰撞责任时主要有两种计算方式，两种方式在本质上没有区别。

1. 单一责任的计算方法

如甲、乙两船相撞，各自承担50%的责任，甲船损失 30 万元，乙船损失 15 万元。

则乙船应赔付甲船 15 万元，甲船应给付乙船 7.5 万元，两者相抵，由乙船赔付甲船 7.5 万元。实际上，甲、乙两船共承担损失 22.5 万元，通常船东之间对船舶的碰撞责任是采用单一责任的计算方法。

2. 交叉责任的计算方法

如甲、乙两船相撞，双方都投保了船舶“一切险”。甲船承担 60%的过失责任，乙船承担 40%的过失责任，甲船受损失 2 万元，乙船损失 1 万元。

则按照承担责任比例，甲船应赔给乙船 6 000 元，乙船应赔给甲船 8 000 元。

两船保险人的赔偿情况如下：

甲船保险人承担：甲船船损2万元，甲船应承担的碰撞责任6 000元，共计2.6万元，从中扣除乙船赔付给甲船的船损8 000元，甲船保险人实际的赔偿责任是1.8万元。

乙船保险人承担：乙船的船损1万元，乙船应承担的碰撞责任8 000元，共计1.8万元，从中扣除甲船赔付给乙船的船损6 000元，乙船保险人实际的赔偿责任是1.2万元。

保险赔偿计算时通常采用交叉责任计算方法。

二、除外责任

全损险和“一切险”的除外责任包括：

(1) 被保险船舶不适航。我国船舶保险条款规定，不适航包括人员配备不当、装备或装载不妥，但以被保险人在船舶开航时知道或应该知道这种不适航为限。

(2) 被保险人及其代表的疏忽或故意行为。船舶保险的被保险人一般是指船东或经营船舶航运的船公司，包括对船舶实际上有调度和使用权的法人代表。船东的代表主要是指行使船东权利管理船舶以及有权调度船舶的部门。

(3) 被保险人克尽职守应予发现的正常磨损、锈蚀、腐烂及保养不周或材料缺陷，包括不良状态部件的更换和修理。

(4) 战争险、罢工险的保险责任和除外责任。如战争、内战、革命、叛乱或由此引起的内乱或敌对行为；捕获、扣押、扣留、羁押、没收或封锁；各种战争武器，包括水雷、鱼雷、炸弹、原子弹、氢弹或核武器；罢工、被迫停工或其他类似事件；民变、暴动或其他类似事件；任何人怀有政治动机的恶意行为。

(5) 保险船舶被征用或被征购。

而且，除非事先征得保险人的同意并接受修改后的承保条件和所需加付的保费，否则，保险公司对下列情况所造成的损失和责任均不负责：保险船舶从事拖带或救助服务；保险船舶与他船(非港口或沿海使用的小船)在海上直接装卸货物，包括驶近、靠拢和离开；保险船舶为拆船或为拆船出售的目的的航行。

三、赔偿处理

保险事故发生时，只有对于保险标的具有保险利益的被保险人才能向保险人请求赔偿保险金。

处理全部损失时，需注意下列情况：保险船舶发生完全毁损或者严重损坏不能恢复原状，或者被保险人不可避免地丧失该船舶，可作为实际全损，按保险金额赔偿。保险船舶在预计到达目的港日期、超过两个月尚未得到它的行踪消息时，也视为实际全损，按保险金额赔偿。当保险船舶实际全损似已不能避免，或者恢复、修理、救助的费用或者这些费用的总和超过保险价值时，在向保险人发出委付通知后，也可视为推定全损，不论保险人是否接受委付，均按保险金额赔偿。如保险人接受了委付，保险标的则归保险人所有。

处理部分损失时，则需注意下列情况：保险项下海损的有关索赔是以新换旧时，均不扣减折扣。保险人对船底的除锈或喷漆的索赔均不予负责，除非与海损修理直接有关。船东为使船舶适航做必要的修理或通常进入干船坞时，保险船舶也需就所承保的损坏进坞修理，进出船坞和船坞的使用时间费用应平均分摊。如船舶仅为保险所承保的损坏必须进坞修理时，被保险人于船舶在坞期间进行检验或其他修理工作，只要被保险人的修理工作不曾延长保险船舶在坞时间或增加任何其他船坞的使用费用，保险人不得扣减其应支付的船坞使用费用。被保险人为获取和提供资料和文件所花费的时间和劳务，以及被保险人委派或以其名义行事的任何经理、代理人、管理或代理公司等的佣金或费用，除非经保险人同意，否则保险公司均不给予补偿。凡保险金额低于约定价值或低于共同海损或救助费用的分摊金额时，保险人对本保险承保损失和费用的赔偿，按保险金额在约定价值或分摊金额中所占的比例计算。

保险船舶虽然为同一船东所有，或由同一管理机构经营的船舶之间发生碰撞或接受救助，应视为第三方船舶予以负责。

四、附加险

在我国，远洋船舶保险有许多附加保险，例如船舶战争、罢工险等。一般而言，只有在投保船舶保险全损险或“一切险”后才能向保险人投保。但在国际保险市场上，船舶可以单独投保战争、罢工险。

（一）保险责任

该条款规定承保由于下列原因造成被保险船舶的损失、碰撞责任、共同海损和救助或施救费用：战争、内战、革命、叛乱或由此引起的内战或敌对行为，由于这种原因直接造成船舶的全部损失或部分损失，保险人都负责赔偿；捕获、扣押、扣留、羁押、没收或封锁；各种战争武器，包括水雷、鱼雷、炸弹；罢工、被迫停工或其他类似事件；民变、暴动或其他类似事件；任何怀有政治动机的恶意行为。

（二）除外责任

该条款对于下列原因引起的被保险船舶的损失、责任或费用不予负责：原子弹、氢弹或其他核武器的爆炸；由于被保险船舶的船籍国或登记国的政府或地方当局所采取的或命令的捕获、扣押、扣留、羁押或没收；被征用或被征购；联合国安理会常任理事国之间爆发的战争（不论宣战与否）。

(三) 责任终止

通常分为以下两种情况:

(1) 保险人有权在任何时候向被保险人发出注销战争险的通知,在发出通知后7天期满时,保险责任即告终止。

(2) 不论保险人是否已经发出注销通知,保险责任由于下列情况发生而即告终止:任何氢弹、原子弹或核武器的敌对性爆炸发生;联合国安理会常任理事国之间爆发战争(不论宣战与否);船舶被征用或出售。

五、伦敦协会船舶保险条款

1983年英国伦敦保险协会修改了船舶保险条款,并于同年10月正式启用了"伦敦协会船舶保险新条款"。伦敦协会这一新的船舶保险条款采用了列明风险而不是用"一切险"减除外责任的做法,使保险人的承保责任更为明确。鉴于海上法律的变化和船舶营运及管理上的变化,经修订的"伦敦协会船舶定期保险条款"于1995年11月1日在伦敦保险市场上使用,但没有同时废除1983年条款。下面我们介绍1995年"伦敦协会船舶定期保险条款"中的一些主要条款。

(一) 航行条款

主要内容是:被保险船舶被允许在有或没有引航员的情况下开航或航行,进行试航,或者救助或拖带海上遇难船舶,但不得被他船拖带,除非是习惯性的或需要协助拖至第一个安全港口或地点,也不得根据被保险人、船东、船舶管理人和承租人事先安排的合同从事拖带或救助服务。但不排除与装卸有关的习惯拖带。对被保险船舶因在海上与别的大吨位船舶或大型驳船进行驳装或驳卸而发生碰撞,保险人不承担赔偿责任,除非被保险人事先已征得保险人的同意并接受修改后的承保条件和加付保险费。被保险船舶不得作以拆船出售为意图的航行。使用直升机向保险船舶运送和从保险船舶上运出人员、供应品或设备,不妨害本保险。本保险不因被保险人签订的限制或免除引航员、拖船和其所有人的责任的引航或通常拖带合同而受到妨害。

(二) 3/4 碰撞责任条款

保险人对被保险人的下列各项的损害赔偿责任而应支付给第三者金额的四分之三承担赔偿责任:任何其他船舶或船上财产的损失或损害;任何其他船舶或船上财产的延迟或丧失使用;任何其他船舶或船上财产的共同海损、救助报酬。该条款还规定,如果保险船舶与另一船舶碰撞,且双方互有过失,除非一方或双方的责任受法律限制,在赔偿时应按交叉责任的原则计算赔偿金额。

对于下列情况,保险人不承担赔偿责任:

(1) 障碍物、残骸、货物或任何其他物体的清除或处置。

(2) 任何不动产或动产或任何其他物件,但其他船舶或其船上财产除外。

(3) 保险船舶上的货物或其他财产,或保险船舶的债务。

(4) 死亡、人身伤害或疾病。

(5) 任何不动产或动产或其他物件(与保险船舶碰撞的其他船舶或其船上财产除外)的污染或玷污。

(三) 姐妹船条款

如果保险船舶与全部或部分属于同一所有人所有或在同一人管理下的另一船舶碰撞,或接受该船的救助服务,被保险人所享有的权利,与另一船属于第三者时的情况完全一样。但在这种情况下,有关碰撞责任及救助费用数额的确定,应提交给由保险人和被保险人双方同意的一个独立仲裁员进行仲裁。

(四) 共同海损和救助条款

该条款的主要规定如下:在不足额保险情况下,被保险船舶分摊的救助费用或共同海损应按比例扣减。但对于保险船舶的共同海损牺牲,被保险人有权取得所有损失的保险赔偿,而不必先行使向第三方要求分摊的权利。共同海损的理算应按照航程终止地的法律和惯例办理,如同运输合同中没有这方面的特别规定。但如果运输合同规定按照《约克·安特卫规则》理算,则应按此规则办理。如果船舶空载航行又未出租时,船舶保险人仍按照共同海损赔付船东一部分损失。如果损失不是为避免承保危险而发生的,或不是与避免承保危险有关的,保险人不承担保险责任。保险人对因防止环境损害而增加的救助报酬予以负责,但对特别补偿和防污费用不予负责。

(五) 被保险人义务(施救费用)条款

当被保险船舶因遭遇保险风险而受损或处于危险之中时,被保险人及其雇员和代理人有义务采用合理措施,避免或减轻应由保险人负责赔偿的损失,保险人对因此而产生的合理费用负责赔偿,但以船舶保险金额为限。该项施救费用不适用于共同海损、救助费用和与碰撞有关的法律诉讼费用。如果船舶的保险金额低于完好价值,保险人对施救费用的赔偿按比例扣减。不管是被保险人还是保险人采取施救措施,都不能被认为是对委付的放弃或接受。

(六) 免赔额条款

除了船舶全损和由同一事故造成的全损索赔以外的施救费用,以及船舶搁浅后为检验船底而产生的合理费用以外,当被保险船舶发生碰撞责任、共同海损、救助费用、单独海损产生的部分损失及在遭遇部分损失时采取抢救措施而引起的施救费用,保险人在计算赔款时都要扣除免赔额。对于在两个连续港口之间的单一海上航程中,由于恶劣气候所造成的损失索赔,应视为一次事故造成的。除了从第三方所得到的赔偿所包括的利息外,对于适用上述免赔额的保险索赔从第三方得到的赔偿,应全部给予保险人，但以未因从第三方得到的赔偿而减少的保险索赔的累计总额超过上述免赔的金额为限。从第三方所得到的赔偿如果包含利息，应考虑保险人已经付出的保险赔偿的金额和赔偿日期，在被保险人和保险人之间分享，尽管加上利息后，保险人可能获得的款项超过其支付的保险赔偿的金额。

第三节 海洋运输货物保险

海洋运输货物保险(Ocean Marine Cargo Insurance)是指保险人对于货物在运输途中因海上自然灾害、意外事故或外来原因而导致的损失承担赔偿责任的一种保险。各国保险组织或保险公司将其承保的风险按范围的不同划分成不同的险别，并以条款的形式分别予以明确。投保人在办理投保时，只需申明投保险别的名称即可。在我国对外贸易中，进出口货物运输保险一般采用中国保险条款，但在出口中应外国商人的要求，也可采用国际通用的伦敦保险协会货物条款(简称“协会货物条款”)或对方国家的条款。因此，下面介绍中国人民保险公司海洋货物运输保险(1999 年版)以及英国伦敦保险协会货物条款(1982 年版)的主要内容。

我国海洋运输货物保险的险种分为基本险、附加险和专门险三类。

一、基本险保险责任

我国海洋运输货物保险基本险又称为主险，分为平安险、水渍险和“一切险”三种。这三种基本险的责任范围分别如下：

(一) 平安险

平安险(Free from Particular Average，FPA)仅对全部损失和共同海损负赔偿责任，保险人对某些原因造成的部分损失也负责赔偿。其责任范围是：

(1) 被保险货物在运输途中由于恶劣气候、雷电、海啸、地震、洪水等自然灾害造成整批货物的全部损失或推定全损。

(2) 由于运输工具遭受搁浅、触礁、沉没、互撞、与流冰或其他物体碰撞以及失火、爆炸等意外事故造成货物的全部或部分损失。

(3) 在运输工具已经发生搁浅、触礁、沉没、焚毁等意外事故的情况下，货物在此前后又在海上遭受恶劣气候、雷电、海啸等自然灾害所造成的部分损失。

(4) 在装卸或转运时由于一件或数件整件货物落海造成的全部或部分损失。

(5) 被保险人对遭受承保责任内危险的货物采取抢救、防止或减少货损的措施而支付的合理费用，但以不超过该批被救货物的保险金额为限。

(6) 运输工具遭遇海难后，在避难港由于卸货所引起的损失以及在中途港、避难港由于卸货、存仓以及运送货物所产生的特别费用。

(7) 共同海损的牺牲、分摊和救助费用。

(8) 运输契约订有“船舶互撞责任”条款，根据该条款规定应由货方偿还船方的损失。

实际上，平安险仅对由于自然灾害所造成的单独海损不赔，而对由于意外事故所造成的单独海损还是要负责的。不仅如此，如果在运输途中运输工具发生过搁浅、触礁等意外事故，则不论在事故发生之前还是之后，由于自然灾害所造成的单独海损，保险人都要承担责任。由于平安险的承保责任范围不大，一般是用于大宗、低值、粗糙的无包装货物，如废钢铁、木材、矿砂等。

(二) 水渍险

水渍险(With Particular Average)的保险责任是在平安险的基础上进行了拓展。其承保责任范围是：

(1) 平安险所承保的全部责任。

(2) 被保险货物在运输途中，由于恶劣气候、雷电、海啸、地震、洪水等自然灾害所造成的部分损失。

水渍险的保险责任实际上包括了由于海上风险所造成的全部损失和部分损失，并不是只对货物遭受海水水渍的损失负责，也不是仅对单独海损负责。水渍险虽然对单独海损负责，但对锈损、碰损、破碎等外来原因所造成的损失不负责，因此一些不易损坏或虽易生锈但不影响使用的货物或旧货物以及散装的原料等常投保这个险别。

(三) “一切险”

“一切险”的保险责任除包括平安险和水渍险的所有责任之外，还包括被保险货物在运输途中由于外来原因所造成的全部损失或部分损失。“一切险”责任中所指的外来原因并非运输途中的一切外来风险，而是以11种一般附加险中的风险为限，即偷窃提货不着险、淡水雨淋险、短量险、混杂玷污险、渗漏险、碰撞破碎险等。

由于“一切险”的保险责任范围最大，提供的保险保障比较充分，各类货物都能适用，特别是粮油食品、纺织纤维类商品和精密仪器仪表等都应投保“一切险”。

二、基本险除外责任

在我国海洋运输货物保险除外责任条款中所列明的各项致损原因，一般是非意外的、非偶然的或比较特殊的风险。我国《海洋运输货物保险条款》对除外责任的规定包括以下五项：被保险人的故意行为或过失所造成的损失；属于发货人责任所引起的损失；在保险责任开始前，被保险货物已存在的品质不良或数量短差所造成的损失；被保险货物的自然损耗、本质缺陷、特性以及市价跌落、运输延迟所引起的损失或费用；海洋运输货物战争险和罢工险条款规定的责任范围和除外责任。

例题 6-2

有 2 000 袋玉米出口，净重 104 000 千克，每袋为 52 千克。货主向保险人投保了海洋运输货物“一切险”，保险金额 130 000 元。在运输途中因发生保险事故，200 袋玉米跌入海中，被海浪卷走；350 袋发生破损，短缺 1 656 千克。按保险单上规定，货物运输发生短量时的绝对免赔率为 0.5%。

则短量的 350 袋的免赔重量为 350×52×0.5%＝91(千克)

赔偿重量为 1 656－91＝1 565(千克)

跌入海中的 200 袋玉米的赔偿重量为：200×52＝10 400(千克)

货物损失的赔偿总重量为：1 565＋10 400＝11 965(千克)

赔款金额为：130 000×11 965/104 000＝14 956.25(元)

三、基本险保险期限

我国海洋运输货物保险基本险的保险期限均采用“仓至仓”条款。保险人的责任自被保险货物运离保险单所载明的起运地仓库或储存处所开始运输时生效，包括正常运输过程中的海上、陆上、内河和驳船运输在内，直至该项货物到达保险单所载明目的地收货人的最后仓库或储存处所或被保险人用作分配、分派或非正常运输的其他储存处所为止。如未抵达上述仓库或储存处所，则以被保险货物在最后卸载港全部卸离海轮后满六十天为止。如在上述六十天内被保险货物需转运到非保险单所载明的目的地时，则以该项货物开始转运时终止。

由于被保险人无法控制的运输延迟、绕道、被迫卸货、重新装载、转载或承运人运用运输契约赋予的权限所做的任何航海上的变更或终止运输契约，致使被保险货物运到非保险单所载明目的地时，在被保险人及时将获知的情况通知保险人，并在必要时加交保险费的情况下，保险人仍承担保险责任。保险责任按下列规定终止：

(1) 被保险货物如在非保险单所载明的目的地出售，保险责任至交货时为止，但不论任何情况，均以被保险货物在卸载港全部卸离海轮后满六十天为止。

(2) 被保险货物如在上述六十天期限内继续运往保险单所载原目的地或其他目的地时，保险责任仍按上述规定终止。

四、附加险

附加险不能单独投保，只能在投保了基本险中的一种之后才能加保。海洋运输货物保险的附加险可以分为一般附加险、特别附加险和特殊附加险三类。

(一) 一般附加险

一般附加险又称为普通附加险，承保一般外来原因所造成的货物损失。我国的条款中承保的一般附加险有 11 种：

(1) 偷窃、提货不着险(Theft，Pilferage and Non-Delivery Clause，TPND)。在保险有效期内，被保险货物被偷走或窃走，以及货物运抵目的地以后，整件未被收货人提取所造成的损失，由保险人予以赔偿。

(2) 淡水雨淋险(Freshwater and Rain Damage Clause)。被保险货物在运输途中，由于淡水、雨淋以及冰雪融化所造成的损失，保险人都负责赔偿。

(3) 短量险(Shortage Clause)。负责保险货物数量短少和重量损失。对于有包装的货物的短少，必须看外包装是否发生异常的情况，如破裂、扯缝等。

(4) 混杂、玷污险(Intermixture and Contamination Clause)。保险货物在运输途中，混进了杂质造成损失。例如，矿砂、矿石等因混进了泥土、草屑等而影响其质量。此外，保险货物因为和其他物质接触而被玷污。例如，布匹、纸张、食物等被油类或带色的物质玷污而引起的经济损失。以上的混杂或玷污损失，均由保险人负责赔偿。

(5) 渗漏险(Leakage Clause)。流质、半流质的液体物质和油类物质，在运输过程中因为容器损坏而引起渗漏损失。例如，用液体储装的货物因储液渗漏而发生腐烂、变质的损失，如湿肠衣，由保险人负责赔偿。

(6) 碰损、破碎险(Clash and Breakage Clause)。碰损主要是对金属、木质货物来说，破碎主要是对易碎货物而言的。被保险货物在运输途中因遭受自然灾害或意外事故而造成的碰损、破碎损失，已经包括在平安险和水渍险的责任范围内，碰损、破碎险则扩展负责由于一般外来原因所造成的碰损、破碎损失。

(7) 串味险(Odor Clause)。被保险货物因为受到其他物品的气味影响所造成的串味损失由保险人负责。例如，茶叶、香料、药材在运输途中受到一起堆储的皮革、樟脑等异味的影响而使品质受到损失。这种串味如果同配载不当直接有关，则船方负有责任，保险人应向其追偿。

(8) 受潮受热险(Sweat and Heating Clause)。被保险货物因受潮、受热而引起的损失均属于保险责任范围。例如，船舶在航行途中由于气温突变，或由于船上通风设备失灵致使船舱内水汽凝结、发潮、发热而引起的货物损失，如黄豆发霉变质等。

(9) 钩损险(Hook Clause)。被保险货物在装卸过程中因使用手钩、吊钩等工具所造成的损失由保险人负责。如捆装棉布因使用手钩被钩破，袋装粮食因吊钩钩坏麻袋而使粮食外漏。

(10) 包装破裂险(Breakage of Packing Clause)。承保因装运不慎使包装破裂造成货物短少、玷污等损失，对于因续运安全需要而产生的修补包装、调换包装所支付的费用，也予负责。

(11) 锈损险(Rust Clause)。负责被保险货物在运输过程中因生锈造成的损失。这种生锈只要不是原装时就存在，则属于保险期限内发生的，都予以负责。一般来说，对裸装的金属块、金属条等不保此险，原因是这些裸装物几乎都会生锈，责任不好掌握。

以上11种一般附加险可供基本险、平安险和水渍险选择加保，但“一切险”就不需要加保，因为“一切险”的责任范围已包括了上述一般附加险所承保的风险。

(二) 特别附加险

导致特别附加险的货物损失原因一般与政治、国家行政管理及一些特别风险有关，它们不包括在“一切险”的责任范围内。特别附加险有以下六种：

1. 交货不到险(Failure to Deliver Clause)

被保险货物从装上船时开始，如果在预定抵达目的地日期满六个月仍不能交货，则不论何种原因，保险人均按全部损失赔付。“交货不到”和一般附加险中的“提货不着”不同，它往往不是承运人运输上的原因，而是某些政治原因引起的。例如，由于禁运被保险货物被迫在中途卸货造成的损失。保险人在承保这种险别时，一般要求被保险人首先获得进口许可证并办妥有关进口手续，以免日后由于无进口许可证等原因被拒绝进口而造成交货不到。另外，这个险别的承保责任范围在某些方面同提货不着险和战争险存在重复，凡提货不着险及战争险应该负责的损失，此险不予负责。由于交货不到，很可能是被保险货物并未实际遭受全损，因此，保险人在按全损赔付时都特别要求被保险人将货物的全部权益转让给自己。

2. 进口关税险(Import Duty Clause)

有些国家对进口货物征收关税，不论货物是否完好，一律按货物完好时的价值计征。进口关税险就是针对这种情况而设立的附加险。在这一险别下，如果被保险货物发生保险责任范围内的损失，而被保险人仍需按照完好价值完税时，保险人对货物损失部分的进口关税负赔偿责任。进口关税险的保险金额通常是由被保险人根据其本国即进口国所制定的进口关税的税率来确定，可按发票金额的几成投保。因此，进口关税险的保险金额与货物保险金额应分别载明在保单中，不得串用。

3. 舱面险(On Deck Clause)

承保装载于舱面的货物因被抛弃或被风浪冲击落水所造成的损失。海洋运输货物按照惯例都是装载在舱内的，但有些货物由于体积大、有毒性、有污染性或是易燃物品等，根据航运习惯必须装载于舱面上。由于装载于舱面的货物极易受损，遭受海水浸湿、雨淋的情况更是经常发生，因此保险人只愿意在平安险的基础上加保舱面险，以免责任过大。在集装箱运输业务中，装载于舱面的集装箱货物视作装载在舱内的货物承保，不加收保险费。

4. 拒收险(Refection Clause)

承保货物在进口时，不论何种原因在进口港被进口国的政府或有关当局拒绝进口或没收所造成的损失。保险人一般按货物的保险价值进行赔偿。如果货物在启运后，进口国宣布实行任何禁运或禁止命令，保险人则负责赔偿将货物运回到出口国或转口到其他目的地而增加的运费，最多不得超过该批货物的保险价值。如果在货物发运前，进口国已宣布禁运或禁止，保险人则不承担赔偿责任。被保险人在投保拒收险时，必须持有进口所需要的一切进口特许证和进口配额。

5. 黄曲霉素险(Aflatoxin Clause)

黄曲霉素是一种致癌的物质，发霉的花生、大米等一般含有这种毒素。被保险货物在进口港或进口地经当地卫生当局检验证明，因含有的黄曲霉素超过了进口国对该毒素的限制标准，被拒绝进口、没收或强制改变用途时，若投保了黄曲霉素险，保险人按照被拒绝进口或被没收部分货物的价值或改变用途所造成的损失负责赔偿。

6. 出口货物到香港(包括九龙在内)或澳门存仓火险责任扩展条款(Export Goods to Hong Kong or Macao Warehouse Fire Insurance)

承保我国出口到港澳地区的货物，如果直接卸到保险单载明的过户银行所指定的仓库时，则延长存仓期间的火险责任。上述货物是向我国在港澳的银行办理押汇的，在货主向银行偿还贷款之前，货物的权益属于银行，如果保险货物抵达目的地后，为使货物在存仓期间发生火灾也能得到赔偿，就特别设计这一险别。其保险期限是从货物运入过户银行指定的仓库时开始，直到过户银行收回押款、解除货物权益或运输责任终止时起计算满三十天为止。

(三) 特殊附加险

特殊附加险与特别附加险一样，不属于“一切险”责任范畴，它包括战争险和罢工险。

1. 战争险(War Risk Clause)

战争险的保险责任包括以下四项：直接由于战争、类似战争行为和敌对行为、武装冲突或海盗行为等所造成的运输货物的损失；由于上述原因引起的捕获、扣留、拘留、禁制、扣押等所造成的运输货物的损失；各种常规武器，包括水雷、鱼雷、炸弹等所造成的运输货物的损失；由战争险责任范围所引起的共同海损牺牲、分摊和救助费用。

但是，由于敌对行为使用原子或热核制造的武器导致被保险货物的损失和费用，以及由于执政者、当权者或其他武装集团的扣押、拘留引起的承保航程的丧失所致的损失，则不在保险责任范围之内。

战争险的保险期限不采用仓至仓条款，而是以“水上危险”为限，即保险人从货物装上海轮或驳船开始承担责任，到货物卸离海轮或驳船时为止。如果被保险货物不卸离海轮或驳船，保险责任以海轮到达目的港当日午夜起算满15天为限。如果货物需要在中途港转船，保险责任也在海轮到达该港满15天为止，待货物装上续运海轮时保险责任才恢复有效。当发生绕行、改变航程或承运人运用运输契约赋予的权限所做的任何航海上的改变，在被保险人及时获知情况通知保险人，在必要时加缴保险费的情况下，保险合同继续有效。

2. 罢工险(Strikes Clause)

罢工险承保货物由于罢工者、被迫停工工人、参加工潮、暴动、民众斗争的人员的行为，或任何人的恶意行为所造成的直接损失和上述行动所引起的共同海损的牺牲、分摊和救助费用。罢工险对于在罢工期间由于劳动力缺乏等原因所致的保险货物损失，包括因此而引起的费用损失，如港口工人罢工无法在原定港口卸货，改到另一港口卸货所引起的运费增加，因属于间接损失，保险人不承担责任。罢工险对保险责任起讫的规定与战争险不同，它不采取只承保“水上危险”的做法，而与海洋运输货物保险一样采用的是“仓至仓”的条款，保险人对货物从卖方仓库到买方仓库的整个运输期间负责。

五、伦敦保险协会海洋运输货物保险条款

英国“伦敦协会货物保险条款”最早制订于1912年，是为了补充、修正沿用已久、内容过时的劳合社船舶与货物标准保险单即S.G.保单制订的。为了适应新的发展需要，协会货物保险条款要经常进行修订，在1963年形成了一套完整的海洋运输货物保险条款，即“伦敦协会货物保险条款”(Institute Cargo Clause)，简称ICC旧条款。1981年进行了一次修订，并自1982年1月1日开始在伦敦保险市场使用“伦敦协会货物保险新条款”。下面简单介绍“伦敦协会货物保险新条款”各险别的承保范围和除外责任。

(一) 协会货物保险条款A(Institute Cargo Clause A, I.C.C.(A))

I.C.C.(A)保障除了除外责任以外的一切风险所造成保险标的的损失，即采取“‘一切险’”减除外责任”的承保方式。除外责任一般包括：

1. 一般除外责任

一般除外责任包括：归因于被保险人故意的不法行为造成的损失或费用；自然渗漏、重量或容量的自然耗损或自然磨损；包装或准备的不足或不当所造成的损失或费用；保险标的的内在缺陷或特性所造成的损失或费用；直接由于延迟所引起的损失或费用；由于船舶所有人、经理人、租船人经营破产或不履行债务造成的损失或费用；由

于使用任何原子或热核武器等所造成的损失或费用。

2. 不适航、不适货除外责任

不适航、不适货除外责任是指保险标的在装船时,如被保险人或其受雇人已经知道船舶不适航(Unseaworthness),以及船舶、装运工具集装箱等不适货。如违反适航、适货默示保证的情况为被保险人或其受雇人所知悉。

3. 战争和罢工除外责任

战争和罢工除外责任包括:由于战争、内战、敌对行为等造成的损失或费用;由于捕获、拘留、扣留等(海盗除外)所造成的损失或费用;由于漂流水雷、鱼雷等造成的损失或费用;由于罢工者、被迫停工工人等造成的损失或费用;罢工、被迫停工造成的损失或费用;任何恐怖主义者或出于政治动机而行动的人所致损失或费用。

(二) 协会货物保险条款 B(Institute Cargo Clause B, I. C. C. (B))

I. C. C. (B)采取的是列举保险责任的方式,承保的风险如下:火灾、爆炸;船舶或驳船触礁、搁浅、沉没或倾覆;陆上运输工具倾覆或出轨;船舶、驳船或运输工具同水以外的外界物体碰撞;在避难港卸货;地震、火山爆发、雷电;共同海损牺牲;抛货;浪击落海;海水、湖水或河水进入船舶、驳船、运输工具、集装箱、大型海运箱或贮存处所;货物在装卸时落海或摔落造成整件的全损。

I. C. C. (B)的除外责任和 I. C. C. (A)相比较,仅有两点不同。首先,在 I. C. C. (A)险中仅规定保险人对归因于被保险人故意的不法行为所造成的损失或费用不负赔偿责任,而在 I. C. C. (B)中则规定保险人对由于任何个人或数人故意的不法行为所致损失或费用不负赔偿责任。这意味着在 I. C. C. (B)中被保险人要获得被保险人以外的其他人(如船长、船员等)故意非法行为所致损失的保障,就需要加保"恶意损害险"。其次,在 I. C. C. (B)中,没有把海盗行为列入承保范围,而在 A 险中海盗行为不属于除外责任。

(三) 协会货物保险条款 C(Institute Cargo Clause C, I. C. C. (C))

协会货物保险条款 I. C. C. (C)的承保范围较 I. C. C. (B)更小,也是采用列举保险责任的方式。承保的风险包括以下几项:火灾、爆炸;船舶或驳船触礁、搁浅、沉没或倾覆;陆上运输工具倾覆或出轨;在避难港卸货;共同海损牺牲;抛货。

I. C. C. (C)的除外责任与 I. C. C. (B)完全相同。在 I. C. C. (A)、I. C. C. (B)和 I. C. C. (C)三个险别中,除上述所承保的风险外,保险人还都负责赔偿共同海损和救助费用,以及根据运输合同中"船舶互撞责任"条款应由被保险人偿还船方的损失。

(四) 战争险(Institute War Clause-Cargo)

战争险主要承保由于下列原因所造成保险标的的损失:战争、内战、革命、叛乱、造反或由此引起的内乱,或交战国或针对交战国的任何敌对行为;捕获、拘留、扣留、禁止或扣押，以及这些行动的后果或这方面的企图；遗弃的水雷、鱼雷、炸弹或其他遗弃的战争武器。此外，还负责共同海损和救助费用。战争险的除外责任与 I. C. C. (A)的“一般除外责任”及“不适航、不适货除外责任”基本相同。

(五) 罢工险(Institute Strikes Clause-Cargo)

罢工险主要承保下列原因所造成保险标的的损失：罢工者、被迫停工工人或参与工潮、暴动或民变的人所致的损失；任何恐怖主义者或任何出于政治目的采取行动的人所致的损失。罢工险的除外责任也与 I. C. C. (A)中的“一般除外责任”及“不适航、不适货除外责任”基本相同。

(六) 恶意损害险(Malicious Damage Clause)

恶意损害险是新增加的附加险，它所承保的是被保险人以外的其他人(如船长、船员等)的故意破坏行动所致保险货物的灭失损害。但是，恶意损害如果出于有政治动机的人的行动，就不属于本险别的承保风险，而属于罢工险的承保风险。

第四节　其他海上保险

一、船舶建造保险

船舶建造过程无疑与建筑安装工程的过程类似，因此，船舶建造保险(Shipbuilding Insurance)与建筑安装工程保险有着相似之处。

(一) 保险期间

保险期间从保险船舶建造开工之日或上船台之日起，直至保险船舶建成交付给订货人或船舶所有人或保险期间满期时止(两者以先发生者为准)。一般而言，在投保前已分配在船上的物资和机械设备，自保险单中列明的保险起期日生效。在保险开始生效后分配或交付给建造人的物资和机械设备，自分配或交付时生效。

倘若船舶的建造期与保险期间不符，则被保险人可以与保险公司协商退费或者延保。在保险单列明的保险期间内，保险船舶若提前交付给所有人满一个月者，保险公司可退还被保险人规定的保险费，不足一个月者不退费。若船舶超过保险期间交付，必须事先书面通知保险公司办理展延保险期间手续。展期满一个月者，保险公司应收规定的保险费；不足一个月者不加收保险费。

(二) 保险价值和保险金额

与安装工程保险的保险价值和保险金额的确定完全相同，船舶建造保险的保险价值为船舶的建成价格或最后合同价格。保险金额应等于保险价值。被保险人如以暂定价值作为保险金额投保，应在船舶建成或确定最后合同价格后通知保险公司调整保险金额，保险公司对于保险费进行多退少补的处理。

如果保险价值超过暂定价值125%时，保险对任何一次事故或同一事件引起的一系列事故的保险船舶损失的赔偿总额，以暂定价值的125%为限。但由于保险船舶改变设计、装修或改动船型、物资变更所引起的船舶造价的变动，则不适用上述规定，应当另行处理。

（三）保险责任

船舶建造险的保险责任也是采用列举式，保险公司对保险船舶的下列损失、责任和费用，负责赔偿：

（1）保险船舶在船厂建造、试航和交船过程中，包括建造该船所需的在保险价值内的一切材料、机械和设备在船厂范围内装卸、运输、保管、安装以及船舶下水、进出坞、停靠码头过程中，由于下列原因所造成的损失和费用：自然灾害或意外事故；工人、技术人员、船长、船员及引水人员的疏忽、过失和缺乏经验；船壳和设备机件的潜在缺陷；因船台、支架和其他类似设备损坏或发生故障；保险船舶任何部分因设计错误而引起的损失；在保险船舶下水失败后为重新下水所产生的费用；为确定保险责任范围内损失所支付的合理费用，以及对船舶搁浅后为检查船底而支付的费用，即使没损失，保险公司也予以负责。

（2）保险公司也负责承担下列责任和费用：共同海损牺牲和分摊；救助费用；发生碰撞事故后，保险船舶对被碰撞船舶及其所载货物、浮动物件、船坞、码头或其他固定建筑物损失和延迟、丧失使用的损失以及施救费用、共同海损和救助费用依法应负的赔偿责任，但以保险船舶的保险金额为限；保险船舶遭受责任范围内的损失事故后引起的清除保险船舶残骸的费用、对第三者人身伤亡赔偿责任，可以按保险公司保障与赔偿条款的有关规定给予赔偿，但以保险船舶的保险金额为限；在发生碰撞或其他事故后，被保险人在事先征得保险公司书面同意后，为争取限制赔偿责任所支付的诉讼费用；保险船舶的保险金额如低于保险价值，保险公司对所列各项的责任或费用，按保险金额和保险价值的比例计算赔偿金额。

（四）除外责任

保险公司不负责赔偿下列各项：由于被保险人故意或违法行为所造成的损失；对设计错误部分本身的修理、修改、更换或重建的费用及为了改进或更改设计所发生的任何费用；由于被保险人对雇用的职工的死亡、伤残或疾病所应承担的责任和费用；核反应、辐射或放射性污染引起的损失或费用；由于战争、敌对行为、武装冲突、炸弹的爆炸、战争武器、没收、征用、罢工、暴动、民众骚动引起的损失、费用和责任，以及任何人的恶意行为或政治动机所引起的任何损失；建造合同规定的罚款以及由于拒收和其他原因造成的间接损失；由于任何国家或武装集团的拘留、扣押、禁制，使航程受阻或丧失等。这些除外责任都是非常普遍的除外责任,没有什么特别之处。

(五) 承保区域

船舶在建造完毕之后,需要进行试航,然后才能交付。因此,船舶建造保险对于承保区域有着明确的规定:

(1) 建造期间:限于造船厂范围内。建造船舶所需的材料、机器、设备在造船厂范围以外的任何运输、装卸、保管和建造船舶在造船厂范围以外的任何拖航,必须事先通知保险公司并交付规定的保险费后,保险公司方予以负责。

(2) 试航、交船期间:20 000 总吨以上的船舶的单程自航距离限于 500 海里,1 000 总吨至 20 000 总吨船舶的单程自航距离限于 250 海里,1 000 总吨以下船舶的单程自航距离限于 100 海里。如超过上述距离,必须事先通知保险公司,并交付规定的保险费后,保险公司方予以负责。

(六) 其他规定

在两个相连续的港口之间一个单独航程中,由于恶劣气候所致的损失索赔,应被视为一次意外事故。保险船舶试航时,在预计返回建造地点日期起超过六个月,尚未得到其行踪消息,即构成船舶的失踪。船舶失踪或船舶遭受损失后,其估计救助、修理和其他必要支出的费用将超过保险船舶的保险价值时,均可视为全部损失。在保险船舶受损后未及时修理,又遭受全部损失,保险公司赔付全部损失。对任何保险事故的索赔期限,不得超过交船后三个月。

二、运费保险

运费是指承运人为货主承运货物而由货主支付给他的报酬。一般来说,运费是船东作为承运人所得的收益,运费风险属于船舶的营运损失。船东可以就其具有保险利益的运费投保运费保险。运费保险(Freight Insurance)是以船舶因运送货物所收取的酬金为保险标的,它的性质与货物保险、船舶保险不同,因为运费并非是具有实体的物品,而是由运输契约所产生的给付义务。

(一) 运费保险的范畴

货物的运送方式通常可以分为计件运送和租船运送。计件运送通常采用班轮运输,计件收取费用,由船长或其代理人签发提单,到达目的地后,凭单提货,其收取的费用称为提单运费。租船运送对装运的货物收取费用时,不采取件数计算,而是以租金计算,称为租船运费。

运费的缴纳按时间可分为预付运费、保付运费和到付运费。预付运费是按照一般的运输惯例,不管货主的货物损失与否,皆不退还。保付运费是指经契约订明,无论货物是否发生危险,有无运到目的地,运费必须照付。保付运费的性质同预付运费是一样的，即货物虽未运抵目的地，只要不是承运人的责任，货主仍须缴纳运费，只不过保付运费是在事后付的。这样，货物托运人对其支付的预付运费和保付运费具有保险利益。然而，事实上，货主可将这部分运费加入货价。因此，货主对于预付运费和保付运费没有单独投保运费保险的必要。到付运费是货物运抵目的地后货主才会支付的运费。当船舶发生海难，货物遭受损失，运费也会随之发生损失。在这种情况下，船东对他可能收取的运费具有保险利益，因此到付运费才是运费保险的承保标的。

（二）运费保险的种类

运费保险与船舶保险密切相关，船舶保险往往把运费作为费用保障的一个部分来承保船舶的营运损失。因此，船舶本身的承保方式直接影响运费保险的承保方式。船舶的承保方式主要有定期和航程两种，对于定期保险来说，可以作为运费保险的运费有两种：一种是到付运费，另一种是预期运费。预期运费是船东预计在一定时期内可能收到的运费。这是估计的收益，经保险人同意后方予以承保。预期运费一般采取定期保险方式；而到付运费一般采取航程保险方式。

运费保险有两种基本类型：(1)把运费保险当作船舶保险处理。(2)单独承保运费的保险。在我国，船舶保险中还没有单独承保运费的条款，必要时可参照伦敦保险协会的运费保险条款，将运费保险包含在船舶保险中的费用保险内一并承保，其保险金额最多不能超过船舶保险价值的25%，费用保险的保险责任以全部损失为限。以下以英国为例，介绍运费保险的两种类型：

1. 船舶费用（含运费）保险

如果船舶投保了定期保险，在投保的同时也可以办理运费保险。在这种情况下，运费保险被视为船舶费用保险的一部分，其承保和理赔也当作船舶保险处理。此种运费保险是船舶保险的一种附加保险，同时又是船舶保险条款中的一个特约条款，因此被保险船舶的运费保险在这里受到种种限制，如果被保险人在安排运费保险时违反条款规定，将影响船舶保险的效力。船东为了摆脱这种不利限制，往往将船舶的约定保险价值定得很低，另外再购买运费或船舶费用等保险。

这种运费保险同定期船舶保险一样，一般是以全损险为条件承保的，这种运费保险的特点是保险费便宜，但保障的程度不高。在实务中，船东投保运费保险时，一般按照伦敦协会定期船舶保险条款的约定办理运费保险。

2. 单独办理的运费保险

(1) 适用定期运费保险条款的运费保险。船东为自己的船舶购买定期保险时，一般是按照同一时期“伦敦协会定期运费保险条款”的规定，另行购买运费保险。这种运费保险所使用的保险单应该是与船舶保险相分离的运费保险单。然而，在实务操作中，保险人在承保运费时，通常是以船舶保险单作为基本保险单，另外再附一套“伦敦协会运费保险条款”。这种运费保险条款是定期的还是航程的,视具体情况而定。虽然运费保险的基本保险单大部分是船舶保险单,但其中申明承保的标的则是运费。

(2) 适用航程运费保险条款的运费保险。运费除了按期间投保外,还可以按航程投保。在航程保险的方式下,投保运费保险有两种方式:一种是船舶和运费都要按航程投保,另一种是船东为运费购买定期运费保险后还须另购买追加运费保险。运费的追加保险适用于按定期运费保险条款办理的运费保险。由于定期运费保险条款规定提供双重保障,一是船舶发生全损,可以当作船舶的全损保险;二是船舶未发生全损时,可以当作运费本身的保险。然而在前一种情况下,运费保险所提供的保障是不充分的。因此,被保险人在必要时可以购买追加运费保险。

三、船东保障和赔偿责任险

船东保障和赔偿责任保险(Shipowner's Protection and Liability Insurance)是保险公司为船舶在运营过程中的各种责任承担赔偿。当然都是基于最大诚信原则,被保险人有任何的不诚实行为将影响最终的赔偿。

(一) 保险责任

保险公司通常赔偿被保险人依法承担的以下责任、损失和费用:

1. 人身伤亡和疾病——船员以外的任何人

由于被保险船舶或与该船舶有关的过失或疏忽行为引起在该船舶上的任何人员的人身伤亡或疾病的损害或赔偿的责任以及由此伤亡或疾病而支出的合理的医药、住院或丧葬费用。根据合同或协议规定对任何人员的人身伤亡或疾病应承担赔偿责任以及由此伤亡或疾病而支出的合理的医药、住院或丧葬费用,但此类合同或协议必须事先得到保险公司的认可并已由被保险人与保险公司就该责任的保险达成协议。

2. 人身伤亡和疾病——船员

保险公司承担被保险船舶船员的人身伤亡、疾病的损害或赔偿的责任以及由此伤亡或疾病所发生的合理的医药、住院或丧葬费用。根据合同或协议规定对船员的人身伤亡或疾病应承担赔偿责任以及由此伤亡或疾病而支出的合理的医药、住院或丧葬费用,但此类合同或协议必须事先得到保险公司的认可并已由被保险人与保险公司就该责任的保险达成协议。

3. 被保险船舶船员的遣返

由于被保险船舶船员的人身伤亡或疾病或根据法定义务,或由保险公司认可的船员雇用合同或其他劳务合同而产生的被保险船舶船员的遣返费用及替工的派遣费用,但不包括由于以下原因产生的费用:合同终止,无论该终止是因合同规定还是根据船东和船员的双方协议;船舶出售;船东违反船员雇用合同或其他有关的服务合同或协议；船东所采取的与被保险船舶有关的任何其他行为。

4. 私人物品

被保险船舶船员的私人物品因被保险船舶发生海上事故而遭受的损坏或灭失，但这种私人物品仅指船员生活的必需品，不包括现金、有价证券、票据、饰物、贵重或稀有金属、珠宝、艺术品、电器及其他贵重物品。由于被保险人或被保险船舶的船员或其他人员的过失或疏忽造成该船舶上旅客的行李或物品的损坏或灭失所应负的赔偿责任，但这种责任不对旅客的现金、有价证券、票据、饰物、贵重或稀有金属、珠宝、艺术品、稀有贵重物品等负责。

5. 因被保险船舶失事引起的赔偿

根据法定义务或根据有关的劳务或雇用合同或协议条款的规定，被保险船舶应向其船员支付因该船舶实际全损或推定全损导致船员失业而且不能从任何方面得到的失业工资补偿，但上述条款须经保险公司的书面确认并仅以此确认的补偿范围为限。

6. 绕航

因被保险船舶上的船员发生疾病、受伤或死亡，需要进行必要的治疗或处理或必须更换船员，或为把偷渡者或避难者送上岸而发生的合理绕航费用，但这种费用仅限于额外产生的港口费用、伙食、物料、燃油、保险费及船员工资和津贴。

7. 安置偷渡者和避难者

被保险船舶根据法律规定或经保险公司认可，为安置偷渡者或避难者所产生的任何费用，由保险公司承担。

8. 救助人命

因第三者对被保险船舶船上人员进行救助或被保险船舶的人员进行自救，依法应由被保险人向该第三者支付的费用，但这种费用必须是不能从被保险船舶的船舶保险人、货主或货物保险人处得到赔偿的费用。

9. 碰撞责任

被保险船舶与他船碰撞产生的下列责任和费用，但仅限于船舶险保单中的碰撞责任条款所不承保的责任和费用：打捞、清除、拆毁障碍物、船舶残骸、货物或其他物品以及由此产生的其他有关费用；人身伤亡或疾病引起的医药费、丧葬费及其他有关费用；任何财产（不包括与被保险船舶碰撞的他船及他船上的财产）或物品的污染或玷污；被保险船舶因碰撞所承担的赔款责任，由于超过船舶险保险单的保险金额而不能从船舶险保险人得到赔偿的部分，但保险公司仅对该船舶按实际价值足额投保船舶险而超出的部分负责。

10. 财产的损坏和灭失

不论在陆地或水上，也不论是固定或移动的任何财产的任何损坏或灭失的赔偿责任，但不包括：根据被保险人与第三方订立的任何合同或协议条款所产生的责任；应由被保险人承担的船舶保险单规定的绝对或相对免赔额；保险条款已承保的责任或损失，如私人物品、碰撞责任、污染、拖带责任、残骸清除责任、提单项下的货物责任、被保险船舶的财产。

11. 污染

由于被保险船舶上的油或其他有害物质的排放或泄漏，或由于存在这种威胁，而产生的下列责任、损失、损害或费用：损失、损害或污染的责任；船东作为《油轮所有人自愿承担油污责任协议（TOVALOP）》及其补充规定或保险公司认可的其他协议的参加者，根据上述协议所应承担的损失、损害或费用，包括船东为执行上述协议规定的义务而产生的费用，为避免或减轻污染及其结果造成的损失或损害而采取合理措施产生的费用，以及因采取这种措施而造成财产的损失或损害应负的责任；为防止被保险船舶面临排放或泄漏油或其他可能造成污染的物质将出现危险局面而采取合理措施产生的费用；服从任何政府或有关当局为防止或减轻污染或污染风险发出的命令或指示而产生的费用或责任，但这种费用或责任以不能从被保险船舶的船舶险保险单得到赔偿为限。

12. 拖带责任

根据拖带合同，被保险船舶在正常营运期间，由拖轮拖带进出港口或在港内移动所承担的而且不能从船舶险保险单取得赔偿的责任；根据拖带合同被保险船舶由拖轮进行上述规定以外的非常规拖带所承担的责任，但这种责任的赔偿仅以保险公司事先认可的责任范围为限；被保险船舶对其他船舶或物体进行拖带的责任，但这种责任的赔偿仅以保险公司事先认可的责任范围为限。

13. 残骸清除责任

被保险船舶在承保期间因发生海上事故（不包括船舶战争险所规定的责任范围内的事故）成为残骸，并且该船的船舶险保险人宣布不接受船舶残骸的委付，保险公司自此终止对其他承保风险的责任，但仍继续对被保险人为处理该残骸而产生的下列责任或费用负责：根据法律或规定，对残骸及对其装载货物和财产进行强制起浮、移动、清除、拆毁及设置照明、标记等发生的费用，以及为此而产生的被保险人应负的责任；由于残骸（或其装载的货物和财产）的存在或被强制移走，或由于被保险人未能起浮、移动、清除、拆毁该残骸或对其设置照明及标记而产生的责任，包括因该残骸的油或其他有害物质的排放或泄漏所产生的责任。

但是本项赔偿应首先扣除被保险船舶的残骸本身及获救的残骸上的物料或货物价值以及被保险人在救助中获得的报酬；被保险人在对上述船舶的残骸及货物或财产的起浮、移动、清除、拆毁及设置照明或标记以及出售或转让残骸前须事先得到保险公司的书面同意；如残骸或货物及财产的上述责任是根据合同或协议条款产生的且若无此条款不会产生上述责任，此类合同或协议条款事先须得到保险公司书面认可。

14. 检疫费用

检疫费用是指因被保险船舶上发生传染性疾病而产生的额外费用，包括检疫和消毒费用及其他额外的燃料、保险、船员工资、津贴、伙食、物料和港口费用。

15. 提单项下的货物责任

比如，货物的灭失、短少或其他责任，残损货物的处理，收货人未能提走货物，联运或转船提单。但是，被保险船舶根据提单进行运输时，其对货物的赔偿责任仅适用于《海牙规则》或《海牙—维斯比规则》的规定。除被保险人与保险公司另有约定外，对装载于甲板上的任何货物的灭失或损坏不予负责。

保险公司对下列原因引起的责任和费用也不承担责任：被保险人或船长明知装载的货物与提单或其他运输合同载明的货物情况不符，仍签发提单或其他运输合同；未将货物卸在运输合同规定的港口或地点；以转让提单或其他类似运输合同承运的货物，未凭正确背书的提单交付货物；签发预借或倒签提单；被保险船舶未到或迟到装货港或未将已订舱的货物装上船；被保险人或被保险船舶上的船长或大副签发的提单或其他运输合同载明的货物数量多于他们所知的已经托运或装船的数量所造成的货物短卸；提单或其他运输合同的签发含有欺诈性的误述；以不可转让提单或其他类似运输合同承运的货物未交付给托运人指定的收货人；被保险人有意违反运输合同。

16. 被保险船舶上的财产

对被保险船舶上的任何集装箱、设备、燃料或其他财产的灭失或损坏应承担责任。但是上述财产不属于私人物品或提单项下的货物责任，不构成被保险船舶的一部分，也不由被保险人或与其联营的公司或与其同属一个管理人的公司所拥有或租用。

17. 无法收取的共同海损分摊

被保险人因违反运输合同，不能向货方或其他利益方收取共同海损分摊费、特别费用或救助费用。

18. 由船方承担的共同海损分摊

由于确定共同海损、特别费用或救助费用分摊的船舶完好价值高于其船舶险保险单的保险金额，船舶险保险人根据保险单不予负责的共同海损、特别费用或救助费用的分摊部分。但是，如果被保险船舶的保险金额低于投保时船舶的实际价值，保险公司仅对以船舶实际价值作为船舶险保险金额且船舶保险人不予负责的分摊部分进行赔偿。

19. 罚款

仅限于下列原因产生的任何法院、法庭或有关当局根据所在国法律或有关规定对被保险船舶或船员的罚款(对船员的罚款仅限于被保险人根据法律对船员应承担的部分):违反有关法律或规定未能提供或保持安全的工作场所或条件;短卸、溢卸货物或未遵守有关物品申报或提供有关船舶及货物文件的规定;违反海关规定;违反移民法规;油或其他危险物质的排放或泄漏所造成的污染;船员或船舶代理人在履行其职务时的疏忽或过失。但在任何情况下,保险公司对被保险船舶或船员走私或被保险船舶超载的罚款不予赔偿。

20. 对救助人的特别补偿

为防止或减少环境损害,应由被保险人向被保险船舶的救助人所做的工作或采取的措施支付特别补偿。但是,这种责任仅限于《1990 年劳氏救助合同标准格式》或保险公司认可的其他救助合同标准格式的条款所规定的责任范围,并且这种责任以不能从获救财产的利益方得到赔偿为限。

21. 海事调查

在正式调查被保险船舶所涉及的损失或海事之前,被保险人为抗辩或为保护自身利益所发生的费用,但这种费用的支付范围和条件要由保险公司决定。

22. 施救和法律费用

施救和法律费用包括:在海上事故发生时或发生后,被保险人为防止或减少保险公司全部或部分承保的责任或费用而额外支出的合理费用;被保险人为保险公司全部或部分承保的责任或费用而支付的有关法律诉讼费用。但如因扣除免赔额或其他原因,保险公司仅负责被保险人对第三者的部分赔偿,保险公司将按此比例赔偿上述费用。

23. 对救助人的特别保险

对专门从事海上救助的拖轮或其他船舶的船东的保险,保险公司将根据船东的要求,对因进行海上救助可能产生的有关责任、罚款、损失或费用的赔偿提供特别补偿。被保险人须在保险开始前和此后每一保险年度开始前三十天向保险公司提出此保险申请。

船东保障和赔偿责任保险也有一些除外责任。这些除外责任都是非常常见的除外责任,这里就不再赘述了。

(二) 保险责任起讫

船东保障和赔偿责任保险的保险期间是一年。年度保险费的计算为船舶总吨位与保险费率之积,不足一年的,保险费按日比例计算。

被保险人可在保险年度结束三十天前书面通知保险公司终止被保险船舶的保险,保险公司也可根据同样的条件向被保险人发出同样的通知。

但是,如被保险人或被保险船舶发生下述任何事件或情况,保险公司即予终止承保，但对在停保前已发生的承保责任或费用仍继续负责：被保险人停业或破产；被保险船舶已出售、转让、光船出租、抵押，以及经营权的变更，除非保险公司书面同意；被保险船舶的灭失，或经船舶险保险人接受为实际全损或推定全损，或保险公司船舶险保险单规定的船舶失踪；船旗或船级社的变更或被保险船舶在保险期限内未能保持保险公司同意的船级，除非保险公司书面同意。由于上述原因本保险终止，保险公司不退还被保险人已交付的保险费，如有未交足年度保险费的还须补交。

四、船东保赔协会

船东保赔协会（The Shipowners Protection & Indemnity Association）又称为船东互保协会，是船东自愿结成共同分担船东责任的互助保险性质的组织（下文简称“保赔协会”）。历史最长的保赔协会称为船东相互保障会社，成立于 1855 年，是英国不列塔尼亚船舶保赔协会的前身。目前世界上有 20 多家船东保赔协会，具有国际性质的大中型协会共有 16 家，其中有 11 家集中在英国，北欧 3 家，日本 1 家，美国 1 家。世界商船队的 90％以上船舶分别参加了船东保赔协会，其中英国 11 家保赔协会吸收了世界商船队的 80％，因此伦敦已成为国际船舶保赔业务的中心。1984 年我国也建立了中国船东互保协会。

（一）保赔协会的性质与作用

保赔协会的性质不同于一般保险公司，参加协会的成员既是保险人，又是被保险人，它与一般保险公司的主要区别除了承保范围不同外，还有三个区别：

- 保赔协会的赔偿责任除对油污规定了最高限额外，其他的赔偿责任是无限额的，而保险公司的责任限额是订明的。
- 保赔协会无股份资本，不以营利为目的，其宗旨是为会员服务，与保险公司的经营方式不同。
- 保赔协会与会员船东利害关系一致，而保险公司往往与船东发生利害冲突。

保赔协会一方面承保保险公司不保或超过保险公司责任范围的特殊风险，使船东不因任何重大损失而影响其财务计划，专心从事航运事业，另一方面对会员船东提供各种专业服务，特别是各种海事方面的技术指导和协助。

（二）保赔协会承保的风险

保赔协会所承保的风险范围很广，尤其是近年来随着航运事业的发展，新的险种也在不断增加，例如，集装箱的保赔，近海石油钻探中的船东风险责任的保赔，运费、延滞费以及船东进行法律抗辩的保赔等。

协会通常承保的风险有下列项目：船员疾病伤亡；由于船方过失所致的装卸工人、旅客或其他工作人员的伤亡；碰撞超额责任；油污和罚款；损坏码头或浮动的建筑物；

浪损他船或货物;他轮合约内的船方责任;为船方服务的岸吊人员合同内的责任赔偿;触礁移船,货损货差等。

船东不必投保全部风险,可以选择自己认为需要的数种风险投保,但协会一般不承保单项风险。

(三) 保赔保险的除外责任

根据常见的保赔协会章程、规则或保赔保险条款,保赔保险人的除外责任主要有:

- 入会船舶进行非法的营运。
- 入会船东就保赔协会承保的风险向其他保赔协会或保险人进行重复保险。
- 船舶保险人可以承保的风险。
- 船东的故意或恶意行为。
- 任何由于延滞所引起的营运损失。
- 船东因故意或重大过失违反运输合同而产生的责任和发生的费用。

(四) 保赔保险的收费和赔款准备金

船东保赔协会的资金来源主要是会员所交纳的保险费及其投资收入。在每个保险年度所交纳的保险费,一般可分为预付保费和追加保费两部分。船东保赔协会是非营利的互助保险组织,因此其确定保险费率或要求追加保险费都应根据赔款情况而定。为了尽可能使会员少缴保险费,协会也可以将收到的保险费进行短期见效并且比较安全的投资,以增加收入,减少会员的负担。

保赔协会的赔款准备金一般采取两种形式:一种是一般赔款准备金,把收来的保费用于一般赔款;另一种是巨额赔款准备金,提取的比例为15%~20%,用来支付大笔赔款。

(五) 保赔保险的责任终止

根据中国船东互保协会章程规定,保赔保险的责任终止分为停保和退保两种:

(1) 停保。如果会员或入会船舶发生下列情形,该保赔保险就予以停保:会员停业;会员长期拖欠该协会款项;会员船舶出售、转让;入会船舶经船舶保险人定为实际全损或推定全损;入会船舶失踪;入会船舶不符合该协会认可的船级社的要求,或是入会船舶不符合本协会规章规定的条件。

(2) 退保。会员在保险期内,不论由于何种原因,都可以将其全部或个别入会船舶退保,但应在预定退保日前一个月书面通知该协会。按照中国船东互保协会章程,保赔保险自停保或退保之日12时起终止,该协会不再对原入会船舶承担保赔责任。会员向该协会缴付的年度保费原则上不予退回。在该船停保或退保以后的任何时间,该协会经理部还有权根据本部的抉择,计算该会员应予负责的与该船舶有关的分摊费的金额。会员支付了上述款项以后,将不再承担日后任何保费。

知识窗 6-3　中国船东互保协会(China Shipowners Mutual Assurance Association)

中国船东互保协会(以下简称“协会”)是经国务院批准,于 1984 年 1 月 1 日在北京成立的船东互助非营利组织,其宗旨是根据国际公约、国际惯例和法律法规,维护与保障会员的信誉和利益。协会接受交通运输部的业务指导,并根据国务院《社会团体登记管理条例》在民政部注册登记,享有社团法人资格。

协会能够向会员提供保赔险(P&I)、互助船舶险(Hull & Machinery)、抗辩险(FD&D)、租船人险(Charterers' Cover)、战争险(War Risks)等多险种的一站式海上互助保障和专业服务。经过 35 年的发展,协会业务规模不断壮大,其信誉在国内外被广为认可。截至目前,协会已发展成为拥有 175 家会员、逾 6 200万总吨的国际保赔协会。会员主要包括中国远洋海运集团、招商局集团、河北远洋运输集团、山东海运股份有限公司、福建国航远洋集团、伟马集团、加拿大 Seaspan 公司、香港东方海外货柜航运有限公司、新加坡万邦集团、新加坡太平船务、韦立国际集团等海内外大型知名航运企业。协会已成为我国最大的保赔险保险人,位居全球同业第 10 位。此外,近年来协会互助船舶险业务发展迅速,已成为我国主要的远洋船舶险承保人之一。

为更好地服务“一带一路”建设和上海国际金融中心、国际航运中心建设,协会总部已迁至上海市,设立了中船保商务管理有限公司,形成了上海总部、北京中心、大连办事处、中国香港专属服务机构和英国伦敦专属服务机构的综合运营布局。2018 年,协会保赔险入会总吨超过了 6 000 万吨。

本章小结

- 海上风险包括海难和外来风险。海难包括自然灾害和意外事故,外来风险包括一般外来风险和特殊外来风险。
- 海上风险包括六种自然灾害、十种意外事故和十几种外来风险。海上损失又可以分为全部损失和部分损失两大类,其中部分损失还涉及共同海损分摊的相关问题。费用损失主要有施救费用、救助费用、额外费用和特别费用。
- 海上保险的保险期限有多种确定的方法,包括定期保险、航程保险和混合保险三种。承保方式包括逐笔保险、流动保险、总括保险和预约保险四种。
- 远洋船舶保险是以各种船舶作为保险标的,承保船舶在海上航行或停泊期间发生各种保险事故所造成的全部或部分损失以及可能引起的责任赔偿。我国的远洋船舶保险条款的险别分为全损险和“一切险”,另有附加船舶战争险和罢工险。

- 英国伦敦保险协会的“伦敦协会船舶定期保险条款”包括若干条款，对相关概念进行了界定。
- 海洋运输货物保险承保货物在运输途中因海上自然灾害、意外事故或外来原因导致的损失。我国海洋运输货物保险分为基本险、附加险和专门险三大类。其中基本险包括平安险、水渍险和“一切险”三个险别，其责任范围依次扩大；附加险又可以分为十一个一般附加险、六个特别附加险和两个特殊附加险。
- “伦敦协会货物保险条款”包括I. C. C. (A)、I. C. C. (B)和I. C. C. (C)三类条款。其中，I. C. C. (A)是“一切险”，而I. C. C. (B)和I. C. C. (C)采用列举保险责任的方式，承保风险逐渐减少。
- 船舶建造保险与建筑安装工程保险的过程类似，承保船舶在建造过程中由于自然灾害和意外事故导致的损失。
- 运费保险是以船舶因运送货物所收取的酬金为保险标的，它的性质与货物保险、船舶保险不同，因为运费并非是具有实体的物品，而是由运输契约所产生的给付义务。运费保险有两种基本类型：把运费保险当作船舶保险处理，单独承保运费的保险。
- 船东保障和赔偿责任保险是保险公司为船舶在运营过程中的各种责任承担赔偿。保险责任包括23项责任。
- 船东保赔协会又称为船东互保协会，是船东自愿结成共同分担船东责任的互助保险性质的组织。参加协会的成员既是保险人，又是被保险人。保赔协会一方面承保保险公司不保或超过保险公司责任范围的特殊风险，另一方面对会员船东提供各种专业服务，特别是各种海事方面的技术指导和协助。

习题

1. 试述海上风险包括哪些风险。
2. 海上保险的保险期限有哪几种？各自有何区别？
3. 海上保险的承保方式有哪几种？各自有何区别？
4. 比较我国远洋船舶保险全损险和“一切险”的责任范围。
5. 甲、乙两船相撞，甲船承担30%的过失责任，乙船承担70%的过失责任，甲船受损失400万元，乙船损失200万元，如果双方都投保了船舶“一切险”，试计算甲、乙船保险人的实际赔偿责任。
6. 船舶战争险、罢工险条款对责任终止做了哪两种规定？
7. 请解释“伦敦协会船舶定期保险条款”中的下列条款：航行条款、3/4碰撞责任条款、姐妹船条款、共同海损和救助条款、免赔额条款。
8. 试述我国海洋运输货物保险的平安险、水渍险及“一切险”在承保范围上的差别。

9. 我国海洋运输货物保险中一般附加险、特别附加险和特殊附加险各有哪些保险?
10. 简述 I. C. C. (A)、I. C. C. (B)、I. C. C. (C)三个条款的主要内容及其区别。
11. 请分析船舶建造保险与建筑安装工程保险的相似之处。
12. 船舶建造保险中的承保区域是什么意思? 为何要如此规定?
13. 运费保险主要有哪些承保方式?
14. 船东保障和赔偿责任保险主要保障哪些责任?
15. 简述船东保赔协会的性质和作用。
16. 请列举船东保赔协会所承保的主要风险。

第七章　工程保险

工程保险的标的比较特殊，保险标的的保险价值在不断地增长；而且所涉及的风险较多，除了自然灾害和一般的意外事故之外，还涉及与工程技术有关的人为因素、原材料缺陷等风险。因此大多数工程保险都是基于“一切险”来提供保障，不但保障静止状态的风险、运动状态的风险、操作的风险，还保障一切可能发生的意外事故。随着科学技术的发展，工程保险的承保范围在不断发展，不断地产生了一些新的险种，对保险业也不断提出新的要求。

第一节　工程保险概述

工程保险(Engineering Insurance)是指以各种工程项目为承保对象的财产保险，保障工程建造期间的一切意外物质损失和对第三者的经济赔偿责任。工程参与各方通过购买工程保险，将工程建造过程中的风险转移给保险公司，以求在意外事件发生时能得到保险公司的经济补偿，从而确保工程项目能顺利完工。工程保险的意义在于，不但有利于保护工程主或项目所有人的利益，也是完善工程承包责任制并有效协调各方利益关系的必要手段。目前，比较典型的工程保险是建筑工程“一切险”和安装工程“一切险”。随着科学技术的发展，工程保险新险种也不断涌现。

一、工程保险的发展历史

工程保险起源于20世纪初，第一张工程保险单是1929年在英国签发的，承保泰晤士河上的拉姆贝斯大桥建筑工程。随后经过发展，工程保险成长为一个相对独立的险种。可见，工程保险的发展历史比火灾保险要短很多年，可以说是财产保险市场中的新产品。但是，由于工程保险针对的是具有规模宏大、技术复杂、造价昂贵和风险期限较长特点的现代工程，其风险从根本上有别于普通财产保险标的的风险。所以，工程保险在传统财产保险的基础上有针对性地设计了特殊的风险保障方案，并逐步发展形成自己独立的体系。

第二次世界大战之后，工程保险得到了大力发展。当时的欧洲几乎是一片废墟，战后各国为重建而大兴土木，客观上形成了对工程保险的需求，促使工程保险得以迅速发展。其次，工程市场本身的发展和规范化也为工程保险的发展提供了可行性。工程市场中逐渐地开始采用公开招标的方式，并在工程招标中使用完善和标准的工程承包合同，大大提高了工程合同的规范程度，进一步明确了合同各方的风险和义务，为工程保险的发展创造了良好的条件。

在我国，中国人民保险公司是从1979年开始办理工程保险的，当时国内工程保险曾一度被置于可有可无的地位，直到1998年工程保险保费收入仍为6亿元。后来，伴随着改革开放和经济发展以及城市化进程的加快，国内基建项目众多，房地产项目、地铁项目、高速公路、高速铁路、核电站、水电站建设项目众多，这些项目的投资者从自身风险分散的角度出发需要工程保险的保障。而且，这些建设项目由于业主单位的企业化和承包单位推行项目经理制，客观上需要对于风险进行有效的控制和管理，也为工程保险的发展提供了机会。在对外开放的形势下，我国的一些工程企业也逐渐涉足海外工程市场，他们在海外工程的投标过程中也需要工程保险作为履约条件。所以，工程保险发展速度一度提升，并随基建项目的建设起伏而波动。至今，我国的工程保险已经发展成为财产保险领域中的一个主要险种，发挥着重要的风险保障作用。但是，2017年工程保险保费收入占整个财产保险保费收入的比例为1.05%，占财产保险保费收入的比例仍然很低，远低于发达国家5%的水平。所以，我国的工程保险的发展前景还非常广泛。

知识窗7-1　　我国的工程保险的市场情况

2017年，我国工程保险的保费收入为110.2亿元，占整个财险市场的1.05%；赔款支出为47.3亿元，赔付率达到了43%。下表是最近十年我国工程保险的市场情况。

	2008年	2009年	2010年	2011年	2012年	2013年	2014年	2015年	2016年	2017年
保费收入(亿元)	39.2	51.6	70.9	73.8	62.3	78.6	81.7	82.9	93.24	110.2
增长率(%)	24	32	37	4	−16	26	4	1	12	18
赔付支出(亿元)	13.8	17.2	18.6	27.2	26.3	29.7	35	36.6	45.35	47.3
市场份额(%)	1.68	1.79	1.82	1.60	1.17	1.27	1.02	0.98	1.01	1.05
赔付率(%)	35	33	26	37	42	38	43	44	49	43

资料来源：历年《保险年鉴》。

可以看到，工程保险的发展速度时快时慢，目前又进入了一轮高速发展的阶段，但占财产保险市场的份额仍然非常小。

二、工程保险的种类

现代的工程保险主要是根据保险标的来进行分类的，主要包括建筑工程保险、安装工程保险、科技工程保险。建筑工程保险承保的是各类建筑工程，即适用于各种民用、工业用和公共事业用的建筑工程，如房屋、道路、桥梁、港口、机场、水坝、道路、娱乐场所、管道以及各种市政工程项目等。安装工程保险，是指以各种大型机器、设备的安装工程项目为保险标的的工程保险，保险人承保安装期间因自然灾害或意外事故造成的物质损失及有关法律赔偿责任。科技工程保险则是随着科技的发展而产生的新领域、新工程的保险。比如海洋石油开发保险、卫星保险、核电站保险等。

工程保险分为强制性保险和自愿性保险。强制性保险是按照法律的规定，工程项目当事人必须投保的险种，但投保人可以自主选择保险公司。自愿性保险则是根据工程项目的需要自愿参加的保险，其理赔或给付的范围以及保险条件等，均由投保人与保险公司根据签订的保险合同确定。当前的工程保险都是同时承保物质损失与责任的保险。考虑到工程的技术复杂性、风险多样性，责任保险部分是非常重要的一个部分。所以责任保险部分大多是强制性保险，而物质损失部分则为自愿性保险。目前，我国的工程保险在法律上虽然没有明确被赋予类似于交强险同样的强制性保险地位，但是在绝大多数地区，工程保险中的责任保险部分都是以行政命令的方式推行准强制的模式。

三、工程保险的特征

工程保险，是随着现代工业和现代科学技术的发展在火灾保险、意外伤害保险及责任保险的基础上逐步演变而成的一种综合性保险。工程保险与普通财产保险不完全一样，它具有以下特点：

(1) 标的风险特殊。工程保险承保的保险标的在施工过程中始终处于动态的过程中，面临着各种静止状态的风险、运动状态的风险和人为操作风险。建筑工程还一直处于露天状态，面临自然灾害的风险更大。而且，各种风险因素错综复杂，导致风险程度增加。除此之外，工程保险面临的最难的风险还是技术风险。

(2) 标的价值变化。工程在建造过程中，从无到有，从有到全，保险价值在不断地增长；而且工期较长，由于通货膨胀等因素的影响，导致保险标的的价值发生变化。保险价值、保险金额和损失金额的确定都存在一定的难度，此时更要根据补偿性原则合理确定，并要求投保人定期申报，以做调整。

(3) 风险保障综合。工程保险大多采用“一切险”的形式承保，从而应对标的风险特殊的特征。保险人将没有考虑到的风险也都纳入承保范围。除此之外，工程保险是一个综合性的保险，既承保被保险人财产损失的风险，又承保被保险人的责任风险，还可以针对工程项目风险的具体情况提供运输过程、工地外储存过程、保证期间等各类风险的保障。

(4) 利益关系人众多。工程保险的利益关系人众多，包括工程所有人、承包人、分承包人、技术顾问、设备供应商等其他关系方。被保险人也可能为他们全部或者其中某些人。所以，为了避免有关各方相互之间的追偿责任，提高赔偿速度，大部分工程保险都会附加交叉责任条款，从而使各个被保险人之间发生的相互责任事故造成的损失均由保险人负责赔偿，而无须根据各自的责任相互进行追偿。

(5) 不同工程保险险种的内容相互交叉。尽管工程保险可以分为建筑工程保险、安装工程保险和科技工程保险，但这三类划分并非完全泾渭分明，而是内容存在相互交叉的可能。比如，在建筑工程中可能包含一部分安装工程，安装工程中又包含部分建筑工程等。

(6) 保险期限不等。传统保险的保险期限通常为一年，期满可续保；而工程保险的保险期限一般按工期计算，即自工程开工至工程竣工。特别是大型工程，其中有的项目是分期施工并交付使用，因而各个项目的期限有先有后，有长有短。

(7) 费率的特殊性。工程保险采用的是工期费率，而不是年度费率。而且每个工程的建造方式、建筑技术、难度均不同，因此，工程保险的费率大多一事一议，费率表也是作为参考而已。还有一些工程保险如核电站保险采用的是经验费率法，以鼓励工程所有人通过严格管理降低损失概率和损失程度。

工程保险与普通财产保险的区别见表 7-1。

表 7-1　　工程保险与普通财产保险的区别

	工程保险	普通财产保险
风险特殊	静止状态的风险、运动状态的风险、操作风险、技术风险等	静止状态的风险
保险价值	随工程进展而不断增加	基本固定不变
保障综合	采用“一切险”的形式，承保工人、技术人员因缺乏经验、疏忽、过失、恶意行为等人为因素造成的损失；承保因原材料缺陷或工艺不善而引起的损失；承保财产保障与责任	仅列举保险责任；不保操作上的失误，不保因财产本身缺陷而引起的损失

（续表）

	工程保险	普通财产保险
被保险人	人数众多，关系复杂，除非通过购买附加交叉责任条款将其作为一个整体对待	通常为业主，关系清晰
费率	非固定费率，因工程不同而不同	固定费率
保险期限	不确定，按工期预计	一年
保费计算	按工程期计算，先预先确定，工程结束后再根据实际保险金额进行调整	按年计算，事先已经确定
续保	不能续保，在工程完毕交付使用后结束	可每年续保

工程保险与普通财产保险在保险期限上是相连接的。通常，工程保险结束时，就应该是普通财产保险的开始。比如建筑工程完工即建筑工程保险结束时，业主应该立刻投保企业财产保险；机器安装完毕即安装工程结束时，业主应该立刻投保企业财产保险和机器损坏保险。

四、工程保险的投保方式

在实务中，由于工程的承包方式不同，因此投保人及被保险人也就存在较大的不同。特别是建筑工程，由于价值较高、内容复杂、涉及人数众多、工期也较长，因此投保方式也有多种。一般而言，主要有四种情况：

(1) 全部承包方式。工程所有人将工程全部承包给某一施工单位，该施工单位作为承包人（或主承包人）负责设计、供料、施工等全部工程环节，最后以钥匙交货方式将完工的建筑物交给工程所有人。在此方式中，由于承包人承担了工程的主要风险责任，故而一般由承包人作为投保人。

(2) 部分承包方式。工程所有人负责设计并提供部分建筑材料，施工单位负责施工并提供部分建筑材料，双方各承担部分风险责任，此时可由双方协商，推举一方为投保人，并在合同中写明。

(3) 分段承包方式。工程所有人将一项工程分成几个阶段或几部分分别向外发包，承包人之间是相互独立的，没有契约关系。此时，为避免分别投保造成的时间差和责任差，应由工程所有人出面投保建筑工程险。

(4) 施工单位只提供服务的承包方式。工程所有人负责设计、供料和工程技术指导；施工单位只提供劳务，进行施工，不承担工程的风险责任。此时应由工程所有人投保。

第二节　建筑工程“一切险”

建筑工程“一切险”(Construction All Risks Insurance)适用于各类民用、工业用和公用事业用的土木建筑工程项目，如住宅、旅馆、商店、工厂、道路、码头、仓库、水库、桥梁、管道等。凡在工程建筑期承担风险或具有利益关系的各方均可以成为被保险人。建筑工程“一切险”的投保人一般是建筑单位或施工单位。如果工程项目的各个部分由总承包人转分包出去，则有可能使用多份保险单。建筑工程“一切险”是财产和责任的综合保险。其保险责任包括物质损失部分和第三者责任两个部分。两部分的保险责任不同，除外责任的表述也不完全相同。

一、物质损失部分

(一) 保险标的

一般，在保险合同明细表中分项列明的在工地范围内的与实施工程合同相关的财产或费用，都属于保险合同的保险标的。此处需注意的是，建筑工程保险需在保单中明确具体的工地范围。保险公司只赔偿此工地范围以内的财产与费用，财产一旦离开工地，则不予保障；其次，各种财产和费用在保单中是分项列明的。物质损失部分的保险项目包括以下三项：建筑工程，所有人提供的物料及项目，安装工程项目。

下列财产需要在保险合同中经双方特别约定并在保险合同中载明应保险金额，才可以属于保险合同的保险标的：(1)施工用机具、设备、机械装置；(2)在保险工程开始以前已经存在或形成的位于工地范围内或其周围的属于被保险人的财产；(3)在保险合同保险期间终止前，已经投入商业运行或业主已经接受、实际占有的财产或其中的任何一部分财产，或已经签发工程竣工证书或工程承包人已经正式提出申请验收并经业主代表验收合格的财产或其中任何一部分财产；(4)清除残骸费用，指发生保险事故后，被保险人为修复保险标的而清理施工现场所发生的必要、合理的费用。其中，特别约定第(1)项是因为其是机器，价值、损失等容易辨析；特别约定第(2)和(3)项是因为其不是建造过程中的财产，而是已经完工的财产，风险与建造中的财产不同；特别约定第(4)项则是因为清除残骸费用在建筑过程中是一项比较高的费用，故与建筑工程部分的保险分别列出保险金额。

下列财产不属于保险合同的保险标的：文件、账册、图表、技术资料、计算机软件、计算机数据资料等无法鉴定价值的财产；便携式通信装置、便携式计算机设备、便携式照相摄像器材以及其他便携式装置、设备；土地、海床、矿藏、水资源、动物、植物、农作物;领有公共运输行驶执照的,或已由其他保险予以保障的车辆、船舶、航空器;违章安装、危险安装、非法占用的财产。这部分除外保险标的的原因与企业财产保险基本上一致。

(二) 保险责任

建筑工程"一切险"物质损失部分采用概括的方式界定保险责任。一般仅列明:保险单明细表中分项列明的被保险财产在列明的工地范围内,因保险单除外责任以外的任何自然灾害或意外事故造成的物质损坏或灭失,以及发生上述损失时所产生的有关费用。

其中,建筑工程"一切险"将自然灾害定义为地震、海啸、雷击、暴雨、洪水、暴风、龙卷风、冰雹、台风、飓风、沙尘暴、暴雪、冰凌、突发性滑坡、崩塌、泥石流、地面突然下陷下沉及其他人力不可抗拒的破坏力强大的自然现象。而意外事故是指不可预料的以及被保险人无法控制并造成物质损失或人身伤亡的突发性事件,包括火灾和爆炸。与大部分保险不同的是,地震在这里属于保险责任。

(三) 除外责任

这里介绍专门适用于建筑工程"一切险"物质损失部分的除外责任,可以根据除外责任的共性分为以下几类:

(1) 应由设计方或原材料商承担的责任:设计错误引起的损失和费用;因原材料缺陷或工艺不善引起的保险财产本身的损失以及为换置、修理或矫正这些缺点与错误所支付的费用。

(2) 自然的现象:自然磨损、内在或潜在缺陷、物质本身变化、自燃、自热、氧化、锈蚀、渗漏、鼠咬、虫蛀、大气变化、正常水位变化或其他渐变原因造成的被保险财产自身的损失和费用(大气变化包括气候或气温变化);维修保养或正常检修的费用。

(3) 机器问题:非外力引起的机械或电气装置的本身损失,或施工用机具、设备、机械装置失灵造成的本身损失。

(4) 除外的标的:档案、文件、账簿、票据、现金、各种有价证券、图表资料及包装物料的损失;盘点时发现的短缺;领有公共运输行驶执照的,或已由其他保险予以保障的车辆、船舶和飞机的损失。

(5) 需特殊约定的责任:除非另有约定,在被保险工程开始以前已经存在或形成的位于工地范围内或其周围的属于被保险人的财产的损失;在保险单保险期限终止以前,被保险财产中已由工程所有人签发完工验收证书或验收合格或实际占有或使用或接收的部分。

建筑工程"一切险"物质损失部分的保险责任采用的是概括式的说明,而详细地列举了除外责任。因此判断某事故是否属于保障范围,则只需要判断其是否属于除外责任即可。这里需注意,在一些除外责任中使用了“本身损失”这个词语。比如“非外力引起的机械或电气装置的本身损失”,这表示,由于非外力引起的机械或电气装置发生意外事故时,机械或电子装置本身的损失是除外不赔的,但由此而导致的其他财产的损失则是要赔偿的。当然,倘若没有使用“本身损失”,而是使用“损失”一词,则非外力引起的机械或电气装置的所有损失(包括本身及其他财产的损失)均属于除外不赔的。

(四) 保险金额

建筑工程中被保险标的的价值随着工程的进展在不断地变化。因此确定建筑工程“一切险”的保险价值和保险金额比较复杂。通常,保险单明细表中的保险金额是分项列明的,因此也要分项考虑。其中,建筑工程的保险金额不应该低于被保险工程建筑完成时的总价值,包括原材料费用、设备费用、建造费、安装费、运保费、关税、其他税项和费用,以及由工程所有人提供的原材料和设备的费用;而施工用机器、装置和机械设备的保险金额不应该低于重置同型号、同负载的新机器、装置和机械设备所需的费用。其他项目则由被保险人与保险人商定金额。

被保险人投保时,通常是先根据工程概算总造价估计工程总价值,再分项目列明保险金额,然后再根据变化适时调整。当然,保费也是估计并预收的,在保险期限结束时再根据工程的实际总价值调整保险金额,再相应调整保费。此时投保人或被保险人应该做好以下事项:

- 在保险项下工程造价中包括的各项费用由于涨价或升值原因而超出保险工程造价时,必须尽快以书面通知保险人,保险人据此调整保险金额。
- 在保险期间内对相应的工程细节做出精确记录,并允许保险人在合理的时候对该项记录进行查验。
- 若保险工程的建造期超过三年,必须从本保险合同生效日起每隔十二个月向保险人申报当时的工程实际投入金额及调整后的工程总造价,保险人将据此调整保险费。
- 在本保险合同列明的保险期间届满后三个月内向保险人申报最终的工程总价值,保险人据此以多退少补的方式对预收保险费进行调整。

(五) 赔偿处理

建筑工程“一切险”的赔偿方式有支付赔款、修复或重置。赔偿方式由保险人进行选择。但是,对于被保险财产在修复或重置过程中发生的任何变更、性能增加或改进所产生的额外费用,保险人不负责赔偿。

在发生保险单物质损失项下的损失后,保险人按下列方式确定赔偿金额:

(1) 可以修复的部分损失——以将被保险财产修复至其基本恢复受损前状态的费用扣除残值后的金额为准。但若修复费用等于或超过被保险财产损失前的价值,则按全部损失或推定全损的规定处理。

(2) 全部损失或推定全损——以被保险财产损失前的实际价值扣除残值后的金额为准,但保险人有权不接受被保险人对受损财产的委付。

(3) 发生损失后,被保险人为减少损失而采取必要措施所产生的合理费用,保险人可予以赔偿,但该项费用与物质损失赔偿金额之和以受损的被保险财产的保险金额为限。

当然,如果是不足额保险,则无论是物质损失还是施救费用,都只能得到比例赔付。建筑工程"一切险"通常对于物质损失部分设置了每次事故免赔额,通常以免赔率的形式存在。这部分免赔额是针对每次事故而适用的。并且,保单中就自然灾害的每次事故给予了明确的定义。保险标的在连续72小时内遭受暴雨、台风、洪水或其他连续发生的自然灾害所致损失视为一次单独事件,在计算赔偿金额时视为一次保险事故,并扣减相应的免赔额。被保险人可自行决定72小时的起始时间,但若在连续数个72小时内发生损失,任何两个或两个以上72小时期限不得重叠。

分项目赔偿时,保险人对每一保险项目的赔偿责任均不能超过保险单明细表中对应列明的分项保险金额以及保险单特别条款或批单中规定的其他适用的赔偿限额。在任何情况下,保险人在保险单项下承担的对物质损失的最高赔偿责任都不会超过保险单明细表中列明的总保险金额。保险人在赔偿损失后,出具批单,将保险金额从损失发生之日起相应减少,并且不退还保险金额减少部分的保险费。如被保险人要求恢复至原保险金额,应按约定的保险费率加缴恢复部分从损失发生之日起至保险期限终止之日止按日比例计算的保险费。这一项规定与企业财产保险中的规定一致。

二、第三者责任部分

建筑工程"一切险"的第三者责任保险的含义与机动车辆保险中商业三者险相似,都是为了保障第三者的利益。正如前文的分析,由于建筑工程中的风险较为复杂,发生事故时对第三者造成的损失可能会比较严重。因此,第三者责任保险是通常被要求强制购买的。

(一) 保险责任

建筑工程"一切险"的第三者责任保险采用概括的方式界定保险责任:因发生与保险单所承保工程直接相关的意外事故引起工地内及邻近区域的第三者人身伤亡、疾病或财产损失,依法应由被保险人承担的经济赔偿责任;对被保险人由于上述原因而支付的诉讼费用以及事先经保险人书面同意而支付的其他费用。

(二) 除外责任

由于行业性质不同,尽管建筑工程"一切险"的第三者责任保险的含义与机动车商业三者险相似，但除外责任的表述却完全不同。建筑工程“一切险”第三者责任险的除外责任包括：

1. 由于震动、移动或减弱支撑而造成的任何财产、土地、建筑物的损失及由此造成的任何人身伤害和物质损失；

2. 领有公共运输行驶执照的车辆、船舶、飞机造成的事故；

3. 下列原因引起的赔偿责任：

(1) 保险合同物质损失项下或本应在该项下予以负责的损失及各种费用；

(2) 工程所有人、承包人或其他关系方或他们所雇用的在工地现场从事与工程有关工作的职员、工人以及他们的家庭成员的人身伤亡或疾病；

(3) 工程所有人、承包人或其他关系方或他们所雇用的职员、工人所有的或由其照管、控制的财产发生的损失；

(4) 被保险人应该承担的合同责任，但无合同存在时仍然应由被保险人承担的法律责任不在此限。

上述第 1 条除外责任是建筑过程中经常发生的；第 2 条除外责任则是因为其有单独的商业三者险保障；第 3 条除外责任则是界定了第三者的范围。物质损失部分的保险标的当然不属于第三者，合同责任也是在绝大多数保险产品中除外的。而对于工程所有人、承包人的员工及其家庭成员，根据其是否在工地现场工作给予区分。一般而言，员工不属于第三者，因此员工的财产损失都不赔。但就人身伤害部分，只将工地内工作的员工不作为第三者而不赔；但不在工地内工作的其他员工则视为第三者，应赔偿人身伤害部分。这样的处理，比较适合于当前开发商项目众多、规模较大的特征。

案例 7-1①

上海轨道交通 4 号线是上海轨道交通的环线。2003 年 7 月 1 日凌晨，4 号线越江隧道区间用于连接上、下行线的安全联络通道——旁通道工程施工作业面内，因大量的水和流沙涌入，导致隧道部分结构损坏及周边地区地面沉降，造成 3 栋建筑物严重倾斜，黄浦江防汛墙局部塌陷并引发管涌。事故的直接经济损失达到了 1.5 亿元左右。

事故发生后，轨道 4 号线事故上海调查组有关专家认为是三大技术原因导致事故的发生。事故发生段为地铁董家渡段、靠黄浦江 260 米处、两条隧道之间的一条狭小连接通道，即旁通道。当时，竖井与旁通道的开挖顺序错

① 原中华人民共和国建设部《关于上海轨道交通 4 号线“7·1”重大工程事故的通报》，建质〔2003〕197 号，2003 年 10 月 16 日。

误、冷冻设备出现故障导致温度回升以及地下沉压水导致喷沙这三方面不利因素遇在一起，最终导致事故的发生。

施工方改变开挖顺序：6月底，轨道4号线浦东南路—南浦大桥段上下行隧道旁通道上方一个大的竖井已经开挖好，在大竖井底板下距离隧道四五米处，还需要开挖两个小的竖井，才能与隧道相通。按照施工惯例，应该先挖旁通道，再挖竖井。但是施工方改变了开挖顺序，这样极容易造成坍塌。事故发生时，一个小竖井已经挖好，另一个也已开挖2米左右。

断电导致温度回升：隧道施工时使用冷冻技术，相当于一个大的冷却塔，利用氟利昂、盐水等冷却剂循环制冷，将土层冷却到零下10摄氏度才能开挖。施工单位用于制冷的设备相当于家庭使用的空调机，事故前，冷冻的温度已经达到所需温度，但是6月28日“空调”因断电出现故障，温度慢慢回升，大概回升两度多的时候，技术人员将情况汇报给中煤矿山工程有限公司上海分公司项目副经理李柱和。但是李说“不要紧，继续施工”。到了6月30日，由于工人继续施工，向前挖掘，管片之上的流水和流沙压力终于突破极限值，在7月1日出现险情。

地下沉压水导致喷沙：上海地层属于典型的软土，黄浦江两侧砂土分布比较广，分布在浦东浦西两侧10余米至20余米。在上海地下进行作业，就像在蛋糕上做文章，很容易遇到流沙、沉降等情况。因此“冻结法”施工是解决松软含水地层水平隧道施工的可靠技术。但是工程地质看不见摸不着，稍不注意就会出大问题。轨道4号线隧道施工所处土层在地下七层，七层是沙层土，含沙量很高，沙中又含水，而水是有一定压力的，根据连通器的原理，通了以后水就会将大量流沙源源不断喷出。6月30日晚，施工现场出现流沙，施工单位采取措施，用干冰紧急制冷。但事实证明当时的措施是很不得力的。

另外，工程监理单位当时只在技术管理层面上把关，有关负责人根本就不在4号线施工现场，而是在别的工地，施工方案变更单一直放在抽屉里。

因此，调查表明引发事故的原因是：施工单位在用于冷冻法施工的制冷设备发生故障、险情征兆出现、工程已经停工的情况下，没有及时采取有效措施，排除险情，现场管理人员违章指挥施工，直接导致了这起事故的发生。同时，施工单位未按规定程序调查施工方案，且调整后的施工方案存在欠缺。总包单位现场管理失控，监理单位现场监理失职。

上海轨道交通四号线事故涉及保额56亿元，平安保险、太平洋保险和中国人保等4家保险公司成立了联合理赔小组，统一协调理赔事宜。上海轨道交通四号线的险种涉及建工险和第三者责任险，由于事故不仅造成了上海轨道交通四号线的损失，还造成了一些地面建筑的损害，承保人不仅要赔偿上海轨道交通四号线本身的损失，还将承担第三者责任险的赔偿责任，据初步估算，第三者责任险的赔偿金额就可能达到 5 000 万元。事后，保险公司进行了赔偿，而这起事故的相关责任人已受到司法机关追究。其中 3 人因涉嫌“重大事故责任罪”被批准逮捕，另有 3 人被取保候审，并且还对相关单位领导追究领导责任，对相关责任单位也进行了处罚。

(三) 赔偿限额

第三者责任险的赔偿限额分为个人的人身伤亡、人身伤亡总额、财产损失和总赔偿限额四种，前三种是每次事故以及同一事故引起的一系列事故的赔偿限额。总赔偿限额是指在整个保险期内赔偿第三者责任的总限额，在保险期内可能发生多次第三者责任事故，保险费是根据总赔偿限额计算的。

知识窗 7-2　　建筑工程“一切险”的免赔额

物质损失部分的免赔额有两类：各保险项目的免赔额和特种危险的免赔额。免赔额的高低，应该根据工程危险程度、工地自然地理条件、工期长短等因素，与被保险人协商制定。各项免赔额的大致幅度为：

(1) 建筑工程部分：一般为 \$2 000～\$50 000，也可以分别规定自然灾害的免赔额与其他损失的免赔额。自然灾害免赔额一般比较大，其他损失免赔额一般比较小。

(2) 建筑用机器、装置及设备：一般为 \$500～\$1 000，或同时再规定损失金额的 15%～20%，以高者为准。

(3) 其他保险项目：一般为 \$500～\$2 000，场地清理费用一般不规定单独的免赔额。

(4) 特种危险：一般为 \$10 000～\$50 000。

第三者责任部分只对财产损失规定每次事故的免赔额，一般可为 \$200～\$1 000，对人身伤害无免赔额的规定。

上述各免赔额均为每次事故的绝对免赔额，如一次事故同时涉及一项以上保险项目时，选用其中最高的一个免赔额。免赔额的确定与费率的增减有直接关系。如果在上述基础上免赔额增加两倍，即为原来的三倍，则费率最多可以降低 10%。

（四）赔偿处理

通常，保险人的赔偿以下列方式之一确定的被保险人的赔偿责任为基础：被保险人和向其提出损害赔偿请求的索赔方协商并经保险人确认，仲裁机构裁决，人民法院判决，以及保险人认可的其他方式。对第三者人身伤亡的赔偿不规定免赔额，但对财产损失的赔偿可规定每次事故免赔额。每次事故免赔额或免赔率由投保人与保险人在订立保险合同时协商确定，并在保险合同中载明。在任何情况下，均不得超过保险单明细表中对应列明的每次事故赔偿限额。同时，在保险期限内，保险人在保险单项下对这些经济赔偿的最高赔偿责任不得超过保险单明细表中列明的累计赔偿总限额。每次事故法律费用的赔偿金额也是另行计算的。

保险人对被保险人给第三者造成的损害，可以依照法律的规定或者保险合同的约定，直接向该第三者赔偿保险金。被保险人给第三者造成损害，被保险人对第三者应负的赔偿责任确定的，根据被保险人的请求，保险人应当直接向该第三者赔偿保险金。被保险人怠于请求的，第三者有权就其应获赔偿部分直接向保险人请求赔偿保险金。被保险人给第三者造成损害，被保险人未向该第三者赔偿的，保险人不得向被保险人赔偿保险金。这些条款都是为了保障受害人的利益。

三、物质损失部分与第三者责任保险的共同条款

（一）除外责任

这部分除外责任是物质损失部分和第三者责任保险部分共同的除外责任，相关条款与普通财产保险中的完全相似。

（1）绝对除外责任：战争、类似战争行为、敌对行为、武装冲突、恐怖活动、谋反、政变引起的任何损失、费用和责任；罢工、暴动、民众骚乱引起的任何损失、费用和责任；被保险人及其代表的故意行为或重大过失引起的任何损失、费用和责任；核裂变、核聚变、核武器、核材料、核辐射及放射性污染引起的任何损失、费用和责任。

（2）政府行为：政府命令或任何公共当局的没收、征用、销毁或毁坏。

（3）污染：大气、土地、水污染及其他各种污染引起的任何损失、费用和责任。

（4）间接损失：工程部分停工或全部停工引起的任何损失、费用和责任；罚金、延误、丧失合同及其他后果损失。

（二）保险期限

建筑工程“一切险”承保从开工到完工过程中的风险，保险期限是按整个工程的期限计算。对大型、综合性工程，由于其中各个部分的工程项目分期施工，如果投保人要求分别投保，可以分别签发保单和分别规定保险期限。

保险责任自保险工程破土动工日起或自用于保险工程的材料、设备运抵工地时开始。保险责任终止是以下列几种情况中先发生者为准：保险单规定的终止日期；工程所有人对部分或全部工程签发完工验收证或验收合格；工程所有人开始实际占有或使用或接收时终止。如部分使用，该使用部分的保险责任终止。

不论有关合同中对试车和考核期如何规定，保险人仅在保险合同明细表中列明的试车和考核期间内对试车和考核所引发的损失、费用和责任负责赔偿；若保险设备本身是在本次安装前已被使用过的设备或转手设备，则自其试车之时起，保险人对该项设备的保险责任即行终止。任何有关保险期间的展延，投保人均须事先获得保险人的书面同意，否则从保险合同明细表中列明的建筑期保险期间终止日之后发生的任何损失、费用和责任，保险人均不负责赔偿。

（三）投保人、被保险人义务

由于建筑工程的复杂性，建筑工程"一切险"对投保人和被保险人履行最大诚信原则方面做出了非常细致的规定。投保人和被保险人除了要履行其他保险中常见的义务之外，还需注意以下情况：

被保险人应当遵守国家有关消防、安全、生产操作等方面的相关法律、法规及规定，谨慎选用施工人员，遵守一切与施工有关的法规、技术规程和安全操作规程，维护保险标的的安全。保险人及其代表有权在适当的时候对保险标的的风险情况进行现场查验。被保险人应提供一切便利及保险人要求的用以评估有关风险的详情和资料，但查验并不构成保险人对被保险人的任何承诺。保险人向投保人、被保险人提出消除不安全因素和隐患的书面建议，投保人、被保险人应该认真付诸实施。投保人、被保险人未按照约定履行其对保险标的的安全应尽责任的，保险人有权要求增加保险费或者解除合同。

保险标的转让的，被保险人或者受让人应当及时通知保险人。因保险标的转让导致危险程度显著增加的，保险人自收到通知之日起三十日内，可以按照合同约定增加保险费或者解除合同。保险人解除合同的，应当将已收取的保险费，按照合同约定扣除自保险责任开始之日起至合同解除之日止应收的部分后，退还投保人。被保险人、受让人未履行通知义务，因转让导致保险标的危险程度显著增加而发生的保险事故，保险人不承担赔偿责任。

在保险期间内，被保险人在工程设计、施工方式、工艺、技术手段等方面发生改变致使保险工程风险程度显著增加或其他足以影响保险人决定是否继续承保或是否增加保险费的保险合同重要事项变更，被保险人应及时书面通知保险人，保险人有权要求增加保险费或者解除合同。保险人解除合同的，应当将已收取的保险费，按照合同约定扣除自保险责任开始之日起至合同解除之日止应收的部分后，退还投保人。被保险人未履行通知义务，因上述保险合同重要事项变更而导致保险事故发生的，保险人不承担赔偿责任。

若在某一保险财产中发现的缺陷表明或预示类似缺陷亦存在于其他保险财产中时，被保险人应立即自付费用进行调查并纠正该缺陷。否则，由该缺陷或类似缺陷造成的损失保险人不承担赔偿责任。

四、附加条款

保险人还为建筑工程"一切险"设计了许多特别条款供承保时选用，当然，购买安装工程"一切险"或建筑安装工程保险时也可以选用。以中国人民保险公司的附加险为例，包括了扩展类条款 80 条，限制类条款 17 条，规范类条款 82 条。比如有罢工、暴乱、民众骚动扩展条款，交叉责任扩展条款，有限责任保证期扩展条款，内陆运输扩展条款，空运费扩展条款，清除残骸费用扩展条款，设计师风险扩展条款，工程部分完工扩展条款，工地外储存物资特别条款，专业费用特别条款，震动、移动或减弱支撑扩展条款，工程图纸、文件特别条款，地下炸弹特别条款，地下电缆、管道及设施特别条款。另外还有一些是用来限制保险责任的特别条款，如隧道工程特别除外条款、防火设施特别条款等。下面简单介绍一些比较具有代表性的附加险条款。

1. 交叉责任扩展条款

保险合同第三者责任项下的保障范围将适用于保险合同明细表列明的所有被保险人，就如同每一被保险人均持有一份独立的保险合同，但保险人对被保险人不承担以下赔偿责任：已在或可在保险合同物质损失部分投保的财产损失，包括因免赔额，或赔偿限额规定不予赔偿的损失；已在或应在劳工保险或雇主责任保险项下投保的被保险人的雇员的疾病或人身伤亡。保险人对所有被保险人由一次事故或同一事故引起的数次事故承担的全部责任不得超过保险合同明细表中列明的每次事故赔偿限额。

2. 原有建筑物及周围财产扩展条款

保险合同物质损失项下规定承保被保险财产在建筑、安装过程中由于震动、移动或减弱支撑、地下水位降低、基础加固、隧道挖掘，以及其他涉及支撑因素或地下土的施工而造成所列明的建筑物突然的、不可预料的物质损失。作为保险人承担赔偿责任的先决条件，被保险人在工程开工前应向保险人提供书面报告以证实被保险工程开工前原有建筑及周围财产的状况良好，并已采取了必要的安全措施。保险人不负责赔偿因工程设计错误造成建筑物的损失，以及既不损害建筑物的稳固又不危及使用者安全的裂缝损失。工程建设期间，若需要采取进一步的安全措施，该项费用由被保险人自己承担。

3. 震动、移动或减弱支撑扩展条款

保险合同第三者责任项下扩展承保由于震动、移动或减弱支撑而造成的第三者财产损失和人身伤亡责任，但以下列条件为限：第三者的财产、土地或建筑全部或部分倒塌；被保险人在施工开始之前，第三者的财产、土地或建筑物处于完好状态并采取了必要的防护措施；如经保险人要求，被保险人在施工开始之前应自负费用向保险人提供书面报告，说明任何受到危险的第三者财产、土地或建筑物的情况。保险人不负责赔偿被保险人下列损失和费用：因工程性质和施工方式而导致的可预知的第三者财产损失和人身伤亡责任；既不影响第三者财产、土地或建筑物的稳定性，又不危及其拥有人的表面损坏；在保险期内，被保险人为防止损失发生而采取预防或减少损失的费用。

4. 设计师风险扩展条款

保险合同扩展承保被保险财产因设计错误或原材料缺陷或工艺不善原因引起意外事故并导致其他保险财产的损失而发生的重置、修理及矫正费用，但由于上述原因导致的保险财产本身的损失除外。

5. 清除污染费用扩展条款

保险合同扩展承保对在正常操作过程中受到放射性污染及本保险合同项下予以赔偿的损失造成污染的保险财产进行清除的特别费用。清除污染费用包括：

- 为修理受损物件必须发生的清除污染费用，例如，对在正常操作过程中暴露于离子辐射的部件进行清除污染的费用；
- 为接触受损物件而发生的费用，例如，卸去及重新放置护罩和防护墙的费用；
- 为防护受损物件的人员而发生的费用，例如，防护服，为避免辐射而设置阻隔物的费用；
- 受损物件因正常操作过程中无法修理，只能重置所发生的额外费用；
- 受损物件修理后，根据有关规定必须进行试验、检查、验收而发生的费用；
- 转移和处置放射性残骸的费用。

6. 共同被保险人条款

所有组成共同被保险人的各方当事人在本保险合同下的权益应被认为如同各方当事人拥有独立保险合同下的权利一样，每一被保险人在本保险合同下的正当权益不因其他被保险人的欺诈、错误告知、隐瞒或违反保险合同条件等违法或过错行为而受损害。但保险人对所有共同被保险人所承担的全部赔偿责任不超过保险合同中列明的保险金额或赔偿限额，以及批单或扩展条款中规定的分项限额。而且，保险人对共同被保险人中的一个或数个被保险人进行赔付后，保险合同项下总计保险金额相应减少。在发生损失时，所有共同被保险人总是保持和执行各种合约以及各自的合约赔偿。保险人对任何被保险人的欺诈、错误告知、隐瞒或违反保险合同条件等违法或过错行为造成其本身的损失不负赔偿责任。

五、费率及风险因素

1. 各项目费率

建筑工程"一切险"的各个部分的费率是单独计算，然后再进行加总。

- 建筑工程所有人提供的物料及项目、安装工程项目、场地清理费、工地内已有的建筑物、所有人或承包人在工地的其他财产等，为一个总的费率，整个工期实行一次性费率。
- 建筑用机器、装置及设备，实行单独的年度费率，如果保期不足一年，按短期费率计收保费。
- 保证期费率，实行整个保证期的一次性费率。
- 第三者责任险，实行整个工期一次性费率。

2. 考虑的风险因素

建筑工程项目各不相同，在确定费率时，需要考虑建筑工程本身的难度以及施工方的情况。通常会考虑以下因素：

- 工程的性质和总造价；
- 工程本身的危险程度，包括施工方法和建筑高度等；
- 施工期限，包括施工期的长短和季节、试车期的长短、保证期长短及责任范围；
- 承包商及其他工程关系方的资信、技术水平和经验，是否从事过类似工程，对施工组织的水平和现场安全管理的能力，以及以往承包工程的损失记录；
- 工地及邻近地区的自然地理条件，有无特别危险及发生巨灾的可能性；
- 保险人本人以往承保同类工程损失的记录；
- 被保险人要求提供的保障范围，包括特殊风险扩展及其危险性大小；
- 最大可能损失程度；
- 工程免赔额的高低及第三者责任和特种危险的赔偿限额。免赔额的高低与费率成反比，第三者责任和特种危险的赔偿限额则与费率成正比。
- 如果工程的保险金额巨大，必须对外进行分保时，则还应考虑有关分保市场的行情。

知识窗 7-3　　建筑工程“一切险”费率示例

<table>
<tr><th colspan="2">费率单位</th><th>项目</th><th>厘定条件</th><th>费率‰</th></tr>
<tr><td rowspan="8">建筑工程</td><td rowspan="8">工期费率</td><td>住宅大楼</td><td rowspan="4">● 无特种巨灾风险区
● 保险金额为 $1 500 万以下的项目
● 施工期限为 1～1.5 年(不含保证期)
● 楼高在 20 层以下
● 免赔额 $2 500 左右
若超过以上范围，需再加费 30%～50%</td><td>1.4～1.8</td></tr>
<tr><td>综合性大楼</td><td>1.6～2.2</td></tr>
<tr><td>商场、办公大楼</td><td>1.7～2.2</td></tr>
<tr><td>旅馆、医院、学校大楼</td><td>2.1～2.8</td></tr>
<tr><td colspan="2">仓库及普通工厂厂房</td><td>2.4～2.8</td></tr>
<tr><td colspan="2">道路</td><td>2.6～3</td></tr>
<tr><td colspan="2">码头、水坝</td><td>3～3.5</td></tr>
<tr><td colspan="2">隧道、桥梁、管道</td><td>3.2～4.5</td></tr>
<tr><td rowspan="3">建筑用施工机器、设备</td><td rowspan="3">年度费率</td><td colspan="2">起重机、升降机、传送设备</td><td>9～14</td></tr>
<tr><td colspan="2">挖掘机、推土机、压路机、铲车、特种车辆</td><td>8～10</td></tr>
<tr><td colspan="2">其他各种施工机具</td><td>6～8</td></tr>
<tr><td rowspan="3">第三者责任</td><td rowspan="3">工期费率</td><td>有累计赔偿限额</td><td colspan="2">累计赔偿限额的 2.8～3.2</td></tr>
<tr><td>无累计赔偿限额</td><td colspan="2">每次事故赔偿限额的 3.5～5</td></tr>
<tr><td>交叉责任</td><td colspan="2">视危险大小加收第三者责任保险费的 10～25</td></tr>
<tr><td rowspan="2">保证期</td><td rowspan="2">一次性费率</td><td>有限的保证期责任</td><td>建筑工程部分费率的 10%～15%</td><td rowspan="2">保证期为 12 至 24 个月</td></tr>
<tr><td>扩大的保证期责任</td><td>建筑工程部分费率的 15%～25%</td></tr>
<tr><td>附加保障</td><td>工期费率</td><td colspan="3">视具体危险程度，如无特别风险，每增加一项附加保障，加收 0.2%。</td></tr>
</table>

第三节　安装工程“一切险”

安装工程“一切险”(Erection All Risks Insurance)是专门承保新建或扩建的工矿企业的机器设备或钢结构建筑物在安装期间因灾害事故造成的物质损失、费用和对第三者损害的赔偿责任，主要针对各种设备、装置的安装过程中的风险。所谓安装工程包括电气、通风、给排水以及设备安装等工作内容，工业设备及管道等往往也涵盖在安装工程的范围内。如果以住宅建筑项目为例，安装工程一般是介于土建工程和装潢工程之间的工作。土建工程包括地基与基础、主体结构、建筑装饰、装修、建筑屋面等部分工程，此部分属于建筑工程。安装工程则包括建筑给水、排水及采暖、建筑电气、智能建筑、通风与空调、电梯安装等部分工程。当然，也可以将建筑工程部分与安装工程部分共同承保，称为建筑安装工程“一切险”（Construction & Erection All Risks Insurance）。

一、保险标的

安装工程“一切险”和建筑工程“一切险”同属工程保险，两者的许多条款都非常相似。首先，在保险标的的界定方面，两者是完全相同的。安装工程保险也只保障在列明工地范围内的与实施工程合同相关的财产或费用。有关特约财险的项目和不保财产的范围与建筑工程“一切险”完全一致。但是，由于安装工程的内容与建筑工程还是有明显差异，所以两者各自承保的标的在风险性质方面还是具有显著的差别（见表 7-2）。

表 7-2 安装工程与建筑工程的风险区别

	安装工程“一切险”	建筑工程“一切险”
保障范围	针对各种设备、装置的安装工程，包括电气、通风、给排水及设备安装等，以及工业设备及管道的安装	各类民用、工业和公用事业建筑工程项目，包括道路、水坝、桥梁、港埠、引水供水工程
标的风险	标的多半在建筑物内，机器设备的安装技术性强，遭受人为事故损失的可能性较大	标的多半处于暴露状态，遭受自然灾害损失的可能性较大
风险变化	保险标的价值变化不大，待安装的机器设备通常从安装开始就存放在工地上，保险公司从一开始就承担着全部风险的责任	保险标的价值从开工后逐步增加，风险责任也随着标的价值的增加而增加
试车风险	完工前必须试车考核，风险集中，任何潜在因素都可能造成损失。试车期损失可能占总损失的一半以上，保费占总保费的 1/3 左右	不存在试车风险

二、保险责任和除外责任

安装工程“一切险”的保险责任包括物质损失部分和第三者责任两个部分。保险责任也是采用概括的方式界定。其保险范围与建筑工程“一切险”基本一致。我们只比较安装工程“一切险”保险责任与建筑工程“一切险”的不同之处（见表 7-3）。

其中有关第三者的界定也是完全一致的，同样对于在工地上工作的员工及不在工地上工作的员工的第三者地位也有着不同的界定。安装工程“一切险”物质损失部分和第三者责任部分通用的除外责任也与建筑工程保险完全一致。

表 7-3　　安装工程“一切险”保险责任与建筑工程“一切险”的异同

<table>
<tr><th></th><th></th><th>安装工程“一切险”</th><th>建筑工程“一切险”</th></tr>
<tr><td rowspan="4">物质损失部分</td><td>保险责任</td><td colspan="2">概括式：除外责任以外的任何自然灾害或意外事故造成的物质损坏或灭失，以及有关费用</td></tr>
<tr><td rowspan="3">除外责任</td><td>因设计错误引起的被保险财产本身的损失以及为换置、修理或矫正这些缺点、错误所支付的费用</td><td>设计错误引起的损失和费用（指设计错误引起的一切损失，包括本身的损失和其他财产的损失）</td></tr>
<tr><td>因超负荷、超电压、碰线、电弧、漏电、短路、大气放电及其他电气原因造成电气设备或电气用具本身的损失</td><td>无相应规定</td></tr>
<tr><td>无相应规定</td><td>非外力引起的机械或电气装置的本身损失</td></tr>
<tr><td rowspan="2">第三者责任部分</td><td>保险责任</td><td colspan="2">概括式：与工程直接相关的意外事故引起工地内及邻近区域的第三者人身伤亡、疾病或财产损失，以及有关费用</td></tr>
<tr><td>除外责任</td><td>无相应规定</td><td>震动、移动或减弱支撑造成的任何财产、土地、建筑物的损失及任何人身伤害和物质损失</td></tr>
</table>

三、保险金额与赔偿处理

安装工程“一切险”物质损失部分的保险金额确定方法与建筑工程“一切险”一致。其中，安装工程的保险金额应该不低于被保险工程安装完成时的总价值，包括设备费用、原材料费用、安装费、建造费、运保费、关税、其他税项和费用，以及由工程所有人提供的原材料和设备的费用；施工用机器、装置和机械设备的保险金额应该不低于重置同型号、同负载的新机器、装置和机械设备所需的费用。同样，被保险人是以被保险工程合同规定的工程概算总造价，然后再根据实际的最终的工程总价值确定保险金额以及保费，保险人据此以多退少补的方式对预收保险费进行调整。

安装工程“一切险”第三者责任部分的赔偿限额也包括每次事故责任限额、每人人身伤亡责任限额、累计责任限额，由投保人和保险人在保险合同中商定。赔偿处理的细节也与建筑工程“一切险”完全一致。

四、保险期限

（一）安装期

安装工程“一切险”保险期限的起讫与建筑工程“一切险”相同。保险责任自被保险工程在工地或用于被保险工程的材料、设备运抵工地之时起始，至工程所有人对部分或全部工程签发完工验收证书或验收合格，或工程所有人实际占有或使用或接收该部分或全部工程之时终止，以先发生者为准。但在任何情况下，安工期保险期限的起始或终止不得超出保险单明细表中列明的安工期保险生效日或终止日。

(二) 试车考核期

安装工程“一切险”的保险期一般还包括一个试车考核期。在机器设备安装完毕和验收之前须经试车考核,即机器设备通电并加料后进行各种试车或操作试验,以考核其技术性能及生产能力是否达到合同规定的各项指标,只有在试车考核合格之后,工程才能移交。试车考核期是安装工程中风险最大的一个阶段,损失概率和损失程度可能比安装期内高得多,而且多半与设计错误、原材料或工艺缺陷有关。在安装工程“一切险”中,不论安装的被保险设备的有关合同中对试车和考核期如何规定,保险人仅在保险单明细表中列明的试车和考核期限内对试车和考核所引发的损失、费用和责任负责赔偿;若被保险设备本身是在本次安装前已被使用过的设备或转手设备,则自其试车之时起,保险人对该项设备的保险责任即行终止。

(三) 保证期物质损失保险

保证期的保险期限与工程合同中规定的保证期一致,从工程所有人对部分或全部工程签发完工验收证书或验收合格,或工程所有人实际占有或使用或接收该部分或全部工程时起算,以先发生者为准。但在任何情况下,保证期的保险期限不得超出保险单明细表中列明的保证期。

安装工程“一切险”的其他方面,包括投保人与被保险人的义务、附加险、免赔额等均与建筑工程保险一致。

知识窗 7-4　　安装工程“一切险”费率示例

与建筑工程“一切险”相似,安装工程“一切险”的费率制定时大多也要考虑同类工程以往的损失记录;免赔额的高低及特种危险的赔偿限额;工期长短及安装季节,试车期和保证期的长短;工程本身的危险程度,工程的性质及安装技术难度;巨灾的可能性,最大可能损失程度等。下面的费率表适用于安装期为12～18个月的安装工程。若安装期短于或长于这一范围,则可以结合免赔额的高低和工期长短进行调整。

	费率单位	工程名称	备　注	保险费率
安装工程部分	工期费率	农机工业	包括为期不超过三个月的试车期,若超过三个月,则加收10%～25%	2.5‰～2.8‰
		机械工业		2.6‰～3.0‰
		电子、电器工业		2.8‰～3.5‰
		纺织工业		2.6‰～3.2‰
		矿山		3.4‰～3.8‰

（续表）

	费率单位	工程名称	备　注	保险费率
安装工程部分	工期费率	石油化工工业	包括为期不超过三个月的试车期，若超过三个月，则加收10%～25%	3.4‰～4.5‰
		钢铁工业（冶金）		3.0‰～3.5‰
		水电站（10万KW以下）		3.6‰～4.5‰
		热电站（10万KW以下）		3.8‰～5.5‰
		钢结构桥梁		3.6‰～4.5‰
安装用机器设备、工具部分	年度费率	各类起重机、升降机、传送设备		9.0‰～14.0‰
		各类挖掘机、推土机、压路机、拖拽设备、铲车、特种车辆		8.0‰～10.0‰
		其他各种安装用工具		6.0‰～8.0‰
第三者责任险	工期费率	有累计总赔偿限额：总赔偿限额的2.8‰～3.2‰		
		无累计总赔偿限额：总赔偿限额的3.5‰～4.5‰		
保证期	一次性费率	有限的保证期责任：安装工程部分费率的12%～17%		保证期为12至24个月
		扩大的保证期责任：安装工程部分费率的18%～27%		
附加保障	工期费率	如无特别危险，每增加一项附加保障，加费0.2%。		

第四节　科技工程保险

科技工程保险是以各种重大科技工程或科技产业为保险标的的综合性财产保险，它是随着现代高科技、新技术的发展和广泛应用而逐渐发展起来的一种特殊工程保险业务。科技工程保险与建筑工程“一切险”和安装工程“一切险”有许多相似之处。但科技工程保险业务更具专业技术性和科技开拓危险性，与现代科学技术的研究和应用有着更加紧密的关系；其保险标的的共同特点就是高价值、高保额、高风险、高技术；其中人为风险的影响最大。保险人既可按工程的不同阶段承保，也可连续承保。

一、航天工程保险

航天工程保险是为航天产品包括卫星、航天飞机、运载火箭等提供风险保障的保险。它承保的是航天产品进入太空遭受灾害事故而导致的经济损失，包括航天产品发射前的制造、运输、安装过程中，发射时和发射后的轨道运行过程中，以及使用寿命等方面的风险损失。该险种是一种新兴保险，仍然处于开拓和创新的阶段。

(一) 航天工程保险的主要风险

航天工程保险大多是基于“一切险”承保的,保险人几乎承保了所有的意外风险。一般而言,航天工程保险中面临的主要风险包括以下方面:

(1) 爆炸。航天产品在航天活动中发生爆炸事故,导致严重的损失。爆炸事故是发射阶段的主要风险,也是整个航天保险中造成损失最为严重的风险之一。例如,1986 年发生在美国的“挑战者号”航天飞机爆炸事件,使价值 20 多亿美元的航天飞机毁于瞬间,机上人员全部殉难。

(2) 运行失常。航天产品发射后未能进入预定轨道或未能按计划回收,这种运行失常同样会导致严重的损失,是航天保险中的又一类主要风险。1984 年由美国发射的两颗卫星未能进入预定轨道,不仅使卫星的所有人(美国西联电报公司和印度尼西亚政府)的通信事业发展计划遭到重大挫折,还使承保人(英国劳合社)付出了 1 800 多万美元的保险赔款。

(3) 意外故障。意外故障也是导致航天活动费用损失的事故风险,后果虽然不是航天产品的毁灭性损失,但同样会造成严重的后果。1992 年 3 月 28 日,中国西昌卫星发射中心在发射一颗卫星时,出现剧毒燃料不断渗漏的意外故障,虽经紧急关机保住了火箭、卫星及发射场,但仍造成了 3 人死亡和数百万美元的直接经济损失。

(4) 其他风险。如气候因素、太空意外碰撞以及制造、运输、安装、发射过程中的疏忽或过失等,均有酿成重大损失的可能。

(二) 航天工程保险的产品

1. 卫星及火箭的工程安装保险

同常规的安装工程保险相似,主要承保卫星与运载工具及其附属备件在生产制造安装中的物质损失风险,包括卫星及运载火箭的组装过程及相应的静态试车,在模拟发射环境下的各种试验过程,以及由于其他意外原因所导致的卫星与火箭的损失。由于这些损失通常属于常规安装工程保险的承保范围,因此卫星及火箭工程安装保险一般由卫星或火箭的制造商投保。

2. 卫星及火箭的发射前保险

发射前的卫星及火箭保险的保险期限,一般从卫星和火箭在制造厂房吊装开始,至发射装置引擎点火时终止。在发射前这一阶段,卫星及火箭都要从生产厂房运送到发射工地,并经历运输、仓储、装配、准备发射等环节。如果火箭在意向点火和起飞期间由于点火终止而终止发射,其损失同卫星发射保险赔偿,如果发生发射终止情况,火箭和卫星没有造成全部损失,并经过修理和检测仍能继续完成发射任务,发射前保险人在被保险人补交相应保险费的情况下,继续负责到再一次发射点火时终止。发射前保险的保障可按不同阶段分为运输保险、仓储保险及装配保险,不同阶段的保险金额会有所差别，该保险的主要保险责任是因意外事故致使卫星或火箭以及相关的发射设备在保险期内的物质损失，或因其物质损失导致不能按期发射而造成的费用损失。发射前保险根据保险市场惯例承保，其除外责任主要有核辐射或核泄漏、战争险、自然磨损、设计缺陷、机械故障等风险。

3. 卫星发射保险

卫星发射保险是航天保险的最主要部分，航天保险的高科技性、高风险及高价值的特征都集中体现在这一阶段。卫星发射保险主要提供卫星及火箭物质损失的一切风险保障。一切风险是指火箭发射过程中对卫星及火箭所造成的损失，既包括因发射工具即火箭的原因使卫星及火箭在发射时遭受全部损失，又包括卫星在星箭分离过程、卫星从同步转移轨道变轨到同步静止轨道过程、卫星调姿和各项在轨过程中由于自身故障发生爆炸，或进入轨道后因自身系统不能正常工作使卫星失去控制等全部损失。卫星发射保险有全损险和“一切险”两种险别，被保险人可以根据自己的需求进行投保选择。

卫星发射保险的保险期限从预定点火时间开始到卫星正确进入预定轨道，直到卫星用户对卫星的设备系统进行商业运行前验收合格为止，通常这段运行期是在发射后的 180 天或 365 天内结束。卫星发射保险的保险金额通常由发射服务费、卫星的成本、保险费和额外费用构成。卫星发射保险的费率通常受火箭的可靠性、卫星的设计和型号、保障范围和市场承保能力等因素的影响。

4. 第三者责任保险

第三者责任保险又称为卫星发射责任保险，承保卫星发射前、发射、轨道上运行及重返大气层过程中可能造成的第三者损失。根据 1972 年 9 月 1 日生效的《空间物体损害的国际赔偿责任公约》规定，卫星及发射工具在发射后所造成的地面上或在空中飞行的飞机上的人员及其财产损失的责任由空间物体的所有人及发射国负责赔偿。这样，每个发射国政府以及商业发射机构和卫星经营者必须办理卫星及发射责任保险，使卫星在其发射过程及其发射后，从火箭或卫星上掉落的物体造成地面上第三者的人身伤亡和财产损失，以及在空中飞行的飞机上的人员伤亡和财产损失得到保障。该保险责任通常从卫星发射点火开始生效，可以根据投保人的要求承保一年或发射后几年内的责任损失。该保险的责任限额可以在 6 000 万美元到 5 亿美元之间浮动，由被保险人自己确定，费率则根据市场承保能力而上下波动。

5. 卫星寿命险

卫星寿命保险承保卫星在运行期间的全部损失和部分损失，如卫星任何部件的失灵造成其生命期缩短。保险责任通常从发射保险结束时开始，最长保险期限不超过卫星的设计寿命，通常每年续保一次。卫星寿命保险主要承保卫星在预定的定点轨道上因意外事故导致运行失灵、无法正常工作或部分更新换代工作能力,或因事故致使卫星寿命减短等损失。卫星寿命保险的保险金额由卫星送上预定轨道运行的重置成本或资产价值利润损失、额外费用或合同债务构成。但续保时要按照卫星每年折旧金额扣减其保险金额。卫星寿命保险也有全损险和"一切险"两个险别。如果被保险人投保了"一切险",保险人对保险卫星所遭受全损、部分损失及费用负责赔偿。卫星寿命保险的费率一般根据承保范围和卫星健康状况考虑。

6. 卫星经营者服务中断损失保险

又称为卫星经营者收入损失保险,与企业财产保险中的营业中断保险类似,承保卫星发生全部损失或部分损失时卫星所有人或使用人的收入损失。例如,卫星被用于对现场事件进行跟踪报道,如果发生视频事故,卫星所有人或使用人的收入就会减少。

知识窗 7-5　　航天工程保险的发展

航天工程保险是随着航天工业的发展需要而产生并发展起来的。1965 年,美国"国际通信卫星 IA"号向英国劳合社投保 350 万美元的卫星发射保险,迈开了航天工程保险的第一步,从此,航天工业便与保险建立了密不可分的关系。到 20 世纪 70 年代,航天保险已经是国际保险市场上的一项独立、高级的保险业务,并逐步成为人造卫星、运载火箭等航天产品购买者为确保自己的经济利益不受损失的前提条件。目前,国际上也普遍形成航天活动必须以航天保险为条件的惯例,所以,航天工程保险在一定程度上是航天工业发展的重要推动力量。

中国航天保险的故事,是从 1985 年开始的。1984 年上半年,中国长城工业公司(航空航天部下属公司)访美推销中国的卫星发射服务,被美方问及"你们的保险公司是哪家"。由此,长城工业公司懂得,卫星发射走向市场,还有一个保险问题。1984 年底,长城工业公司负责人来到中国人民保险公司商谈投保卫星发射保险的问题。1985 年,中国人民保险公司迎难而上,决定试办国内卫星发射保险。承保的第一颗卫星是 1985 年 10 月 21 日发射的国土普查低轨道卫星。至此,中国航天保险的历史翻开崭新的一页!

1987 年初,我国航天保险随着本国的航天产品(长征三号火箭)进入国际市场而步入国际航天保险市场,为"长征三号火箭"的使用者提供"一揽子"保险,并于 1990 年 4 月首次承保了用"长征三号火箭"发射的"亚洲一号"通信卫星。1994 年 11 月 30 日,由"长征三号"甲火箭成功发射的东方红三号首颗通信卫星,升空后由于出现故障,未能进入预定轨道,导致卫星无法启用。1995 年 3 月 31 日,中国人民保险公司为此赔偿了中国通信广播卫星公司 4 亿元保险金。

从1990年到1999年，中国承保人共承保了27颗由长征系列火箭发射的国内外卫星，承保范围覆盖了从火箭和卫星的运输、发射直到商业运营的全过程，为我国航天事业的发展提供了有力的风险保障。然而，从中国航天保险经营实践来看，该项保险业务的经营风险也很大，虽然多数保险业务以卫星发射的成功而告终，保险人赚取了一定的利润，但也碰到过不止五次发射失败，保险人为此付出了约2亿美元赔款的经济代价。例如，1995年1月26日在西昌卫星发射中心发射的“亚太二号”卫星发生星箭爆炸事故，造成星箭全损，保险人为此付出的经济赔款高达1.62亿美元；1996年8月18日中星7号卫星发射失败，中国人保亦向卫星的所有人中国通信广播卫星公司支付了2 590万美元的赔款。

1997年8月，中国人民保险公司承保的国际708通信卫星和中星7号发射连续失败，导致中国的保险公司在国际航天保险市场上的分保面临困境。为支持我国航天事业的发展，经国务院批准，由中国人民保险公司牵头，联合太保、平安、华泰、新疆兵团(中华联合)等9家产险公司和1家再保险公司成立了中国航天保险联合体，依照利益共享、风险共担的原则组成了航天保险联合体。卫星发射保险成为政策性保险业务，客户向航天保险联合体购买卫星发射保险，这种保险模式一直沿袭至2004年。

2004年5月13日，保监会在对江泰保险经纪上报的《关于“风云2号C气象卫星发射保险问题的紧急请示”》的批复中，同意江泰公司在客户(投保人)自主选择的基础上，按照商业化运作原则，安排卫星发射的保险和再保险业务。这让中国航天保险正式进入市场化运作阶段。即可以选择向航天保险联合体投保，进行政策性运作；也可以选择由一家国内保险公司作为首席保险人，进行市场化运作。

目前，伴随着中国航天高密度、高成功率的发射步伐，中国航天保险市场已经渐入佳境，为商业卫星发射保驾护航。但是，对于实验性质的卫星发射，一般不会提供保险。这些项目还不太成熟，风险较大，而且也涉及国家机密，无法满足最大诚信原则的要求。

二、核电站保险

核电站保险是现代高科技迅速发展的产物。通常，核风险是大多数财产保险中的除外责任，但却是核电站保险的主要承保责任。同时，核电站保险也是一种综合性保险，不但包括核电站的物质损失，还承保核风险所导致的第三者责任。

(一) 核电站保险的特点

(1) 核电站保险的主要承保责任是核风险。在所有的财产保险中,保险人都将核风险列为除外责任。而核电站保险恰恰相反,不仅承保核风险造成的财产损失,而且还承保核风险所致的第三者责任。

(2) 核电站保险承保的主要手段是控制风险。由于核电站风险太高,保险人特别注重风险控制。为了控制风险,保险人在承保时往往以低于保险标的的实际价值的标准来确定保险金额和责任限额,并采用集团共同保险或再保险方式,将风险转嫁到国际保险市场,以保证经营的稳定性。

(3) 核电站保险大多采用经验费率法。核电站风险与核电站的管理水平密切相关,因此保险人在首次承保核电站时,都按照标准费率来收取保费;但倘若首年度中没有发生事故或发生损失低于双方约定的金额,则次年度保费下降,以此类推。这种方式类似于机动车辆保险中的无索赔折扣,但优惠力度非常大。当然,一旦发生事故,则保费恢复到标准水平。

(4) 核电站保险是一种政策性很强的保险。世界上许多国家都通过立法规定核损害的赔偿方式。因此,核电站保险在发生保险赔款不足时,可以根据法律的有关规定获得政府的财政补贴,以保证被保险人的利益。此外,各国的核能保险集团在相互分保时,也将分保手续费降得比其他财产保险低,以减轻被保险人的负担。

(二) 核电站保险的主要险种

1. 核电站安装保险

本保险保障核电站安装的各种机器设备在安装工程中因为自然灾害和意外事故所导致的损失。实际上是一种扩展了保险责任的安装工程"一切险"。

2. 核原料运输保险

本保险主要承保有辐射和无辐射的核燃料、物料的运输,包括运输中的临时仓储。投保人一般为业主、主承包商、分承包商和其他合作方,为共同保险人。该险种的其他规定与货物运输保险基本相同,但第三者责任险通常由核能保险集团承保,并经由核能保险集团安排分保。

3. 核电站财产保险

本保险保障核电站的反应装置、核燃料、发电设备、办公场所等项目。保险责任分为两个部分,其一是对核电站的反应装置、核燃料、发电设备的核风险和一般风险提供保障,其二是对其他设备的一般风险提供保障。一般风险是指火灾、雷电、爆炸等风险,核风险包括核裂变过程中超常规释放以及核污染和核辐射等。此外,保险人还负责清除核污染费用和损失。

4. 核电站机器损坏保险

本保险保障核电站因为机械故障或保险事故所造成的机器损失，被保障的机器设备包括运转、静止、为清洗或大修而拆卸下来的机器或在场所内移动以及重新安装的设备。核反应堆压力容器机器内部设备一般是以第一损失方式承保。对于核燃料、冷却水、化学剂等易消耗物资一般不予承保。此外，该险种通常作为核电站财产保险的附加险，有时也可按主险承保，单独签订保险单。

5. 核电站责任保险

本保险保障核电站所有人依照本国法律规定，因发生一般保险事故或者核事故，包括运输中的核事故造成第三者的财产损失和人身伤亡时所应该承担的赔偿责任。如果核电站所在国家法律规定，操作核电站设施的员工也属第三者责任险的保障范围，保险人一般也要将他们作为第三者责任险的保障范围，保险人按一般事故和核事故分别拟定赔偿限额。通常，在计算核电站责任保险中的赔偿金额时，都是按照绝对责任负责赔偿，而并不是过失责任。

知识窗 7-6　　核保险巨灾责任准备金

核保险巨灾责任准备金（简称"核巨灾准备金"）覆盖的业务范围以涉核为标准，限定核设施或与之相关的放射性物品运输过程中发生的核事故或常规事故。核设施在建筑安装阶段的工程保险等不涉核业务，不计提核巨灾准备金。

核巨灾准备金按照自留保费（包括境内业务自留保费和境外分入保费）的50%计提，远远高于农险大灾准备金的计提比例。主要原因是：(1)符合核保险的巨灾性特点。核保险保费规模小，核事故发生频率低，但核巨灾一旦发生，损失巨大，需要大量资金的积累来应对，高比例提取有利于巨灾准备金的快速积累。(2)符合国际惯例。从目前拥有核电的主要国家来看，韩国、日本和中国台湾地区都是按照保费的50%比例计提，美国按照保费的75%比例计提，法国和德国按照毛利润的75%计提，我国50%的计提比例与国际水平基本相当。(3)具有可操作性。当前核保险业务历年盈利水平较高，保险公司可以承受此比例的准备金。同时，计提高比例的巨灾责任准备金，可以把核保险高额的巨灾成本显性化，扭转核保险业务长期高额利润的假象，防止应有的风险储备误作为利润被分配。

境内保险机构核巨灾准备金滚存余额达到其所承担的未完全终止核保险责任的单一事故自留责任上限时，可暂停计提。境外保险机构因其核巨灾准备金只在境内留存3年，所以没有规定上限。计提上限以未完全终止的核保险责任的单一事故自留责任为限，主要原因是：

首先，采用单一事故而非所有事故责任，考虑到核巨灾事故低频、影响大的特点。一方面，即使在全球范围看，尚未出现过同时发生两起核巨灾事故的先例；另一方面，从历史经验看，一旦发生一起核巨灾事故，全球核工业都会面临巨大影响，极易引起全球核电产业的停堆检查，所以单一事故已经可以满足充足性的要求。

其次，采用自留责任而非承接的所有核保险业务责任，一方面我国“偿二代”已经对交易对手信用风险进行了评估和防范，保险监管部门对再保险业务安全性也有明确的要求；另一方面以所有核保险业务责任为基础计提准备金，在存在大量再保险和转分保安排的情况下，容易造成重复计提的问题。

三、海洋石油开发保险

海洋石油开发保险是指以海洋石油工业从勘探到建成、生产整个开发过程中的风险为承保责任，以工程所有人或承包人为被保险人的一种特殊风险保险。海洋石油开发保险与海上保险类似，但蕴含了较为复杂的技术，故已经作为一个特殊的单独险种，有专门的承保人从事此类业务的承保工作。

(一) 海洋石油开发保险的特征

海洋石油和天然气的开发，不但技术性强，设备投资巨大，而且风险特别集中。因此，海洋石油开发保险具有下列显著的特点：

1. 险种繁多、技术性强。将海水下面地层里的石油或天然气开发出来，涉及一系列的现代科学技术问题。大致可以分为普查勘探、钻探、建设和生产四个阶段。每个阶段都具有各自特点。因此在海洋石油开发保险中，涉及的保险标的较多，物质标的和费用、责任标的均较多。所以，石油开发保险的险种繁多，适应石油开发各阶段的不同特点。同时，风险评估、保险范围、保险金额的确定、保险责任与除外责任的拟定、保险费率的厘定等也涉及一系列复杂的保险技术。

2. 风险巨大。海洋石油开发保险承保的风险特别巨大，这首先表现在开发石油投资巨大，其次是异乎寻常的独特灾害事故造成的损失巨大。海洋石油开发工程投入的资金惊人。巨大的投资，昂贵的设备，万一遭受灾害事故，则损失巨大。而且，海上作业遭受自然灾害的袭击比陆上多得多。海洋石油开发保险面临的主要风险包括：

- 海洋风险。这是海洋石油开发所处的特定地理范围内的风险，它造成的主要损害后果就是钻井平台、钻井船及其他海上设施的沉没及作业人员的伤亡。据英国能源部统计报告，在海洋石油开发中，每钻 7.5 口井便有 1 人死亡，3 人重伤。

- 井喷。这是石油开发过程中的一种特殊的巨型风险，井喷的发生极易带来火灾，烧毁钻井设备与平台。如果不能有效控制，还会破坏地下资源和污染海洋环境，造成投下巨资的油井报废。即使能够使井喷得到控制，其控制费用也往往非常高昂。数据显示，在海洋石油开发中的井喷率约为0.05%，严重的井喷事故则为0.01%。
- 损害赔偿责任。海洋石油开发事故一旦发生，不仅损害作业者及承包人的财产物资和人身安全，还往往造成公害和第三者的人身、财产或利益的损失。如沉没堵塞航道，井喷或渗漏造成海洋环境污染等。
- 火灾及其他事故。由于技术人员或操作人员的过失或粗心，易酿成火灾、爆炸等各种风险事故，同样可能造成开发部门及作业者的重大损失。

3. 国际险种。鉴于石油开发利用的技术复杂、投资高、风险大，石油开发的利害关系人必须将风险转嫁给保险人，但即使承保技术再高、资金再雄厚的保险人，也不可能独自承担，需要将超过自己偿付能力的责任通过再保险转嫁出去。因此，石油开发保险实际上是一种国际性的保险业务。

（二）海洋石油开发保险的主要险种

海洋石油开发保险同时保障了海上风险和财产风险，主要险种有：

1. 钻井平台保险

钻井平台保险承保被保险财产的一切损失。保险标的是固定平台装置，包括平台本身、人行道、登陆斜梯（但不包括系缆机），以及放置在平台上的被保险人所有的或由被保险人负责经营的各种财产。钻井平台因设计不当引起的损失，经保险人同意并加收保险费，可予以承保。钻井平台保险一般采用定值保险方式承保，保险金额以重置价值方式确定。

2. 移动性钻探设备保险

通常由钻井平台或钻井船所有人或承包人负责投保。被保险财产为保险单列明的钻井平台和钻井船体及有关装置设备，包括钻井机及设备、自升机、起重设备及其他备用物、附属物，甚至包括装载在钻井船附近有关的其他船舶（船舶本身除外）上的设备、工具、机械、沉箱、起立架、材料、供应物、配件、钻井机和设备、井架、钻柱、套管、钻杆以及在钻井中的钻柱等配套项目。钻井船可在允许的航行范围内被拖航。钻井船与其他船舶发生碰撞，适用一般船舶互撞的原则。钻井船的保险金额与船舶保险一样，也是定值保险；停船退费也与船舶保险相似。

3. 平台钻井机保险

该保险的保险标的包括钻井平台设施和被保险人所拥有、保管或控制的有关设备，如固定在平台上的钻探工具、设备、机械、材料、供应物、钻井架、底层结构、钻杆等。

保险人对于在保险单列明的作业区域作业的平台钻井机所遭受的直接损失负责赔偿，同时对保险标的在岸上储存或在港口与平台之间的往返运输过程中引起的直接损失也予以负责。由于平台钻井机发生小额损失的机会较多，保险人在承保时通常对平台钻井机保险规定较高的免赔率，如保险金额的3%等。这种免赔率不适用于全部损失的赔偿。

4. 海上石油开发管道保险

管道保险可分为管道铺设保险和管道作业保险两种。管道铺设保险一般按工程保险承保，有时也可附加在海洋石油开发工程建造保险中作为整个工程的一部分。管道作业保险一般按钻井平台保险承保，但保险人在承保时应查明管道铺设的时间和地点、管道承建单位、管道口径大小、作业地点水深、管道价值、水下管道是否埋设以及过去损失记录等。管道保险的保险责任和除外责任与钻井平台保险基本相同，只是增加了一些有关输油管线特殊风险的内容。管道保险一般采用第一损失方式承保。

5. 海洋石油开发责任保险

这类保险主要有保赔保险、承租人责任保险和第三者责任险。保赔保险是在海洋石油开发中涉及各种船舶的责任赔偿的一种保险；承租人责任保险承保的是租船人的租船合同责任；第三者责任险承保的是被保险人依法应该对第三者承担的经济损害赔偿责任。这些责任在石油工程项目中往往相互重复交叉，为了避免这种重叠，在国际保险市场上常采用"三者合一"的混合保险形式来承保海洋石油开发责任保险。

6. 海洋石油开发工程建造安装保险

国际上通常采用近海工程"一切险"来承保海洋石油开发工程建造、安装险。该险种的保险责任一般以建筑、安装工程"一切险"为基础，然后根据海洋石油开发工程的特点附加船舶的碰撞责任、特约保险责任等，使之适应近海石油工程和水上作业以及拖船过程中需要的风险保障。该险种的保险标的为被保险人承包的工程及其使用的机器、设备、材料、平台、海上建筑物、输油管、单点停泊设施，为石油生产所列明的一切物资材料和机械设备，以及为完成工程所使用的临时建筑物、架设生产配线、器材、设备等。保险期限通常从被保险物资、器材卸到工程地点时开始，一直到建筑、安装工程完毕、试车、交付时为止，并根据协议包括一般维修期。保险价值以工程完成时的完工价值或估计价值计算。该保险的除外责任以一般建筑、安装工程保险的除外责任为主，再加上海洋石油开发工程的一些特点，如海上平台或设施被建造在错误地点，或未完工及延迟完工、未达到合同标准而导致的罚款等。

7. 海上石油开发费用保险

费用保险包括井喷控制费用保险、重钻费用保险、控制污染及清理费用保险三部分内容。井喷控制费用保险承保海洋石油开发工程作业中因突然发生井喷，为控制井喷并使之恢复正常钻探所产生的费用损失，并规定在油井完全恢复控制以后，保险人承担的井喷费用责任立即停止。重钻费用保险是指由保险人负责对井喷、井塌和火灾造成的可恢复的钻井的丧失，支付重钻或恢复受损井眼的费用的一种保险，对于不能恢复的井眼进行重钻的费用，保险责任以重钻井达到被保险井眼受损前的深度和状态为限。这种保险一般作为井喷控制费用保险的附加责任保险。井喷造成的控制污染和清理费用，可以在原保险单上批注后予以加保，但保险人对因井喷引起的任何罚款、精神损害等损失不负责赔偿。

知识窗 7-7　　海洋石油开发保险的发展历程

海洋石油开发保险起源于欧美国家对陆地上的石油开发所提供的保险。欧美国家在陆地上开发石油时，都是由承保财产保险业务的非水险公司来提供风险保障的。进入近海石油开发阶段后，尽管仍是石油工业体系，但非水险公司因海上独特风险如井喷、飓风、污染而拒绝承保，水险公司承保后也很快拒保。后来，英国劳合社开始承担这种特殊风险，并在一张保险单上承保了传统的海上保险与财产保险等，开拓了海洋石油开发保险的新篇章。

中国人民保险公司曾在 20 世纪 70 年代中期开始承保进口钻井平台的拖带保险，当时属于涉外货物运输保险业务。1979 年以后才陆续承保了日本、法国等国石油公司在中国近海进行合作的海洋石油勘探保险，且多数情况下是与欧美国家的保险公司进行合作。进入 20 世纪 80 年代末期以后，中国人民保险公司已能够为海洋石油开发提供从钻前普查阶段直至生产阶段的各项风险保障。当然，面向国际办理分保是开展此类保险业务的一个重要条件，但这种实践确实使海洋石油开发保险成了中国财产保险市场上一类特色鲜明的综合性工程保险业务。历史上重要的赔案包括：

- 1965 年，飓风席卷墨西哥湾的美国石油公司，使钻井平台等的损失达数亿美元，伦敦石油保险市场承保人损失 1 亿多美元，而当时全世界的石油保费收入只有 1 500 万美元。
- 1979 年 6 月 3 日，墨西哥石油公司在墨西哥湾南坎佩切湾尤卡坦半岛附近海域的伊斯托克，1 号平台钻机打入水下 3 625 米深的海底油层时，突然发生严重井喷，平台陷入火海，原油以每天 4 080 吨的流量向海面喷射，直到 1980 年 3 月 24 日井喷才完全停止，历时 296 天，流失原油 45.36 万吨。这是世界海上最大井喷事故，造成 10 毫米厚的原油涌向墨西哥和美国海岸。黑油带长 480 公里，宽 40 公里，覆盖 1.9 万平方公里的海面，使海洋环境受到严重污染，责任赔偿达 20 亿美元。

- 1980 年挪威北海油田的半潜式平台的支柱突然爆裂，在 15 分钟内全部翻沉，造成 123 人死亡，这是目前世界上海洋石油开发中死亡人数最多的一次事故。
- 1981 年，中国“渤海二号”钻井平台翻沉造成重大损失，死亡 70 多人。
- 1983 年 11 月 23 日，在中国南海莺哥海域作业的美国“爪哇海”号钻井船因强台风失事而沉没，损失亦逾 1 亿美元，不仅导致美国一家钻井公司破产，而且造成船上来自 8 个国家的 80 多位工作人员全部殉难。
- 1991 年 8 月 15 日，在中国南海作业的大型铺管船 DB29 号遇台风沉没，虽经出动飞机、轮船等进行大规模的施救，仍死亡 20 多人，物质损失数千万美元。
- 2001 年 3 月 15 日，巴西耗资 3.56 亿美元的最大的海上石油钻井平台 P06 号（产油量占巴西日产油量 120 万桶的 75%以上）发生严重的爆炸沉没事故，爆炸事故引发了大火，2 人当场死亡，1 人重伤，9 人失踪。此次爆炸不仅给巴西的经济产生较大的负面影响，给巴西国家石油公司带来了 4 亿 5 千万美元损失及 7 千万美元的罚款（仅平台 P06 号的台体保险金额就为 5 亿美元，再加上生产收入损失保险、清理费用等，保险公司的赔偿远远高于 5 亿美元）。

本章小结

- 工程保险是指以各种工程项目为承保对象的财产保险，保障工程建造期间的一切意外物质损失和对第三者的经济赔偿责任。包括建筑工程保险、安装工程保险、科技工程保险。
- 工程保险具有以下特点：标的风险特殊；标的价值变化；风险保障综合；利益关系人众多；不同工程保险险种的内容相互交叉；保险期限不等；费率的特殊性。
- 工程保险的利益关系人众多，包括工程所有人、承包人、分承包人、技术顾问、设备供应商等其他关系方。附加交叉责任条款可以使各被保险人间的相互责任事故损失均由保险人负责赔偿，而无须根据各自的责任相互进行追偿。
- 建筑工程“一切险”适用于各类民用、工业用和公用事业用的土木建筑工程项目，保险责任包括物质损失部分和第三者责任部分。
- 建筑工程“一切险”物质损失部分保障在列明工地范围内的与实施工程合同相关的财产或费用，保险项目包括建筑工程、所有人提供的物料及项目、安装工程项目。责任范围是保险单除外责任以外的任何自然灾害或意外事故造成的物质损坏或灭失，因发生上述损失所产生的有关费用。

- 建筑工程的保险金额不应该低于被保险工程建筑完成时的总价值，被保险人投保时先根据工程概算总造价估计工程总价值，再分项目列明保险金额，然后再根据变化适时调整。
- 建筑工程“一切险”第三者责任险的责任范围是：因发生与本保险单所承保工程直接相关的意外事故引起的工地内及邻近区域的第三者人身伤亡、疾病或财产损失，依法应由被保险人承担的经济赔偿责任。除此之外，保险人还保障相关的法律诉讼费用。
- 安装工程和建筑工程的保险标的具有明显不同的风险。两个保险产品也有一些显著区别。根据安工险的特点制定的除外责任如下：因设计错误、铸造或原材料缺陷或工艺不善引起的本身损失以及为纠正这些缺点与错误所支付的费用；由于超负荷、超电压、碰线、电弧、走电、短路、大气放电及其他电气原因造成电气设备或电器用具本身的损失。安工“一切险”的保险期一般包括一个试车考核期，试车考核期是安装工程中风险最大的一个阶段。
- 科技工程保险业务与现代科学技术的研究和应用有着更加紧密的关系；其保险标的的共同特点就是高价值、高保额、高风险、高技术；其中人为风险的影响最大。保险人既可按工程的不同阶段承保，也可连续承保。
- 航天工程保险面临的主要风险是：爆炸；运行失常；意外故障和其他风险。其主要险种有：卫星及火箭的工程安装保险；卫星及火箭的发射前保险；卫星发射保险；第三者责任保险；卫星寿命保险；卫星经营者服务中断损失保险。
- 核电站保险的主要承保责任是核风险，承保的主要手段是控制风险，大多采用经验费率法，是一种政策性很强的保险。核电站保险的主要险种有：核电站安装保险，核原料运输保险，核电站财产保险，核电站机器损坏保险，以及核电站责任保险。
- 海洋石油开发保险的险种繁多、技术性强；风险巨大，面临着海洋风险、井喷、损害赔偿责任、火灾及其他事故等特殊风险；险种的国际化程度很高。海洋石油开发保险的主要险种有：钻井平台保险；移动性钻探设备保险；平台钻井机保险；海上石油开发管道保险；海洋石油开发责任保险；海洋石油开发工程建造安装保险；海上石油开发费用保险。

习题

1. 简述工程保险与普通财产保险的区别。
2. 工程保险的利益方有哪些？一般由哪方出面投保？相互之间的责任如何处理？

3. 怎样确定建筑工程“一切险”各物质损失的保险项目的保险金额？在部分损失和全部损失情况下如何赔偿处理？

4. 概述建筑工程“一切险”保险责任的范围和特有的除外责任。

5. 简释建筑工程“一切险”的保险期限。

6. 简述建筑工程“一切险”附件条款中交叉责任条款、共同被保险人条款的含义。

7. 厘定建筑工程“一切险”的费率时，通常要考虑哪些风险因素？

8. 简释安装工程与建筑工程所具有风险的异同。

9. 科技工程保险具有哪些特点？

10. 航天工程保险包括哪些险种？各险种的保险期限是如何规定的？

11. 核电站保险具有哪些特点？

12. 核电站保险包括哪些险种？

13. 海洋石油开发保险具有哪些特点？

14. 海洋石油开发保险包括哪些险种？

第八章　农业保险

农业保险近年来在政府的大力支持下，有了显著的发展。经营农业保险的公司越来越多，农业保险的产品也越来越多。本章先介绍农业保险在中国的情况，农业保险的发展和存在问题；然后介绍农业保险的分类。具体以一些典型的农业保险产品为代表，介绍农业的种植业保险和养殖业保险的具体产品条款和特色。指数保险是农业保险中的创新产品，具有明显的优点，能解决农业保险的许多问题，目前还在探索实践的过程中。

第一节　农业保险的概述

一、农业保险的概念及风险特点

农业保险（Agricultural Insurance）是专为农业生产者在从事种植业、林业、畜牧业和渔业生产过程中，对遭受自然灾害、意外事故、疫病或疾病等保险事故所造成的经济损失提供保障的一种保险。2012年《农业保险条例》第二条中的定义则是："本条例所称农业保险，是指保险公司根据农业保险合同，对被保险人在农业生产过程中因保险标的遭受约定的自然灾害、意外事故、疫病或者疾病等事故所造成的财产损失承担赔偿保险金责任的保险活动。本条例所称农业，是指种植业、林业、畜牧业和渔业等产业。"

农业保险是针对农业生产过程中的风险所提供的保险，与普通财产保险相比较而言，其所面临的风险具有较为明显的特殊性：

1. 标的众多，各有个性。农业保险中涉及了多个行业的标的物，如种植业、林业、畜牧业和渔业；每一个行业中又有多种植物和动物，每一种标的都有自身的生长环境、生长周期、生长条件和生长习性，彼之砒霜、吾之蜜糖，所以只能为每一种植物开设一个保险产品。因此，农业保险产品众多，比如草莓、甜瓜、西瓜、苹果、梨、奶牛、生猪、长毛兔……各有不同的保险产品。

2. 标的价值在不断变化之中。农业生产过程是农户不断投入劳动力、肥料和时间的过程，农产品的价值随着农户的投入不断增加。这一点与建筑工程有点类似。与修房子从无到有一样的道理，农作物从一粒种子生长、成熟到收割，其间的价值也在不断增加，如何确定农作物的保险价值、保险金额和损失金额，是在农业保险中需要着重考虑的问题。

3. 风险种类较多。农作物面临的风险种类较多。首先，农作物是处于静止状态的，因此要面临静止状态的风险，即自然灾害和意外事故；其次，农作物又是生长的，还要面临生长过程中的风险，比如病害；除此之外，一些对于钢筋、水泥基本不予考虑的风险在农业中很重要，比如虫害和草害。动物方面，除了静止状态的风险与运动状态的风险之外，它们与人类相似，还有疾病和意外伤害导致的损失。因此，在设计农业保险时，必须根据标的物所具有的特有风险一事一议。

4. 风险范围较大。农作物因其特殊的生长过程以及对环境的要求，其所面临的风险范围也比较大。比如，自然灾害方面，农业自然灾害可以归纳为以下 6 类：(1)气象灾害：旱灾、水灾、风灾、雹灾、冷冻灾、雪灾、热害等，还有一些是并发的，如干热风。(2)海洋灾害：风暴潮、海水入侵、海水倒灌等。(3)土壤灾害：冻融、掀松、盐碱、龟裂、湿渍等。(4)生物灾害：病虫害、草害、鼠害等。(5)地质灾害：泥石流、滑坡、火山爆发等。(6)环境灾害：水土流失、土地消化、大气污染、农田污染、森林火灾、药害等。其比普通财产保险中的自然灾害的范围要大许多。

5. 具有一定的道德风险。农业保险存在着较大的道德风险，这是导致农业保险发展低迷、需要政府扶持的重要原因之一。这需要保险人在保险产品的设计时以及在保险经营过程中密切注意防范。比如，如何区分已投保的奶牛和未投保的奶牛，如何根据补偿性原则确保农户不可能从赔偿中获利等，需要在经营过程中小心应对。

6. 风险承担者弱小且分散。特别在中国，农业生产是以农户家庭经营为主的生产方式，农业风险的承担者也常常是每一个农户家庭。农户家庭的规模相对不大，而且由于地理环境的特征也比较分散，因此，相对于城市集中的人口及大规模的生产经营单位，农业风险的承担者弱小且分散。这与大数法则的要求不完全一致，给保险经营带来了一定的困难。同时，也揭示出农业保险需要政府扶持的必要性。

正是由于农业风险具有以上特征，而农业对于一国经济而言具有举足轻重的地位，所以，一些国家将农业保险作为政策性保险。即国家和政府以各种方式给予农业保险以保费补贴，减轻农户和保险公司的负担，促进农业保险的发展。

二、农业保险的经营现状

我国从 1982 年开始恢复经营农业保险业务，但是由于种种因素的制约，我国农业保险整体处于萎缩的局面。农业保险的需求不足,供给也不足。

在中国,由于农民整体的收入低下,农民的保险意识不强,以家庭为基础的农村生产作业的分散化,农业保险产品的正外部性(如生猪投保后会加强对其的免疫,从而使得未投保的生猪被传染患病的可能性也减小)等众多原因,导致农业保险的需求不足。同时,由于农业保险市场的道德风险严重,农业保险赔付率居高不下,所以导致农业保险的供给也不足。近年来,随着政府扶持力度的加大,农业保险有了显著的发展。

2004 年,原中国保监会选取 9 个省区(市)正式启动政策性农业保险试点工作;2007 年,财政部选取 6 个省区投入 10 亿元进行农业保险保费补贴试点;2011 年财政部又选取四川省和内蒙古自治区进行农业保险保费补贴绩效评价试点工作;2012 年,财政部将试点范围扩大到 4 个省区;2013 年,农业保险补贴绩效评价试点的范围进一步扩大到了 10 个省区,至此,我国政策性农业保险体系初步形成。当前,我国的农业保险保费收入位居全球第二,已经是一个农业保险大国了。

知识窗 8-1　　我国农业保险的市场情况

2017 年,我国的农业保险的保费收入为 479 亿元,占整个财险市场的 4.54%;赔款支出为 333 亿元,赔付率达到了 70%。下表是最近十年我国财险市场上农业保险的市场经营情况。

	2008 年	2009 年	2010 年	2011 年	2012 年	2013 年	2014 年	2015 年	2016 年	2017 年
保费收入(亿元)	111	134	136	174	241	307	326	375	418	479
增长率(%)	113.1	21.0	1.4	28.1	38.3	27.4	6.3	15.1	11.4	14.6
赔付支出(亿元)	64	95	96	82	131	195	206	237	299	333
市场份额(%)	4.74	4.66	3.49	3.77	4.51	4.94	4.08	4.45	4.51	4.54
赔付率(%)	58	71	71	47	55	64	63	63	72	70

资料来源:历年《保险年鉴》。

可以看到,农业保险的保费收入在过去 10 年内保持着较高速度的增长,增长速度与财产保险的整体增长速度基本持平,市场份额持续保持不变。

农业保险的供给主体已经有了相互保险公司、外商独资公司、专业农业保险公司、地方共保体等。但是,总体而言,农业保险的经营模式仍显得比较单一,经营主体的数量仍然不足,市场份额、政府支持力度等都有待于进一步提高。

知识窗 8-2 历年中央一号文件中的农业保险政策

○ 2004 年：加快建立政策性农业保险制度，选择部分产品和部分地区率先试点，有条件的地方可对参加种养业保险的农户给予一定的保费补贴。

○ 2005 年：扩大农业政策性保险的试点范围，鼓励商业性保险机构开展农业保险业务。

○ 2006 年：稳步推进农业政策性保险试点工作，加快发展多种形式、多种渠道的农业保险。

○ 2007 年：积极发展农业保险，按照政府引导、政策支持、市场运作、农民自愿的原则，建立、完善农业保险体系。扩大农业政策性保险试点范围，各级财政对农户参加农业保险给予保费补贴，完善农业巨灾风险转移分摊机制，探索建立中央、地方财政支持的农业再保险体系。鼓励龙头企业、中介组织帮助农户参加农业保险。

○ 2008 年：完善政策性农业保险经营机制和发展模式。建立、健全农业再保险体系，逐步形成农业巨灾风险转移分担机制。

○ 2009 年：加快发展政策性农业保险，扩大试点范围、增加险种，加大中央财政对中西部地区保费补贴力度，加快建立农业再保险体系和财政支持的巨灾风险分散机制，鼓励在农村发展互助合作保险和商业保险业务。探索建立农村信贷与农业保险相结合的银保互动机制。

○ 2010 年：积极扩大农业保险保费补贴的品种和区域覆盖范围，加大中央财政对中西部地区保费补贴力度。鼓励各地对特色农业、农房等保险进行保费补贴。发展农村小额保险。健全农业再保险体系，建立财政支持的巨灾风险分散机制。

○ 2012 年：扩大农业保险险种和覆盖面，开展设施农业保费补贴试点，扩大森林保险保费补贴试点范围，扶持发展渔业互助保险，鼓励地方开展优势农产品生产保险。健全农业再保险体系，逐步建立中央财政支持下的农业大灾风险转移分散机制。

○ 2016 年：完善农业保险制度。把农业保险作为支持农业的重要手段，扩大农业保险覆盖面，增加保险品种，提高风险保障水平。积极开发适应新型农业经营主体需求的保险品种。探索开展重要农产品目标价格保险，以及收入保险、天气指数保险试点。支持地方发展特色优势农产品保险、渔业保险、设施农业保险。完善森林保险制度。探索建立农业补贴、涉农信贷、农产品期货和农业保险联动机制。积极探索农业保险保单质押贷款和农户信用保证保险。稳步扩大“保险+期货”试点。鼓励和支持保险资金开展支农融资业务创新试点。进一步完善农业保险大灾风险分散机制。

○ 2017 年：加快农村金融创新。持续推进农业保险扩面、增品、提标，开发满足新型农业经营主体需求的保险产品，采取以奖代补方式支持地方开展特色农产品保险。鼓励地方多渠道筹集资金，支持扩大农产品价格指数保险试点。探索建立农产品收入保险制度……扩大银行与保险公司合作，发展保证保险贷款产品。深入推进农产品期货、期权市场建设，积极引导涉农企业利用期货、期权管理市场风险，稳步扩大“保险+期货”试点。

○ 2018 年：探索开展稻谷、小麦、玉米三大粮食作物完全成本保险和收入保险试点，加快建立多层次农业保险体系。

三、农业保险的经营模式

(一) 世界各国的模式

从世界范围来看，农业保险的经营模式主要包括以下几种：

(1) 美国、加拿大：政府主导参与保险。美国和加拿大通过不断完善农作物保险法律法规，以此为基础提供农作物直接保险，并由中央政府统一组建的全国农业保险公司进行农业再保险。以此实现对政策性农业保险进行宏观管理，并且直接或间接进行经营。美国对于农业保险的补贴体现在三个方面：保费、再保险和保险公司的经营费用。

(2) 日本：主要农作物实行强制保险。日本对于水稻、小麦等主要农作物以及主要牲畜进行强制保险，其他农作物实行自愿保险。直接经营农业保险的机构是不以盈利为目的的民间保险合作社，由政府对其进行监督和指导，提供再保险、保费补贴和管理费补贴。

(3) 德国、法国：政府资助下的商业保险。德国和法国虽然没有统一的农业保险制度，政府一般也不经营农业保险，但农业保险在政府指导下进行商业运作。农业保险主要由私营保险公司和保险合作社经营，农民自愿投保。政府为了减轻参加农业保险的农户负担，实施低费率、高补贴的政策，同时政府还建立了农业风险基金，最终承担农业再保险。

(4) 发展中国家模式：政府重点选择性扶植。该模式主要以一些发展中国家为代表。其特点如下：一是农业保险主要由政府专门农业保险机构或国家保险公司提供；二是保险险种少、保障程度低、保障范围小，主要承保农作物，而很少承保畜禽等饲养动物；三是参加农业保险都是强制性的，且这种强制一般与农业生产贷款相联系。

（二）中国实践的模式

我国目前农业保险的经营模式主要有以下三种：政府支持下的农业相互保险公司模式；政府引导下的商业保险公司经营模式；政策性农业保险公司模式。这三种模式的特点非常突出。

1. 政府支持下的农业相互保险公司模式

这种模式是所有参加保险的人为自己办理保险而成立的法人组织，这种组织能独立开展农业保险业务和再保险业务。这是国际上比较成熟和被广泛采用的一种保险组织形式。我国目前也开始尝试相互保险这种方式，已经成立了第一家相互保险公司(Mutual Insurance Company)——阳光农业相互保险公司。

2. 政府引导下的商业保险公司经营模式

这种模式是商业性保险公司在经营农业保险时，由国家财政和地方财政提供保费的一种保险方式。这是我国目前农业保险经营中较为常见的方式。这种方式实质上是由政府负责农业保险供给的一种模式。其在实践中有两种类型：

- 委托经营。即政府委托特定保险公司负责经营农业保险，同时由政府给予一定的补贴。如我国江苏省苏州市的农业保险制度模式就属此类。苏州市的政策性农业保险主办者是苏州市推进农业保险工作委员会，其通过采取统一招标方式确定代办农业保险业务的商业保险公司，并委托后者代办农业保险业务。
- 联合共保。是由中国人民保险公司与地方政府或有关部门达成一致，共同对被保险人承担经济补偿责任的一种组织形式。以浙江省为例，浙江省的政策性农业保险经营主体是农业保险共保体，它由中国人民财产保险股份有限公司浙江省分公司、中华联合财产保险公司浙江分公司等十家商业性保险公司组成。根据浙江省政府授权，经营浙江省的政策性农业保险业务。

3. 政策性农业保险公司模式

这种模式就是设立专业的股份制农业保险公司，专门从事农业保险的经营。这是一种“以险养险”的模式，即“政策性业务、商业化运作”模式。公司开办农业保险业务将享受相关政策支持，涉及农业财产险、责任保险、短期意外险和健康险等其他业务则按照商业化运作，可通过这些险种的收益来弥补农业保险的亏损。我国目前成立了四家专业性的农业保险公司：安信农业保险股份有限公司、安华农业保险股份有限公司、安盟农业保险公司（法国安盟集团独资）和阳光农业相互保险公司（相互保险公司）。

从政府补贴的角度来看，我国目前政策性农业保险的原则是“低保障、广覆盖”，同时中央财政补贴险种大多是关系国计民生的大宗农产品，而不是所有农业保险产品。

知识窗 8-3　　　农业保险的各级财政补贴比例分别是多少？

1. 种植业：中西部省份，各级财政补贴至少 65%（中央财政补贴 40%，省级财政补贴至少 25%），东部省份为 60%（中央财政补贴 35%，省级财政补贴至少 25%）。另外，对纳入补贴范围的新疆生产建设兵团、中央直属垦区、中国储备粮管理总公司、中国农业发展集团有限公司等，中央财政补贴 65%。

2. 养殖业：中西部省份，各级财政补贴至少 80%（中央财政补贴 50%，省级及省级以下财政补贴至少 30%），东部省份为 70%（中央财政补贴 40%，省级及省级以下财政补贴至少 30%），对中央单位，中央财政补贴 80%。

3. 森林：公益林，各级财政补贴至少 90%（地方财政至少补贴 40%，中央财政补贴 50%）；大兴安岭林业集团公司的公益林，中央财政补贴 90%。商品林，各级财政补贴至少 55%（省级财政至少补贴 25%，中央财政补贴 30%），大兴安岭林业集团公司的公益林，中央财政补贴 55%。

4. 藏区品种、天然橡胶：各地方，至少补贴 65%（省级财政至少补贴 25%，中央财政补贴 40%），中央单位，中央财政补贴 65%。

四、农业保险的分类

农业保险有广义和狭义之分。广义的农业保险是指与农村有关的一切保险，又称为农村保险（Rural Insurance）。表 8-1 中列出了与农业有关的所有保险。

表 8-1　　　　农业保险及相关险种

种植业保险	水稻种植保险；小麦种植保险；蔬菜大棚种植保险；油菜种植保险；西甜瓜种植成本保险；水果收获保险；林木保险；食用菌保险等
养殖业保险	家禽（鸭）保险；淡水养殖险；生猪保险；生猪屠宰保险；围湖养蟹综合保险；养羊保险等
财产保险	农机具综合保险；粮食加工企业财产保险；肉食加工企业财产保险；木材加工企业财产保险；药材加工企业财产保险；乳业加工企业财产保险等
货物运输保险	粮食公路运输保险；活畜、禽公路运输保险；蔬菜、水果公路运输保险；农、畜产品公路运输保险等
责任保险	农产品责任保险；畜产品责任保险等
信用与保证保险	农、畜产品质量保证保险；订单农业保险；农业贷款合同保险等

很明显，广义的农业保险中的财产保险、货物运输保险、责任保险、信用与保证保

险与一般意义上的这些险种的区别不大。狭义的农业保险仅仅是与农村生产直接有关的保险产品。本书仅以狭义的农业保险为基础进行介绍,按保险对象可划分为种植业保险和养殖业保险两大类。

(一) 种植业保险

种植业保险(Plant Insurance)的保险对象是农业生产过程中种植的植物。具体又可以分为四类。

1. 生长期农作物保险

生长期农作物保险(Grow Period Crop Insurance)是以各种农作物(如水稻、小麦、玉米等粮食作物,棉、麻、烟叶等经济作物,饲料和绿肥作物等)为对象,以各种农作物在生长期间因自然灾害造成的收获量价值或生产费用(成本)损失为承保责任的保险。当然,每一种农作物都有各自独特的保险。

2. 收获期农作物保险

收获期农作物保险(Harvest Crop Insurance)是以粮食作物或经济作物收割(采摘)后的初级农产品为对象的保险。这是一种短期保险,保险期一般从农作物收割(采摘)进入场院后开始,到完成初加工离场入库前终止。保险责任是火灾以及雹灾、洪水、风灾等自然灾害造成农产品的损失,以及发生灾害事故时因施救、保护、整理所支付的合理费用。

3. 森林保险

森林保险(Forest Insurance)是以天然林场和人工林场为承保对象,以林木生长期间因自然灾害、意外事故和病虫害造成的林木价值或营林生产费用损失为承保责任的保险。我国是一个少林的国家,森林资源十分宝贵。我国的森林保险是从 1984 年 10 月开始试办的,但发展较为迅速,已经开办的险种有人工松木林保险、用材林保险、混交林保险、防护林保险等。

4. 经济林、园林苗圃保险

这种险种承保的对象是生长中的各种经济林种,包括这些林种提供具有经济价值的果实、根叶、汁水、皮等产品,以及可供观赏、美化环境的商品性名贵树木、树苗,如桂花树、雪松、盆景。保险公司对这些树苗、林种及其产品由于自然灾害或病虫害所造成的损失进行补偿。此类保险有柑橘、苹果、草莓、山楂、板栗、橡胶树、茶树、核桃、枣树等保险。此类保险的保险金额有的以亩为计算单位,有的以株为单位,保险责任也不相同。

(二) 养殖业保险

养殖业保险(Breeding Insurance)的保险对象则是农业生产过程中养殖的动物。具体又可以分为四类。

1. 牲畜保险

牲畜保险(Livestock Insurance)的承保对象，可按在农业生产中的主要经济用途，分为役用畜、肉用畜、种用畜和乳用畜四大类；按年龄、性别不同，可分为成年畜、幼畜、仔畜以及公畜、母畜。牲畜保险以役用、乳用、肉用、种用的大型牲畜，如耕牛、奶牛、菜牛、马、种马、骡、驴、骆驼等为承保对象，承保在饲养使役期间因牲畜疾病或意外灾害造成的死亡、伤残以及因流行病而强制屠宰、掩埋所造成的经济损失。由于牲畜保险是一种死亡保险，因此投保的牲畜必须畜体健康。牲畜的死亡率高低对费率也有重要影响。在我国农村不少地区，牲畜仍是主要的劳动工具，近年来乳用、肉用的牲畜也大量增加，因此牲畜保险有着广阔的市场。当然，每一种牲畜都有各自单独的保险产品，保险公司也根据不同牲畜的疾病开发了一些附加的疾病保险。

2. 家畜、家禽保险

家畜、家禽保险(Livestock and Poultry Insurance)是以商品性生产的猪、羊、兔等家畜和鸡、鸭、鹅等小型家畜为保险标的的保险。保险责任范围主要是各种自然灾害和意外事故以及疾病、瘟疫造成家畜、家禽在饲养期间的死亡。家禽饲养量大，在非灾害事故情况下也有少量正常死亡，因此应规定一个合理的免赔额。当然，每一种不同的家畜、家禽都有各自单独的保险产品和附加疾病保险。

3. 水产养殖保险

水产养殖保险(Aquaculture Insurance)是以商品性的人工养鱼、养虾、养蟹、育珠等水产养殖产品为对象的保险。在养殖过程中，凡因疾病、中毒(包括他人投毒)、盗窃、自然灾害和其他意外事故造成的水产品收获损失或养殖成本损失，保险公司负责赔偿。养鱼保险一般以淡水精养为主，因为精养所投入的资金和费用开支较多。对外荡(湖泊、河道)粗养的水产品一般不宜承保。

4. 其他养殖保险

以商品性养殖的鹿、貂、狐等经济动物和蜂、蚕等为保险对象，承保在养殖过程中因疫病、自然灾害和意外事故造成的死亡或产品的价值损失。鹿、貂等经济动物的保险是死亡保险，其承保条件与家畜、家禽保险基本相同。

当然，以上分类方式是按照农业保险的保险对象进行的分类。倘若按照承保方式分类，则可以分为传统型农业保险和指数型农业保险。

第二节　种植业保险

农作物保险是种植业保险的主要险种，它又分为生长期农作物保险、收获期农作物保险、森林保险及经济林、园林苗圃保险四大类。

一、生长期农作物保险

农作物的分类有广义和狭义之分。广义的农作物通常是指林木以外人工栽培的植物，狭义的农作物仅指大田栽培的作物。生长期农作物保险的标的一般是广义的农作物。生长期农作物保险可以从多个角度进行分类。

1. 按保险标的分类，分为粮食作物保险、经济作物保险、园艺作物保险、绿肥及饲料作物保险。

2. 按保险责任分类，分为：(1)单一责任保险，即只承保一种风险，如棉花的雹灾保险、烤烟的水灾保险、小麦的雹灾保险等；(2)混合责任保险，即以列举的方式承保两项以上的风险，如棉花雹灾保险加大风、暴雨灾害保险；(3)一切险，这里的一切险并不是指农作物面临的一切风险，其责任范围较广，但仍限于自然灾害，主要是气象灾害和病虫害。

3. 按保险金额分类，分为农作物收获量保险和农作物成本保险。

知识窗 8-4　　　　我国生长期农作物的主要灾害

我国生长期农作物遭受的主要灾害有自然灾害和病虫灾害两大类。

自然灾害主要有干旱、涝灾、寒害、风灾、冰雹灾害。上述自然灾害对农作物的危害具有面积大、持续时间长、人力不易控制的特点，目前只能根据气象预报在一定条件下进行预防。我国农作物的种类繁多，气候复杂多变，病虫草害的种类多，危害大。据不完全统计，全国病虫草害有 1 300 多种，其中病害 500 余种，虫害 700 余种，杂草 70 余种。各种病虫草害每年发生面积达 20 多亿亩次。

这些灾害对我国农业生产影响很大，在这些灾害中旱灾对农作物造成的损失最大，占整个灾害损失的 50% 以上，涝灾占 16.8%，风雹占 8.1%，霜冻占 4.5%，病虫草害占 14.8%，其他占 3%。

由于农作物灾害的成因复杂，而且遭灾的概率大、范围广、灾情重，我国保险实践中一般只承保单一责任和混合责任，没有承保“一切险”，并尽量避免承担与人为因素有关的责任，如病虫草害。一些保险公司在灾害较小的地区试办了一揽子保险(近似“一切险”)。

考虑到不同的农作物有各自的保险产品，本书以中国人民保险公司的水稻种植保险为例介绍生长期农作物保险。其他农作物的生长期保险与其基本相似，只是根据农作物自身的生长特点和风险特征进行了微调而已。

（一）保险标的

一般规定，经过政府部门审定的合格品种，符合当地普遍采用的种植规范标准和技术管理要求，种植场所在当地洪水水位线以上的非蓄洪、行洪区，生长正常的水稻都能作为保险标的参加保险。但是为了防范道德风险和逆选择，投保人投保时应将符合上述条件的农作物全部投保，不得选择投保。而且间种或套种的其他作物，不属于本保险合同的保险标的。

从中可以看到，合格保险标的应该具有三个条件：符合当地普遍采用的种植规范标准和技术管理要求；种植场所在当地洪水水位线以上的非蓄洪、行洪区；生长正常。这是因为，种子的好坏关系到水稻在承保地能够健康成长；而如果种植场所在当地洪水水位线以下，则由于洪水导致的损失可能性是比较大的。

（二）保险责任

水稻种植保险采用的是混合责任。承保的保险责任包括：暴雨、洪水（政府行、蓄洪除外）、内涝；风灾、雹灾；冻灾。且要求损失率达到30％（含）以上的，保险人才负责赔偿。

也就是说，水稻种植保险中倘若损失率不高，保险公司是不会进行赔偿的。一方面，植物具有自我复苏的能力，当损失不大时，其在将来经过精心照顾可能还会慢慢恢复；另一方面，也将一些小损失排除在外。

（三）除外责任

水稻种植保险的除外责任大体包括如下内容：

- 投保人及其家庭成员、被保险人及其家庭成员、投保人或被保险人雇用人员的故意行为、管理不善；
- 行政行为或司法行为；
- 发生保险责任范围内的损失后，被保险人自行毁掉或放弃种植保险水稻。

当然，由于保险责任采用的是列举式，这里的除外责任也只能如此理解：一方面是举例说明；另一方面倘若保险责任的风险与除外责任的风险共同发生而导致的损失，保险公司也不赔偿。

（四）保险期限

生长期农作物的保险期限是根据农作物的生长期来确定的。保险期限一般从作物齐苗或移栽成活后开始，到作物按照栽培目的已达到生理成熟或工艺成熟时终止，例如开始收割，或者收割好而离开田间。不同种类的农作物具有不同的生长期，因此保险期限也不相同。保单一般规定，保险期限是投保人和保险公司约定并在保单上明确写明的。比如，水稻种植保险的保险期限自保险水稻秧苗在田间移栽成活返青后开始(直播稻从种植齐苗后开始),至保险水稻开始收割时止,同时还不得超出保险单载明的保险期间范围。

(五) 赔偿方式

农作物受损后,确定赔偿金额时比较复杂。因为农作物是在不断地生长,其保险价值也在不断地增长。在农作物播种时,保险价值最低。随着农民劳动的不断投入,农作物的保险价值不断增加,直到收割时保险价值达到最大。所以,对于价值处在变化中的农作物,赔偿时一般有保成本和保产量两种方法。

1. 保成本的赔偿方式

所谓保成本的方法,就是从成本投入的角度考虑的。保险公司赔偿时只赔偿农作物在生长过程中投入的各种成本。保成本的赔偿方式有两种:

(1) 保成本,逐日确定每亩的最高赔付额方式。某些农作物的生产成本是在农作物整个生长期逐渐地、不断地投入到作物中去的,因此每到某个日期总会有一与之相对应的投入成本,以此成本作为出险当日的最高赔付额。以这种方式赔偿时,计算如下:

- 全部损失。按照《每日最高赔付数额表》规定的损失当日最高赔付标准赔付。

赔款=[出险当日每亩最高赔付额×(1-免赔率)]×受灾面积

- 部分损失。按照实际损失程度比例赔付。

赔款=[(每亩受损程度-免赔率)×出险当日最高赔付额]×受灾面积

(2) 保成本,分阶段确定每亩的最高赔付比例方式。按生长期的各个阶段分别确定绝产和部分损失的最高赔付比例。例如,小麦生长期可分为穗期、灌浆期、成熟期三个阶段。以这种方式赔偿时,计算如下:

- 全部损失。按照各阶段的最高赔付比例赔偿。

赔款=[每亩保额×该阶段全损的赔付比例×(1-免赔率)]×受灾面积

- 部分损失。在某阶段保额的赔付比例限度内按实际损失程度赔偿。

赔款=[每亩保额×该阶段部分损失赔付比例×(每亩受损程度-免赔率)]×受灾面积

$$\text{其中,受损程度} = \frac{\text{平均单位面积损失数量}}{\text{平均单位面积种植数量}}$$

2. 保产量的赔偿方式

所谓保产量的方法,是从产出的角度来考虑的。其不但考虑了农民的投入,也考虑了农民从农业生产中应该获得的利润。但是,为了防范道德风险,采用保产量的方式时保险公司也不会全额赔偿。保产量的赔偿方式也有两种：

(1) 保产量，以亩为单位按平均收获量的成数确定保险金额，按减收量确定赔付金额。以这种方式赔偿时，计算如下：

- 全部损失。按保额赔付。
- 部分损失。按减收量赔付。如有残值，应从赔款中扣除。

赔款＝[(双方约定的每亩平均产量－出险时的实际收获量)×国家收购价×(1－免赔率)×承保成数]×受灾面积

(2) 保产量，以每亩平均产量为标准换算成产值作为保额，分阶段确定最高赔付比例。这种方式在确定保额上与保产量的第一种方式相一致，但在赔偿方式上与保成本的第二种方式相似。

案例 8-1　人保水稻种植保险的保险金额与赔偿处理

保险金额：每亩保险金额参照保险水稻生长期内所发生的直接物化成本，包括种子成本、化肥成本、农药成本、灌溉成本、机耕成本和地膜成本，由投保人与保险人协商确定，并在保险单中载明。每次事故的免赔率为10%。

保险水稻发生保险责任范围内的损失，保险人按以下方式计算赔偿金额：

赔偿金额＝不同生长期的最高赔偿标准×损失率×受损面积×(1－免赔率)

$$损失率=\frac{单位面积植株损失数量(或平均损失产量)}{单位面积平均植株数量(或平均正常产量)}$$

生长期	每亩最高赔偿标准
移栽成活—分蘖期	每亩保险金额×40%
拔节期—抽穗期	每亩保险金额×70%
扬花灌浆期—成熟期	每亩保险金额×100%

在发生损失后难以立即确定损失率的情况下，实行两次定损。第一次定损时先将灾情和初步定损结果记录在案，经一定时间的观察期后二次定损，以确定确切的损失程度。

发生保险事故时，保险单载明的保险面积小于其可保面积时，可以区分保险面积与非保险面积的，保险人以保险单载明的保险面积为赔偿计算标准；无法区分保险面积与非保险面积的，保险人按保险单载明的保险面积与可保面积的比例计算赔偿金额。保险单载明的保险面积大于其可保面积时，保险人以可保面积为赔偿计算标准。

很明显，水稻种植保险的赔偿方式采用的是保成本的第二种方式。

(六) 附加险

由于保险责任比较有限，保险公司还会设计一些附加险。比如旱灾保险和病虫害保险。

1. 附加旱灾保险条款

保障由于旱灾造成保险水稻损失且损失率达到70%及以上的情况。但是，由于人为原因造成水土失控，作物面积超出水量或人为原因造成水量减少导致保险水稻的损失，保险人不负责赔偿。该附加险项下的每亩保险金额不得超过主险每亩保险金额的50%；发生附加保险责任范围内的损失，保险人根据损失面积与本附加险项下的每亩保险金额，按照主险赔偿处理方式计算赔偿金额。

所谓旱灾，是指因自然气候的影响，土壤水与农作物生长需水不平衡造成植株异常水分短缺，从而直接导致农作物减产和绝收损失的灾害。旱灾必须以市级以上(含市级)农业技术部门和气象部门的鉴定为准。

2. 附加病虫害保险条款

保障由于病虫害造成保险水稻损失且损失率达到70%及以上的情况。但是，附加险项下的每亩保险金额不得超过主险每亩保险金额的50%；发生附加险责任范围内的损失，保险人根据损失面积与附加险项下的每亩保险金额，按照主险赔偿处理方式计算赔偿金额。

二、收获期农作物保险

农作物在收割之后、出售之前，还需要进行简单的初加工。在这个环节，由于农村条件比较匮乏，容易发生风险。而且，在这个环节一旦发生损失，则农民一年的辛苦全部白费，影响较为恶劣。故一些保险公司针对这一特殊环节提供了收获期农作物保险，有的是以主险的形式存在，有的则为生长期农作物保险的附加险。下面以中国人民保险公司的农作物收获期火灾保险为例进行介绍。

(一) 保险标的

凡农作物种植的所有者、管理者均可作为投保人，凡是收获后的农作物需在场院中进行晾晒、轧打、脱粒和烘烤等初步加工的各种夏秋粮食作物和经济作物可作为保险标的承保，诸如现在开展面较广的麦场夏粮火灾保险、烤烟火灾保险等。在收获期，农作物面临的最大风险就是火灾风险。

(二) 保险期限

各种农作物初级加工的时间不同，故保险期限也不同，但这种保险的期限都比较短，一般是在保单中把保险期限明确列明。绝大多数的农作物收获期保险都是从农作物成熟开始至入库、入仓为止。例如，三麦麦场火灾保险的期限从三麦登场起保，到脱粒完毕入仓(含露天屯存)止，保险期限最长不超过20天；烤烟火灾保险从烤烟入炕房起到出炕房止。收获期农作物保险的保险期限一般只有1个月左右。

(三) 保险责任

保险责任范围一般分为两种：

(1) 单项责任。即只承保火灾一项，对其他如暴雨、地震等自然灾害造成的损失都不负责任。使用这种保险方式，农民只需缴付少量的保险费就可得到保障。单项责任的收获期农作物保险在我国发展很快，开展面也较为广泛。

(2) 综合责任。除了承保火灾一项责任外，还同时承保其他几项责任，如遭受冰雹、龙卷风袭击所致损失和连日阴雨所造成的霉烂损失。

(四) 除外责任

收获期农作物保险的除外责任与生长期农作物保险的除外责任非常相似。只是有些公司增加了下列责任，例如：

- 在公路上碾打保险农作物造成的损失。
- 场院内除保险农作物以外的其他财产损失。
- 被保险人违反公安、消防、气象、保险等有关部门的规定而造成保险财产的损失。

(五) 保险金额与赔偿金额

收获期农作物保险的保险金额一般以测定的当年平均亩产量为依据，计算公式如下：

保险金额＝测定的当年平均亩产量×国家收购价×承保的种植亩数

承保单项责任的，可以足额投保；承保综合责任的，一般只允许投保测定的当年平均亩产量的5～6成。保险金额也是投保时明确在保单中写明的。

在收获期，农作物的保险价值变化不是非常大，因此在确定赔偿金额时比较简单，直接按照受损程度进行赔偿即可。

赔偿金额＝每亩保险金额×损失面积×损失程度×(1－免赔率)

发生事故时，被保险人所支付必要、合理的施救费用的赔偿金额在保险标的损失以外另行计算，最高以不超过保险金额为限。

森林保险和经济林、园林苗圃保险与生长期农作物保险在各个方面的处理都比较相似，这里就不再赘述了。

第三节　养殖业保险

牲畜、家畜家禽和人工养殖的水产品对人类而言不但是一种重要的资源，同时也是一种重要的财富。但是，它们的生命容易受到许多灾害事故的威胁，养殖业者始终面临着自然灾害和意外事故而带来的投资损失和未来收入损失的风险。许多国家开展了养殖业保险以保障农民或农场主的利益。养殖业保险都根据养殖的标的物特征设计了保险责任和除外责任，大多数都很相似。本节以牲畜保险和水产养殖保险为代表择要介绍。

一、牲畜保险

牲畜与人一样，同属于哺乳动物。我们在理解牲畜保险时，可以把其与人类的人寿保险和健康保险及意外伤害保险来进行比较。

(一) 保险标的

我国牲畜的种类及数量繁多，而且用途不一，因此牲畜保险的对象也比较广泛，但主要以役用畜和肉用畜作为保险的标的。役用畜如牛、马、骡、驴、骆驼，乳用畜如奶牛，肉用畜如菜牛，以及种用畜都可以作为承保对象。例如，中国人民保险公司的奶牛保险中，符合下列条件的奶牛才可以作为保险合同的保险标的：

- 饲养管理正常，无伤残，无疾病，有正常产奶能力，有畜牧兽医部门出具的健康检疫证明，按免疫程序接种且有记录，经畜牧兽医部门和保险人验体合格；
- 饲养场所在非传染病疫区内，且在当地洪水水位线以上的非蓄洪区内；
- 投保时奶牛畜龄2.5周岁(含)以上7周岁以下(不含)；
- 奶牛品种已在当地饲养一年以上。

同样，为了防范道德风险和逆选择，投保人应将符合条件的奶牛全部投保，不得选择投保。这些条款如同人类的人寿保险和健康保险一样，无非是要求是健康、稳定的成年奶牛。

(二) 保险责任

牲畜保险都是属于死亡保险，主要承保因疾病、自然灾害和意外事故这三方面原因造成的牲畜死亡损失。

(1) 疾病。不仅包括一般疾病、寄生虫病、传染病，而且还包括胎产、阉割。

(2) 自然灾害。包括洪水、淹溺、暴风雪、地震、地陷、崖崩、雹灾等。

(3) 意外事故。包括触电、摔跌、互斗、碰撞、窒息、野兽伤害、建筑物及其他物体倒塌等。

此外，为了防止疾病传染，经当地政府部门或畜牧部门命令和有关部门同意宰杀或掩埋的，也包括在责任范围之内。

当然，各家保险公司在保险责任中，对属于保险责任的疾病、自然灾害和意外事故的范围界定不同。例如，在中国人民保险公司的奶牛保险条款中，由于下列原因直接造成保险奶牛死亡的，保险公司负责赔偿：

- 在分娩过程中，因胎儿不能顺利娩出，造成子宫破裂或穿孔大出血；
- 产后 72 小时以内因患产后瘫痪或产后败血症，经积极治疗但仍无效的；
- 火灾、雷击、爆炸、淹溺、野兽伤害、空中运行物体坠落、固定物体倒塌；
- 洪水、冰雹、暴雨、风灾。

在一些牲畜保险中，保险公司对于保险合同中列明的一些高传染性疫病蔓延，政府因此而实施强制扑杀导致保险牲畜死亡，保险人也负责赔偿，但赔偿金额以保险金额扣减政府扑杀专项补贴金额的差额为限。

(三) 除外责任

保险条款中的除外责任主要是为了防止道德危险，并促使被保险人爱护牲畜，合理使役。一般的除外责任主要有以下几项：

(1) 被保险人及其家庭成员的故意行为。

(2) 隐瞒或谎报病情。

(3) 不按兽医部门的要求对牲畜进行防疫或治疗。

(4) 对牲畜进行不合理的使役，致使其劳累致死。

例如，在中国人民保险公司的奶牛保险条款中规定的除外责任如下：

- 投保人及其家庭成员、被保险人及其家庭成员、投保人或被保险人雇用人员的故意行为、管理不善；
- 保险奶牛遭受冻、饿、中暑、中毒、互斗、走失、被盗；
- 因火灾、雷击、爆炸、淹溺、野兽伤害、空中运行物体坠落、固定物体倒塌，以及洪水、冰雹、暴雨、风灾之外的原因造成的摔跌和电击；
- 战争、军事行动、恐怖行动、敌对行为、武装冲突、罢工、骚乱或暴动；
- 保险奶牛在疾病观察期内患有保险责任范围内的疾病；
- 保险奶牛年老体弱、无繁殖能力、产奶量低，患疾病属于淘汰和屠宰的；
- 患伤病不及时医治、不认真饲养管理，以致加重病情造成死亡的；
- 保险奶牛未佩戴国家规定的畜禽标识。
- 保险奶牛遭受保险事故引起的各种间接损失。

(四) 保险期限

牲畜保险的起讫时间，一般从约定起保日的零时开始，到约定期满的 24 时止，保险期限一般为一年。由于牲畜很难在投保前逐一体检，因此为了防止道德风险，提高承保质量，一般规定有观察期。即在签单后的观察期内，如果牲畜发生疾病或者死亡，保险人不负赔偿责任，但退还保费。在中国人民保险公司的奶牛保险中就设置了五天观察期。

(五) 保险金额

确定牲畜保险金额的基础有市场价值和评定价值。按照市场价值确定保险金额的，赔偿金额就要根据牲畜发生损失时的市场价值来确定，但以不超过保险金额为限。按照评定价值确定保险金额的，其赔偿金额则是根据保险公司账面上最后一次评定价值来核定，它并不是牲畜发生损失时的实际价值。在我国，使用市场价值、评定价值或农牧场的账面价值来确定保险金额，并坚持"低保额、低收费"的原则，保险金额一般掌握在牲畜实际价值的70%以下。

(六) 赔偿处理

我国牲畜保险的赔偿处理，一般有以下三种方式：

(1) 按单位账面价值投保的牲畜，按账面价值扣除残值后赔付。

(2) 由保险人与投保人双方协商评定保额的牲畜，按承保的保额扣除残值后赔付。

(3) 定额投保的牲畜，即保险公司根据牲畜市场价格和畜龄分档次规定保额的，根据被保险人投保时选定的档次给予定额赔付，不扣除残值。

发生保险事故时，如果保险单载明的保险数量小于其可保数量，可以区分保险数量与非保险数量的，保险人以保险单载明的保险数量为赔偿计算标准；无法区分保险数量与非保险数量的，保险人按保险单载明的保险数量与可保数量的比例计算赔偿额。如果保险单载明的保险数量大于其可保数量时，保险人则以可保数量为赔偿计算标准。所谓可保数量，是指符合保险标的规定的保险奶牛实际养殖数量。

如果部分家畜发生了损失，保险人履行赔偿义务后，本保险合同的保险金额、保险数量自损失发生之日起相应减少，保险人一般也不退还保险金额减少部分的保险费。

如果是因为政府强制扑杀导致保险牲畜死亡，则

赔偿金额＝死亡数量×(每头保险金额－每头奶牛政府扑杀专项补贴金额)

(七) 附加险

根据不同牲畜的特点，以及比较容易爆发的疾病，保险公司设计了附加险。比如，奶牛保险的附加险有：

1. 附加创伤性网胃炎和创伤性心包炎保险条款

保障保险期间内，保险奶牛经畜牧兽医部门确诊为创伤性网胃炎或创伤性心包炎死亡的损失。

2. 附加结核病和布鲁氏菌病保险条款

保障保险期间内，保险奶牛经专业技术部门确诊为结核病和布鲁氏菌病(血清学或变态反应，检疫结果为阳性反应；或出现可疑反应，经复检仍为可疑反应，视为阳性)而遭淘汰扑杀的损失。但是，倘若没有专业技术部门的诊断报告书，或出现可疑反应的牛，未按有关规定要求复检的，则不予赔偿。

家畜、家禽保险是针对小型家养动物为保险对象的，其保险责任和除外责任与牲畜保险相似，只是根据不同家畜家禽的疾病和特殊情况进行了细微变化。

二、水产养殖保险

水产养殖保险包括淡水养殖保险和海水养殖保险。淡水养殖保险的保险标的主要有鱼、河蚌、珍珠等。淡水养殖保险主要承保因自然灾害或非人为因素造成意外事故所致保险标的的死亡，对因疾病引起的死亡一般不予承保。海水养殖保险是指为利用海水资源进行人工养殖者提供的一种保险。目前，开办的海水养殖保险有对虾养殖保险、扇贝养殖保险等。海水养殖主要集中在沿海地区的浅海和滩涂，因此面临的风险主要是台风、海啸、异常海潮、海水淡化或海水污染等造成保险标的的流失或死亡。海水养殖保险的保险责任主要是自然灾害造成的流失、缺氧浮头死亡等，对疾病、死亡风险一般需特约承保。我国水产资源丰富，水产养殖产量大约占全世界总产量三分之二。但是，水产养殖保险的覆盖率不高，大约仅占可保面积的5‰。水产养殖保险还需进一步发展。

(一) 保险标的

水产养殖的保险标的是商品性养殖的各种水产品，如鱼、对虾、螃蟹等。由于这些水产品受自然条件的制约，自然死亡率高，其产量随着养殖条件的改善、养殖技术的提高而增加，因此在承保时必须考虑养殖方法、养殖地点、水体环境、养殖人员的管理水平等因素。

一般而言，要求投保人的水域涂滩养殖许可证或养殖承包合同真实有效；而且养殖塘布局规范、环境安全，无引发灾害事故的明显隐患。那些正处在危险状态的水产品，或者已经离塘的水产品，以及陆基式(工厂化)养殖的水产品均不属于保险标的。

(二) 保险责任

水产养殖的保险责任分为死亡责任和流失责任两大类。

1. 死亡责任

遭受暴风、台风、龙卷风、暴雨、雷击，或者空中运行物体坠落，导致供电设施损坏断电，造成增氧机和水泵无法开启发生“泛塘”的；由于缺氧、疾病、他人投毒等灾害事故造成的水产品死亡。所谓“泛塘”，即是指鱼类严重浮头，继而大量死亡的现象。

2. 流失责任

由于暴风、台风、龙卷风、暴雨、雷击，或者空中运行物体坠落等自然灾害和意外事故造成鱼塘、虾池的堤坝倒塌所引起的溃塘、漫塘的水产品流失。所谓漫塘，是指短期或极短期间的强降水，导致塘水溢出塘埂或淹没养殖塘的同时，大量鱼虾随流逃逸的事故损失。溃塘是指短期或极短期间的强降水，导致塘水冲破塘埂的同时，大量的鱼虾随流逃逸的事故损失。漫堤和溃堤事故也有可能同时发生。

(三) 除外责任

水产养殖保险的保险责任一般是列举式的，既有保单一责任的，也有保综合责任的。下列原因造成的水产品损失一般作为除外责任：

(1) 水产品在养殖过程中由于被保险人及其家庭成员、养殖人员的故意行为或重大失职造成的损失。

(2) 水产品的自然死亡或损失。

(3) 水产品在养殖过程中由于各种敌害捕食造成的损失。

此外，有的地区将水质污染列为除外责任，如污水、污物的排放污染和田间农药的流入。

(四) 保险金额

水产养殖保险的标的物存在以下特点：首先，水产养殖的标的物的保险价值随着时间的推移不断变化，这给保险价值和保险金额的确定带来了困难；其次，养殖的标的物都在水中，我们很难清楚地得到它的数量，受损后其受损的情况也很难确定。所以，在水产养殖保险中，在确定保险金额和赔偿金额时，与生长期农作物保险相似，我们从成本和产量两个角度来确定。而在确定数量时，我们则一般是以承保的水面面积(亩或公顷)作为承保单位，然后据此计算保险金额。

确定保险金额的方法主要有两种：

(1) 保成本。按保险标的在收获时投入的总成本(最终生产费用)的全部或部分作为保险金额，这种方法适用于养鱼、养虾等保险。

(2) 保产值。以市场价格或产品的销售价与产量作为确定保险金额的主要依据，一般只承保5～7成。

在投保时，保险鱼虾的每亩保险金额由投保人与被保险人协商确定，并在保险单中载明，但最高不得超过保险鱼虾的实际价值。确定好单位水面面积的保险金额及水域面积之后，就可以得到总保险金额：

保险金额＝保险产量(公斤/亩)×保险单价(元/公斤)×保险数量(亩)

(五) 赔偿处理

水产养殖保险因确定保险金额的方法不同而采取不同的赔偿处理方法：

(1) 按比例赔付方法。根据保险标的在保险期限内不同时期投入的成本不同,按保险办法中规定的不同赔付标准(不同时期的赔偿额占保额的最高比例)来计算赔款,残值从赔款中扣除。

(2) 保产值的赔付方法。按实际损失偿付,但以不超过保险金额为限,残值也从赔款中扣除。

案例 8-2　　安信淡水养殖(经济鱼虾)保险条款

该保险根据经济鱼虾的生长时间,将保险期限设为自5月起至同年9月底止5个月。保险鱼虾发生保险责任范围内的损失,保险人按以下方式计算赔偿金:

(一) 泛塘

赔款=保险金额/亩×当月赔偿比例(如下表)×损失程度
×(1—绝对免赔率)×出险亩数—已捕获金额

注:损失程度=损失鱼虾的重量/(单元塘产量—已捕获产量)或保险产量×100%;

出险的保险月份	5月	6月	7月	8月	9月
赔偿比例	40%	50%	60%	80%	100

(二) 溃塘、漫塘

毁堤长度占出险塘周长的0.5%以上,才能够得到赔偿,赔款计算公式为:

赔款=有效保险金额/亩×当月赔偿比例(如上表)×日流失率
×事故延续天数×出险亩数×(1—绝对免赔率)

其中,事故延续天数如果低于3日,则按实际计算;如果高于3日,则以3日计算;日流失率在10%以内,由合同双方协商确定(在同一被保险人的鱼塘中逃窜的保险鱼虾,不构成保险赔偿)。

第四节　指数型农业保险

一、指数保险的含义

指数保险(Index Insurance)的游戏规则与传统型保险完全不同,其通常不设置保险责任、除外责任,而是只设置赔偿的触发条件(Triggering Condition)。这个赔偿触发条件也不是基于被保险人的实际损失,而是基于预先设定的外在参数是否达到事先保单设计的触发水平。并且,赔款金额也不是基于被保险人的实际损失,而是根据预定的游戏规则,按实际指数与触发条件之间的差距来进行赔偿。

因此,指数保险中"指数"的设计尤为关键。指数的含义则表达了保险产品的保险责任。通常,指数是表征某灾害强度的指标,如干旱等级、地震的震级、产品价格等。指数的设计也有多种。

指数保险的赔偿处理可能包含不赔、全赔和分层赔付。其中,不赔是指指数未达到触发条件,则无论被保险人有没有发生损失,均没有任何赔款;全赔则指一旦指数被触发,则赔款金额为保额;分层赔付则是根据指数的触发等级给予相应的部分赔付。常见的指数保险包含干旱、强风、降雨、洪水、高温、低温、价格指数险等。

二、指数保险的特征

指数保险是区别于传统的基于损害赔付的保险的一种创新型保险产品。由于指数保险的触发机制仅依赖于一个特定的指数,无须掌握各个保险标的实际受损情况,使其与依赖于实际损失进行保险理赔的传统农业保险产品形成了鲜明对比,这种不同使其在许多方面形成了独特的优势。

(一) 有效控制道德风险,增加了投保人防灾减损激励

传统农业保险中,保险标的控制在投保人和被保险人手中,赔款是基于被保险人的实际损失,则由于投保人和保险人的信息不对称可能导致道德风险。道德风险阻碍了农业保险的发展。但是,指数保险的赔偿是完全依赖保险指数的实际值来确定损失程度以及保险赔付水平,而与被保险人的实际损失没有直接关系。合理的指数设计也不会被少数人所操控。除此之外,保险赔偿与个人的实际损失情况不挂钩,还会激励投保人采取防灾措施以更好地保护保险标的,降低损失概率及减轻损失,从而形成投保人主动防灾减损的动力。

(二) 有效控制逆选择

传统保险中,逆选择也是由于投保人和保险人的信息不对称而产生的。指数保险中,指数的不确定是由一定区域内的总体状况所确定的,而指数本身以第三方的公开信息客观发布,基本不受任何人的影响。因此,由于信息不对称而使高风险人群享受到低于其实际水平费率的逆选择现象将得到很好的控制。

(三) 经营效率高、费用低、保费低廉

传统保险中,由于农村地广人稀,核保、理赔的工作需要花费大量的时间与精力,而且效果也不一定好。而指数保险的核损理赔完全基于保险指数的实际观察值,无须对保险标的逐个进行查勘定损,因此大大减少了核损理赔成本。同时,由于道德风险与逆选择也得到了一定的控制,各种用于核保、控制道德风险与保险欺诈的成本均可

以大量减少。因此，指数保险的经营效率更高、保费更加低廉，产品更具吸引力。

（四）经营标准化、透明度高

指数保险是标准化产品。保险指数作为定损和理赔的唯一标准，由独立的第三方向社会各界公开。一旦符合赔偿标准，保险公司可以立刻赔付，将赔款打入客户的既定账户。整个过程高效、透明，能有效避免协议赔付、应赔未赔等现象。有利于提升保险公司的形象，也方便二级市场的再保险公司和再保险经纪公司把握直保公司的风险水平，使风险更易向二级市场转移。

（五）可能存在基差风险，导致保障与损失不匹配

指数保险的赔偿是根据指数的变化按预定游戏规则计算赔款，与农户的实际损失无关。而且，指数是依据某个区域的整体情况而得到的，并非根据某个个体的情况。因此，可能会出现农户根本没有发生损失，但却获得赔款的现象；或者农户发生了非常大的损失，但指数却未达到触发条件而保险公司不赔的现象。这种风险成为基差风险。所以，有些人戏称指数保险犹如赌博。

任何事物都有其两面性。指数保险是一个新兴事物，其有着明显的优点，是农业保险市场的有效补充，也为保险公司的经营管理和风险控制提出了更高的要求。

三、指数保险的条款示例

（一）西甜瓜梅雨强度指数保险条款

1. 保险标的

保险标的是指符合下列条件的种植西甜瓜：土壤适宜、生长环境安全；种源优良、抗灾抗病力强；科技先行、种植技术规范。下列西甜瓜不属于保险合同的保险标的：正处在危险状态的种植西甜瓜；已经采收的西甜瓜。

2. 保险责任

梅雨期间，西甜瓜所在区域的暴雨日数累计达到三日以上（不含），并且累计降雨量超过合同约定的“预定触发值”的，保险人按保险约定负责赔偿。其中，梅雨是从我国江淮流域一直到日本南部每年初夏（6～7 月）常出现的一段降水量较大、降水次数频繁的连续阴雨天气。一般为 6 月上旬到中旬入梅，7 月上旬到中旬出梅。暴雨指降雨量每小时在 16 mm 以上或连续 12 小时在 30 mm 以上或连续 24 小时在50 mm 以上的气象灾害。累计降水量是指自当地气象部门正式发布的入梅之日到出梅之日降雨量的总和。预定触发值则是指梅雨期间的降水量指标。

3. 保险金额与保费

西甜瓜的每亩保险金额参照投保人前三年平均亩产量的 70%与上一年田边交易价之积，由投保人与保险人协商确定，并在保险单中载明。保险金额＝每亩保险金额

×保险面积。保险费则按保险金额乘以标准费率计收。

4. 保险期间

保险期间为市级气象部门发布的梅雨起止期间。如果当年发生两次以上梅雨，保险期间以后一次的终止日为限。被保险人应当在梅雨期来临之前向保险人申请投保，如气象部门通过电视、电台、报纸等新闻媒体宣布本市已进入梅雨期，保险人即日停售。

5. 赔偿处理

西甜瓜发生保险责任范围内的损失，保险人按以下方式计算赔款：赔款＝保险金额(元)×累计降水量 P(毫米)对应的赔偿比例(见表 8-2)。

表 8-2　　西甜瓜梅雨指数赔偿比例

序号	累计降水量 P(毫米)	赔偿比例
1	$299.7 < P <= 350$	保险金额×10％
2	$350 < P <= 400$	保险金额×20％
3	$400 < P <= 500$	保险金额×30％
4	$500 < P <= 600$	保险金额×50％
5	$600 < P <= 800$	保险金额×80％
6	$P > 800$	保险金额×100％

发生保险事故时，保险单载明的保险面积小于其可保面积时，可以区分保险面积与非保险面积的，保险人以保险单载明的保险面积为赔偿计算标准；无法区分保险面积与非保险面积的，保险人按保险单载明的保险面积与可保面积的比例计算赔偿金额。保险单载明的保险面积大于其可保面积时，保险人以可保面积为赔偿计算标准。若保险西甜瓜亩保险金额低于或等于出险时的实际价值，则以亩保险金额为赔偿计算标准；若保险西甜瓜亩保险金额高于出险时的实际价值，则以出险时的实际价值为赔偿计算标准。

(二) 蔬菜种植价格指数保险条款

1. 保险标的

保险标的是指符合下列条件的蔬菜价格：保险蔬菜应当在保险合同中列明具体名称，且在上海市农委“政务网”所列示的上海市八家主要蔬菜批发市场(以下简称八家市场)的网页上，能同时查询到该保险标的投保前连续三年的批发价格。①

保险分为成本价格保险和批发价格保险，投保人投保时应当在合同上明示。保险

① 该保险产品目前只在上海销售。

类型一经明示，保险期间不得请求变更。

2. 保险责任

在保险期间，由于市场原因，导致在种的保险蔬菜的当期批发价格，跌至投保前三年的、上海市八家主要蔬菜批发市场同期加权批发均价以下的部分，保险人按保险约定负责赔偿。保险人仅对保险蔬菜的价格风险承担保险责任，不在本合同约定范围的其他任何损失、费用，保险人不负责赔偿。

3. 保险金额

成本价格保险：保险蔬菜的亩保险金额参照投保标的当地前三年平均亩产量的70％，与约定的成本单价确定，并在保险单中载明。

$$\text{保险金额}=\text{前三年平均亩产量(公斤/亩)}\times 70\%\times\text{约定成本价格(元/公斤)}\times\text{保险面积}$$

批发价格保险：保险蔬菜的亩保险金额参照投保标的当地前三年平均亩产量的70％，与八家市场前三年同比加权平均批发单价确定，并在保险单中载明。

$$\text{保险金额}=\begin{matrix}\text{前三年平均亩}\\\text{产量(公斤/亩)}\end{matrix}\times 70\%\times\begin{matrix}\text{八家市场前三年加权平均}\\\text{批发单价(元/公斤)}\end{matrix}\times\text{保险面积}$$

4. 保险期间

保险责任期间：采收期在一个月以下的，按一个月约定；采收期在一个月以上的，应当按实际约定。保险期间一经确定，投保人不得请求批改。

5. 赔偿处理

保险蔬菜的保险价格发生保险责任范围内的损失，保险人按以下方式计算赔偿金额：总赔偿金额＝总保险金额×赔付比例×(1－免赔率5％)。赔付比例见表8-3。

表8-3　蔬菜价格指数保险赔付比例

跌幅档次	跌幅	赔付比例
第一档	10％～30％(含)	跌幅×35％
第二档	30％～50％(含)	10.5％＋(跌幅－30％)×50％
第三档	50％～80％(含)	20.5％＋(跌幅－50％)×75％
第四档	80％～100％	43％＋(跌幅－80％)×100％

跌幅在10％(不含)以下时，本合同不发生赔偿。跌幅计算公式＝(保险价格－八家主要蔬菜批发市场保险期间的加权批发均价)/保险价格×100％。

(三) 水稻种植天气指数保险条款

1. 保险标的

凡同时符合下列条件种植的水稻均可列入保险标的范围：生长正常；符合当地政

府和农业部门的要求和规范标准；投保农田必须全部处于距离气象监测机构20公里的范围之内。投保人应将其符合上述种植条件的水稻全部投保，并将种植地块位置在保险单证中载明。

2. 保险责任

在保险期间发生下列情形之一造成保险标的损失时，保险人依照合同约定负责赔偿：

- 自5月15日开始，至8月31日止的累计降雨量低于230毫米；
- 自9月1日开始，至10月15日止的累计降雨量低于15毫米；
- 自7月30日开始，至8月15日止的累计高温差高于8摄氏度。

3. 保险金额

每亩水稻的保险金额为300元。免赔额(率)由投保人和保险人协商确定，并在保险单中载明。保险费按保险人制定的费率计收。

4. 保险期间

保险期间自5月15日零时起至10月15日二十四时止。

5. 赔偿处理

发生保险事故的，保险人按照下列约定计算被保险人损失及赔偿金额：

- 自5月15日开始，至8月31日止的累计降雨量低于230毫米时，按照230毫米与此时期累计降雨量之差计算每亩赔偿金额，每差1毫米赔偿1.2元，每亩最高赔偿150元。每亩赔偿金额=(230－累计降雨量)×1.2。
- 自9月1日开始，至10月15日止的累计降雨量低于15毫米时，按照15毫米与此时期累计降雨量之差计算每亩赔偿金额，每差1毫米赔偿6.7元，每亩最高赔偿100元。每亩赔偿金额=(15－累计降雨量)×6.7。
- 自7月30日开始，至8月15日止的累计高温差高于8摄氏度时，按照此时期累计高温差(7月30日前的高温差不进行累计)与8摄氏度之差计算每亩赔偿金额，每高1摄氏度赔偿20元，每亩最高赔偿240元。每亩赔偿金额=(累计高温差－8)×20。

累计降雨量及累计高温差的计算和发布均以安徽省气象局发布的保险标的所在乡(镇)气象站记录数据为准。[①] 不论发生一次或两次以上保险事故，保险人累计赔款均以保险金额为限。保险期间内，首次或累计保险赔款超过保险金额的，保险责任终止。

---

① 该保险产品目前只在安徽销售。

本章小结

- 农业保险是专为农业生产者在从事种植业、林业、畜牧业和渔业生产过程中，对遭受自然灾害、意外事故、疫病或疾病等保险事故所造成的经济损失提供保障的一种保险。
- 农业风险具有较为明显的特殊性：标的众多，各有个性；标的价值在不断变化之中；风险种类较多；风险范围较大；具有一定的道德风险；风险承担者弱小且分散。
- 由于种种因素的制约，农业保险的需求不足，供给也不足。近年来，在政府的支持下，农业保险有了比较好的发展。
- 世界各国的农业保险具有各自特色，我国目前农业保险的经营模式主要有三种：政府支持下的农业相互保险公司模式；政府引导下的商业保险公司经营模式；政策性农业保险公司模式。我国目前农业保险经营中较为常见的方式是政府引导下的商业保险公司经营模式。
- 狭义的农业保险仅仅是与农村生产直接有关的保险产品。按其保险对象可划分为种植业保险和养殖业保险两大类。
- 种植业保险包括：生长期农作物保险、收获期农作物保险、森林保险和经济林、园林苗圃保险。
- 养殖业保险包括：牲畜保险，家畜、家禽保险，水产养殖保险和其他养殖保险。
- 经过政府部门审定的合格品种，符合当地普遍采用的种植规范标准和技术管理要求，并且生长正常的农作物都能作为保险标的参加生长期农作物保险。为了防范道德风险和逆选择，投保人投保时应将符合上述条件的农作物全部投保，不得选择投保。主要保障因自然灾害和病虫害而造成的损失。
- 由于生长期农作物的保险价值在不断变化，因此在确定保险金额和赔偿金额时，有保成本和保产量两种方法。
- 收获后的农作物在进行初步加工时都可以参加收获期农作物保险。其面临的最大风险就是火灾风险。
- 牲畜保险都是属于死亡保险，主要承保因疾病、自然灾害和意外事故这三方面原因造成的牲畜死亡损失。保险条款中的除外责任主要是为了防止道德危险，并促使被保险人爱护牲畜，合理使役。
- 水产养殖保险的标的物与生长期农作物一样，保险价值一直在变化。而且投保数量难以确定。所以，在确定保险金额和赔偿金额时，从成本和产量两个角度来确定。而在确定数量时，则是以承保的水面面积（亩或公顷）作为承保单位，然后据此计算保险金额。

- 指数保险的游戏规则与传统型保险完全不同，其通常不设置保险责任、除外责任，而是只设置赔偿的触发条件。当参数达到事先保单设计的触发水平时，保险人根据预定的游戏规则赔偿。
- 指数保险具有以下特征：有效控制道德风险，增加了投保人防灾减损激励；有效控制逆选择；经营效率高、费用低、保费低廉；经营标准化、透明度高；可能存在基差风险，导致保障与损失不匹配。

习题

1. 请分析农业风险的特征。

2. 请解释下列三种经营农业保险的模式：政府支持下的农业相互保险公司模式；政府引导下的商业保险公司经营模式；政策性农业保险公司模式。并请比较它们各自的优缺点。

3. 请解释下列名词：农业保险，农村保险，生长期农作物保险，收获期农作物保险，牲畜保险，家畜、家禽保险，水产养殖保险，指数保险。

4. 生长期农作物的保险价值具有什么特点？

5. 如何根据生长期农作物保险价值的变化特点来确定保险金额和赔偿金额？

6. 收获期农作物保险价值的变化有何特点？其面临的最大风险有哪些？

7. 我国的牲畜保险是怎样确定保险金额的？

8. 如果牲畜因政府强制扑杀而死亡属于保险责任，保险公司应当如何赔偿？

9. 水产养殖保险标的物的保险价值具有哪些特点？

10. 如何根据水产养殖保险标的物保险价值的变化特点来确定保险金额和赔偿金额？

11. 指数保险与传统农业保险有何区别？

12. 请举例说明指数保险的操作过程。

第九章　责任保险

责任保险是随着法制建设而产生和发展而来的。在法制健全的国家和地区中，责任保险具有非常重要的地位。责任保险的标的物是责任，而不是有形财产。一切的赔偿和处理都以法律规定为依据。目前，责任保险是具有创新性的领域，新险种层出不穷。而且，责任保险被视为将促进保险业继续腾飞的下一次机会。因此，掌握责任保险的机理对保险创新具有极大的帮助。

第一节　责任保险概述

一、责任保险的概念

责任保险(Liability Insurance)是以被保险人对第三者依法应该承担的赔偿责任为保险标的的保险。赔偿责任是指公民或法人因疏忽行为或过失行为损害他人财产和人身而依法应对受害人承担的民事损害赔偿责任。也就是说，首先在法律上规定了被保险人应当承担某种责任，而被保险人未承担此法律责任并因此给第三者造成了经济损失，则被保险人应向第三者承担赔偿责任，责任保险的保险公司也将据此进行赔偿。当然，倘若法律上并未规定被保险人应当承担某种责任，即使第三者发生了损失，被保险人也不用承担赔偿责任。所以，非常明显，责任保险的产生和发展是随着现代法律体制的产生和发展而来的。

相对于其他传统的财产保险而言，责任保险是一种比较新的险种。最早的责任保险保单出现在19世纪。1855年，英国铁路乘客保险公司首次向铁路部门提供铁路承运人责任保险。1875年英国出现了马车第三者责任保险，这可以看作汽车第三者责任保险的先导。后来，随着法律制度的建立和健全，绝大多数国家均采取了强制手段并以法定方式承保汽车责任保险，同时也产生了针对各种各样赔偿责任的责任保险。1880年，英国颁布了《雇主责任法》，当年即有专门的雇主责任保险公司成立，承保雇主在经营过程中因过错致使雇员受到人身伤害或财产损失时应负的法律赔偿责任。

1886年，英国在美国开设了雇主责任保险分公司。美国自己的雇主责任保险公司则在1889年出现。进入20世纪70年代以后，责任保险在工业化国家进入了黄金时期。首先是各种运输工具的第三者责任保险得到了迅速发展；其次是雇主责任保险成了普及化的责任保险险种。随着商品经济的发展，各种民事活动急剧增加，法律制度不断健全，人们的索赔意识不断增强，各种民事赔偿事故层出不穷，使责任保险得到了全面、迅速的发展。美国的各种责任保险保费收入就占整个财产保险保费收入的45%～50%，欧洲一些国家的责任保险保费收入占财产保险保费收入的30%以上，日本等国的责任保险保费收入也占其财产保险保费收入的25%～30%。在我国，责任保险起步比较晚，发展也比较缓慢。20世纪50年代初，中国人民保险公司曾经开办过汽车、飞机附加第三者责任保险和船舶碰撞责任保险。20世纪70年代末，为适应对外开放和发展对外贸易的需要，中国人民保险公司国外业务部开办了产品责任保险等业务。进入20世纪90年代以后，责任保险日益受到社会各界的关注。但是，我国责任保险的市场份额比较小，一直保持在财产保险市场的3%～4%。可以看出，责任保险在中国仍然是一个新兴险种。

知识窗9-1　　我国责任保险的市场情况

2017年，我国的责任保险的保费收入为451亿元，占整个财险市场的4.28%；赔款支出为201亿元，赔付率达到了45%。下表是最近十年我国财险市场上责任保险的市场经营情况。

	2008年	2009年	2010年	2011年	2012年	2013年	2014年	2015年	2016年	2017年
保费收入(亿元)	82	92	116	149	184	217	253	302	362	451
增长率(%)	23	13	26	29	23	18	17	19	20	25
赔付支出(亿元)	33	39	44	57	75	89	108	129	166	201
市场份额(%)	3.50	3.21	2.97	3.23	3.45	3.49	3.17	3.58	3.91	4.28
赔付率(%)	40	42	38	38	41	41	43	43	46	45

资料来源：历年《保险年鉴》。

可以看到，责任保险的保费收入在过去10年内保持着稳速增长，增长速度略高于财产保险的整体增长速度，市场份额持续在稳步增加，但增加幅度不大。潜在的发展空间仍然很大。在发达国家，责任保险的市场份额通常为财产保险市场的40%左右。显然，中国的责任保险离这一数据还具有明显较大的差距。一般认为，保险业的发展可以划分为三个阶段：第一阶段是传统的海上保险和火灾保险(后来扩展到一切财产保险);第二阶段是人寿保险的出现与发展;第三阶段则是责任保险。随着我国法律体制的健全,责任保险将是促进财产保险市场迅速发展的又一次机会。

二、责任保险的保险标的

(一) 法律责任的含义

责任保险的保险标的是法律上所规定的法律责任。不同国家有不同的法律体系,公民和法人也应当承担不同的法律责任。在中国,法律责任包括民事责任、行政责任、刑事责任、违宪责任和国家赔偿责任。其中,民事责任是指由于违反民事法律、违约或者由于民法规定所应承担的一种法律责任。行政责任则是因违反行政法规规定或因行政法规定而应承担的法律责任。刑事责任则是指行为人因其犯罪行为所必须承受的、由司法机关代表国家所确定的否定性法律后果。违宪责任是由于有关国家机关制定的某种法律和法规、规章,或有关国家机关、社会组织或公民从事了与宪法规定相抵触的活动而产生的法律责任。国家赔偿责任是指在国家机关行使公权力时由于国家机关及其工作人员违法行使职权所引起的由国家作为承担主体的赔偿责任。

为了防范道德风险,并实现惩罚当事人的目的,责任保险通常仅基于民事责任提供保障,其他法律责任基本无法通过责任保险进行转移。即使同一事故同时涉及了民事责任和刑事责任,责任保险也仅就民事责任部分进行赔偿,而刑事责任仍然要由当事人自己承担。我国《民法总则》规定,民事责任主要包括侵权责任和违约责任。

1. 侵权

侵权责任(Tortious Liability)是因侵害他人合法的民事权利而可能受到受害人起诉并承担民事赔偿责任的违法行为。比如,小张驾车时不小心撞上了前面的车辆,发生了追尾事故,则侵犯了前车的财产权利,需要就前车的车辆损失承担赔偿责任;或者小张在转弯的过程中不小心撞伤了过马路的行人,造成行人住院治疗,则侵犯了行人的人身权利,需要承担赔偿责任。法律规定,民事权利包括生命权、健康权、姓名权、名誉权、荣誉权、肖像权、隐私权、婚姻自主权、监护权、所有权、用益物权、担保物权、著作权、专利权、商标专用权、发现权、股权、继承权等人身和财产权利。责任保险并非保障针对所有民事责任的侵权,而仅仅保障上述民事权利中与人的身体和生命有关的人身权利,以及与有形财产有关的财产权利。

通常,侵权行为必须具备以下构成要素:存在使他人免受损害的法律责任(行为的违法性);过失方没有履行责任(行为人有过错);存在损害事实;过失方未履行责任和原告的损害事实之间存在合理的因果关系(过错与损害事实的因果关系)。比如,小张发生的追尾事故中，首先小张具有不伤害他人财产的责任，但小张却没有履行这项责任，导致前车被追尾，尾部受损。前车尾部受损与小张未履行责任之间存在着合理的因果关系。因此，小张的行为明显是侵权行为。

在侵权行为中，根据致害人是否故意，可以将侵权行为分为故意侵权与过失侵权(含无过失侵权)。其中，故意侵权(Intentional Tort)是指行为人在主观上是故意的。比如故意杀人、打人、偷窃、抢劫等行为都属于故意侵权。行为人明明知道自己行为的过错性与伤害性却仍然要实施，故为故意侵权。过失侵权(Negligence Tort)则指行为人不存在主观故意，是因为不小心、疏忽、马虎、没看清、操作失误等原因所造成的。依照法律规定，行为人必须为自己的过失承担赔偿责任，并且根据过失的大小确定赔偿责任的大小。所谓过失，是指行为人对事物的注意没有达到理智和谨慎的人在相同或相似情况下应该给予的注意程度。在过失侵权中，一般情况下，"有过失才赔，过失大多赔，过失小少赔，无过失不赔"。但是，有些法律规定，无论行为人是否存在过失，只要给受害人造成了损害事实，行为人都必须承担责任，此时则称为无过失侵权(No-fault Compensation)。比如，《道路交通法》中规定机动车一方必须承担无过失责任。责任保险并非对所有的侵权行为都承担赔偿责任，只是对过失侵权(含无过失侵权)承担赔偿责任，而对故意侵权不予保障。

2. 违约

违约责任(Liability for Breach of Contract)是指当事人不履行合同义务或者履行合同义务不符合合同约定而依法应当承担的民事责任。违约责任的成立以有效的合同存在为前提。比如，买卖双方签订了产品销售合同，卖方不按期交货，或所交货的产品质量不符合合同约定，或所交货的产品数量不符合合同约定，或买方不按期付款等行为均属于违约。违约的一方应当对另一方进行赔偿。无论故意违约还是无意违约，违约责任均是责任保险的保险标的。

显然，违约责任与侵权责任完全不同，两者的主要区别见表 9-1。

表 9-1　侵权责任与违约责任的区别

	侵权责任	违约责任
责任前提	在侵权行为产生并导致民事责任之前，致害人与受害人之间不存在民事法律关系，只有在造成损害时才发生权利义务关系	违约行为出现之前当事人间已经存在民事法律关系(合同)
赔偿前提	必须以损害事实为前提	不一定有损害事实，只要存在违约行为，就应该承担责任
举证责任	受害方承担举证责任，但在推定过失时由致害人举证	违约方承担举证责任
赔偿范围	包括财产损害赔偿、人身伤害赔偿及精神损害赔偿，损害赔偿范围、方式均由法律规定，而不能由当事人事先约定	包括损害赔偿、违约金、定金、实际履行等形式，不包括精神损害赔偿，赔偿方式及范围由当事人事先约定

当然，法学界对于侵权行为与违约行为的区别还有更深层次的全面分析。当某一行为既属于侵权责任又属于违约责任时，则称为法律责任的“竞合”。此时按照规律规定，当事人只能够选择按照其中一个责任承担赔偿责任。这些概念在法学界都是非常重要和基础的概念，从保险学界的角度来看，保险公司只需要关注法院最后的判决，并以此作为赔偿的基础即可。

（二）责任保险的保险标的

因此，根据上文对法律责任的分析，责任保险并非保障所有责任，而主要基于民事责任提供保障；但是也并非保障所有民事责任，而仅保障过失侵权、无过失侵权和违约责任（见图 9-1）。

- 民事责任
  - 违约责任（可保）
  - 侵权责任
    - 故意侵权（不可保）
    - 过失侵权（可保）
    - 无过失侵权（可保）

图 9-1　责任保险的保险标的

责任保险的保险责任一般包括两项内容：被保险人依法对造成他人财产损失或人身伤亡应承担的经济赔偿责任；因赔偿纠纷引起的由被保险人支付的诉讼、律师费用及其他事先经过保险人同意支付的费用。

三、责任保险的特殊处理

责任保险通常采用概括的方式叙述保险责任。保险责任通常都是“保险人就被保险人依法承担的法律责任承担赔偿责任，以及相关的法律诉讼费用”。因此，责任保险的除外责任列举得比较详细。

责任保险中通常不采用“保险金额”，而是采用“赔偿限额”。保险合同中约定了保险人承担的最高赔偿限额。同时，赔偿限额有总赔偿限额、每次事故限额、人身伤害限额和财产损失限额多种规定。通常对财产损失的赔偿也有绝对免赔额的设计。

责任风险中，长尾巴风险所占的比重非常大，比如产品责任、职业责任、医疗事故责任等大多是长尾巴风险，因此大多数责任保险都采用期内索赔式，即使采用期内发生式，也必须采用诸多限制条款，比如设置发现期或索赔期，控制保险公司的风险。

责任保险通常以两种方式存在。其一是作为各种财产保险的附加险承保，例如前文所介绍的机动车辆商业三者险、建筑和安装工程保险的第三者责任保险等。另外一种则是以单独的责任保险方式承保。作为各财产保险附加险的责任保险已经在前文有关财产保险中进行了介绍，本章介绍以单独的责任保险方式承保的险种。被称为责任保险的四大产品主要是公众责任保险、产品责任保险、职业责任保险和雇主责任保险。责任保险与财产保险的区别见表 9-2。

表 9-2　责任保险与财产保险的区别

	责任保险	财产保险
保险标的	无形的责任	有形的财产
赔偿依据	法律规定	财产价值及财产损失
涉及对象	保险人、被保险人、第三者	保险人与被保险人
赔偿对象	赔款支付给被保险人，被保险人再支付给第三者；特殊情况下可直接支付给第三者	被保险人
风险特征	长尾巴居多	短尾巴居多
有效索赔	期内索赔式	期内发生式
赔偿上限	赔偿限额	保险金额

第二节　公众责任保险

公众责任是指致害人在公众活动场所由于疏忽或过失等侵权行为，致使第三者人身或财产受到损害，依法由致害人对受害人承担的赔偿责任。公众责任的构成必须以在法律上负有责任为前提，法律依据是民法及各种有关的单行法规。除此之外，在一些并非公众活动的场所，如果公众在该场所受到了应当由致害人负责的损害，也可以归属于公众责任。公众责任保险(Public Liability Insurance)主要承保被保险人在各固定场所进行生产、经营或其他各项活动中，由于疏忽或意外事件造成第三者人身伤亡或财产损失后，依法应由被保险人承担的经济赔偿责任。

一、保险责任

公众责任保险的保险责任采用概括式，通常包括以下三项：

(1) 被保险人在保单明细表中列明的地点范围内从事生产、经营等活动以及由于意外事故造成第三者人身伤亡或财产损失，依法应由被保险人承担的民事赔偿责任。

(2) 事先经保险人书面同意的诉讼抗辩费用。

(3) 发生保险责任事故后，被保险人为缩小或减少对第三者人身伤亡或财产损失的赔偿责任所支付的必要、合理的费用。

需注意的是，公众责任保险只保障保单列明地点范围内的意外事故，因此投保时需要明确地理范围。其次，“第三者”是除保险人与被保险人之外的任何人，不包括被保险人的雇员。“人身伤亡”，仅指受害人身体上的伤残、疾病、死亡，不包括受害人的精神伤害；“财产损失”是指物质财产的损坏和丢失。保险人对上述第 1 项与第 2 项的每次事故赔偿总金额不超过保险单明细表中列明的每次事故赔偿限额;第3项也是单独计算并另行赔偿,每次事故赔偿金额不超过保险单明细表中列明的每次事故赔偿限额。倘若保险合同约定了每次事故每人人身伤亡赔偿限额、累计赔偿限额的,也都要遵守。

二、除外责任

公众责任保险的除外责任列举得非常详细,主要包括以下各项:

(1) 绝对除外责任。例如被保险人及其代表的故意或重大过失行为;战争、敌对行为、军事行为、武装冲突、罢工、骚乱、暴动、盗窃、抢劫;政府有关当局的没收、征用;核反应、核子辐射和放射性污染;地震、雷击、暴雨、洪水、火山爆发、地下火、龙卷风、台风、暴风等自然灾害;烟熏、大气、土地、水污染及其他污染;锅炉爆炸、空中运行物体坠落。

(2) 被保险人的损失和费用除外。包括被保险人或其代表、雇用人员人身伤亡的赔偿责任,以及上述人员所有的或由其保管或控制的财产的损失;罚款、罚金或惩罚性赔款;被保险人与他人签订协议所约定的责任,但应由被保险人承担的法律责任不在此列。

(3) 属于其他保险的责任除外。例如被保险人或其雇员因从事其他专门职业所发生的赔偿责任(属于职业责任保险);不洁、有害食物引起的食物中毒或传染性疾病,有缺陷的卫生装置,以及售出的商品存在缺陷造成他人的损害(属于产品责任保险);对于未载入保险单而属于被保险人的或其所占有的或以其名义使用的任何牲畜、车辆、火车头、各类船只、飞机、电梯、升降机、自动梯、起重机、吊车或其他升降装置造成的损失(属于各自的第三者责任保险);由于震动、移动或减弱支撑引起任何土地、财产、建筑物的损害责任(属于建筑工程第三者责任保险);被保险人因改变、维修或装修建筑物造成第三者人身伤亡或财产损失的赔偿责任(属于建筑工程第三者责任保险);被保险人及第三者停产、停业等造成的一切间接损失(属于营业中断保险)。

(4) 未经有关监督管理部门验收或经验收不合格的固定场所或设备发生火灾、爆炸事故造成第三者人身伤亡或财产损失的赔偿责任,保险人不负责赔偿;因保险固定场所周围建筑物发生火灾、爆炸波及保险固定场所,再经保险固定场所波及他处的火灾责任,保险人不负责赔偿。

(5) 附加险的保险责任除外。包括:被保险人因在保险单列明的地点范围内所拥有、使用或经营的游泳池发生意外事故造成的第三者人身伤亡或财产损失;被保险人因在保险单列明的固定场所内布置的广告、霓虹灯、灯饰物发生意外事故造成的第三者人身伤亡或财产损失;被保险人因在保险单列明的地点范围内所拥有、使用或经营的停车场发生意外事故造成的第三者人身伤亡或财产损失;被保险人因出租房屋或建筑物发生火灾造成第三者人身伤亡或财产损失的赔偿责任。这些应该分别属于公众责任保险附加险中的游泳池责任保险、广告及装饰装置责任保险、停车场责任保险、出租人责任保险的责任范围。

公众责任险通常以期内发生式为承保基础，即保险人保障在保单有效期内发生的事故。如果责任事故发生和导致损害事实之间有一段相隔的时间，只要责任事故发生的时间是在保险期限内，即使伤残或损失是在保单终止之后发现的，保险人仍然必须承担赔偿责任。

三、主要保险产品

公众责任保险中，有针对一般性企业的保险产品，也有根据行业特征的特殊保险产品。下面介绍一些具有代表性的保险产品。

（一）火灾公众责任保险

火灾风险是公众责任风险中最为关键的风险，也是各行各业要考虑的首要风险。火灾公众责任保险的对象比较广。通常保障保险期间内，被保险人在保险合同载明的场所内依法从事生产、经营等活动时，因该场所内发生火灾、爆炸造成第三者人身损害，依照法律应由被保险人承担的人身损害经济赔偿责任，以及被保险人支付的仲裁或诉讼费用及其他必要的、合理的费用。同理，火灾公众责任保险也首先只保障保单载明的场所内的火灾与爆炸；其次只保障第三者的人身损害，如果需要保障第三者的财产损失，则可以通过附加险进行扩展。

（二）电梯责任保险

凡依法持有政府主管部门核发的电梯准用证的电梯所有人、使用人或管理人，均可作为被保险人。电梯责任保险保障在保险期间及保险单列明的地点范围内，被保险人所有、使用或管理的电梯（包括电梯、液压电梯、自动扶梯和自动人行道），在运行过程中发生意外事故造成第三者的人身伤亡或财产损失，依法应由被保险人承担的赔偿责任，以及相应的法律诉讼费用和必要的、合理的费用。

除外责任中则增加了下列除外责任：被保险人在未取得政府主管部门核发的电梯准用证或在电梯准用证失效的情况下使用电梯；电梯发生损坏或故障未经修复而使用或经政府主管部门责令限期整改而未改正的；电梯进行试车、检修、改装；发生火灾时，使用非消防用电梯；电梯超载。

（三）风景名胜区责任保险

这是专门为风景区提供的公众责任保险，保障保险期间内，因被保险人的疏忽或过失发生意外事故，造成被保险风景名胜区内接待的境内外旅游者（包括根据被保险人的规定享受免票待遇的旅游者）人身伤亡或财产损失，依据法律应由被保险人承担的赔偿责任，以及相应的法律诉讼费用和必要的、合理的费用。

除外责任方面，根据风景名胜区的特征，增加了下列除外责任：

- 打猎、攀岩、赛车、滑翔、跳伞、漂流、蹦极、骑马、潜水、各类探险运动及竞赛活动。
- 斗殴、酗酒、服用药物、神经错乱、自杀。
- 旅游者的故意或犯罪行为。
- 行李物品的自然磨损、虫咬、变色、锈蚀或老化。
- 风景名胜区内非被保险人提供的娱乐、饮食等各类服务。
- 被保险人的服务质量未达到国家、行业或合同约定的标准。
- 由于意外事故造成旅游者携带的下列行李物品丢失或损坏，保险人也不负责赔偿：动植物、标本及其他不易鉴定价值的财产；假牙、假肢、隐形眼镜。

（四）游泳池、馆公众责任保险

这是专门为游泳池提供的公众责任保险，凡经游泳场所有关主管部门认可的游泳池、馆的所有者和经营管理者，均可作为被保险人。保障在保险期间或保险合同载明的追溯期内，在保险合同列明的游泳池、馆内活动的泳客，由于下列原因遭受人身伤害，并在保险期间内首次向被保险人提出损害赔偿请求，依照法律应由被保险人承担的经济赔偿责任：溺水、摔伤、划伤等意外事故；消毒剂泄漏；因接触游泳池水而导致罹患法定传染性疾病；被保险人或其雇员的过失；火灾、雷击、爆炸。本保险还保障相应的法律诉讼费用和必要的、合理的费用。

除外责任方面则根据游泳池的特征，增加了下列除外责任：

- 泳客在游泳池、馆内活动时猝死；
- 泳客患有 AIDS 期间或受毒品、管制药物的影响造成的人身伤亡；
- 被保险人被主管部门吊销开业许可证或营业执照；
- 被保险人被主管部门责令停业整改；
- 泳客的财产损失。

（五）户外广告媒体公众责任险

这是专门为广告公司提供的公众责任保险，保障户外广告的公众责任。被保险人通常有经营户外广告业务资格的广告企业设立的合法的户外广告，其为所有者或租用者，包括广告路牌、商业招牌、实物广告、霓虹灯广告、箱式灯光广告、玻璃橱窗广告及各种屏幕显示广告。本保险保障户外广告发生意外事故（主要是倒塌、脱落、坠落），造成第三者的人身伤亡或财产直接损毁，被保险人依法应承担的经济赔偿责任，以及被保险人为应付诉讼、仲裁或协商解决保险事故所需支付的费用及其他费用。户外广告公众责任保险的累计赔偿限额通常可以根据被保险人的年营业额来确定。

(六) 个人责任险

个人责任险也应当属于公众责任保险的范畴。其主要保障保险期间内,被保险人在居所及办公场所以外的地方,因过失造成第三者的人身伤亡或财产损失,依法应由被保险人承担的赔偿责任、仲裁费用或者诉讼费用及事先经保险人书面同意支付的律师费用。

特殊的除外责任则包括:被保险人或其家庭成员的故意行为;被保险人在精神错乱、痴呆状态下所造成的人身伤亡或财产损失;被保险人或其家庭成员、雇用人员的人身伤亡和财产损失;被保险人从事职业、职务行为,或为他人提供专门服务时造成第三者人身伤亡和财产损失;被保险人使用各种机动、非机动车辆造成第三者人身伤亡和财产损失;任何类型的传染病导致的损失和责任等。主要是排除了被保险人不正常的行为和由其他保险保障的责任。

四、附加保险

倘若保险公司没有针对被保险人行业所开发的特殊的公众责任保险,则被保险人可以根据自己行业的特征挑选附加保险来满足自己的特殊需要。各保险公司开发的公众责任保险的附加保险一般有:罢工、暴乱、民众骚动及恶意破坏条款;暴力行为、抢劫责任条款;不受控制条款;叉车责任条款;承租人责任条款;错误与遗漏条款;出租人责任条款;车辆装卸责任条款;电缆损失责任条款;电梯、机器及大厦自动装置条款;董事及高级管理人员临时海外出差责任条款;董事及高级管理人员个人第三者责任条款;独立承包人责任条款;电瓶车责任条款;电梯责任条款;放弃代位追偿权利条款;附加被保险人条款;雇员及合伙人条款;锅炉爆炸责任条款;广告及装饰装置责任条款;火灾、爆炸、烟熏、水损责任条款;火灾和爆炸责任条款;急救费用条款;急救责任条款;酒类责任条款;救火费用条款;交叉责任条款;建筑物改变条款;恐怖活动条款;客人财产责任条款;临时海外公干责任条款;契约责任条款;人身侵害责任条款;社交及娱乐场所责任条款;食品、饮料责任条款;提供物品及服务条款;卫生装置条款;消防队与水损条款;衣帽间条款;游泳池及健身房责任条款;娱乐设施条款;展览会责任条款;自动承保新地点条款;注销保单条款;租用汽车责任条款等。

第三节　环境污染责任保险

环境污染责任保险(Environmental Pollution Liability Insurance)是以企业发生污染事故对第三者造成人身伤害和财产损失依法应承担的赔偿责任为保险标的的

保险。第二次世界大战以后，世界经济发展迅速，环境问题也日益突出，公众的环境权利意识也不断增强，保险公司逐渐将环境污染责任从公众责任保险和第三者责任保险中独立出来，开发了单独的环境污染责任保险。从保险本质上来分析，环境污染责任保险应当属于公众责任保险的范畴。在环境污染责任保险中，投保人是生产企业。当生产企业因意外造成环境污染而需要进行经济赔偿和治理，而生产企业又无力承担时，保险公司可以代为赔偿。这种及时的赔款制度能够保护受害的第三者的利益。

一、环境污染责任风险的特征

环境污染责任风险有以下特征。

1. 基于无过错责任原则

环境污染责任保险保障的是侵权责任。我国《侵权责任法》第 65 条规定，环境污染者在环境侵权中应当承担无过错责任。所以，环境污染责任实行的是无过错的归责原则，环境污染责任保险当然也是基于无过错原则。其类似于机动车辆交强险中无过错责任原则的含义。也就是说，只要污染物造成的环境污染给他人造成损害的，污染者就应当承担相应的侵权责任，而不论排污企业是否有过错，污染物的排放是否超过标准等。

环境污染侵权中法律规定的免责事由较少，唯一的免责事由是不可抗拒的自然灾害，并经及时采取合理措施，仍然不能避免造成环境污染损害的情况。因此即使是发生了地震、海啸等极端自然灾害等不可抗力事件，如果排污方未能及时采取合理措施以避免造成污染损害的，排污方也不能免除责任。

2. 举证责任倒置

《侵权责任法》规定环境污染侵权案件实行举证责任倒置的原则。该法第 66 条规定："因污染环境发生纠纷，污染者应当就法律规定的不承担责任或者减轻责任的情形及其行为与损害之间不存在因果关系承担举证责任。"也就是说，当环境污染存在争议时，排污者应承担举证责任，如果不能证明免责事由或者排除因果关系，就应承担侵权责任赔偿。

这一举证责任倒置将使企业在诉讼中处于十分不利的地位，会大大增加污染企业的环境污染责任风险，并降低原告提起环境污染侵权诉讼的成本。

3. 道德风险更为严重

环境污染通常具有不为人知的特点。人们在不知不觉中呼吸被污染的空气、饮用被污染的水，甚至在被污染的土壤中种植庄稼并食用，只有当人们生病时，才会反思和追责环境污染。工厂排放废水、废气往往处在暗处，一些企业甚至明明知道不达标，却为了降低自己的成本而不讲道德，偷埋管道排废水，或者半夜排废水等。在有了环境污染责任保险的保障之后，一些企业更是想着反正有保险公司买单而更加肆无忌惮地不讲道德。所以，环境污染责任保险面临着比较大的道德风险。

4. 损失金额极其巨大

环境污染向来都是保险产品中除外不保的风险，究其原因就是因为环境污染属于长尾巴风险，一旦发生，会影响到较广的地域和人群，从时间来看影响也非常深远。比如，切尔诺贝利核电站发生核泄漏导致的污染，使得方圆三十公里成为隔离的无人区，人们不得不背井离乡，离开自己的家园。至于被伤害的人，那更是不计其数。在中国，2010 年开始的紫金矿业系列污染案件中，福建省环保厅对紫金矿业铜酸水渗漏事件开出了 1 000 万元的罚单，这是中华人民共和国成立以来环境污染的最大罚单；紫金矿业因此还停产限产，造成的损失至少超过 6 亿元。这一事件打破了我国企业环境污染的通常处理方式。当前，环境行政处罚不再是污染事件的终结，还要承担高额的民事赔偿责任；若构成环境犯罪的，还要承担刑事责任。所以，损失金额巨大的这一特征使得商业保险公司不敢贸然进入。

上述环境污染责任风险的特征表明，与其他责任保险相比较而言，保险公司经营环境污染责任保险面临着非常大的风险，所以，保险公司在设计环境污染责任保险时，基于国家相关法律法规做出进一步的限制，一般而言，保险公司承担的赔偿责任要略小于国家相关法律法规界定的责任范围。许多国家和地区还采用了政策性或强制性的环境污染责任保险模式，在充分运用环境污染责任保险的社会管理职能的同时，减轻保险公司的负担和压力。

知识窗 9-2　　中国环境污染责任保险制度的发展

环境污染责任保险在我国的实践大致分为两个阶段，第一阶段是 20 世纪 90 年代初，这一阶段的特点是部分城市推出了环境污染责任保险产品，但市场成效并不理想，到 20 世纪 90 年代中期相关保险产品就退出了市场。第二阶段以 2007 年底由环保部与保监会联合发布的《关于环境污染责任保险工作的指导意见》为标志，各国家相关行政管理部门积极推动环境污染责任保险，试点在更多的省市和行业展开。2013 年 2 月，环境保护部与中国保监会联合印发了《关于开展环境污染强制责任保险试点工作的指导意见》，指导各地在涉重金属企业和石油化工等高环境风险行业推进环境污染强制责任保险试点，明确了强制投保企业的范围：涉重金属企业；按地方有关规定已被纳入投保范围的企业；其他高环境风险企业，并鼓励石化行业企业、危险化学品经营企业、危险废物经营企业以及存在较大环境风险的二噁英排放企业等高环境风险企业，投保环境污染责任保险。

2018 年 5 月，生态环境部部务会议上审议并在原则上通过《环境污染强制责任保险管理办法(草案)》。环境污染责任保险进入“强制性保险”时代。其中，强制投保范围包括：环境高风险生产经营活动及 2005 年以来发生过特别重大、重大或者较大突发环境事件的企业。

环境污染强制责任保险的保险责任包括第三者人身损害、第三者财产损害、生态环境损害及应急处置与清污费用。环境污染事故则指环境高风险企业突发环境事件或者生产经营过程中污染环境，将“生产经营过程中的污染”也包含在内了。

但下列情形通常不予赔偿：不可抗拒的自然灾害；环境污染犯罪直接导致的损害；故意采取通过暗管、渗井、渗坑、灌注等逃避监管的方式违法排放污染物；环境安全隐患未整改。其中，自然灾害是指完全不可抗拒的自然灾害，环境高风险企业虽然及时采取合理措施，仍不能避免污染环境致使第三者遭受损害。

环境污染强制责任保险采用的是期内发生式，索赔期定为保险期限届满后三年内。

与交强险一样，环境污染强制责任保险实行统一的保险条款、基础保险费率及其调节系数，并根据被保险人的环境风险变化情况实行浮动费率。对于责任限额，也根据环境高风险企业的不同类型实行不同的责任限额。

二、保险责任

由于环境污染责任保险属于公众责任保险，因此，环境污染责任保险的运作机理与其他责任保险完全一致。比如，只保障意外和过失的行为，不保障故意的行为；保险公司依据有关事故的法院判决确定赔偿金额；赔偿金额为法院判决金额和保险赔偿限额中的较小者；责任人应当先行赔付受害人，保险公司再赔付给责任人；如果责任人无力承担或怠于索赔，保险公司可以直接向受害人支付等。

下面以中国保险行业协会的环境污染责任保险示范条款为例进行介绍。凡是依法设立的企事业单位、社会团体及其他组织，均可作为环境污染责任保险的投保人和被保险人。环境污染责任保险的保险责任包括以下几个部分：

1. 第三者责任

在保险期间或保险单载明的追溯期内，被保险人在保险单载明的生产经营场所内依法从事生产经营活动时，由于突发意外事故导致污染物释放、散布、泄漏、溢出或逸出，经发生地县级以上环境保护主管部门或其授权的机构依法认定为环境污染事故，造成保险单载明的承保区域内的第三者遭受人身伤亡或直接财产损失，由第三者在保险期间内首次向被保险人提出损害赔偿请求，依照中华人民共和国法律（不包括港、澳、台地区法律）应由被保险人承担的经济赔偿责任，保险人按照保险合同约定负责赔偿。

从上述第三者责任的界定可以看到，环境污染责任保险只保"突发意外事故而导致"的环境污染事故，而对于被保险人故意排污导致的环境污染事故不予赔偿。其中，突发意外事故是指突发的、非本意的、不可预见的事故；其次，环境污染责任保险采用的是期内索赔式，需"第三者在保险期间内首次向被保险人提出损害赔偿请求"的才是有效索赔；而且，投保环境污染责任保险时需明确界定"承保区域"，所谓承保区域是指生产经营场所及其外围约定区域，该区域限于中国境内（不包含港、澳、台地区），具体范围由投保人与保险人协商确定并在保险单中载明；最后，保险公司的赔偿也是"依照法律应由被保险人承担的经济赔偿责任"，并受保险合同赔偿限额的限制。

2. 相关费用

环境污染责任保险还保障各种费用。比如清污费用、紧急应对费用和法律费用。其中，清污费用是指发生保险责任范围内的环境污染事故后，经保险人书面同意，根据环境保护法律规定要求对第三者所属场所内的污染物进行处置所支出的必要的、合理的费用，比如为排除环境污染损害而发生的调查、检验、检测、清除、处置、中和等费用。紧急应对费用则指发生保险责任范围内的环境污染事故，并对公众健康、财产或公共环境形成实质的、紧迫的威胁时，被保险人为控制污染物进一步扩散采取紧急行动，在36小时之内所支出的必要的、合理的费用。法律费用则指保险事故发生后，被保险人因保险事故而被提起仲裁或者诉讼的，应由被保险人支付的仲裁或诉讼费用，以及事先经保险人书面同意支付的其他必要的、合理的费用。

三、除外责任

环境污染责任保险的除外责任大致分为以下几类：

1. 被保险人的故意或违法行为

包括：投保人、被保险人或其工作人员的故意行为或重大过失行为；被保险人的生产经营场所未按要求通过环境保护主管部门建设项目环境影响评价或通过建设项目竣工环境保护验收，或未经消防安全管理部门验收合格；被保险人未按要求取得"排污许可证""危险废物经营许可证"等相关证件；被保险人的排污行为。

2. 绝对除外责任

包括：战争、敌对行动、军事行为、武装冲突、罢工、骚乱、暴动、恐怖活动；核辐射、核爆炸、核污染及其他放射性污染，光电、噪音、电磁辐射、微生物质污染；行政行为或司法行为；被保险人应该承担的合同责任，但无合同存在时仍然应由被保险人承担的法律责任不在此限。

其中，微生物质是指个体难以用肉眼观察的一切微小生物，包括细菌、病毒、真菌以及一些小型原生动物等在内的一大类生物群体。

3. 除外的特定损失

包括：自然灾害；酸雨；硅、石棉、转基因物质及其制品；渐进性污染；地下储罐；井喷；自然资源损失或生态损害，但针对自然资源的清污费用不在此限；船舶上的油或其他有害物质的排放或泄漏，或由于存在这种威胁而导致的任何损失、费用、责任；任何间接损失；精神损害赔偿，但由法院判决支持的不在此限；罚款、罚金及惩罚性赔偿。

其中，自然灾害包括地震及其次生灾害、雷电、暴雨、洪水、暴风、龙卷风、风暴潮、冰雹、台风、飓风、海啸、沙尘暴、暴雪、冰凌、突发性滑坡、崩塌、泥石流、地面突然下陷下沉及其他人力不可抗拒的破坏力强大的自然现象；酸雨是指 pH 值小于 5.6 的雨雪或其他方式形成的大气降水(雾、霜)，可分为“湿沉降”与“干沉降”两大类，前者是指所有气状污染物或粒状污染物，随着雨、雪、雾、雹等降水形态落到地面，后者是指在不下雨的日子，从空中降下来的落尘所带的酸性物质。渐进性污染是指因污染物排放或泄漏，经过缓慢的过程逐渐积累扩张形成的环境污染损害。地下储罐是指一个或一组储罐，包括其连接管道的总体积中至少 10%位于地表以下，包括地下和地上的罐体部分、连接管道、附属设施以及存储于罐体内的物质。自然资源损失是指由政府管理、托管、从属或以其他方式控制的鱼类、野生生物、生物群、土地、空气、水、地下水、饮用水源及其他类似资源的损伤或其遭受的损坏、损毁或损失。生态损害是指以人类生存和发展所必须依赖的生态环境为侵犯对象，并造成其物理、化学、生物性能的任何重大退化的危害后果。

4. 除外的地域

包括：在生产经营场所以外使用、操作、维护或装卸交通工具。

5. 不是第三者

包括：被保险人或其工作人员的人身伤亡或财产损失；被保险人生产经营场所内的清污费用等。

当然，这个行业示范的环境污染责任保险是一个一般性条款，并未考虑到不同企业的行业特征。具体针对各行各业的环境污染责任保险应该在此基础上进行调整。比如，针对核电站的环境污染责任保险，则会将核辐射、核爆炸、核污染及其他放射性污染纳入承保责任范围等。

四、投保及赔偿处理

投保时,投保人和保险人会约定相应的责任限额,并在保单中明确载明。责任限额包括每次事故责任限额、每次事故人身伤亡责任限额、每人人身伤亡责任限额、每次事故财产损失责任限额、每次事故清污费用责任限额、每次事故紧急应对费用责任限额、每次事故法律费用责任限额、累计责任限额。

保险人的赔偿以下列方式之一确定的被保险人的赔偿责任为基础:被保险人和向其提出损害赔偿请求的第三者协商并经保险人书面确认;仲裁机构裁决;人民法院判决及保险人认可的其他方式。

对于每次事故造成的第三者人身伤亡、财产损失以及清污费用,保险人在每次事故责任限额内计算赔偿金额,并且各自要受到每次事故人身伤亡责任限额、每人人身伤亡责任限额、每次事故财产损失责任限额、每次事故清污费用责任限额的限制。紧急应对费用和法律费用则要受到每次事故紧急应对费用责任限额、每次事故法律费用责任限额的限制。针对保险期间或追溯期内发生的一次或多次保险事故,保险人的赔偿金额则不超过累计责任限额。

对于环境污染中一次事故的定义,大多是以时间为界。一般而言,对于48小时内间断发生的多次污染事故,视为一次保险事故。

第四节　产品责任保险

产品责任是指产品在使用过程中因其缺陷而造成用户、消费者或公众的人身伤亡或财产损失时,依法应当由产品供给方(包括制造者、销售者、修理者等)承担的民事损害赔偿责任。产品的制造者包括产品生产者、加工者、装配者;产品修理者是指被损坏产品或陈旧产品或有缺陷的产品的修理者;产品销售者包括批发商、零售商、出口商、进口商等各种商业机构,如批发公司、商店、进出口公司等。当然,如果是因为承运人在运输过程中损坏了产品并因此导致产品责任事故时,亦应当承担起相应的产品责任。产品责任与产品质量纠纷是有明显区别的。前者是一种民事侵权责任,指向的对象是产品缺陷造成他人伤害和财产损失,而不是产品本身;后者是一种违约行为,指向的对象是产品本身。[①]

产品责任保险(Product Liability Insurance)则是以产品制造者、销售者、维修者

---

① 产品责任与产品质量纠纷的区别见本书第十一章第三节。

等的产品责任为承保风险的一种责任保险。产品责任保险承保的产品责任，是以产品为具体指向物，以产品可能造成的对他人的财产损害或人身伤害为具体承保风险，以制造或能够影响产品责任事故发生的有关各方为被保险人的一种责任保险。

产品责任保险最早产生于英国。有确切记录的第一张产品责任保险单签发于1890年，由英国海上事故保险公司承保。在此之后，各种各样的产品责任保险相继在世界各国出现。产品责任保险在开办的初期，主要承保一些与公众生活、健康密切相关的产品，比如食品饮料类的入口产品、药品、医疗器械、化妆品等，后来随着对产品责任保险需求的上升，逐渐扩大到其他产品。产品责任保险目前已成为西方发达国家责任保险中的主要险种之一，近半个世纪以来发展迅速，在北美、欧洲、澳大利亚、日本等发达国家和地区均有非常可观的保费规模。

当然，产品责任是以各国产品责任的有关法律制度为基础。本书以我国的法律为基础来介绍产品责任保险。迄今为止，我国已经颁布了一系列有关产品责任的法律和法规，如《中华人民共和国药品管理法》《中华人民共和国民法通则》《中华人民共和国产品质量法》《中华人民共和国消费者权益保护法》《中华人民共和国食品安全法》等。我国《民法通则》第122条还规定："因产品质量不合格造成他人财产、人身损害的，产品制造者、销售者应当依法承担民事责任。运输者、仓储者对此负有责任的，产品制造者、销售者有权要求赔偿损失。"因此，因产品存在缺陷而造成的损害，被视为一种侵权行为。

知识窗9-3　　美国产品责任的归责原则

美国是目前世界上产品责任保险最发达的国家，其业务量最大、索赔案件最多、赔偿金额最高。凡在美国销售的产品，考虑到之后可能面临的索赔风险，产品生产商都会投保产品责任保险，否则其不会也不敢在美国市场销售自己的商品。即使不是在美国生产的产品，要想进入美国市场，首先需要出示的也是销售地经销商或进口商认可的产品责任保险保单。所以，投保产品责任保险是进入美国市场的一个必备的前提。

美国产品责任法是在英国产品责任判例基础上形成和发展起来的，但其影响却超过了英国产品责任法。不仅如此，在美国确立严格责任制度以后，美国产品责任保险的发展对欧盟各成员国的产品责任法也产生了很大影响，推动了美国和欧盟各国产品质量的提高。从产品责任归责原则的演变来看，美国的产品责任归责原则经历了从合同责任到过错责任到严格责任的渐进发展过程。

所谓过错责任，是指致害人对受害人的伤害，以是否存在故意或过失作为依据，来判断致害人是否需对受害人承担民事责任。只有在致害人对受害人的伤害存在故意或过失的情况下，致害人才对受害人按照法律规定承担经济赔偿责任，反之，则无须承担经济赔偿责任。严格责任原则是美国目前产品责任的归责基础。在这种制度下，无论致害人对受害人的伤害是否存在故意或过失，只要受害人受到的财产和人身损害是由致害人引起，那么致害人就必须承担经济上的赔偿责任。严格责任关注的是产品本身以及产品是否存在不合理的危险，举证责任在被告方。即使是厂家在生产时已克尽谨慎之责，但是，如果产品存在不合理的危险，法庭仍将判厂家承担责任。目前，国际上的产品责任保险领域均普遍采用严格责任原则。

美国是从1963年格林曼诉尤巴电力公司案(Greenman V. Ubra Electric Power Co.)正式确立了严格责任的归责原则。1965年，美国法学研究所正式公布了《侵权法第二次重述》(Second Restatement of Torts)，从法律上明确了美国产品责任的归责原则。其中第402条A明确规定："任何出售有不合理危险的缺陷产品者应对最终使用人或消费者因此遭受的人身或财产的损害承担赔偿责任。"

一、产品责任的归责原则

随着法律体系的健全与发展，产品责任的归责原则也在不断变化之中。正确理解产品责任的归责原则及其背景有利于理解产品责任保险。以英美法系和大陆法系为代表，产品责任的归责原则大体可以分为如下几个时期：

1. 契约责任原则

契约责任原则又称为合同关系原则，其含义是指，因缺陷产品受到损害的原告不能直接起诉与之无合同关系的制造商，原告的起诉对象只能是销售商。因为原告是与销售商签订买卖合同，而没有与制造商签订合同。没有合同关系则不能得到赔偿，即"无契约无责任原则"。在这一原则下，制造商逃避了产品责任。而且，倘若受害人是没有任何合同关系的第三方，则更得不到赔偿，显然不太合理。

2. 过错侵权原则

过错侵权原则又称为疏忽原则，其含义是指由于产品生产者和销售者的疏忽，没有尽到"适当注意之责"而造成产品缺陷，致使消费者的人身或财产受到损害，则生产者和销售者应当承担责任。过错的含义是指应该注意、能注意却因疏忽而没有注意。在过错责任原则下，消费者可以直接起诉有缺陷产品的制造商，而不再限于合同关系而无法向制造商索赔。同时也突破了传统契约原则的限制，扩大了受害人的保护范围。但是，举证责任由受害人承担。实践中，受害人要举证制造商有过错，绝非易事。

3. 担保责任原则

担保责任原则又称为保证原则，是由契约责任演变而来的。其认为，商品买卖是契约行为，销售者必须保证其出售的物品符合双方当事人契约约定的标准，法律赋予销售者的义务就是提供符合约定标准的产品给买方。担保包括明示保证和默示保证。明示保证通过下面三个方面来体现：(1)卖方对买方就有关产品做了事实的确认或许诺，并成为交易的一部分；(2)对产品的任何说明，包括文字、图形或产品说明书等；(3)任何作为交易基础的样品，包括模型。默示保证与明示保证则不同，它是法律规定应该适用于买卖合同的，只要买卖双方在合同中没有相反的规定，这种默示保证就依法适用于他们之间订立的合同。倘若制造商或销售商违反了对产品的明示保证和默示保证，就必须承担责任。虽然，与过错责任原则相比较而言，担保责任原则下较易证明产品责任，但举证责任仍然由受害人承担。受害人需证明确实存在担保且被告违反了该担保义务。

4. 严格责任原则

只要产品存在缺陷给消费者造成损害，即使未能确认制造者或销售者有过错，制造者、销售者也要对产品责任事故承担赔偿责任。这一原则不仅不要求产品的受害者举证，证明被告过错或违反了合同的明示或默示担保义务；而且扩大了契约的效力。买方不仅包括直接购买者，还包括使用该缺陷产品的买方家属、亲友及受到该缺陷产品伤害的人。严格责任原则的确立，不但能迫使制造商或生产者增加产品安全投入，设法减少和消除可能发生的危险；另一方面也免除了受害者费时费力的举证责任。

知识窗 9-4　　中国产品责任的归责原则

从我国现有的法律规定可知，我国产品责任归责原则主要采用了以严格责任为主，辅之以过错责任、过错推定、担保责任的综合责任原则。

一、生产者产品责任归责原则

《产品质量法》第四十一条规定："因产品存在缺陷造成他人损害的，生产者应当承担侵权责任。"依据以上规定，生产者只要其生产的产品存在缺陷造成他人损害的，除了法定可以减轻或免除责任事由外，不论缺陷产品的生产者主观上是否存在过错，都应当承担侵权责任。

生产者承担产品责任的构成要件一般包括以下三个同时存在的条件：

(1) 产品存在缺陷。侵权责任法中没有对缺陷产品做出定义性的规定，因此，实践中可以依据《产品质量法》第四十六条中有关缺陷的规定判断是否为缺陷产品。具体如何运用这项规定判断产品是否存在缺陷，这要根据每个案件、每种产品的具体情况做出具体的分析与判断。

(2) 缺陷产品造成了受害人伤害的事实。是指缺陷产品的使用过程中造成使用人或者第三人人身损害，或者财产的损失。

(3) 缺陷产品与损害事实之间存在因果关系。确认缺陷产品与损害事实之间的因果关系，通常有受害人证明损害是由使用或者消费缺陷产品造成的，要求生产者就缺陷不存在或者缺陷与损害之间不存在因果关系举证，如果生产者不能举证证明，则认定产品存在缺陷及缺陷与损害之间存在因果关系。

二、销售者产品责任归责原则

《侵权责任法》第四十二条规定："因销售者的过错使产品存在缺陷，造成他人损害的，销售者应当承担侵权责任。销售者不能指明缺陷产品的生产者也不能指明缺陷产品的供货者的，销售者应当承担侵权责任。"依据以上规定，销售者只有存在下面两种过错时才承担产品责任：

(1) 由于销售者的过错使产品存在缺陷，造成他人损害。即产品缺陷的存在是由于销售者的过错造成的。销售者的过错一般包括积极作为和不积极作为致使产品存在缺陷的情形。

(2) 销售者不能指明缺陷产品的供货者的，销售者应当承担赔偿责任。这说明销售者有过错，未能严格把好进货关，销售的是不能明确生产者的产品，因此其承担的是因不能确定缺陷产品生产者的赔偿责任。

二、产品责任保险的保险责任

产品责任保险保障在保险期限内，由于被保险人所生产、出售的产品或商品在承保区域内发生事故，造成使用、消费或操作该产品或商品的人或其他任何人的人身伤害、疾病、死亡或财产损失，依法应由被保险人承担赔偿责任，以及被保险人应付索赔人的诉讼费用和其他费用，保险人在约定的赔偿限额内负责赔偿。

通常设计了每次事故赔偿限额，保险人就上述两项的赔偿金额之和不超过保单列明的每次事故赔偿限额；在保险期限内的累计赔偿金额不超过保单列明的累计赔偿限额。

此时需注意，由于各个国家和地区的法律制度不同，不同国家和地区所产生赔案的赔偿金额具有较大的差别。因此在投保产品责任保险时，投保人需明确列明产品责任保险的“承保区域”。保险人只对这一区域内发生的产品责任承担赔偿，而对其他区域内发生的产品责任不予赔偿。其次，对于每次事故的含义，生产出售的同一批产品或商品，由于同样原因造成多人的人身伤害、疾病或死亡或多人的财产损失，应视为一次事故造成的损失。

三、产品责任保险的除外责任

产品责任保险的除外责任与其他责任保险大多相似。但下列几条是比较特殊的：

- 根据劳动法应由被保险人承担的责任，根据雇用关系应由被保险人对雇员所承担的责任。产品责任主要是针对第三者的责任，而员工及雇员不属于第三者，不予赔偿。
- 保险产品本身的损失，产品退换回收的损失。保险产品本身的损失及有关退换回收的损失应当属于产品质量保证的范畴，不属于产品责任。
- 被保险人所有、保管或控制的财产的损失。产品责任保险保障的是第三者的损失。
- 被保险人故意违法生产、出售的产品或商品造成任何人的人身伤害、疾病、死亡或财产损失。排除了被保险人故意行为而导致的道德风险。
- 保险产品造成的大气、土地及水污染及其他各种污染所引起的责任。污染责任过于巨大，故一般排除在外，需要进行特别约定。

四、产品责任保险的费率因素

由于各个国家和地区的法律制度、消费者素质、消费者维权意识不同，产品责任保险的损失概率和损失程度具有非常大的差异。通常在厘定产品责任保险的费率时应当主要考虑如下因素：

- 产品特点：产品本身的特征和危险性是决定产品责任保险的最为根本的因素。
- 风险管理：从风险管理规章制度、防灾防损设施、安全教育培训等方面衡量。
- 行业性质：行业的危险程度越高，社会影响面越大，可能的风险越高。
- 企业规模：从企业的营业金额、人员数量、分支机构等方面进行衡量。对于相同的责任限额，企业规模越大，风险越高，对应的费率水平也应该提高。
- 索赔基础：保险人“期内索赔式”承保通常比“期内发生式”所承担的风险低。
- 责任限额：其他因素相同的情况下，投保的责任限额越大，保险人赔满责任限额的可能性越低，费率水平可以适当降低。
- 免赔额：免赔额越高，保险人承担的风险越低，费率可以适当下调。
- 区域范围：其他因素不变的情况下，通常风险大小为：“包括美加的世界范围”、大于“除美加外的世界范围”、大于“中华人民共和国(不含港、澳、台地区)”。当然,也可以具体列明国家和地区。

- 法律环境:大陆法系和英美法系国家法律环境区别较大。在国内,法官基于“公平原则”及“自由裁量权”等做出的判决习惯,直接影响了保险人承担的风险程度。
- 社会风气:承保区域内的自然人、法人等的“好讼”程度、纠纷调解习惯等,对保险人承担的赔付风险具有较大影响。
- 自然环境:主要从地质条件、自然灾害发生频率及程度等方面考虑。
- 损失经验:根据投保人的历史损失经验衡量其风险水平。历史赔付率高的,风险水平较高。
- 续保优惠:续保业务在展业、核保等环节费用较低,可以给予一定的费率优惠。

产品责任保险的保险期限通常为一年,期满可以续保。一般而言,产品责任大多是长尾巴责任。在美国,几十年前签发的保单,包括许多由于石棉或其他有害物质造成潜在伤害的长尾巴索赔至今还在发生。长尾巴风险困扰保险人的是无法精确预测最终的赔偿金额,从而影响保险定价的准确性。故保险人需在经营中注意并进行处理。

五、产品责任保险的附加条款

1. 最低保险费定金与保证金条款

双方同意,在保单中规定收取最低保险费的定金;保险期满时,保险人将按照保单中列明的保险费率,基于实际的销售量调整,得到最终的保费。被保险人则在保单终止时需提供保险期内实际销售量的记录。如果保单经被保险人要求而终止,或因被保险人不缴纳保险费而终止,上述最低保险费定金将不会返还给被保险人。除非因被保险人不缴纳保险费而使本公司终止保单,上述最低保险费定金与保证金一律不返还给被保险人。本公司非因被保险人不缴纳保险费而终止本保单,则返还给被保险人之保险费以承保天数按比例计算。

2. 电子数据责任除外条款

双方同意,将由于电子数据的损失、不能使用、损坏、变异、不可访问或不能操作所造成的任何身体伤害和财产损失作为保单除外责任。其中,“电子数据”是指由计算机软件(包括系统和应用软件)、硬盘或软盘、光盘 CD-ROMS、磁带、驱动器、存储单元、数据处理设备或其他任何具有电子控制设备的媒介所存储、制造、使用或传输的信息、事实或程序。

3. 期内索赔条款

双方同意产品责任保险仅在下列条件下适用于保险单列明的追溯期开始后发生的事故引起的“人身伤害”和“财产损失”：由于“人身伤害”和“财产损失”引起的任何索赔，必须在保险单有效期限内以书面形式向任一被保险人提出第一次索赔；任何被保险人在本保险单生效之日对事故的发生都不知道或不能合理预见。在此条件下，即将期内发生式改为期内索赔式。

其中，“任何索赔”和“全部索赔”的含义为：任何个人或组织寻求损失补偿的“任何索赔”，在任一被保险人或公司收到书面通知后（以先收到为准），视为该索赔已经提出；同一个人在任何一次事故中因人身伤害而向任何被保险人第一次提出索赔时，即被视作“全部索赔”已经提出；任何个人或组织在任何一次事故中因财产损失而向任何被保险人第一次提出索赔时，即被视作“全部索赔”已经提出。

案例 9-1①

1997 年 5 月，被保险人某生物医学工程公司的负责人向某保险公司报案，其所投保的产品责任险的产品人工股骨出险。公司产品人工股骨在植入病人高某体内两年后断裂在体内，现高某请求医学工程公司赔偿医药费、误工费等实际支出，另要求依生物医学工程公司与保险公司的责任险合同赔偿 10 万元人民币。高某委托代理人向某人民法院起诉。

原告高某的代理人认为：生物医学工程公司与保险公司订立的产品责任保险合同中保险金额 10 万元，现在被保险产品已经给他人造成损失，保险公司应当给被告赔偿。并且，产品责任是无过错责任，无论产品制造者有无过错，只要产品给他人造成了损害，产品制造者就应当承担损害赔偿责任。而被告所生产的人工股骨植入原告体内两年后即断裂这一事实，充分说明了产品存在质量缺陷，所以被告应当承担损害赔偿责任。

被告的代理人则认为：“产品责任是无过错责任”与法律不符。民法规定产品责任是因不合格产品造成他人损失而应该承担的一种民事责任。保险合同通常也约定在被保险人发生了民事损害赔偿责任时保险人才承担保险赔偿责任。因此，在医学工程公司的产品是否存在质量缺陷没有确定前，以及医学工程公司被判决承担民事损害赔偿责任之前，保险公司不给予赔偿。

法院随后委托原国家医药管理局指定的医用产品鉴定单位对取出的人工股骨进行鉴定分析，结论为该人工股骨符合国家标准和原国家医药管理局制定的行业标准，是合格产品。据此，法院判决驳回原告的诉讼请求，被告无

---

① 蒲成毅、潘晓君编著：《保险案例评析与思考》，机械工业出版社 2004 年版。

民事损害赔偿责任。

事实上，目前许多国家都已经过渡到了严格责任的法律原则。也就是说，即使产品生产者注意避免伤害他人，但还是必须对损害事实承担责任。但是，产品责任保险与各国的产品相关法律的关系非常密切，我们在判断是否应该给予赔偿时通常还是应该根据法院的判决。

第五节 职业责任保险

职业责任是指从事各种专业技术工作的个人或单位，如建筑师、会计师、药剂师、医生、律师、保险经纪人等，由于工作中的疏忽或过失，或由于他们的雇员或合伙人的疏忽或过失，而给他们的当事人或其他人造成人身伤害或财产损失，依法应当由专业技术人员或单位承担的损害赔偿责任。一般而言，技术性较强的职业可能导致较为严重的责任事故，因而才会受到关注；而且，仅限于技术工作者从事本职工作的过程中所出现的责任事故。职业责任不仅与人的因素有关，比如个人性格、当时的情感、状态等，同时也与知识、技术水平及原材料等的欠缺有关。职业责任保险（Professional Liability Insurance）就是保障各种专业人员职业责任的一种保险。

一、职业责任保险的保险责任

不同的职业有着各自对应的职业责任保险。一般而言，职业责任保险的保险责任包括：保险人承诺赔偿被保险人在职业过程中因职业上的疏忽行为、错误或失职而对合同对方或其他人造成的财产损失、人身伤害，以及被保险人因责任事故的发生而依法应承担的赔偿金和法律费用及经保险人同意的有关费用。保险人承保的职业责任，不仅包括被保险人自己的职业责任，还包括被保险人的前任、被保险人的雇员及从事该项业务的雇员的前任因疏忽、过失造成他人损害而导致的职业责任。

二、职业责任保险的除外责任

一般而言，职业责任保险除了将战争和罢工、核风险、契约责任等列为除外责任，还包括下列典型的除外责任：

（1）因被保险人的故意行为引起的索赔。比如，被保险人借提供专门技术服务之机故意造成他人的损害，这属于违法犯罪行为，保险人自然不予负责。

（2）因被保险人的隐瞒或欺诈行为，以及被保险人在投保或保险有效期间不如实向保险人报告应报告的情况而引起的任何责任。这也属于道德风险而不予负责。

(3) 因被保险人、从事该业务的前任、其任何雇员或从事该业务的雇员的前任的不诚实、欺骗、犯罪或恶意行为所引起的任何索赔。这也属于道德风险而不予负责。

(4) 因文件的灭失或损失引起的任何索赔,如设计院因图纸丢失或被盗造成委托单位的损失。但是,也可加费后扩展承保。

(5) 被保险人被指控有对他人诽谤或恶意中伤而引起的索赔。如律师诽谤原告或被告、记者利用报道诽谤或中伤他人而引起的索赔等,均属于违背社会公德及有关法律的行为,保险人不负责。但对某些特定的职业责任保险,也可以承保这种责任。但被保险人的故意行为所致除外。

三、职业责任保险的费率因素

制定职业责任保险的费率时,需要着重考虑下列因素:一是投保人的职业种类,不同职业的技术难度、紧张程度和关键程度不同,技术难度、紧张程度和关键程度越高,则职业责任风险越大,损失概率和损失程度则越大,费率应该更高;二是投保人所在单位的管理水平,比如公司的级别、业务规模等,良好的管理水平也能在一定程度上降低损失概率和损失程度;三是被保险人及其雇员个人的专业技术水平与工作责任心,比如学历、职称、从业经历、等级等。保险公司通常可以通过分析被保险人职业责任事故的历史损失资料以及同类业务的职业责任事故情况来评估风险。当然,还要考虑投保业务的规模、赔偿限额、免赔额和其他承保条件等。

职业责任保险的保险期限通常为一年。由于职业责任事故从发生到受害方提出索赔,有可能间隔一个相当长的期限,例如一年、二年,甚至更长时间,另由于职业责任事故可能不断发生,因此职业责任险也需不断续保。职业责任风险也大多是典型的长尾巴风险。实践中的职业责任保险有些是以期内索赔式为承保基础,有些是以期内发生式为索赔基础。相对而言,采用期内索赔式的比较多。

四、职业责任保险的代表产品

(一) 医疗事故责任保险

医疗事故责任保险是指被保险人在从事与其资格相符的诊疗护理工作中因过失发生医疗事故或医疗差错造成第三者的人身伤亡,依法应由被保险人承担的经济赔偿责任,并由被保险人在保险有效期内首次提出索赔申请的,保险人负责赔偿。同时还保障相关的仲裁或诉讼费用,包括案件受理费、勘验费、鉴定费、律师费等。

该保险的承保基础采取期内索赔式,同时还设计了追溯期。即在保险有效期内提出索赔的,保险人负责赔偿,而不论医疗事故或医疗差错是发生在保险期限内,还是发生在追溯期内。对于发生在保险期限内,但在保险期限后才发现并提出索赔的医疗事故或医疗差错，以及发生在追溯期以前的医疗事故或医疗差错，保险人不负责赔偿。

该保险的除外责任包括了责任保险中一些共同的除外损失、费用和责任，如故意行为、战争、核事故、地震、洪水、火灾、爆炸等，还有下列特殊的除外责任：

- 被保险人资格不合格：被保险人或其医务人员的故意行为和非执业行为；未经国家有关部门认定合格的医务人员进行的诊疗护理工作；不以治疗为目的的诊疗护理活动造成患者的人身损害；被保险人或其医务人员从事未经国家有关部门许可的诊疗护理工作；被保险人或其医务人员被吊销执业许可或被取消执业资格以及受停业、停职处分后仍继续进行诊疗护理工作。
- 被保险人医疗行为不合格：被保险人的医务人员在酒醉或药剂麻醉状态下进行诊疗护理工作；被保险人或其医务人员使用伪劣药品、医疗器械或被感染的血液制品；被保险人或其医务人员使用未经国家有关部门批准使用的药品、消毒药剂和医疗器械，但经国家有关部门批准进行临床实验所使用的药品、消毒药剂、医疗器械不在此限；被保险人或其医务人员在正当的诊断、治疗范围外使用麻醉药品、医疗用毒性药品、精神药品和放射性药品。

（二）律师职业责任保险

律师职业责任保险是指在保险期内，凡被保险人的注册执业律师，在中国境内（港、澳、台地区除外）以执业律师身份代表被保险人为委托人办理约定的诉讼或非诉讼律师业务时，由于过失行为，违反《中华人民共和国律师法》或律师委托合同的约定，致使委托人遭受经济损失，依法应由被保险人承担的经济赔偿责任，保险人负责保障。被保险人事先经保险人书面同意支付的诉讼费用及其他必要的、合理的费用，保险人也负责赔偿。律师职业责任风险也大多是长尾巴风险。

其特有的除外责任包括：

- 律师资格不合格：被保险人无有效律师执业证书，或未取得法律、法规规定的应持有的其他资格证书办理业务的。
- 律师业务不合格：被保险人的故意行为或非职业行为；未经被保险人同意，被保险人的在册执业律师私自接受委托或在其他律师事务所执业；被保险人与对方当事人或对方律师恶意串通，损害当事人利益的。
- 其他除外责任：被保险人被指控对委托人诽谤，经法院判决指控成立的；委托人提供的有关证据文件、账册、报表等其他资料的损毁、灭失或被盗窃、抢夺，但经特别约定加保的不在此限；被保险人对委托人的身体伤害及有形财产的损毁或灭失。

（三）注册会计师职业责任保险

注册会计师职业责任保险保障因被保险人的注册会计师在中国境内承办下列业

务而在保险期间内出具的相关报告不实，造成委托人或其他利害关系人的经济损失，依法应由被保险人承担的民事赔偿责任，保险人根据保险合同的约定负责赔偿：审计企业会计报表，出具审计报告；验证企业资本，出具验资报告；办理企业合并、分立、清算事宜中的审计业务，出具有关的报告；法律、行政法规规定的其他审计业务；会计咨询业务和会计服务业务。除此之外，由被保险人支付的因保险事故导致的仲裁或诉讼费用及事先经保险人书面同意支付的律师费用，以及发生保险事故后，被保险人为了防止或减少对委托人或其他利害关系人经济损失的赔偿责任所支付的必要的、合理的费用，保险人也负责赔偿。

一般而言，被保险人的委托人或其他利害关系人就被保险人对同一委托事项出具的同一会计执业报告而提出的一系列赔偿请求为一次保险事故。

注册会计师职业责任保险较为典型的除外责任包括：

- 注册会计师资格不合格：他人冒用被保险人或其注册会计师的名义执行业务。
- 注册会计师业务不合格：被保险人的注册会计师私自接受委托业务或在其他会计师事务所执行的业务；被保险人或其注册会计师执行依法注册的承办业务范围之外的业务；被保险人或其注册会计师对外担保所承担的连带责任。
- 其他除外：被保险人或其注册会计师的故意行为、重大过失行为或非执业行为；委托人提供的账册、报表、文件或其他资料的损毁、灭失、被盗、被抢、丢失(可以加费承保)；被保险人或其注册会计师被指控诽谤委托人或泄露委托人的商业秘密，经人民法院判决指控成立的；被保险人或其注册会计师对委托人或其他利害关系人的身体伤害及有形财产的毁损或灭失；精神损害赔偿责任。

(四) 董事及高级职员责任保险

董事及高级职员责任保险保障，在保险单明细表中列明的保险期限或追溯期及承保区域范围内，被保险人在履行董事、监事及高级管理人员的职责时，因过失导致在公司公告招股说明书、公司债券募集办法、财务会计报告、上市报告文件、定期报告(年报、中报、季报)、临时报告中，存在虚假记载、误导性陈述或者有重大遗漏，致使投资者(股东)在证券交易中遭受损失，在保险期限内，由投资者(股东)首次向被保险人提出索赔申请，依法应由被保险人承担的民事赔偿责任。除此之外，保险人还负责赔偿发生保险责任范围内的事故后，被保险人为控制或减少损失所支付的必要的、合理的费用。保险责任范围内的事故发生后，被保险人因保险事故而被提起仲裁或者诉讼的，对应由被保险人支付的事故鉴定费、查勘费、取证费、仲裁或诉讼费、案件受理费、律师费等法律费用，事先经保险人书面同意，保险人在约定的限额内也负责赔偿。

典型的除外责任则包括：

- 行为不合法：被保险人因获知其他交易者无法得知的内幕消息，而买卖本公司证券的行为；为获取不当利益，而对政府职能部门、社会团体及利益关系人支付款项、佣金、赠予、贿赂的行为。

- 行为不合格：投保人、被保险人的故意行为或非执业行为；被保险人以受托人、管理人的身份在管理或经营退休金、年金、分红、职工福利基金或其他职工福利项目时违反职责或合同义务的行为引起的索赔；被保险人在所属公司以外的其他组织兼任职务时引起的索赔；担保行为。
- 其他除外责任：由被保险人或以被保险人名义提出的索赔；在中华人民共和国境外以及港、澳、台地区提起的诉讼；被保险人对投资者(股东)的身体伤害及有形财产的毁损或灭失；对投资者(股东)的精神伤害。

案例 9-2　　　　职业责任保险案例

物业管理职业责任：上海中远两湾城亲水平台儿童溺死案，引发了死亡儿童的家长对亲水平台设施安全性的质疑，继而状告物业公司疏于管理；女大学生被尾随跟踪的外来人员在电梯里用伞柄刺死案，而此时值班人员擅离职守，家属状告物业公司；其他如业主在小区花园被宠物咬伤、台阶口封条隆起老人被绊倒摔伤、大楼电梯制动不灵扎伤乘客等，不胜枚举。

律师职业责任：2001 年 7 月，河北一家公司拟与北京的一家房地产开发商合作开发一个住宅小区项目。为查清对方底细，河北的公司聘请一北京律所作为法律顾问展开调查。律师事务所在审查后做出结论，认为项目确实在北京的开发商名下。河北的公司遂向开发商支付了 1 亿元项目转让费，同时向律所支付了 100 万元律师费。2002 年 5 月，河北的公司发现在该住宅小区项目的土地上，另一家公司已开始施工建设。公司展开了紧急调查，发现开发商并不是项目的所有人，河北的公司认为律师工作敷衍，属严重违约，将律所(已注销)原三名合伙人告上法庭，要求返还律师费并赔偿损失共计 900 万元。2004 年 12 月，法庭支持了公司的诉求，但考虑到公司自身也有失察，判决 3 名合伙人共同赔偿 800 万元。

审计师职业责任：2006 年 3 月 29 日，德勤被科龙的一位股东告上法庭。诉状称，2004 年 4 月 19 日，被告对科龙电器 2003 年年报出具了无保留意见的审计报告。原告于 2004 年 11 月 11 日、2005 年 3 月 23 日，分别买入科龙电器 100 股，成交价格为 5.02 元/股、3.81 元/股。但 2005 年 8 月 2 日，中国证监会对外公布：科龙电器披露的财务报告与事实严重不符。原告这才知晓科龙 2003 年年报不真实，被告作为审计机构，却对此出具了无保留意见的审计报告，违反了《注册会计师法》第 21 条及《证券法》第 173 条等法律规定，按照《注册会计师法》第 42 条，应当承担赔偿责任。原告提出了三项诉讼请求：第一，被告（德勤华永会计师事务所有限公司）在中国证监会指定的信息披露媒体上向原告赔礼道歉；第二，被告向原告赔偿因被告违反《注册会计师法》而给原告造成的损失495元；第三，诉讼费用由被告承担。

工程职业责任： 位于中环皇后大道中新世界大厦的XXSpa，2005年初聘用工程公司铺设喉管，事隔不足几天，一节连接热水器的水管突然漏水，不但令店铺内的装修受破坏，被迫停业逾一个月，漏水问题更波及楼下五层楼，致使有关商户陆续索偿，XXSpa遂起诉至高等法院，向工程公司追讨最少近60万元损失。

教员职业责任： 香港天水围官立中学自2001年至2003年间，先后有两男两女学生自杀身亡，其中一名十五岁女生，其父母获法律援助署提供的帮助，向区域法院起诉，控告该校一名男教师及育署署长疏忽，引致其女儿死亡，要求两人赔偿。

记者职业责任： 长虹公司状告某报社，提出3 000万元的索赔，认为记者的失实报道致其股票跌停。之后长虹将媒体诉至四川一家中院，后调解结案。

第六节　雇主责任保险

一、雇主责任及雇主责任保险的含义

雇主责任是指雇主对其雇员在受雇期间执行任务时，因发生意外事故或因职业病而造成人身伤残或死亡时依法应承担的经济赔偿责任。在中国的相关法律主要是《劳动法》。

构成雇主责任需满足两个前提条件。其一是雇主与雇员之间必须存在直接的雇用合同关系，这种雇用关系应通过书面形式的雇用合同加以确定，并且事故发生在受雇期间。因此，只要有书面雇用合同的员工都符合这一条件，而无论雇用时间或工作时间的长短。这里主要的关键词是“直接雇用”，需要与付费购买劳务的“间接雇用”关系区分开来。比如，乘客向出租车司机付费的行为是购买劳务，而不能理解为雇用关系；出租车司机是出租车公司的员工，而并非乘客的员工。与这一情况类似的还有快递员、邮递员、家政服务人员、劳务派遣人员等。受雇期间是指员工仍然为在职员工，而不包括退休、离职的员工。

其二则是雇主未能或未能全部履行安全义务。也就是说，雇主自身存在一定的疏忽或过失。通常，以下情况都会被视为雇主存在过失或疏忽责任：雇主提供危险的工作地点、机器工具或工作程序；雇主提供的是不称职的管理人员；雇主本人直接的疏忽

或过失行为，如对有害工种未提供相应的合格的劳动保护用品等。目前，越来越多的国家对雇主责任实行了绝对责任，即只要雇员在受雇期间受到伤害，无论雇主有没有过错，除非雇员自己故意所致，雇主均应承担赔偿责任。但中国目前的法律基本以过失责任结合部分无过失责任为前提。

雇主责任保险（Employer's Liability Insurance）则是以雇主责任为保险标的的保险。也即是说，当法院判决雇主应当为员工的意外事故或职业病承担赔偿责任时，倘若雇主购买了雇主责任保险，则保险公司可以在赔偿限额内负责赔偿；倘若雇主没有购买雇主责任保险，则由雇主自行承担赔偿金额。因此，雇主在购买了雇主责任保险之后，将风险转移给了保险公司。

二、雇主责任保险与其他保险的区别

与员工的生命和身体有关的保险还有许多，雇主责任保险自然是具有其独特的保障角度，与其他保险形成共生的关系。下面我们来分析一下它们之间的区别。

（一）雇主责任保险与工伤保险的区别

工伤保险是社会保障体系中的重要分支，是所谓"五险一金"的重要构成部分。工伤保险是指国家和社会为劳动者在生产经营活动中遭受意外伤害、患职业病，以及因这两种情况死亡、劳动者暂时或永久丧失劳动能力时，给予劳动者及其亲属必要的医疗救治、生活保障、经济补偿、医疗康复、社会康复和职业康复等物质帮助的一种社会保障制度。我国现行的《工伤保险条例》是2004年实行并于2010年修订的。其中对于工伤进行了详细的界定。

认定工伤的条件是：第一，在工作时间内。第二，在工作场所内。第三，受到事故伤害是工作原因造成的。下面七种情况被认定为工伤：

- 在工作时间和工作场所内，因工作原因受到事故伤害的；
- 工作时间前后在工作场所内，从事与工作有关的预备性或者收尾性工作受到事故伤害的；
- 在工作时间和工作场所内，因履行工作职责受到暴力等意外伤害的；
- 患职业病的；
- 因工外出期间，由于工作原因受到伤害或者发生事故下落不明的；
- 在上下班途中，受到非本人主要责任的交通事故或者城市轨道交通、客运轮渡、火车事故伤害的；
- 法律、行政法规规定应当认定为工伤的其他情形。

以下三种情况被视同工伤：在工作时间和工作岗位，突发疾病死亡或者在48小时之内经抢救无效死亡的；在抢险救灾等维护国家利益、公共利益活动中受到伤害的；职工原在军队服役，因战、因公负伤致残，已取得革命伤残军人证，到用人单位后旧伤复发的。但是，下列三种情况不视同工伤：故意犯罪的；醉酒或吸毒的；自残或自杀的。

知识窗 9-5　　工伤赔偿项目及承担者

<table>
<tr><td></td><td colspan="3">工伤待遇项目</td><td>工伤保险</td><td>雇主</td></tr>
<tr><td rowspan="5">停工留薪期间</td><td colspan="3">工伤医疗待遇：按照工伤保险诊疗项目目录、工伤保险药品目录和工伤保险住院服务标准</td><td>√</td><td></td></tr>
<tr><td colspan="3">统筹地区以外就医的交通、食宿费用：普通公共交通工具住宿费上限；每人每天 150 元</td><td>√</td><td></td></tr>
<tr><td colspan="3">生活护理费</td><td></td><td>√</td></tr>
<tr><td colspan="3">住院伙食补助费</td><td>√</td><td></td></tr>
<tr><td colspan="3">工资福利：按原工资福利待遇</td><td></td><td>√</td></tr>
<tr><td rowspan="11">因公致残且评定伤残等级后</td><td>一至四级</td><td colspan="2">一次性伤残补助金；按月发放伤残津贴</td><td>√</td><td></td></tr>
<tr><td rowspan="4">五至六级</td><td colspan="2">一次性伤残补助金</td><td></td><td></td></tr>
<tr><td colspan="2">保留劳动关系，难以安排工作：按月发放伤残津贴</td><td></td><td>√</td></tr>
<tr><td rowspan="2">解除或终止劳动关系</td><td>一次性工伤医疗补助金</td><td>√</td><td></td></tr>
<tr><td>一次性工伤就业补助金</td><td></td><td>√</td></tr>
<tr><td rowspan="3">七至十级</td><td colspan="2">一次性伤残补助金</td><td>√</td><td></td></tr>
<tr><td rowspan="2">劳动合同期满或解除劳动合同</td><td>一次性工伤医疗补助金</td><td>√</td><td></td></tr>
<tr><td>一次性工伤就业补助金</td><td></td><td>√</td></tr>
<tr><td colspan="3">生活护理费</td><td>√</td><td></td></tr>
<tr><td colspan="3">康复辅助费：按国家标准</td><td>√</td><td></td></tr>
<tr><td colspan="3">劳动能力鉴定费</td><td>√</td><td></td></tr>
<tr><td>死亡</td><td colspan="3">丧葬费、一次性抚恤金、供养亲属抚恤金</td><td>√</td><td></td></tr>
</table>

工伤保险在保障的对象方面与雇主责任保险似乎具有较高的一致性。但实际上，两者是不同的。两者的区别见表 9-3。

表 9-3　　雇主责任保险与工伤保险的区别

	雇主责任保险	工伤保险
保险性质	商业保险	社会保障
投保人	雇主	雇员
保费负担	雇主	雇员、雇主与政府
投保方式	需告诉员工数目、工种等，不记名	记名

（续表）

	雇主责任保险	工伤保险
赔偿前提	雇主存在过失且发生工伤；法律规定雇主负担部分	无论雇主是否存在过失，只要发生工伤都赔偿
赔偿对象	向雇主赔偿，雇主再支付给雇员；倘若雇主怠于索赔，则雇员可以直接向保险公司索赔	雇员及其家属
赔偿金额	在根据法律规定确定了雇主责任之后，保险人的赔偿金额受赔偿限额的限制	根据法律规定
保障对象	雇主责任	雇员的生命与身体
两者关系	补充	首要

（二）雇主责任保险与团体人身意外伤害保险的区别

通常，企业也会给员工购买团体人身意外伤害保险，保障员工的意外伤害风险。虽然，两者所保障的风险、保障标的、投保人、费率因素等方面类似，但是，两者也是完全不同的两类保险。雇主责任保险与团体人身意外伤害保险的区别见表 9-4。

表 9-4　　雇主责任保险与团体人身意外伤害保险的区别

	雇主责任保险	团体人身意外伤害保险
保险种类	财产保险	人身保险
被保险人	雇主（投保人是雇主）	员工（投保人是雇主）
保障对象	雇主责任	员工身体和生命的意外伤害风险
赔偿前提	员工在工作时间因工作所致伤害（含职业病），且雇主存在过失时法律规定雇主负担部分	员工 24 小时中任何时刻发生意外伤害（不包括职业病）
赔偿依据	在法律判定的赔偿金额内受保单赔偿限额限制	根据保单赔偿处理条款计算赔款
赔偿项目	死亡、伤残、医疗费用；误工费用；伤残津贴	死亡、伤残费用，可附加医疗费用
赔偿对象	向雇主赔偿，雇主再支付给雇员；倘若雇主怠于索赔，则雇员可以直接向保险公司索赔	雇员及其家属
存在目的	转移雇主责任	提高员工福利
两者关系	并列存在，有部分交集。倘若员工在工作时间发生意外伤害，则团体意外伤害保险需赔偿，同时雇主责任保险也赔偿。	

三、雇主责任保险的保险责任

雇主责任保险是以雇主责任为保险标的的保险。这里以中国人民保险公司 2015 年版本为例进行介绍。在保险期间内，被保险人的雇员因从事保险单载明的业务工作而遭受意外，包括但不限于下列情形，导致负伤、残疾或死亡，依法应由被保险人承担的经济赔偿责任，保险人按照保险合同的约定负责赔偿：

(1) 在工作时间和工作场所内，因工作原因受到事故伤害；

(2) 工作时间前后在工作场所内，从事与工作有关的预备性或者收尾性工作受到事故伤害；

(3) 在工作时间和工作场所内，因履行工作职责受到暴力等意外伤害；

(4) 因工外出期间，由于工作原因受到伤害或者发生事故下落不明；

(5) 在上下班途中，受到非本人主要责任的交通事故或者城市轨道交通、客运轮渡、火车事故伤害；

(6) 在工作时间和工作岗位，突发疾病死亡或者在48小时之内经抢救无效死亡；

(7) 在抢险救灾等维护国家利益、公共利益活动中受到伤害；

(8) 原在军队服役，因战、因公负伤致残，已取得革命伤残军人证，到用人单位后旧伤复发；

(9) 法律、行政法规规定应当认定为工伤的其他情形。

保险事故发生后，被保险人因保险事故而被提起仲裁或者诉讼的，对应由被保险人支付的仲裁或者诉讼费用以及事先经保险人书面同意支付的其他必要的、合理的费用，保险人按照保险合同约定的限额也负责赔偿。

四、雇主责任保险的除外责任

雇主责任保险比较典型的除外责任则包括：

- 绝对除外责任：投保人、被保险人的故意行为或重大过失；战争、敌对行为、军事行为、武装冲突、罢工、暴动、骚乱、暴动、恐怖活动；核辐射、核爆炸、核污染及其他放射性污染；行政行为或司法行为；地震及其次生灾害；罚款、罚金及惩罚性赔款。
- 雇员不合格：被保险人对其承包商的雇员的赔偿责任。
- 雇员行为不合格：雇员犯罪、自杀自残、斗殴，或因受酒精、毒品、药品影响而造成自身人身伤亡的；雇员无有效驾驶证驾驶机动车辆或无有效资格证书而使用各种专用机械、特种设备、特种车辆或类似设备装置，造成自身人身伤亡的；雇员在中华人民共和国境外(包括港、澳、台地区)发生的人身伤亡。
- 疾病或费用不合格：雇员因疾病(含职业病)、分娩、流产以及由于上述原因接受医疗救治的；精神损害赔偿；超出雇员所在地工伤保险诊疗项目目录、工伤保险药品目录、工伤保险住院服务标准的医疗费用；工伤保险已经支付的医疗费用。

从上述保险责任和除外责任的界定中可以进一步看到雇主责任保险与工伤保险

之间的关系。并且，当前保险公司为了控制风险，并不承担有关雇员职业病的赔偿。

通常，在雇主责任保险中规定的责任限额有每人伤亡责任限额、每人医疗费用责任限额、法律费用责任限额、每次事故责任限额及累计责任限额。

案例 9-3　　　　雇主责任保险案例

薛某是库尔勒市某建筑公司员工。2017 年 3 月，该公司购买了雇主责任险，每人伤亡限额为 30 万元，有效期 6 个月。2017 年 5 月，薛某在工作期间突发心肌梗死，送往医院抢救无效身亡。其家属向建筑公司索赔，建筑公司称已向保险公司购买雇主责任险，让薛某的家属自行与保险公司协商赔偿事宜。薛某的家属到保险公司理赔时，保险公司以家属不是保险合同主体为由，拒绝赔付。2018 年 5 月，薛某的家属向库尔勒铁路运输法院提起诉讼，将建筑公司及保险公司共同告上法庭，要求被告依照合同约定向原告赔偿 30 万元。

保险公司辩称，薛某的家属不是雇主责任险保险合同的相对人，不具有保险金请求权，按保险合同约定，保险赔偿金应当是赔给雇主的，应当由建筑公司行使保险金请求权，故原告主体不适格，拒绝向原告赔偿保险金。建筑公司则认可原告陈述的事实及诉讼请求，同意由薛某的家属代公司向保险公司主张雇主责任险。

法院审理后认为，被保险人怠于请求的，第三者有权就其应获赔偿部分直接向保险人请求赔偿保险金。建筑公司有权在法律规定的范围内处分自己的民事权利和诉讼权利，承认并确认原告的诉讼请求，不违反法律规定。被告建筑公司在保险事故发生后至法院开庭审理案件前，一直未向保险公司请求赔偿保险金，已经可以认定为怠于向保险公司行使保险金请求权，薛某的家属有权要求保险公司承担保险责任。2018 年 7 月，库尔勒铁路运输法院做出一审判决，保险公司应向原告赔偿保险金 30 万元。保险公司不服提起上诉，二审法院巴音郭楞蒙古自治州中级人民法院驳回上诉，维持了原判。

五、雇主责任保险的赔偿处理

通常，保险人的赔偿以下列方式之一确定的被保险人的赔偿责任为基础：被保险人和受伤害雇员或其代理人协商并经保险人确认；仲裁机构裁决；人民法院判决或保险人认可的其他方式。而且，保险人只按照被保险人提供的雇员名单承担赔偿责任。即使被保险人对名单以外的雇员承担了赔偿责任，保险人仍不予负责。通常还要求，当雇员遭受保险责任范围内的事故伤害之后，被保险人应当先行赔偿。如果被保险人未向该雇员赔偿，保险人不负责向被保险人赔偿保险金。

雇主责任保险的赔偿金额则按照以下方式计算：倘若雇员死亡的，保险人按照保险单载明的每人伤亡责任限额赔偿；倘若雇员残疾的，由保险人认可的伤残鉴定机构依据职工工伤与职业病致残等级的现行国家标准鉴定残疾程度，保险人将按照表9-5伤残赔偿比例表规定的百分比，乘以每人伤亡责任限额进行赔偿；雇员暂时丧失工作能力超过五天的，经二级及以上或保险人认可的医疗机构证明，保险人依据所在地的最低工资标准，按照每人每天补助误工费用，当医疗期满后或确定残疾程度后就立即停发，最长不超过365天；如果最终鉴定为残疾的，保险人对残疾赔偿金与误工费用的赔偿金额之和，以合同的赔偿限额为限。一般而言，被保险人承担的诊疗项目、药品、住院服务及辅助器具配置费用，保险人均按照国家工伤保险待遇规定的标准，在赔偿限额内扣除免赔额之后赔偿。相关费用包括以下各项：挂号费、治疗费、手术费、检查费、医药费；住院期间的床位费、陪护费、伙食费、取暖费、空调费；就诊及转诊的交通费、急救车费；安装假肢、假牙、假眼和残疾用具费用。

表9-5　　伤残赔偿比例

伤残等级	一级	二级	三级	四级	五级	六级	七级	八级	九级	十级
赔偿比例	100%	80%	65%	55%	45%	25%	15%	10%	4%	1%

六、雇主责任保险的附加保险

雇主责任保险还可以附加以下条款：

(1) 罢工、暴动、民众骚乱条款：扩展承保保险单明细表中列明的地点范围内，直接由于罢工、暴乱、民众骚乱而导致被保险人所雇用人员在保险单有效期内，从事保险单所载明的被保险人的业务工作时，发生意外造成其伤残或死亡，被保险人依照合同应承担的医疗费及经济赔偿责任。

(2) 核子辐射责任条款：扩展承保从事核工业生产、研究、应用的被保险人，由于其所聘用员工在从事被保险人的工作期间，因突然发生的核泄漏事件造成的伤残、死亡或由于核辐射使员工患有职业病而致伤残、死亡，被保险人依照合同及相关法律而应承担的医疗费及经济赔偿责任。

(3) 员工公(劳)务出国条款：扩展承保被保险人所聘用的员工在保险单有效期内，因从事保险单所载明的被保险人的业务工作时，因公(劳)务出国发生意外或患职业病而致伤残、死亡，被保险人依照法律及雇用合同应承担的医疗费及经济赔偿责任。

(4) 第三者责任保险条款：扩展承保对被保险人雇用人员在保险单有效期内，从事保险单所载明的被保险人的业务工作时，由于意外或疏忽，造成第三者人身伤亡或财产损失，以及所引起对第三者的抚恤、医疗费和赔偿费用，依法应由被保险人赔付的金额，保险人负责赔偿。

除此之外，还有紧急运输费用条款，就餐时间扩展条款，恐怖主义条款，临时海外工作条款，小时扩展条款，运动或娱乐活动条款（仅限于被保险人组织的福利性活动及体育运动），错误与遗漏条款（被保险人非故意的），违反保证条款等。

知识窗 9-6　　某保险公司雇主责任保险费率表

一、主险年度基准费率

- 伤亡责任基准费率：1.0‰～1.5‰；医疗费用责任基准费率：4.0‰；法律费用责任基准费率：0.5‰～1.5‰。
- 每人医疗费用赔偿限额调整系数：每人医疗费用赔偿限额为(1，3]万元时，调整系数为0.9～1.1；每人医疗费用赔偿限额为(3，5]万元时，调整系数为0.7～0.9。
- 免赔额调整系数（仅适用于医疗费用责任）：每人每次事故免赔额为0元的调整系数为1.1～1.2；免赔额为100元的调整系数为1.0～1.1；免赔额为200元的调整系数为0.9～1.0；免赔额为500元的调整系数为0.8～0.9；若同时设定10%或以上的免赔率，则免赔额调整系数可降低0.1。

二、附加险年度基准费率

- 附加罢工、暴动、骚乱责任保险：0.6‰～0.9‰；附加核子辐射责任保险：1.2‰～1.8‰；附加公务出国责任保险：1.5‰～2.5‰；附加误工补助补充责任保险为主险中伤亡责任保险保费的20%；附加第三者责任保险：0.5‰～1‰。

三、一类风险调整系数

- 人员类别调整系数表

类别	人员分类	调整系数
1	社会团体、机关、事业单位、学校、金融企业等	0.8
2	商业、娱乐场所、饭店等	1.0
3	视频制造业、服装制造业、精密仪器等其他工业制品制造业等	1.2
4	以一般危险品为主要原料，在生产过程中有一定危险性的行业，如电力、加油站及棉纺、化纤行业等	2.0
5	以一般危险品及部分特别危险品为主要原料的加工、制造业，如木器厂、水泥制造、造船行业等	2.5

（续表）

类别	人员分类	调整系数
6	建筑安装工程、金属矿业及非金属矿业、煤矿业等	3.5
7	石油、钻井、鞭炮生产企业等	4.5
8	高空、深水、勘探作业、航空、航天业等	6.5
9	探险类行业等	另议

● **人数优惠系数**

总人数	50人以上	100人以上	300人以上	500人以上	1 000人以上	5 000人以上
优惠系数	0.90	0.85	0.80	0.70	0.60	0.50

四、二类风险调整系数(各调整系数之间为连乘关系,但最低不低于0.7)

● 风险管理调整系数：考虑被保险人风险管理水平、被保险人安全防护措施的情况、被保险人是否设置出险应急措施三个方面的情况，酌情分别给予0.80～1.30的调整系数。

● 客户忠诚度系数：新保为1.0；续保为0.9～1.0；两次及两次以上续保为0.8～0.9。

本章小结

● 责任保险是以被保险人对第三者依法应该承担的赔偿责任为保险标的的保险。赔偿责任是指公民或法人因疏忽行为或过失行为损害他人财产和人身而依法应对受害人承担的民事损害赔偿责任。

● 责任保险仅承保民事责任中的违约责任和侵权责任，不包括故意侵权。

● 责任保险通常采用概括式叙述保险责任；长尾巴风险居多，大多采用期内索赔式，并通常规定赔偿限额而并非保险金额。

● 公众责任保险主要承保被保险人在各固定场所进行生产、经营或其他各项活动中，由于疏忽或意外事件造成第三者人身伤亡或财产损失后，依法应由被保险人承担的经济赔偿责任。

● 环境污染责任保险是以企业发生污染事故对第三者造成人身伤害和财产损失依法应承担的赔偿责任为保险标的的保险，其属于公众责任保险的范畴。

● 环境污染责任是基于无过错责任原则，且举证责任倒置，由污染者举证，同时面临着较大的道德风险，这些特征使得环境污染责任保险可能的损失金额极其巨大。

- 目前的环境污染责任保险的保险责任包括第三者责任与清污费用、紧急应对费用和法律费用。而且只保障由于突发意外事故导致的污染，大多采用的是期内索赔式。
- 产品责任是指产品在使用过程中因其缺陷而造成用户、消费者或公众的人身伤亡或财产损失时，依法应当由产品供给方（包括制造者、销售者、修理者等）承担的民事损害赔偿责任。产品责任保险则是以产品制造者、销售者、维修者等的产品责任为承保风险的责任保险。
- 产品责任的归责原则经历了契约责任原则、过错侵权原则、担保责任原则及严格责任原则四个阶段。目前，大多数国家和地区采用的是严格责任原则，我国则采用严格责任为主，辅之以过错责任、过错推定、担保责任的综合责任原则。
- 产品责任保险中要限定所保障的产品销售区域。因为各地的法律和消费者索赔意识是影响产品责任保险的重要费率因素。
- 职业责任是指从事各种专业技术工作的个人或单位，由于工作中的疏忽或过失，或由于他们的雇员或合伙人的疏忽或过失，而给他们的当事人或其他人造成人身伤害或财产损失，依法应当由专业技术人员或单位承担的损害赔偿责任。职业责任保险是保障各种专业人员职业责任的一种保险。
- 职业责任保险的费率因素包括：职业种类；所在单位的管理水平；被保险人及其雇员个人的专业技术水平与工作责任心；投保业务的规模、赔偿限额、免赔额和其他承保条件等。
- 雇主责任是指雇主对其雇员在受雇期间执行任务时，因发生意外事故或因职业病而造成人身伤残或死亡时依法应承担的经济赔偿责任。雇主责任保险是以雇主责任为保险标的的保险。
- 雇主责任需满足两个前提条件：其一是雇主与雇员之间必须存在着直接的雇用合同关系；其二则是雇主未能或未能全部履行安全义务。
- 雇主责任险与工伤保险、团体人身意外伤害险具有相似性，但更具有明显的区别。
- 雇主责任保险的费率因素也包括雇主所在的行业、管理水平、投保规模等。

习题

1. 请分析责任保险的保险标的，并细述各自的可保性。
2. 请分析侵权与违约的区别。
3. 请分析侵权行为应当具备哪些要素。

4. 请分析责任保险与财产保险的区别。
5. 请简述公众责任的含义。
6. 请分析环境污染责任风险的特征及其对环境污染责任保险的影响。
7. 请简述产品责任归责原则的发展历程、各阶段的含义，以及各自的特征和利弊。
8. 请分析地区因素是如何影响产品责任保险的费率的。
9. 请简述职业责任的含义。
10. 通常，影响职业责任保险的风险因素有哪些？
11. 请简述雇主责任的含义。
12. 请简述雇主责任险与工伤保险的区别。
13. 请简述雇主责任险与人身意外伤害险的区别。
14. 请分析雇主责任保险典型的除外责任。
15. 请简述雇主责任保险的费率因素。

第十章　信用保险

信用保险是信用风险的保障。在现代社会,信用无疑是一项生产要素。一些经济活动都是基于信用而展开的。信用缺失会导致当事人发生损失,并给将来的生产经营带来较高的交易成本。但是,并非每个人和每家企业都是讲信用的,信用风险无处不在,难以衡量,时而还没有规律可循。信用保险这一新兴险种专门承保信用风险,降低了信用风险对当事人的伤害,使大家免受信用风险的损失,也打消了因信用风险存在而驻足不前。

第一节　信用保险概述

中华民族是诚实守信的民族,特别讲究遵守信用。所谓信用,是指依附在人与人之间、单位之间和商品交易之间形成的一种相互信任的生产关系和社会关系。信用构成了人与人之间、单位之间、商品交易之间的双方自觉自愿的反复交往。在现代社会中,信用是一项资本,拥有信用的人或公司甚至可以降低财务成本。但是,倘若一方失信,则另一方会发生较大的损失。因此,信用风险是现代人要考虑防范的风险之一。信用保险(Credit Insurance)就是为转移信用风险而设计的保险。

一、信用保险的含义

信用保险(Credit Insurance)是权利人就义务人的信用风险向保险人投保,当义务人的信用风险发生而违约时,由保险公司向权利人进行赔偿;然后保险公司再取得代为求偿权,向义务人进行代位求偿。因此,权利人在购买了信用保险之后,就将义务人违约的风险转移给了保险公司。信用保险最主要的特点在于投保人都是权利人。权利人投保后把债务人不能履行义务的风险转移给了保险人。信用保险的流程如图10-1所示。

如图10-1所示,首先权利人和义务人应当具有某种合同关系,比如借贷关系或买卖关系等。当然，借贷关系中，权利人是银行，义务人是贷款人；买卖关系中，发货之前，权利人是买方，义务人是卖方；发货之后，权利人是卖方，义务人是买方。权利人担心义务人信用不好而导致自己受损，因此就义务人的信用向保险人购买保险；倘若义务人真的发生了信用风险而违约，则保险人向义务人进行赔偿；然后取得代位求偿权，向义务人进行代位求偿。因此，信用保险的保险标的是义务人的信用风险；投保人是合同中的权利人。

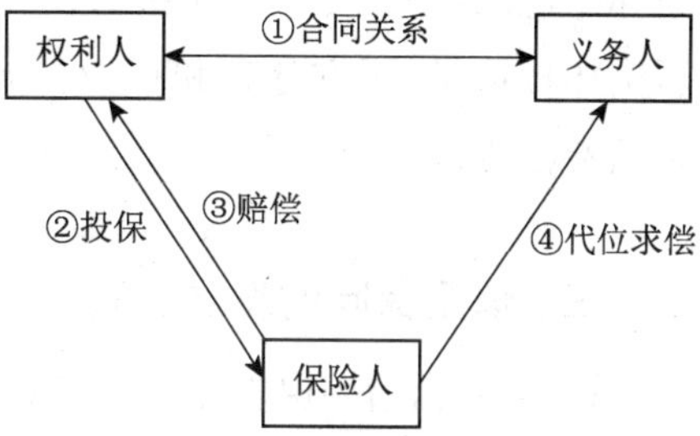

图 10-1 信用保险的流程

二、信用保险的特征

信用保险也属于广义的财产保险的范畴，其与传统的有形财产保险具有非常高的相似性。比如，信用保险也要遵守保险的各个基本原则；在定价的时候也是基于大数法则，从该业务范围内整个群体的违约概率入手，同时考虑个体的风险特征予以调整等。所以，信用保险本质上的经营特征与传统财产保险还是一样的，但是两者还是存在着明显的区别。

(1) 信用风险是无形的风险，较难以衡量。与一般保险产品不同，信用保险的保险标的是没有实际存在的一个人或者一个企业的信用。信用风险并不依附于任何有形的载体，无论企业还是人，它的信用水平都不太好调查。一般，保险公司只能通过过去的信用记录来判断将来其信用风险的大小，但其实这种方法误差还是比较大的。

(2) 信用保险面临着更大的道德风险。在权利人与义务人确定合同关系的过程中，权利人本来就应该承担审查义务人的责任，并对义务人的信用风险进行分析，从而判断是否要与其签署合同。在有信用保险提供保障的情况下，反正有保险公司兜底，所以权利人可能就会放松或怠于审查，导致保险人的损失可能性加大。所以，信用保险中都要设置一些机制来予以防范，比如更加强调损失共担，要求投保人承担5%～15%的损失。

(3) 信用保险承保的风险范围更广。信用保险除了保障一般商业信用风险之外，在政府支持开办的政策性信用保险中，比如出口信用保险等，还承保政治风险，比如战争、征收、外汇管制、政府违约等。这些风险在财产保险中大多是除外责任。相对而言，这些风险的影响面更大、更广，可能导致的损失更大。

所以，在厘定信用保险的费率时，保险公司通常考虑的因素包括：企业营业规模，营业规模越大，则信用风险越小；合同的付款期限，付款期限越长，则越存在不确定性，信用风险越大；国别风险分布，主要是考察各个国家和地区的政治风险；历史坏账记录，主要考察特定买方的历史违约记录，以及特定卖方的风险管理水平和历史坏账记录；买方分布和行业分布，考察买方所处的行业特征、行业的惯例以及产品特征等。

三、信用保险的发展历程

相对而言，信用保险在欧洲发展得最好。全球信用保险84%的保费收入来自欧洲，并且，欧洲信用保险的保费收入还以平均每年5%的增速在增加。信用保险在美国市场的渗透率较低，但市场潜力很大。在亚洲，信用保险主要由国有出口保险公司承担。各国国内的信用保险业务也已起步。比如日本所有的非寿险公司都同欧洲主要的信用保险公司开展合作。我国信用保险的市场份额也非常低。将来，在世界经济一体化的逐步深化下，信用保险预期将会有非常好的发展势头。

知识窗 10-1　　我国信用保险的市场情况

2017年，我国的信用保险的保费收入为214亿元，占整个财险市场的2.03%；赔款支出为95亿元，赔付率达到了44%。下表是最近十年我国财险市场上信用保险的市场经营情况。

	2008	2009	2010	2011	2012	2013	2014	2015	2016	2017
保费收入(亿元)	37	70	96	115	161	155	201	193	2 012	214
增长率(%)	5.6	91.3	36.6	19.8	39.6	－3.4	29.3	－4.1	4.4	6.7
赔付支出(亿元)	11	31	31	57	68	70	58	45	91	95
市场份额(%)	1.57	2.44	2.46	2.49	3.01	2.50	2.51	2.29	2.17	2.03
赔付率(%)	30	44	32	50	42	45	29	23	46	44

资料来源：历年《保险年鉴》。

可以看到，信用保险的保费收入在过去10年内的增速非常不平稳，时快时慢；是一个市场份额较低的小险种，发展潜力还较大。

目前，信用保险公司不仅只提供信用保险。其也开始对传统的信用产品进行重新包装和深度挖掘。比如，不但提供保险类产品，也基于大数据提供信息类产品。信用保险公司开始出售特定公司的信用信息。保险公司可以向客户提供全球任一公司的信用度，出售对其的信用评估。信用保险公司已建立起包含数百万公司信息的数据库。近年来，信用保险公司又在不断扩充数据库，旨在不仅向传统的保险客户，而且向任何有意一方提供全球性的信用评估服务。当然，这也成为信用保险公司的收入来源之一。除此之外，信用保险公司还不断扩充相关的服务，比如提供债务追收等相关服务。同时，信用是现代金融发展的重要前提，随着互联网的发展，现代金融也具有了越来越多的形态，信用保险随之得到了发展，伴随着新金融的发展，也开拓了诸多新产品。

信用保险的主要险种包括一般商业信用保险、投资保险和出口信用保险。在中国，目前的信用保险包含两种体制，商业性保险与政策性保险同时并存。其中，一般商业信用保险是商业保险，各家保险公司都可以经营；投资保险和出口信用保险是政策性保险，只能够由中国出口信用保险公司承保，不以营利为目的。近年来，在中国政府的大力支持下，信用保险尤其是短期出口信用保险得到了大力的发展。

知识窗 10-2　　中国出口信用保险公司

中国出口信用保险公司（简称中国信保，英文 Sinosure）是我国唯一承办出口信用保险业务的政策性保险公司，也是我国四家政策性金融机构之一。

中国的出口信用保险经历了较长的发展历程。20 世纪 80 年代，出口信用保险作为国家鼓励出口的配套措施之一被提上政府议事日程。1988 年，国务院委托中国人民保险公司试办机电产品的出口信用保险，并通过调减人保公司调节税方式建立起出口信用保险基金。中国人民保险公司在 1989 年正式开办出口信用保险业务；1992 年开办中长期保险业务，支持我国机电产品和成套设备的出口。1994 年，中国进出口银行成立，也同时开办政策性出口信用保险业务。1996 年，中国人民保险公司代表中国参加国际海外投资和出口信用保险人联盟（伯尔尼协会），并于 1998 年成为该组织正式会员。2001 年 5 月 23 日，国务院正式批准建立官方出口信用机构——中国出口信用保险公司；2001 年 12 月 18 日中国出口信用保险公司正式揭牌运营，标志着我国首家专业出口信用保险机构的诞生。公司资本金约 300 亿元，资本来源为出口信用保险风险基金，由国家财政预算安排。2012 年 3 月 17 日，中国信保升级为副部级央企。

当前，中国信保的业务范围包括：中长期出口信用保险业务；海外投资保险业务；短期出口信用保险业务；国内信用保险业务；与出口信用保险相关的信用担保业务和再保险业务；应收账款管理、商账追收等出口信用保险服务及信息咨询业务；进口信用保险业务；保险资金运用业务；经批准的其他业务。中国信保还向市场推出了具有多重服务功能的“信保通”电子商务平台和中小微企业投保平台。

中国信保成立以来,出口信用保险对我国外经贸的支持作用日益显现。尤其在国际金融危机期间,出口信用保险充分发挥了稳定外需、促进出口成交的杠杆作用,帮助广大外经贸企业破解了“有单不敢接”“有单无力接”的难题,在“抢订单、保市场”方面发挥了重要作用。公司的经营宗旨是:“通过为对外贸易和对外投资合作提供保险等服务,促进对外经济贸易发展,重点支持货物、技术和服务等出口,特别是高科技、附加值大的机电产品等资本性货物出口,促进经济增长、就业与国际收支平衡。”

第二节 一般商业信用保险

商业信用是指工商企业之间、企业与个人之间相互提供的信用形式,是指工商企业、个人所具有的信用。包括企业之间以赊销、分期付款等形式提供的信用,以及在商品交易的基础上以预付定金等形式提供的信用等。一般商业信用保险则是以经济活动中的商业信用为保险标的的保险。其经营原理与信用保险保持了一致。通常是权利人要求保险人将义务人作为被保证人,并承担由于被保证人的信用风险而使权利人遭受商业利益损失的保险。如果被保证人发生保险事故,保险人首先向权利人履行赔偿责任,同时自动取得向被保证人进行代位求偿的权利。保险公司围绕一般商业信用保险开发了诸多保险,比如,国内短期贸易信用保险、赊销信用保险、贷款信用保险和个人贷款信用保险等。

一、国内短期贸易信用保险

国内短期贸易信用保险是针对在中国境内注册的法人企业间贸易的商业信用提供的保险。一般要求买方是在中国境内(不包括港、澳、台地区)注册的法人企业,且合同已经以书面形式订立,真实、合法、有效,交易标的和付款方式等主要合同内容都已经明确。

与出口信用保险是政策性保险且只能由中国出口信用保险公司经营不同,国内短期贸易信用保险是商业保险,任何保险公司都可以经营国内短期贸易信用保险。因此,国内短期贸易信用保险是商业信用保险中的代表产品。

(一) 保险责任

国内短期贸易信用保险承诺,当被保险人在保险期间内交易商品或提供服务,在按贸易合同约定将商品交付买方或提供服务后，由于买方破产或买方拖欠应收账款而导致被保险人应收账款损失，保险人按照保险合同的约定负责赔偿。

其中，“破产”是指买方被法院宣告破产，或已接到法院关于破产清算的判决或裁定。为了判断买方拖欠应收账款的事实是否真的成立，保险人通常会与被保险人约定并在保单中载明“等待期”。等待期从贸易合同约定的应付款日开始，是保险人为了确定保险损失已经发生，被保险人提出索赔前必须等待的一段时期。“买方拖欠应收账款”则指买方超过贸易合同约定的应付款日及被保险人与保险人约定的等待期后仍未支付或未付清应收账款。如贸易合同约定的付款方式为分期付款，买方超过任何一期款项的应付款日之后的等待期，仍未支付或未付清应收账款。

(二) 除外责任

国内短期贸易信用保险的除外责任通常包括：

(1) 绝对除外责任：被保险人及其雇员的故意行为、违反贸易合同义务的行为或违法行为；核反应、核辐射和放射性污染；买方所在地区发生战争、军事行为、恐怖事件、武装冲突、叛乱、暴动、民众骚乱、飓风、洪水、地震、火山爆发和海啸；非买方原因导致的行政行为或司法行为。

(2) 卖方自身有过错：被保险人依法或依照约定可以终止履行贸易合同时，仍继续履行贸易合同；贸易合同中包括有偿劳务，但在保险事故发生时，劳务尚未提供或尚未完全提供，未提供劳务部分的报酬；被保险人未按本保险合同约定申报的交易或申报后未按约定交付保险费的贸易合同下的损失；买方信用限额撤销通知的生效日期之后，被保险人仍继续履行贸易合同而发生的损失。

(3) 不保障的损失：被保险人与关联方的交易发生的损失；被保险人任何的利息损失。

(三) 责任限额与买方信用限额

与其他保险完全一样，国内短期贸易信用保险也约定了每张保单的累计赔偿限额。除此之外，还会约定买方信用限额。买方信用限额是指保险人对被保险人与某一个买方进行交易所承担赔偿责任的最高限额。

买方信用限额是由投保人或被保险人向保险人进行申请和使用的。一般而言，应将保险合同适用范围内的所有交易，向保险人提交“信用限额申请单”，为每一买方申请一个信用限额。这个买方信用限额在保险期间内可循环使用。若保险人针对某一买方批复的买方信用限额为“零”，则保险人对被保险人与该买方进行的信用交易不承担赔偿责任，被保险人也无须申报相关信用交易，保险人也不会收取相关保险费。当某一个买方发生了信用风险，被保险人填报了“可能损失通知书”之后，该买方信用限额自动被撤销。但是，如果“可能损失通知书”中报告的买方欠款金额小于该买方所批限额的10%,经申请可以不取消有关该买方的信用限额。

当然,当买方资产或经营状况、买方所处行业或地区经济形势等发生重大变化可能影响买方付款能力的,或者已发现买方有拖欠行为时,保险人有权修改或撤销该买方的信用限额。保险人将会书面通知被保险人修改或撤销限额的生效日期,并解释具体的原因。对于通知载明的生效日期以后的信用交易,则适用于修改或撤销后的买方信用限额。

另一种情况则是确定"自行掌握信用限额"。其含义是指保险人根据被保险人的实际风险管理状况,在保险单中约定由被保险人自行掌握使用的信用限额。自行掌握信用限额是保险人对被保险人向该类每一个买方交易所承担的最高赔偿限额,而不是对某一个买方申请的信用限额。而且,如果被保险人为某一个买方申请了信用限额,但保险人不予批准的,则被保险人对该买方的自行掌握信用限额也自动取消。同样,自行掌握信用限额在保险期间内也可以循环使用。

(四)索赔与赔偿处理

在投保之后,被保险人应在每个月10日前将上月发生的全部有关交易,按照确定格式和要求如实向保险人书面申报。如果被保险人未在约定时间内申报交易,保险人有权要求被保险人补报。但是,倘若补报的交易已经发生损失或可能引起损失的事件已经发生,保险人对此部分损失不承担责任。

当买方已破产或无力偿付债务,或者买方超过最高延长期限截止日1个月仍未付或未付清应收账款时,被保险人一旦知悉上述情况,则应在10个工作日内向保险人填报"可能损失通知书"。其中,"最高延长期限"是指被保险人同意买方在应付款日之后延后付款的最长期限。在该期限之前付款,不视为违约或损失发生。最高延长期限是等待期的一部分,从应付款日开始,一般不超过15日。在向保险人填报"可能损失通知书"后,被保险人若全部或部分收回欠款,不论此时保险人是否已经赔偿,均应立即如实书面告知保险人。

当买方已经发生破产或无力偿付债务,被保险人应在获悉买方破产或无力偿付债务后1个月内向保险人提出索赔;若因买方拖欠应收账款而引起损失,被保险人则应在贸易合同约定的应付款截止日且等待期结束后向保险人提出索赔。

在发生了保险责任范围内的损失之后,当损失小于买方信用限额或自行掌握信用限额,则赔偿金额=实际损失×赔偿比例;当损失大于买方信用限额或自行掌握信用限额,则赔偿金额=信用限额×赔偿比例。当然,保险人将从受损金额中扣除下列项目:买方在发生损失的贸易合同项下已支付、已抵债的款项;经被保险人同意向买方支付的款项;被保险人有权抵作应收账款的属于买方的款项和资产,以及被保险人已通过其他途径收回的款项;被保险人因不必履行贸易合同而节省的费用;被保险人与买方已商定的降价部分；其他被保险人在有关交易项下已获得的或确定即将获得的权益。在保险人履行保险赔偿后，被保险人将赔偿所涉及的合同项下的权利，包括收取贸易合同价款和获得违约赔偿的权利，所涉及的交易标的以及与该交易标的有关的单证、票据及担保等转让给保险人，并协助保险人向买方、买方的担保人或任何其他可以追索的人进行追偿。

二、赊销信用保险

赊销信用保险是为国内商业贸易的延期付款或分期付款行为提供信用担保的一种信用保险业务。在赊销信用保险中，投保人是卖方，即制造商或供应商，保险人承保的是买方的信用风险。赊销信用保险的目的在于保证被保险人能按期收回赊销货款，保障商业贸易的顺利进行。赊销信用保险适用于一些以分期付款方式销售的耐用商品，如汽车、船舶、住宅及大批量商品等。一些商场也为消费者提供了家用电器的赊销业务。家庭赊销信用保险的特点是赊账期往往较长，风险比较分散，保险人必须在仔细考察买方资信情况的条件下才能决定是否承保。中国平安保险公司率先于1995年开办了这种业务。

保险责任就是在保险期间内，因买方未按照保单载明的合同约定履行收货义务，导致被保险人履行了供货义务而未得到货款的损失，保险人按照合同约定进行赔偿。赊销信用保险的具体操作与一般的信用保险相似，只是在设计保险合同和厘定费率时，要根据不同行业、不同产品的赊销进行区别对待。比如是资本性商品还是消费性商品的赊销。一般而言，资本性商品的买方较少，因此需注重买方个体的信用风险，依据大数法则得出的违约率一般不具有代表性；而消费性商品的买方众多，可以依据大数法则用违约概率计算费率，反之买方个体的信用风险就较难深入考虑，此时更多的是考虑赊销对象群体的特征。

三、金融机构贷款信用保险

金融机构贷款信用保险是保险人对银行或其他金融机构与企业之间的借贷合同提供保障，并承保借款人信用风险的保险。与个人有关的贷款信用保险则是下文的个人贷款信用保险。在金融机构贷款信用保险中，贷款方（即金融机构）是投保人。当保单签发后，贷款方即成为被保险人。当企业无法归还贷款时，金融机构可以从保险人那里获得补偿。贷款人在获得保险人的补偿后将债权转让给保险人，由保险人向借款人进行追偿。由于企业经营管理不善或决策失误，以及自然灾害和意外事故的影响，导致贷款风险是客观存在的。贷款信用保险就是银行转嫁贷款中的信用风险的必要手段。

在保险期间，被保险人的贷款客户超过借款合同约定的还款日及被保险人与保险人约定的等待期之后仍未归还或还清贷款，或者出现法规规定或借款合同约定的情形导致被保险人提前收贷的，保险人将按照合同约定赔偿客户所欠的本金及利息，包括逾期利息、罚息及复利。通常，被保险人要求客户履行还款责任所产生的、事先经保险人书面同意的实现债权费用，保险人也会按照合同约定进行赔偿。

一般的除外责任则包括：被保险人及其雇员、代表的故意行为；战争、敌对行为、军事行动、武装冲突、恐怖主义活动、罢工、暴动、骚乱；行政行为或司法行为；被保险人经营管理不善或设备故障；任何被保险人已经实际追回的损失；超出合同约定的赔偿限额的损失以及合同中的免赔额等。

从中可以看到，贷款信用保险的保险责任还是非常宽泛的，只要不是投保人或被保险人的故意行为和违法犯罪行为所致的贷款无法收回，保险人都会承担赔偿责任，诸如决策失误、政府部门干预、市场竞争等风险都包括在内。当然，贷款信用保险的保险金额以银行贷出的款项为依据。保险费率厘定则与银行利率相联系，并着重考虑企业的资信情况、企业的经营管理水平与市场竞争力、贷款项目的期限和用途以及所属经济区域。

四、个人贷款信用保险

个人贷款信用保险也是保障金融机构对自然人进行贷款时，因债务人不履行贷款合同致使金融机构遭受的经济损失。保险人代替自然人进行赔偿后取得代位求偿权。当然，承保的自然人必须年满 18 周岁且具有完全民事能力。不能履行贷款合同的原因包括个人死亡或其他原因的个人拖欠。此保险不但适用于金融机构与自然人之间的贷款业务，也适用于电信行业相关企业与个人签署的相关具有分期付款内容的业务。

其保险责任通常是，在保险期间，借款人未能按照与被保险人签订的贷款合同的约定履行还本付息义务，且借款人拖欠任何一期款项的时间超过保单预定的索赔等待期以上的，保险人对借款人在贷款合同项下应偿还而未偿还的全部或部分借款本金及相应利息扣除免赔额之后进行赔偿。

比较特殊的除外责任则包括贷款合同被依法认定无效或被撤销的，以及下列损害保险人利益的行为：借款人与被保险人采用欺诈、恶意串通等手段订立贷款合同的；未经保险人书面同意，借款人、被保险人擅自变更贷款合同的；未经保险人书面同意，被保险人与借款人、担保人就偿还贷款合同项下款项达成和解协议的；未经保险人书面同意，被保险人将承保的贷款合同项下的担保合同约定的抵押或质押物进行专卖、转让或转赠的。除此之外，因被保险人或其代理人未按照贷款合同约定的方式、金额、时间出借资金，导致借款人拒绝足额还款或拖欠还款；借款人不履行贷款合同约定的还款义务所造成的罚息、复利、滞纳金、违约金、赔偿金等；由于交易平台或第三方支付机构或银行基础设施故障和系统发生损坏、故障或被非法入侵的，保险人均拒绝赔偿。

为了防止贷款人在购买信用保险之后发生道德风险，保险合同中还约定了被保险人承担诸多义务。比如，被保险人应及时检查贷款合同的履行情况，做好欠款的催收工作和催收记录，如果出现借款人未按贷款合同约定履行还款义务的情况，最迟应在48小时内书面通知保险人，并开展催收工作。如被保险人发现借款人可能存在不还款风险，或有任何导致本保险标的危险程度显著增加的情况，也应在48小时之内书面通知保险人，保险人有权增加保险费或者解除保险合同。被保险人应接受保险人的催收建议，并出具书面授权委托，比如授权保险人协助催收欠款，宣布欠款提前到期，授权保险人协助收回欠款。被保险人拒绝委托保险人催收的，对因此而增加的保险责任，保险人不承担任何赔偿责任。

知识窗10-3 《信用保证保险业务监管暂行办法》(2017年7月)

为进一步规范信用保证保险业务(以下简称信保业务)经营行为，加强信保业务监管，特别是近年来在网贷业务中突出存在的问题，防范系统性金融风险，制定《信用保证保险业务监管暂行办法》。信用保证保险是指以信用风险为保险标的的保险，分为信用保险(出口信用保险除外)和保证保险。信用保险的投保人、被保险人为权利人；保证保险的投保人为义务人、被保险人为权利人。

经营主体的要求：

经营信保业务的保险公司，上一季度核心偿付能力充足率应当不低于75%，且综合偿付能力充足率不低于150%。承保的信保业务自留责任余额不得超过上一季度末净资产的10倍。对单个履约义务人及其关联方承保的自留责任余额不得超过上一季度末净资产的5%，且不得超过5亿元。超过以上自留责任余额要求的部分，应当办理再保险。

经营业务的要求：

保险公司不得为以下融资行为提供信保业务：类资产证券化业务和债权转让行为；非公开发行债券业务，以及主体信用评级或债项评级AA+以下的公开发行债券业务；保险公司的控股股东、子公司以及其他关联方的融资行为(其他关联方的资金融出行为除外)等。

保险公司开展信保业务时不得存在以下行为：承保投保人违法违规、规避监管等行为；承保不会实际发生的损失或已确定的损失；以拆分保单期限或保险金额的形式，承保与同一借贷合同项下融资期限或融资金额不相匹配的信保业务；通过保单特别约定或签订补充协议等形式，实质性改变经审批或备案的信保产品，实质性内容包括但不限于保险标的、保险责任、责任免除、保险费率、赔付方式、赔偿处理等；承保的自然人、法人或非法人组织贷（借）款利率超过国家规定上限等。

保险公司开展网贷平台信保业务时还不得存在以下行为：与不符合互联网金融相关规定的网贷平台开展信保业务；汽车抵押类或房屋抵押类贷款保证保险业务，单户投保人为法人和其他组织的，自留责任余额超过500万元，单户投保人为自然人的，自留责任余额超过100万元；其他信保业务，单户投保人为法人和其他组织的，自留责任余额超过100万元，单户投保人为自然人的，自留责任余额超过20万元等。同时，还应对合作的网贷平台制定严格的资质准入要求，做好保险产品及服务等方面信息披露，避免网贷平台进行虚假、误导宣传。

风险控制的要求：

保险公司应当逐步建立以内部审核为主、第三方风控机构为辅的风险审核机制。保险公司应当对履约义务人的资产真实性、交易真实性、还款能力和还款意愿进行审慎调查，防止虚假欺诈行为。还应及时监控和跟踪投保人、被保险人的往来还款资金动态；加强对抵质押物的管理，建立抵质押物处置的有效渠道，提高对抵质押物的处置能力；与业务合作方建立风险共担机制，包括但不限于抵质押措施、设置免赔额或免赔率、保证金等形式。

第三节 投资保险

投资保险（Investment Insurance）是政策性保险（Policy Insurance），仅允许中国出口信用保险公司承保。与一般商业保险不同，投资保险有着鲜明的政策性，不以赢利为目的。投资保险包括海外投资保险（Oversea Investment Insurance）和来华投资保险（Inbound Investment Insurance）。其中，海外投资保险的目的是鼓励中国企业进行海外投资，保障对象是本国的企业。来华投资保险的目的则是吸引外商到中国投资。两者的投保人和投资地有所不同而已。

一、投资保险的特征

投资保险是一种比较特殊的信用保险，其具有下列特征：通常，投资保险的保险责任大多只限于政治风险，而不包括商业经营风险。比如东道国对外资企业实行征用、没收或国有化，禁止或限制原本、利润汇回国内，东道国发生战争、内乱或政变等事件造成的风险等。投资保险的保障项目仅限于直接投资，不包括间接投资。从投资方式来看，无论是股权投资还是债权投资，均可以承保。而且，投资保险制度属于国家或政府的政策性制度，由国家特设机构执行，且常常与政府间协定有密切的关系，因此，投资保险的任务不仅在于事后进行补偿，而且通过签订国家政府之间的双边协定在事前进行预先防范。申请投资保险的投资者必须符合一定的资格，比如海外投资保险只限于实行保险国的本国居民和企业；来华投资保险则只限于到中国来投资的居民和企业。当然，在约定的保险事故发生后，保险机构将向投资者补偿所发生的损失，同时取得向造成意外政治损失的第三者即东道国政府索赔的代位权。

其中，股权投资保险是承担投资项下股东权益损失的保险产品。债权投资保险则是在企业为投资项目提供股东贷款、金融机构为投资项目提供贷款等其他投融资形式中承担债权损失的保险产品。

二、保险责任

投资保险又称政治风险保险（Political Risk Insurance），承保投资者的投资和已赚取的收益因承保的政治风险而遭受的损失。开展投资保险的主要目的是为了鼓励资本输出和输入。投资保险于20世纪60年代在欧美国家出现，是一种新型的保险业务，已成为投资者进行海外投资活动的前提条件。投资保险的保险责任采用列举式，责任范围分为战争险、征用险、汇兑险三种，承保的风险为战争、征收、汇兑限制以及政府违约。

（1）战争险（War Risk）。战争险又称战争、革命、暴乱险，保障投资所在国发生的包括战争、革命、骚乱、政变、内战、叛乱、恐怖活动、罢工及暴动以及其他类似战争的行为，导致投资企业资产损失或永久无法经营的损失。保障项目则包括战争造成的项目企业有形财产的损失和因战争行为导致项目企业不能正常经营所造成的损失。

（2）征用险（Requisition Risk）。征用险是为征用风险提供的保障。征用风险又称国有化风险，是投资者在投资所在国的投资资产被东道国政府有关部门采取、批准、授权或同意的对投资实行的强行征用、没收、国有化、扣押等行为，剥夺投资项目的所有权和经营权，或投资项目资金、资产的使用权和控制权。当然，这些行为必须持续一段时间，而且使投资者无法建立或经营项目企业，或者剥夺、妨碍了投资者的权益。

（3）汇兑险（Exchange Risk）。汇兑险是为外汇风险提供保障。外汇风险，是指投资所在国政府实施的阻碍、限制投资者把当地货币兑换为可自由兑换货币并/或汇出投资所在国的措施，或者抬高换汇成本，使投资者必须以远高于市场汇率的价格才能将当地货币兑换为可自由兑换货币并/或汇出投资所在国，以及阻止货币汇出该国的措施。我国投资保险承保的这一风险是："由于政府有关部门汇兑限制，使被保险人不能按投资契约规定将应属被保险人所有并可汇出的汇款汇出"的风险。

政府违约(Government Default)是指投资所在国政府或经保险人认可的其他主体非法地或不合理地取消、违反、不履行或者拒绝承认其出具、签订的与投资相关的特定担保、保证或特许权协议等，且拒绝赔偿。

上述这些风险统称为政治风险，在其他一般的财产保险中都属于绝对除外责任。所以投资保险又称为政治风险保险。

三、除外责任

投资保险的除外责任也比较特别，明确地针对保险责任中的政治风险进行了进一步限制：由于原子弹、氢弹等核武器造成的损失，也就是说，即使投资所在国发生了战争，但如果战争中使用了核武器，所导致的损失仍然是除外的；被保险人投资项目受损后造成被保险人的一切商业损失，即间接损失；被保险人及其代表违背或不履行投资合同或故意违法行为导致政府有关部门征用或没收造成的损失；政府有关部门规定了汇款期限，而被保险人没有按照有关规定汇款所造成的损失；投资合同范围之外的任何其他财产的征用、没收所造成的损失。

四、赔偿处理

投资保险的保险金额一般为投资金额的90%。保险期限分为短期和长期两种。短期为一年；长期保险期限为3～15年，最长不超过20年。投保3年以后，被保险人有权要求注销保单。但是，如未到3年提前注销保单，被保险人须交足3年的保险费。保单到期后可以续保，但条件仍需要双方另行商议。投资保险的保险费率则根据期限结构分为两种：长期费率较1年期的费率要低，1年期的年费率通常较高。保险费在当年保险开始时预收，每年结算一次。

在赔偿时，政府有关部门征用、没收引起的投资损失，在征用、没收发生满6个月后赔偿。战争、类似战争行为、叛乱、罢工及暴动造成投资项目的损失，在提出财产损失证明后或被保险人投资项目终止6个月后赔偿。政府有关部门汇兑限制造成的投资损失，自被保险人提出汇款申请3个月后赔偿。

并且，被保险人在保单所列投资契约项下的投资发生保险责任范围内的损失时，保险人根据损失金额按投资金额和保险金额的比例赔付。追回征用、没收的款项由被保险人和保险人按各自承担损失的比例分摊。由于投资额的承保比例一般为投资金额的90%，因而被保险人所受损失若将来被追回，也应由被保险人和保险人按各自承担损失的比例分摊。

第四节 出口信用保险

出口信用保险(Export Credit Insurance, ECI)是承保出口商在经营出口业务的过程中因进口商的商业风险或进口国的政治风险所遭受的损失的一种信用保险。出口信用保险的风险比较大,通常是靠政府支持而经营的。在我国是由中国出口信用保险公司来承保。

我国的出口信用保险经过了多年的发展与探索,规模大为增加,并在保证企业安全收汇方面发挥了重要作用。但是,与出口贸易总额相比,我国的出口信用保险仍然处于较低的水平。在我国的出口总额中,大概只有1.1%左右投保了出口信用险,还有相当于出口总额99%左右的出口贸易并没有办理出口信用保险。从出口企业的角度来看,投保出口信用保险的企业仅占我国出口企业的3%左右。

当前我国规定出口信用保险必须采用"统保"的方式。即出口企业在一定时期或一定区域市场上的所有业务都要一次性办理出口信用保险。从承保人的角度来看,这一规定使承保面扩大,有利于分散风险。但从出口商的角度来看,统保方式不太被出口商所认同。因此,他们对于风险不大的出口业务,如老客户或信用证结算方式的贸易则没有必要进行投保。这是导致我国出口信用保险发展缓慢、没有和对外贸易同步发展的主要原因之一。

知识窗 10-4　　出口信用保险的发展历程

出口信用保险诞生于19世纪末的欧洲,最早在英国和德国等地萌芽。1919年,英国建立了出口信用制度,成立了第一家官方支持的出口信贷担保机构——英国出口信用担保局(ECGD)。紧随其后,比利时于1921年成立出口信用保险局(ONDD),荷兰政府于1925年建立国家出口信用担保机制,挪威政府于1929年建立出口信用担保公司,西班牙、瑞典、美国、加拿大和法国分别于1929、1933、1934、1944和1946年相继建立了以政府为背景的出口信用保险和担保机构,专门从事对本国的出口和海外投资的政策支持。

世界出口信用保险机构于1934年成立了名为"国际出口信用保险和海外投资保险人联盟"的国际性组织,并在瑞士伯尔尼召开了首次会议,故简称为"伯尔尼协会"。伯尔尼协会对促进和维护世界贸易和投资的发展起着重要的作用。第二次世界大战后，世界各国政府普遍把扩大出口和资本输出作为本国经济发展的主要战略，一直官方支持为出口和海外投资保驾护航的出口信用保险，并作为国家政策性金融工具大力扶持。1950年，日本政府在通产省设立贸易保险课，经营出口信用保险业务。20世纪60年代以后，众多发展中国家均纷纷建立了自己的出口信用保险机构。

中国于1988年创办信用保险制度，由中国人民保险公司设立出口信用保险部，专门负责出口信用保险的推广和管理。1994年，中国进出口银行成立，其业务中也包括了出口信用保险业务。2001年，在中国加入WTO的大背景下，国务院批准成立专门的国家信用保险机构——中国出口信用保险公司(中国信保)，由中国人民保险公司和中国进出口银行各自代办的信用保险业务合并而成。中国出口信用保险公司是伯尔尼协会的正式会员。

一、出口信用保险的特征

出口信用保险与一般的商业保险不同。其开办的目的是鼓励和扩大出口，具体的业务方针体现了国家的产业政策和贸易政策。所以，出口信用保险的经营者通常是政府机构或其他受托保险机构，是非营利性组织；通常只对本国国民或企业开办，投保的商品也必须是本国生产的；为了避免道德风险，每个出口商必须对自己所有的出口业务全部投保，而不能只投保一部分出口业务；而且，保险公司在承保出口信用保险时也必须要考虑进口国和进口商的风险。因此，出口信用保险具有以下特征：

(1) 承保风险范围更广。一般商业信用保险大多只承保商业信用风险；而政府支持开办的出口信用保险不仅承保商业信用风险，更重要的是承保政治风险，特别是战争风险。

(2) 承保风险调查困难。尽管商业信用风险已经比较难以衡量了，但无论是企业还是人，相对而言，它的信用水平还是可以有据可查。尽管存在较大的误差，保险公司还是可以通过过去的信用记录来判断将来其信用风险的大小。但政治风险更难衡量，即使是同一个国家，不同政党领导下的政府、不同领导风格的政府，其风险也不同。

(3) 赔偿强调损失共担。为了让出口企业更加慎重地选择合作伙伴，出口信用保险在赔偿时更加强调损失共担。一般来说，虽然保险公司进行了赔付，但是投保人还是至少要承担5%～15%的损失。

二、出口信用保险的种类

出口信用保险有许多种类，可以根据不同的角度进行分类。

按照保险责任起讫的时间分类，出口信用保险可分为出运前保险（Pre-shipment Insurance）和出运后保险（Post-shipment Insurance）。其中，出运前保险的责任起讫是从出口合同生效之日开始直至货物出运时终止。如果货物在出运前因为商业风险或政治风险而使买方取消或终止合同，保险人负责赔偿因产品不能出口而带来的直接损失。出运后保险的责任起讫是从货物交付承运人直至出口商安全收汇。如果在出口合同规定的信用期届满后因保险责任范围内的风险导致出口商不能收到外汇货款，保险人在规定的等待期满后负责赔偿。出运后保险实际上保障的是收汇风险。

按照出口合同的信用期分类，出口信用保险可分为短期出口信用保险（Short-term Export Credit Insurance）和中长期出口信用保险（Medium and Long-term Export Credit Insurance）。这实际上是针对出运后保险进行的分类。一般而言，可以将出运前保险作为短期出口信用保险的附加险。

三、短期出口信用保险

短期出口信用保险适用于被保险人以信用证（Letter of Credit）和非信用证方式为付款条件，产品全部或部分在中国制造，信用期不超过360天的出口合同，其中的信用证应该是按照《跟单信用证统一惯例》开立的不可撤销的跟单信用证。短期出口信用保险中的商品一般为大批量的、持续的消费性货物，其为从中国出口的应收账款提供收汇风险保障。

知识窗10-5　国际贸易中的付款条件

非信用证的付款条件是以商业信用为基础的，包括付款交单（Documents Against Payment，D/P）、承兑交单（Documents Against Acceptance，D/A）或赊账（On Account，O/A）等。其中，付款交单（D/P）是指进口商支付货款后才能拿到提货单。承兑交单（D/A）是指托收银行向进口商提示出口商开具的以进口商为付款人的远期汇票后，只要进口商签字承兑，托收银行即可将提货单等交给进口商，承兑到期后，进口商再向出口商支付货款。赊账（O/A）是指出口商装运货物后，在进口商既不付款也不承兑汇票的条件下，将有关单据交给进口商，进口商按双方约定，在交单的30天、60天或更长时间后，再向出口商支付货款。显然，按信用风险从小到大进行排序，依次是付款交单（D/P）、承兑交单（D/A）、赊账（O/A）。

信用证（Letter of Credit，L/C）则是以银行信用为基础的。信用证（L/C）是一种由银行做出的有条件的付款承诺，是银行应进口人的请求和指示，开给受益人承诺在一定期限内,在受益人遵守信用证所有条件下,凭指定单据,支付一定金额的书面凭证。信用证支付的一般程序是:(1)进出口双方当事人应在买卖合同中,明确规定采用信用证方式付款。(2)进口人向其所在地银行提出开证申请,填具开证申请书,并交纳一定的开证押金或提供其他保证,请银行(开证银行)向出口人开出信用证。(3)开证银行按申请书的内容开立以出口人为受益人的信用证,并通过其在出口人所在地的代理行或往来行(统称通知行)把信用证通知出口人。(4)出口人在发运货物、取得信用证所要求的装运单据后,按信用证规定向其所在地行(可以是通知行,也可以是其他银行)议付货款。(5)议付行议付货款后即在信用证背面注明议付金额。短期出口信用保险中要求的是不可撤销的跟单信用证。跟单信用证(Documentary Credit)是凭跟单汇票或仅凭单据付款的信用证。此处的单据是指代表货物所有权的单据(如海运提单等),或证明货物已交运的单据(如铁路运单、航空运单、邮包收据)。不可撤销信用证(Irrevocable L/C)则指信用证一经开出,在有效期内,未经受益人及有关当事人的同意,开证行不能片面修改和撤销,只要受益人提供的单据符合信用证规定,开证行必须履行付款义务。

(一) 保险责任

短期出口信用保险不仅仅保障商业风险,还保障政治风险;不仅对非信用证的付款条件进行保障,也对于信用证的付款条件进行保障。一般而言,保险人对被保险人在保单有效期内按销售合同约定出口货物后,或作为信用证受益人按照信用证条款规定提交单据后,因下列风险引起的直接损失,保险公司均负责赔偿:

(1) 商业风险。非信用证支付方式下包括:买方破产或无力偿付债务;买方拖欠货款;买方拒绝接收货物。信用证支付方式下则包括:开证行破产、停业或被接管;开证行拖欠;开证行拒绝承兑。

(2) 政治风险。非信用证支付方式下包括:买方所在国家或地区颁布法律、法令、命令、条例或采取行政措施,禁止或限制买方以合同约定的货币或其他可自由兑换的货币向被保险人支付货款,禁止买方所购的货物进口,撤销已颁发给买方的进口许可证或不批准进口许可证有效期的展延;买方所在国家或地区或货款须经过的第三国颁布延期付款令;买方所在国家或地区发生战争、内乱、革命或暴动,以及导致买方无法履行合同的其他经保险人认定属于政治风险的事件。

信用证支付方式下包括:开证行所在国家或地区颁布法律、法令、命令、条例或采取行政措施,禁止或限制开证行以信用证载明的货币或其他可自由兑换的货币向被保险人支付信用证款项；开证行所在国家或地区或信用证付款须经过的第三国颁布延期付款令；开证行所在国家或地区发生战争、内乱、革命或暴动，以及导致开证行无法履行信用证项下的付款义务的、经保险人认定属于政治风险的其他事件。

（二）除外责任

短期出口信用保险通常都不赔偿以下损失：汇率变更引起的损失；被保险人或其代理人违约、欺诈以及其他违法行为所引起的损失，或被保险人的代理人破产引起的损失；被保险人知道或应当知道保险责任下约定的风险已经发生，或者由于买方根本违反销售合同或预期违反销售合同，被保险人仍然继续向买方出口所遭受的损失。

在非信用证支付方式下也不赔偿下列损失：通常可以由其他保险承保的损失；买方的代理人破产、违约、欺诈或其他违反法律的行为引起的损失；银行擅自放单、货运代理人或承运人擅自放货引起的损失；被保险人向其关联公司出口，由于商业风险引起的损失；由于被保险人或买方未能及时获得各种所需许可证、批准书或授权，致使销售合同无法履行或延期履行引起的损失。

在信用证支付方式下也不赔偿下列损失：因单证不符或单单不符，开证行拒绝承兑或拒绝付款所造成的损失；信用证项下的单据在递送或电讯传递过程中延迟或遗失或残缺不全或误邮而引起的损失；虚假或无效的信用证造成的损失。

（三）投保及索赔处理

出口企业必须将所有信用证及非信用证出口业务全部投保。与国内短期贸易信用保险相似，短期出口信用保险中，被保险人应就保单适用范围内的每一个买方或开证行向保险公司申请信用限额，经批准后的信用限额可以循环使用，该信用限额也是保险公司向被保险人承担该买方的赔偿责任的最高限额。另外，还规定了每 12 个月的累计赔偿限额。被保险人也应该按照规定的格式在指定的时间内向保险人申报自己的交易情况。

当可能发生风险时，被保险人在知道或应当知道保险责任中所规定风险发生之日起 30 天内，向保险人提交“可能损失通知书”；在提交“可能损失通知书”后的四个月内，提交“索赔申请书”以及相关文件和单证。然后保险公司进行定损核赔。在出口信用保险中一般还规定了赔偿等待期。被保险人提出索赔之后，只有等赔偿等待期结束了，保险人才能进行赔付。不同损失原因的赔偿等待期是不同的。例如，因买方拖欠货款的赔偿等待期为 4 个月；买方拒收货物或拒付货款，赔偿等待期为货物重新出售或处理完毕后的 1 个月；而政治风险所造成的损失，赔偿等待期为该政治风险事件发生后 4 个月。如果涉及货物处理，保险人将在被保险人处理完货物之后再进行定损核赔；如果贸易双方存在纠纷，被保险人应提请仲裁或诉讼，保险人也将在仲裁判决或法院判决并申请执行之后再进行定损核赔。

赔偿时，按照风险共担原则，保险公司最多只负责赔偿实际损失的 90%，10%的损失由被保险人自己承担。其中,政治风险所造成损失的最高赔偿比例为90%。破产、无力偿付债务、拖欠等其他商业风险所造成损失的最高赔偿比例为90%。买方拒收货物所造成损失的最高赔偿比例为80%。出口信用保险(福费廷)保险单下的最高参与比例可以达到100%。中小企业综合保险下的最高赔偿比例为90%。

由于短期出口信用保险中要求出口企业将信用证、非信用证出口业务全部投保,因此风险相对分散。保险费率的厘定主要取决于进口国国家风险类别、支付方式和信用期限等。一般来说,进口国风险越低、支付方式的风险度越低、信用期限越短,保险费率就越低。

(四) 相关产品

短期出口信用保险还细分了许多不同产品,满足各种企业的需要。

(1) 综合保险:承保出口企业所有以信用证和非信用证为支付方式出口的收汇风险。它补偿出口企业按合同规定出口货物后,或作为信用证受益人按照信用证条款规定提交单据后,因政治风险或商业风险发生而直接导致的出口收汇损失。适用于以下情形:货物、技术或服务从中国出口或转口的贸易合同;支付方式为不可撤销跟单信用证、付款交单(D/P)、承兑交单(D/A)或赊销(O/A)等;付款期限一般在180天以内,亦可扩展至360天;有明确、规范的出口贸易合同。综合保险实际上就是上文所介绍的短期出口信用保险中最具有代表性的产品。

(2) 统保保险:承保出口企业所有以非信用证为支付方式出口的收汇风险。它补偿出口企业按合同规定出口货物后,因政治风险或商业风险发生而导致的出口收汇应收账款经济损失。适用于以下情形:货物、技术或服务从中国出口或转口;支付方式为付款交单(D/P)、承兑交单(D/A)或赊销(O/A)等;付款期限一般在180天以内,亦可扩展至360天;有明确、规范的出口贸易合同。

(3) 信用证保险:承保出口企业以信用证支付方式出口时的收汇风险。付款期限在360天以内。在此保险项下,出口企业作为信用证受益人,按照信用证条款要求,在规定时间内提交了单证相符、单单相符的单据后,由于商业风险、政治风险的发生,不能如期收到付款的损失,由中国信保补偿。适用于以下情形:货物、技术或服务从中国出口或转口;支付方式为不可撤销的跟单信用证(L/C);付款期限一般在180天以内,亦可扩展至360天;有明确、规范的出口贸易合同。由于信用证是基于银行信用的付款方式,开证行发生违约的可能性较低,因此信用证保险的条款较为宽松,出口企业可选择将其全部信用证业务统一投保,亦可选择某一或某几笔信用证业务单独投保,还可以采取"简易赔付",加快理赔速度。同时,其保险费率也较低。

(4) 买方违约保险:承保出口企业以分期付款方式出口时,因发生买方违约而遭受损失的风险,其中,最长分期付款间隔不超过360天。它不仅适用于机电产品、成套设备出口，而且适用于对外工程承包和劳务合作。产品价值中的中国成分不低于70%，船舶不低于50%。合同金额在100万美元以上，其中预付定金不低于15%。支付方式为按工程或服务进度分期付款，最长付款间隔不超过1年。有明确的出口贸易合同，合同执行期不超过3年。

(5) 特定买方保险：承保企业对某个或某几个特定买方以各种非信用证支付方式出口时面临的收汇风险，其中，付款期限在180天以内(可扩展至360天)。特定买方保险除了要收取保费以外，还要收取买方资信调查费，用于调查投保企业所申请的每一个买方的资信。

(6) 特定合同保险：承保企业某一特定出口合同的收汇风险，适用于较大金额(200万美元以上)的机电产品和成套设备出口。其中，以各种非信用证为支付方式，付款期限在180天以内(可扩展至360天)。保险人也要收取资信调查费。

(7) 出口信用保险(银行保险)：以银行为被保险人，保障银行在买入出口企业的应收账款(银行出口保理业务)后，因国外买方的商业风险及其所在国政治风险导致的直接损失。

(8) 出口信用保险(福费廷)：以银行为被保险人，保障银行在福费廷业务项下无追索权地买入出口企业在远期信用证项下已经承兑或承诺付款的未到期债权后，因国外开证行到期不付款导致的直接损失。

其中，保理业务是以债权人转让其应收账款为前提，集应收账款催收、管理、坏账担保及融资于一体的综合性金融服务。债权人将其应收账款转让给商业银行，由商业银行向其提供应收账款催收、应收账款管理、坏账担保及保理融资中至少一项服务业务。福费廷(Forfeiting)，也称包买票据或票据买断，是在延期付款的大型设备贸易中，出口商把经进口商承兑的，或经第三方担保的，期限在半年至五六年的远期汇票，无追索权地售予出口商所在地的银行或大金融公司，提前取得现款的一种资金融通形式，它是出口信贷的一种类型。

四、中长期出口信用保险

中长期出口信用保险适用于收汇期在180天至5年或8年之间的资本性或半资本性货物的出口项目。例如船舶、飞机等大型交通工具，电站、生产线等成套设备等。这类资本性货物的出口金额大、付款期限长、收汇风险大，与一般性货物的出口有比较大的区别。中长期出口信用保险只适用于使用银行买方信贷、卖方信贷或其他方式签订的贸易金额在100万至1亿美元之间的出口合同。[①] 并且出口的大型成套设备和

① 买方信贷是卖方银行(贷款银行)向买方国家银行或买方提供贷款，用于支付买方现汇购买卖方的出口产品。卖方信贷是卖方银行(贷款银行)为支持商品出口而向本国出口商提供的贷款。

机电产品等资本性货物或半资本性货物国产化率在70%以上,车辆、船舶和飞机等国产化率在50%以上。承保业务的保险期限一般为2～15年。

中长期出口信用保险旨在鼓励我国出口企业积极参与国际竞争,特别是高科技、高附加值的机电产品和成套设备等资本性货物的出口以及海外工程承包项目,支持银行等金融机构为出口贸易提供信贷融资。中长期出口信用保险通过承担保单列明的商业风险和政治风险,使被保险人得以有效规避出口企业收回延期付款的风险以及融资机构收回贷款本金和利息的风险。

中长期出口信用保险以保本经营为原则,不盈利;是受国家财政支持的政策性业务。对于企业而言,中长期出口信用保险能够转移收汇风险,避免巨额损失;提升信用等级,为出口商或进口商提供融资便利;贸易支付方式灵活,增加成交机会;拓宽信用调查和风险鉴别渠道,增强抗风险能力。中长期出口信用保险则主要分为出口买方信贷保险、出口卖方信贷保险和出口延付合同再融资保险三种,有时还有海外融资租赁保险。

(一) 出口买方信贷保险

出口买方信贷保险是指在买方信贷融资方式下,保险公司向贷款银行提供还款风险保障的一种政策性保险产品。在买方信贷保险中,贷款银行是被保险人。投保人可以是出口商或贷款银行。

1. 保险责任

出口买方信贷保险通常保障政治风险与商业风险。在出口买方信贷保险中,当被保险人按贷款协议的规定履行了义务后,由于商业风险或政治风险导致借款人未履行其在贷款协议项下的还本付息义务,且担保人未履行其在担保合同项下的担保义务而引起的直接损失,保险人承担赔偿责任。

通常的商业风险包括:借款人被宣告破产、倒闭或解散;借款人拖欠贷款协议项下应付的本金或利息。政治风险则包括:借款人所在国家或地区政府或在其贷款协议项下还款必须经过的第三国或地区政府颁布法律、法令、命令、条例或采取行政措施,禁止或限制借款人以贷款协议约定的货币或其他可自由兑换的货币向被保险人偿还贷款;借款人所在国家或地区政府或在其贷款协议项下还款必须经过的第三国或地区政府颁布延期付款令;借款人所在国家或地区发生战争、革命或暴乱,发生恐怖主义行动和与之相关的破坏活动;其他经保险人认定属于政治风险的事件。

2. 除外责任

被保险人违反保险单或贷款协议的规定,或因被保险人的过错致使保险单或贷款协议部分或全部无效。而且,贷款所支持的出口设备应以我国制造的设备为主,其国产率成套设备应不低于70%,船舶不低于50%。

一般而言，出口买方信贷保险的最高赔偿比例是95%。

（二）出口卖方信贷保险

出口卖方信贷保险是在卖方信贷融资方式下，保险公司向出口方提供的用于保障出口商收汇风险的一种政策性保险产品，对于因商业风险和政治风险引起的出口商在商务合同项下应收的延付款损失承担赔偿责任。

1. 保险责任

出口卖方信贷保险保障出口商面临的下列商业风险和政治风险：

（1）商业风险：进口商及其担保人破产、倒闭或解散；进口商违反商务合同中规定的对被保险人的付款义务，且进口商的担保人也未履行担保合同的担保义务；进口商违反商务合同的规定，导致商务合同提前终止或无法履行。

（2）政治风险；进口商所在国政府颁布法律、法令、命令或采取行政措施，禁止或限制进口商以商务合同约定的货币或其他可自由兑换的货币履行商务合同中规定的对被保险人的付款义务；进口商所在国、项目所在国或进口商付款须经过的第三国颁布延期付款令；进口商所在国或项目所在国颁布法律、法令、命令或采取行政措施（包括撤销或不予展延进口许可证），导致商务合同部分或全部无法履行；进口商所在国或项目所在国发生战争、敌对行为、内乱、革命或暴动，致使商务合同部分或全部无法履行。

2. 除外责任

出口卖方信贷保险一般具有下列除外责任：

（1）被保险人有过错：被保险人违反商务合同规定或违反有关法律、法规引起的损失；除讲口商及其担保人以外的任何与商务合同付款相关的机构和人员违约、欺诈、破产、违反法律或其他行为引起的损失；因进口商违约，被保险人按商务合同规定应向进口商收取的罚款或惩罚性赔偿；商务合同生效后，被保险人得知保险责任中列明的损失事件已经发生，但仍继续履行合同所引起的损失。

（2）不保障的损失：由于进口商拒绝支付或推迟支付商务合同下的应付款所引起的间接损失；被保险人在其出具的履约保函或其他保函项下发生的损失；汇率变更引起的损失；在商务合同履行过程中，属于货物运输保险或其他财产以及责任保险范围内的损失；被保险人无权直接从进口商收取的款项的损失。

一般而言，出口卖方信贷保险项下最高赔偿比例为90%。

（三）出口延付合同再融资保险

出口延付合同再融资保险主要适用于银行或其他金融机构无追索权地买断出口商务合同项下的中长期应收款的情形。从实际操作来说，无论出口商是否已经投保卖方信贷保险，原则上只要出口商在商务合同项下的履约义务已经履行完毕，并且其债权体现于一套可转让的中长期应收款凭证，就可以投保出口延付合同再融资保险。被保险人包括提供融资便利的本国金融机构和符合条件的外国金融机构。

1. 保险责任

出口延付合同再融资保险对被保险人买断商务合同项下的中长期应收款之后，由于下列商业风险或政治风险引起的损失，保险人负责赔偿：

(1) 商业风险：债务人被宣告破产、倒闭或解散，且担保人也未履行担保合同项下的担保义务；债务人拖欠中长期应收款项下应付的本金或利息，且担保人也未履行担保合同项下的担保义务。

(2) 政治风险：债务人或担保人所在国家或地区政府或还款必须经过的第三国或地区政府颁布法律、法令、命令、条例或采取行政措施，禁止或限制债务人以中长期应收款凭证约定的货币或其他可自由兑换的货币向被保险人偿还中长期应收款；债务人或担保人所在国家或地区政府或还款必须经过的第三国或地区政府颁布延期付款令，致使债务人无法履行其在中长期应收款项下的还款义务，且担保人也未履行担保义务；债务人所在国家或地区发生战争、革命或暴乱、恐怖主义行动和与之相关的破坏活动，及其他经保险人认定属于政治风险的事件。

2. 除外责任

出口延付合同再融资保险一般不保障以下权益：被保险人未能合法有效地取得中长期应收款项下的所有权和收益权；因被保险人的过失导致损害或丧失中长期应收款项下的权利。

出口延付合同再融资保险最高赔偿比例为95%。

(四) 海外融资租赁保险

海外融资租赁保险为出租人提供租赁项目所在国政治风险及承租人商业信用风险的保障。商业风险主要包括承租人违约，承租人由于不可抗力以外的原因，未能按期向出租人支付租赁协议中所约定租金的行为。政治风险则主要包括承租方或项目所在国发生战争、征收、汇兑限制导致被保险人应收租金或租赁合同终止而发生损失。

海外融资租赁保险的被保险人一般是出租人。倘若出租人还与银行进行了融资，签署有租金买断协议或租金转让协议，则被保险人也可以是银行。在赔偿时，被保险人为非金融机构的，最高赔偿比例为实际损失的90%。被保险人为金融机构(含金融租赁公司)的，最高赔偿比例为实际损失的95%。

案例10-1①

被保险人中国A公司从2001年7月开始，以OA 60天付款方式向欧洲

① http://www.sinosure.com.cn/Case/CaseList.jsp.

B公司出口盐渍牛杆菌。同时,A公司向中国信保投保了出口信用保险,中国信保对B公司批准限额为O/A 60天150万美元。2001年7月至10月,A公司向B公司发货共计199万美元,B公司已支付85万美元,尚欠货款114万美元。因B公司逾期没有付款,A公司于2003年2月就上述拖欠货款向中国信保报告可能的损失,并委托中国信保代为追讨。

经过调查,该案存在着一些争议问题:

(1) 存在贸易纠纷。B公司提出桶装货物短重程度超过合同允许的范围,并出具了SGS就重量问题随机抽样做的检验报告。

(2) 交易过程和当事人关系复杂。贸易合同签字人的资格不明确,给B公司否认付款义务以可乘之机。

① A公司与C公司签订销售合同。C公司是一家与B公司无任何资金关联的海外注册公司,其中国代表处出示的B公司致中国供应商的函中明确该代表处具有监控质量、安排出运的权利,同时有权安排在中国的全部采购,但未明确其是否具有以自己的名义在采购合同上签字的权利。

② A公司向B公司发货。

③ A公司商业发票上的抬头人为在中国香港注册的D公司。

④ E公司是付款人。收汇水单中付款人为另外一家香港公司E公司。

资信报告显示,中国香港D公司与E公司的注册地址和负责人相同,两公司均是注册资本不足1 000美元的一人公司,无实际履约付款能力。B公司与D和E合作是为了避税。同时,根据国内同业出口商反映,C公司虽然在账面上与B公司无关系,但二者存在密切的私人交往,且B公司对C公司拥有实际控制权。

基于上述交易关系,B公司以贸易合同不是他签的和相关商业单据均未规定B公司义务为由,拒绝承担付款义务,甚至全盘否认交易事实。

经过分析,中国信保决定:中国信保承保的是B公司的信用风险,中国信保的买方信用限额也是批复给B公司的。但是,从合同的形式上看,B公司没有在合同上签字,贸易合同存在严重瑕疵。事实上B公司也否认与A公司有贸易往来。而且,A公司和B公司对货物重量存有争议。有鉴于此,按照保单中有关贸易纠纷的规定,中国信保要求保户按贸易合同仲裁条款,提交中国贸促会仲裁委员会仲裁。待贸易纠纷解决后,中国信保方可定损核赔。同时,因出口货物仅有一年的保质期,为最大限度减少损失,中国信保允许保户继续与买家谈判,尽快处理剩余货物。

本章小结

- 信用保险是权利人就义务人的信用风险向保险人投保，当义务人的信用风险发生而违约时，由保险公司向权利人进行赔偿；然后保险公司再取得代为求偿权，向义务人进行代位求偿。
- 信用保险本质上的经营特征与传统财产保险是一样的，但两者还是存在着明显的区别：信用风险是无形的风险，较难以衡量；面临更大的道德风险；风险范围更广，还保障政治风险等。
- 一般商业信用保险是指在商业活动中，权利人要求保险人将义务人作为被保证人，并承担由于被保证人的信用风险而使权利人遭受商业利益损失的保险，承保标的是被保证人的商业信用。
- 在国内短期贸易信用保险中，不但设计了保单的累计赔偿限额，同时还就每一个买方设置了买方信用限额，以控制保险公司的风险。
- 一般商业信用保险的其他险种还有：赊销信用保险、金融机构贷款信用保险和个人贷款信用保险。整体上，一般商业信用保险可以根据信用风险所在的行业、项目、种类及特征等，基于大数法则进行定价。
- 投资保险是政策性保险，有着鲜明的政策性，不以盈利为目的。投资保险包括海外投资保险和来华投资保险。
- 海外投资保险的责任范围分为战争险、征用险、外汇险三种，承保的风险为战争、征收、汇兑限制以及政府违约。
- 出口信用保险是承保出口商在经营出口业务的过程中因进口商的商业风险或进口国的政治风险所遭受的损失的一种信用保险。出口信用保险的风险比较大，通常是靠政府支持而经营的。在我国是由中国出口信用保险公司来承保。
- 出口信用保险具有以下特征：承保风险范围更广；承保风险调查困难；赔偿强调损失共担。
- 按照保险责任起讫的时间分类，出口信用保险可分为出运前保险和出运后保险。按照出口合同的信用期分类，则可分为短期出口信用保险和中长期出口信用保险，可以将出运前保险作为短期出口信用保险的附加险。
- 短期出口信用保险适用于被保险人以信用证和非信用证方式为付款条件，产品全部或部分在中国制造，信用期不超过360天的出口合同，其中的信用证应该是按照《跟单信用证统一惯例》开立的不可撤销的跟单信用证。
- 短期出口信用保险中，以信用证为付款条件时，主要保障开证行的银行信用风险和开证行所在国的政治风险；以非信用证为付款条件时，主要保障买方的商业信用风险和买方所在国的政治风险。

- 短期出口信用保险还细分了许多不同产品，包括：综合保险，统保保险，信用证保险，买方违约保险，特定买方保险，特定合同保险，出口信用保险（银行保险），出口信用保险（福费廷）。
- 中长期出口信用保险适用于收汇期在180天至5年或8年之间的资本性或半资本性货物的出口项目。这类资本性货物的出口金额大、付款期限长、收汇风险更大。
- 中长期出口信用保险主要分为出口买方信贷保险、出口卖方信贷保险和出口延付合同再融资保险三种，有时还有海外融资租赁保险。

习题

1. 请介绍信用保险的投保流程。
2. 请分析信用保险与传统财产保险的区别。
3. 请以国内短期贸易信用保险为例，分析一般商业信用保险的经营流程。
4. 请分析投资保险的特征。
5. 请分析出口信用保险的特征。
6. 请分析出运前保险与出运后保险所保障风险的不同。
7. 为什么采用信用证进行付款的国际贸易中，仍然要投保短期出口信用保险呢？其与采用非信用证进行付款时的保险有何区别呢？
8. 请介绍短期出口信用保险细分的各险种及各自的侧重保障范围。
9. 请介绍长期出口信用保险细分的各险种及各自的侧重保障范围。

第十一章　保证保险

保证保险的保障对象也是信用风险，但是其明显有别于信用保险。从本质上讲，保证保险是担保中的保证，但也具有保险产品的特征。或者说，保证保险是以保险的形式来提供的保证。因此，保证保险的经营管理、风险控制与一般保险完全不同；但也有别于传统的保证。正确理解保证保险的理论机理有助于认识保证保险的本质，从而在经济生活中正确地使用保证保险。实务中对保证保险的不合理使用恰如"为虎作伥"，不但扰乱了正常的市场秩序，损害了广大消费者的利益，还损害了保险公司的利益，影响了保险的行业形象。

第一节　保证保险概述

保证保险(Guarantee Insurance)是被保证人根据权利人的要求，请求保险人担保自己信用的保险。保证保险的保险人代被保证人向权利人提供担保，如果由于被保证人不履行合同义务或者有犯罪行为，导致权利人受到经济损失，由保险人承担赔偿责任。

一、保证保险的发展

保证保险大约出现于18世纪末19世纪初，是随着商业道德风险的频繁发生而发展起来的，也是随着商业信用的发展而出现的。最早产生的保证保险是诚实保证保险，由一些个人商行或银行提供。1852～1853年，英国有几家保险公司试图开办合同担保业务，但因缺乏足够的资本而没有成功。1901年，美国马里兰州的诚实存款公司首次在英国提供合同担保。此后，英国其他几家保险公司也相继开办此项业务，并逐渐将合同担保推向了欧洲市场。

在我国，保证保险是一个新兴的险种，市场份额一直比较小。2010年左右，随着互联网金融的发展，P2P业务发展异常迅速。保险公司也为互联网金融提供了诸多保证保险，保证保险的保费收入迅速增加。但是，随着互联网金融公司的风险凸显出来，保险公司也为此承担了较大的责任,因而监管机构不得不叫停某些业务。2017 年,保监会出台了系列监管措施,规范信用保险和保证保险的经营。

知识窗 11-1　　我国保证保险的市场情况

2017 年,我国保证保险的保费收入为 379 亿元,占整个财险市场的 3.6%;赔款支出为 77.8 亿元,赔付率达到了 20.5%。下表是最近十年我国财险市场上保证保险的市场经营情况。

	2008	2009	2010	2011	2012	2013	2014	2015	2016	2017
保费收入(亿元)	6	8	23	57	94	120	200	208	184	379
增长率(%)	55	26	186	147	65	29	66	4	−12	106
赔付支出(亿元)	5.1	4.6	2.5	3.8	9.3	16.5	29.1	63.7	65.11	77.8
市场份额(%)	0.3	0.3	0.6	1.2	1.8	1.9	2.5	2.5	2.0	3.6
赔付率(%)	79.8	57.4	10.9	6.7	10.0	13.7	14.6	30.6	35.4	20.5

资料来源:历年《保险年鉴》。

可以看到,保证保险的保费收入在过去 10 年内的增速非常不平稳,发展速度的波动性非常大;这也说明保证保险是一个新险种,大家还在“摸着石头过河”,发展速度与监管政策呈反向关系。当然,保证保险的发展潜力还较大。

二、保证保险的本质

保证保险是担保中保证的一种方式。担保(Guarantee)是指在借贷、买卖、货物运输、加工承揽等经济活动中,债权人为保障其债权按合同约定实现,要求债务人向债权人提供担保的法律制度。担保活动应当遵循平等、自愿、公平、诚实信用的原则,通常由当事人双方订立担保合同。《担保法》第 2 条第 2 款规定:本法规定的担保方式为保证、抵押、质押、留置和定金。保证保险就是担保中保证的一种方式。

知识窗 11-2　　担保的形式

保证:指保证人和债权人约定,当债务人不履行债务时,由保证人按照约定履行主合同的义务或者承担责任的行为。通常,保证人承担保证责任后,享有向主债务人请求偿还的权利。其实际清偿额大于主债权的,保证人只能在主要债权范围内对债务人行使追偿权。保证人对债权人不享有请求给付的权利。其权利主要为抗辩权和抵消权。

抵押：指债务人或者第三人不转移抵押财产的占有，将抵押财产作为债权的担保。当债务人不履行债务时，债权人有权依照担保法的规定以抵押财产折价或者以拍卖、变卖该财产的价款优先受偿。

质押：指债务人或者第三人将其动产移交债权人占有，或者将其财产权利交由债权人控制，将该动产或者财产权利作为债权的担保。债务人不履行债务时，债权人有权依照担保法的规定以该动产或者财产权利折价，或者以拍卖、变卖该动产或者财产权利的价款优先受偿。

留置：指在保管合同、运输合同、加工承揽合同中，债权人依照合同约定占有债务人的动产，债务人不按照合同约定的期限履行债务的，债权人有权依照担保法规定留置该财产，以该财产折价或者以拍卖、变卖该财产的价款优先受偿。

定金：指合同当事人一方为了担保合同的履行，预先支付另一方一定数额的金钱的行为。债务人履行债务后，定金应当抵作价款或者收回。给付定金的一方不履行合同约定的债务的，无权要回定金；收受定金的一方不履行合同约定的债务的，应当双倍返还定金。

上述5种担保方式中，留置是法定担保方式，即债权人依照法律规定行使留置权，无须当事人之间约定。其他4种担保方式需由当事人之间约定，是协议的担保方式，以担保合同的形式存在。担保合同包括保证合同、抵押合同、质押合同、定金合同。担保合同可以是单独订立的书面合同（包括当事人之间具有担保性质的信函、传真等），也可以是主合同的担保条款。

一般而言，保证保险的流程如图11-1所示。

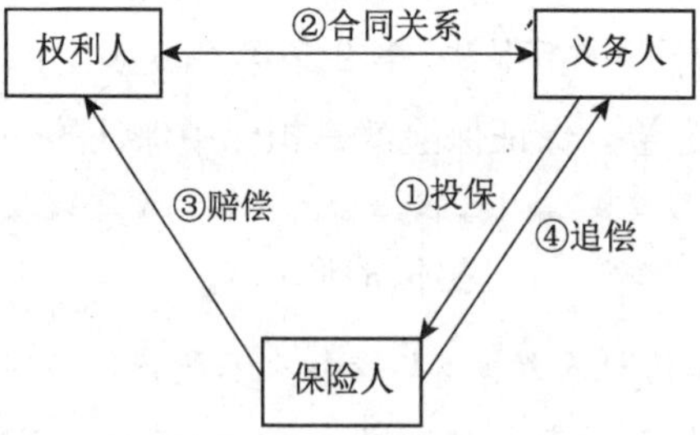

图11-1　保证保险的流程

权利人与义务人达成合同意向但尚未签署合同之前，通常权利人会要求义务人提供保证，并且把保证作为签署合同必备的前提条件之一。此时，义务人向保险公司购买保证保险，请保险公司保证自身的信用。在有了保证保险之后，权利人得以与义务人签署合同，义务人向权利人按照合同约定履行义务。但是，倘若义务人的信用风险发生且发生了保证保险责任内的违约事项，则保险公司代替义务人向权利人按照合同约定履行义务，然后有权利向义务人进行追偿。也就是说，权利人在要求义务人购买保证保险之后，就将义务人可能存在的信用风险转移给了保险人。因此，在保证保险中，通常义务人是投保人，权利人是被保险人。

三、保证保险的特征

由于保证保险是担保中保证的一种方式，是以保险的方式提供保证。因此应该从担保与保险的两个角度来理解保证保险，这样就能知晓保证保险不完全与保险一致的深层次原因。

（一）保证保险与传统财产保险的区别

保证保险与传统财产保险具有一定的共性，比如都具有转移风险的职能。但是两者具有明显的区别：

（1）大数法则的运用。保险因大数法则而形成了风险共担的机制。传统财产保险虽依单个之保险合同使被保险人得以将风险转移至保险人，但通过收取保险费的方式将风险分散给了众多的投保人。保证保险不同，保险人为某一个义务人提供保证，是通过保证人收集和研究单个被保证人的相关信息，逐个做出是否接受的判断，通常不采用大数法则。

（2）风险特征。传统财产保险都是保障自然灾害或意外事故等风险，基本上是人力不可控制的客观风险；而保证保险保证被保证人的品质、诚实守信，这是人力可以控制的主观风险。

（3）损失承担。传统财产保险通过大数法则将损失分摊给其他没有发生损失的投保人来承担；而保证保险中，保证人代替被保证人履行义务之后，有权利向被保证人进行追偿，损失的最终承担者还是被保证人自己。

（4）风险转移。传统财产保险中，投保人购买了保险之后，真正是将风险转移给了保险人，保险人赔偿后也不可以向被保险人追偿，即使被保险人有过错也不行；而保证保险中，保证人代替被保证人履行义务之后，有权利向被保证人进行追偿，损失的最终承担者还是被保证人自己，所以风险并未真正转移。

（5）保费的含义。传统财产保险的保费就是根据损失概率、损失程度，基于大数法则而计算得到的；保证保险的保费不是基于大数法则，所以，保证保险的保险费的实质，是被保证人因使用保险人的信誉而支付的一种手续费。

保证保险与传统财产保险的区别见表 11-1。

表 11-1　　保证保险与传统财产保险的区别

	保证保险	传统财产保险
合同方	被保证人(履行特定义务);权利人(得到补偿);保证人(保险公司)	保险人和投保人
风险特征	保证被保证人的品质、诚实和履约能力,均属于可以控制的损失	旨在补偿被保险人不可控制的损失
保费含义	只是服务收费,保证人预计损失不会发生	反映了可能的损失赔偿
损失补偿	保证人有法定权利从被保证人(投保人)处取得损失补偿	保险人一般没有权利从被保险人处取得损失补偿
风险转移	被保证人(投保人)的风险并未转移,仍需承担义务;权利人(被保险人)面临的被保证人违约风险转移给保险人	被保险人发生损失的可能性转移给了保险人
定价方式	一事一议	大数法则
保险合同	合同是保证书而并非保险单,只规定了担保事宜	合同是保险单,包括保险责任、除外责任等内容

(二) 保证保险与信用保险的区别

保证保险承保的标的也是信用风险,但是与信用保险有着本质的区别。当然,信用保险首先属于保险的范畴,即其经营逻辑与一般保险完全一致。因此,表 11-1 中保证保险与财产保险之间的差别,在保证保险与信用保险之间仍然存在,故不再赘述。此处我们主要分析保证保险与信用保险的相同与不同之处。

(1) 投保人不同。这是鉴别信用保险与保证保险区别的关键之一。根据定义,信用保险的投保人是权利人,而保证保险的投保人是义务人。这也是两者衍生出其他区别的根本之处。

(2) 投保目的不同。信用保险的投保人通过投保信用保险之后,将义务人的信用风险转移给了保险人承担,这是信用保险存在的主要目的。而保证保险的投保人投保保证保险的目的并非是为了转移风险,而是为了通过投保保证保险来提高自身的信用等级,从而进一步与权利人签署合同。

(3) 风险特征不同。信用保险中,除了保障义务人的商业信用风险之外,主要还保障义务人所在国的政治风险。而保证保险仅保证义务人的商业信用风险。

(4) 保险人承担的风险不同。信用保险中,保险人在赔付之后虽然取得了向义务人代位求偿的权利,但能够成功代位求偿的可能性较小,故信用保险才大多采用政策性保险的方式。而在保证保险中,保险人在提供保证之前通常要求义务人提供某些方式的反担保,因此保险人在赔付后还可以运用反向担保条件来减少自己的损失。

两者的相同之处则在于标的都是信用风险。信用保险在定价时,基于大数法则确定出基本费率之后,还会根据义务人的特征进行调整。这些特征在保证保险中也是保险人考虑是否接受保证保险申请的重要因素。所以，两者在信用风险信息方面可以共享互利。两者的区别见表11-2。

表11-2　　保证保险与信用保险的区别

	保证保险	信用保险
投保人	确实保证保险中都是义务人，忠诚保证保险中是权利人	权利人
投保目的	提高自身信用	转移信用风险
风险特征	商业信用风险	商业信用风险和政治风险
保险人风险	可通过反担保降低保险人风险	仅能通过代位求偿追回损失，不确定性较大

（三）保证保险与担保中保证的区别

既然保证保险属于担保，是担保中保证的一种方式，那么，保证保险与保证又是什么关系呢？两者存在哪些相同和不同之处呢？

1. 保证保险与保证的相同之处

（1）保障功能相同。两者都是以保证人/保险人的信用及资信能力为义务人提供担保，以保证权利人顺利实现权利。

（2）履行的或然性。两者的履行都具有不确定性，都是只有当义务人未履行合同时，保证人/保险人才需要向权利人履行责任。

（3）免责事由相同：两者都将不可抗力和义务人的故意排除在外。

2. 保证保险与保证的不同之处

（1）主体资格。保证保险只能由保险人经营，保险人是经保险监管机关批准享有保证保险经营权的商业保险公司。保证人为一般主体，除了担保法规定禁止作保证人以外的一切自然人、法人或其他组织均可作为保证人。

（2）合同对价。保证保险以投保人支付相当的保险费为条件，保险人也是要从中盈利的。保证一般是无偿的，即使有对价存在，也是由保证人确定一个具体的数额，而且并不以追求经济利益为目的。

（3）保证关系结束。两者都是当义务人履行了义务之后，保证人/保险人与被保证人之间的保证关系随之消灭。但是，在保证保险中，即使义务人还没有履行义务，但保证保险约定的保险期间结束了，则保证关系也结束了。

（4）合同地位。保证保险中的保险合同是独立存在的合同，它不是依附其他合同的从合同；而保证是主合同的从合同，不能脱离主合同而独立存在。

（5）债产生的原因。这里的“债”是指义务。保证保险合同依据的保险之“债”不是原来已存在的“债”的一部分，而是独立于原债的一个新债。而保证合同形成的保证之债是原债的一部分，是作为主债的从债。

(6) 责任承担前提。保证保险的保险责任是以保险事故的发生为充分必要条件，只要双方约定的保险事故已确定发生，保险公司就应当承担保险责任。一般保证人承担责任的前提是义务人经判决或仲裁并就义务人的财产依法强制执行仍不能清偿，其本质是一种补充赔偿责任。

(7) 保证范围。在保证保险合同中，保险人的保证范围仅限于保险合同约定的保险责任，并在保险金额的限度内履行，通常，违约金、逾期利息、罚息等均不属于赔偿范围。保证的范围包括主债权及利息、违约金、损失赔偿金和实现债权的费用。当事人对保证担保的范围未做约定或约定不明确时，保证人应当对全部义务承担责任。

(8) 抗辩权力。保证保险合同作为保险合同的一种，既适用保险法的一般规定，也适用保险合同的有关规定，保险人拥有广泛的抗辩权。而除一般保证的保证人享有先诉抗辩权外，连带保证的保证人的抗辩权受到很大的限制。

因此，保证保险与保证虽有许多相同之处，但两者的差异是明显的。保证保险是保险业创新的产品，不同于单纯的保证合同，其还是具有一些保险的特征。尽管保证保险也是对投保人信用和履约情况向第三人做出的一种保障承诺，但它是将投保人违约情形的出现确定为一种保险事故来处理的，是通过对保险条件的确定、对保险事故和免责范围的限制以及对保险责任承担方式的约定来实现的。因此，保证保险是有别于保证的另一种担保方式，不能简单地归入传统的保证担保体系。

保证保险分为确实保证和忠诚保证保险两类。其中，确实保证是就某项事情的存在提供的保证，通常都是由义务人缴付保费。确实保证包括合同保证保险、产品质量保证保险、贷款保证保险等。而忠诚保证保险是雇员、保险人和雇主三方的合同，雇主是保证保险的被保险人，也是缴付保费的投保人。保险人对雇主因雇员的贪污、挪用、诈骗等不诚实行为所遭受的经济损失进行补偿。

第二节 确实保证保险

确实保证保险是最为典型的保证保险。与前文所叙述的一样，确实保证保险承保被保证人(即义务人)不按合同约定履行义务而造成权利人发生经济损失时，由保险人负责赔偿，再由保险人向被保证人追偿因保证所造成的损失及发生的费用。其中，投保人是义务人，被保险人是权利人。确实保证保险可用于各经济领域内合同的保证，比如：工程合同履约、工程招投标履约、技术转让、贸易合同、房地产交易、机动车交易、房屋产权过户交易、企业产权过户交易、合约对冲押金/预付款/质量保证金、中介费/佣金、产品质量保证、出国留学经济保证、个人分期付款消费保证、诉讼保全保证等。

一、合同保证保险

合同保证保险(Contract Guarantee Insurance)又称为契约保证保险。指因被保证人不履行合同义务而造成权利人经济损失时,由保险人代替被保证人进行赔偿。合同保证保险主要用于工程的招投标过程和承包过程。具体而言,其包括以下保险产品:

(一) 业主支付保证保险

业主支付保证保险(Owner Payment Guarantee Insurance)是就业主(开发商)履约的一种保证担保。由保险公司向承包商保证,业主(开发商)将按照合同约定如期向承包商支付工程款,若业主违约,由保险公司代为偿付。当然,保险公司赔偿后,可向业主进行追偿。投保人是业主(开发商),被保险人是承包商。保险责任范围是业主(开发商)未按照合同约定如期向承包商支付工程款。保险期限则自工程承包合同签订之日起,至除工程质量保修金以外的全部工程结算款项支付完成之日,或保险单载明的保险终期之日止(二者以先到者为准)。

(二) 投标保证保险

投标保证保险(Bid Bond Insurance)是就投标人投标行为的一种保证担保。保险公司保证,投标人一旦中标之后将和业主签约,并履行投标文件中的承诺。若投标人中标后放弃中标或不履行投标文件中的承诺,则由保险公司向招标人(开发商)赔偿损失,然后向投标人进行追偿。在建筑工程公开招标中,要求投标人提供投标保证,以保证投标人得标后会签约。如果投标人得标后不签约,招标人将会选择另一投标人,其出价一般要比原得标人高,保证人将会支付这两者的差额。投标保证的金额一般是工程合同金额的5%～20%。对没有得标的投标人会发还投标保证书。投标保证保险是在工程招投标过程中的必备文件,可以替代投标保证金。其中,投保人是投标人,被保险人是招标人(开发商)。

以建筑工程的投标保证保险为例,投标保证保险的保险责任包括:投标截止后投保人未经被保险人同意或者违反建设工程招标文件的规定撤销投标文件;投保人与其他投标人相互串通投标;投保人弄虚作假的行为;投保人中标后未按建设工程招标文件的要求签署建设工程施工合同;建设工程招标文件规定的其他有关投标的实质性违约情形。

除外责任则包括:

- 被保险人有过错:投保人与被保险人订立的建设工程施工合同或交易基础不成立、不生效、无效、被撤销、被解除的;被保险人明知或应该知道投保人违反建设工程施工合同的约定或法律法规的规定进行转包或违法分包的；投保人或其雇员与被保险人或其雇员采用欺诈、恶意串通、贿赂或变相贿赂等手段串通投标、订立建设工程施工合同；投保人或其雇员与被保险人或其雇员恶意串通违反建设工程施工合同的约定，损害保险人利益的；被保险人未履行建设工程招标文件或建设工程施工合同条款规定义务的；投保人与被保险人变更建设工程施工合同、被保险人变更建设工程招标文件，未经保险人书面同意确认的，损害保险人利益的。

- 绝对除外责任：战争、敌对行动、军事行为、武装冲突、罢工、骚乱、暴动、恐怖活动或恐怖袭击；核辐射、核爆炸、核污染及其他放射性污染；大气污染、土地污染、水污染及其他各种污染；政府征用、行政行为或司法行为；洪水、台风、地震、海啸等自然灾害；因不可抗力导致建设工程施工合同无法履行，由投保人和被保险人商定或确定利益分配、费用承担、损失分担等，以及因此产生的一切损失。
- 除外不赔的损失：被保险人根据建设工程施工合同、建设工程招标文件应该承担的责任，以及为收集证据、确认、证明投保人违反建设工程施工合同、建设工程招标文件的约定，造成损失所产生的任何费用；被保险人与投保人就建设工程施工合同、建设工程招标文件产生纠纷所致的任何法律费用，包括但不限于诉讼或仲裁费、财产保全或证据保全费、强制执行费、评估费、拍卖费、鉴定费、律师费、差旅费、调查取证费等；相关违约金、滞纳金、利息等；各类间接损失；罚款、罚金及惩罚性赔偿；精神损害赔偿等。
- 保险期限则自投标之日起，至该工程承包合同签订之日，或保险单载明的保险终期之日止(二者以先到者为准)，通常不超过 90 天。投标保证保险不仅用于建筑工程的招投标，还可用于设计招投标、施工招投标、监理招投标、材料采购招投标等各种招投标活动。投标保证保险的保险金额一般不得超过投标总价的 2%。

(三) 履约保证保险

履约保证保险(Performance Guarantee Insurance)是保险公司对承包商将按照承包合同约定履行义务的保证担保。如果出现承包商的原因导致其所承包的工程不能按承包合同的约定履行完成，则由保险公司代为履行责任或赔偿发包人(开发商)的损失，并向承包商进行追偿。以建筑工程的履约保证保险为例，保险人通常承诺在投保人履约过程中，因下列情形之一导致的被保险人的损失：投保人违反建设工程施工合同的约定进行专包或违法分包的；投保人违反建设工程施工合同的约定采购和使用不合格的材料和工程设备的；由于投保人原因导致工程质量不符合建设工程施工合同要求的；投保人违反建设工程施工合同中有关材料与设备专用要求的约定，未经被保险人批准，私自将已按照建设工程施工合同约定进入施工现场的材料或设备撤离施工现场的；由于投保人原因未能按建设工程施工合同中的施工进度计划及时完成建设工程施工合同约定工作，造成工期延误的；投保人违反建设工程施工合同中关于人员管理义务规定、关于安全管理规章制度的规定的；投保人无正当理由明确表示或者无正当理由以其行为表明不履行建设工程施工合同主要义务的；投保人未能按照建设工程施工合同约定履行其他有关履约实质性主要义务的。

一旦承包商在施工过程中违约或因故无法完成合同，则保证人可以向该承包商提供资金或其他形式的资助以使其有能力完成合同；也可以安排由新的承包商来接替原承包商以完成该项目；还可以经过协商，发包人（开发商）重新开标，中标的承包商将完成合同中的剩余部分，由此造成最后造价超出原合同造价的部分将由保险公司承担。如果对上述解决方案不能达成协议，则保险公司将在保险金额之内赔付发包人（开发商）的损失。履约保证保险也是工程招投标过程中的必备文件，可以替代履约保证金。其中，投保人是承包商，被保险人是发包人（开发商）。履约保证保险的保险金额一般不得低于合同总金额的10％～15％。保险期限则自工程承包合同签订之日起，至承包合同约定的工程竣工之日或保险单载明的保险终期之日止（二者以先到者为准）。工程项目提前竣工的，保险责任于竣工之日二十四时自行终止。

（四）差额保证保险

差额保证保险（Margin Guarantee Insurance）是保险公司对投标人将按照其投标价履行合同的保证担保。通常，履约保证保险可以包含差额保证保险。但两者的不同之处在于，履约保证保险的保险金额为履约保证金的数额，通常仅为工程承包合同额的10％；而差额保证保险的保险金额为标底或拦标价减去投标价后的差额。差额保证保险的投保人是投标人；被保险人是招标人（开发商）。保险责任范围包括由于承包商的原因导致其所承包的工程不能按其投标价履行完成时，招标人（开发商）的损失。保险期限则自工程承包合同签订之日起，至承包合同约定的工程竣工之日或保险单载明的保险终期之日止（二者以先到者为准）。工程项目提前竣工的，保险责任于竣工之日二十四时自行终止。

（五）预付款保证保险

预付款保证保险（Advance Payment Guarantee Insurance）是保险公司对承包商将预付款用于工程建设的保证担保。如果出现承包商将预付款挪作他用，则由保险公司赔偿发包人（开发商）的损失，并在赔偿后向承包商进行追偿。随着发包人（开发商）按照工程进度支付工程价款并逐步扣回预付款，预付款责任随之减少直至消失。预付款保证保险的投保人是承包商（开发商）；被保险人是发包人。保险责任为承包商将预付款挪作他用、导致发包人的经济损失。保险期限自工程承包合同签订之日起，至业主在进度款中抵扣完预付款，或保险单载明的保险终期之日止（二者以先到者为准）。

（六）付款/支付保证保险

付款/支付保证保险（Payment Guarantee Insurance）是保险公司保证承包商将根据合同约定付清分包商、设备材料供应商、工人工资的保证担保。如果承包商不能按合同约定付清各种费用或工资，则由保险公司补齐差额；如果全部都未能支付，则由保险公司全额支付。保险公司赔偿后，可向承包商进行追偿。付款/支付保证保险的投保人是承包商；被保险人是开发商。该保险保障承包商不按照合同约定付清分包商的全部费用、设备材料供应商的货款以及工人工资时导致开发商的经济损失。保险期限自工程承包合同签订之日起，至承保合同约定的工程竣工之日，或保险单载明的保险终期之日止（二者以先到者为准）。工程项目提前竣工的，保险责任于竣工之日二十四时自行终止。

（七）保修保证保险

保修保证保险（Warranty Guarantee Insurance）是保险公司保证承包商履行工程质量保修义务的保证担保。当工程在缺陷责任期内，若发现工程质量与法律法规、标准规范或合同规定不符，而承包商不予以维修时，由保险公司负责进行赔偿或维修，并向承包商进行追偿。若承包商投保了保修保证保险，开发商（发包人）则可以不再预留质量保证金。保修保证保险的投保人是承包商；被保险人是开发商（发包人）。该保险保障工程在缺陷责任期内，若发现工程质量与法律法规、标准规范或合同规定不符，而承包方不予进行维修时导致开发商/发包人的经济损失。保险期限为工程发包人和承包人合同约定的缺陷责任期，或保险单载明的保险终期之日止（二者以先到者为准）。

（八）工程质量保证保险

工程质量保证保险（Engineering Quality Assurance Insurance）是保险公司对开发商在房屋出售或转让给最终用户（小业主）后，履行房屋质量保修义务的保证担保。当最终用户在住宅质量保证书或住宅使用说明书中明确规定的保修期限内，发现商品住宅的工程质量与法律法规、标准规范或合同规定不符，而开发商不予进行维修时，由保险公司负责进行赔偿或维修，并向开发商进行追偿，或由保险公司代为向相关责任主体进行追偿。工程质量保证保险的投保人是开发商；被保险人是最终用户。该保险保障最终用户在住宅质量保证书或住宅使用说明书中明确规定的保修期限内，发现商品住宅的工程质量与法律法规、标准规范或合同规定不符，而开发商不予进行维修时导致的最终用户（小业主）的经济损失。保险期限自工程竣工验收合格之日起，通常为法律法规规定的房屋质量保修期限。

（九）司法保证保险

司法保证保险(Judicial Guarantee Insurance)保证被保证人将履行法律规定的某些义务。一般由律师替被保证人向保险公司办理申请手续。司法保证可分为受托保证和诉讼保证。受托保证是保证由法院指定的管理他人财产的人将公正地履行其职责。需要这种保证的人有监护人、遗产管理人、破产案产业管理人等。诉讼保证是在诉讼当事人(原告或被告)要求法院为其利益采取某种行动或措施，如扣押、查封、冻结某些财产，而又可能伤害另一方的利益时，法院为了维护双方的合法权益，通常会要求诉讼保证申请人提供某种诉讼保证。诉讼保证又可分为保释保证、上诉保证、扣押保证、禁令保证等。

（十）特许保证保险

特许保证保险(Chartered Guarantee Insurance)保证从事经营活动领取执照的人将遵守法规或履行义务。在某些国家，各级地方政府要求申请执照的人均提供这种保证，保证持照人将遵守与其营业活动有关的法律和法规。

案例 11-1　“侨兴债”风险事件的反思和警示

案件始末

2014 年 12 月至 2015 年 1 月，侨兴电信、侨兴电讯(下称侨兴公司)分别在广东金融高新区股权交易中心有限公司(下称粤股交)备案发行了各 5 亿元的私募债券，债券期限为 2 年，年化利率为 7.3%，本息合计 11.46 亿元。债券的主承销商和受托管理人均为粤股交。侨兴集团的实际控制人吴瑞林为侨兴债提供了个人连带责任担保。浙商财险为上述两笔私募债提供了履约保证保险，合计保险金额为私募债本息 11.46 亿元。广发银行惠州分行向浙商财险出具合作银行履约保函，承诺承担担保责任。

经过浙商财险增信的私募债通过招财宝平台分 7 期向公众发行。同时，招财宝平台又为该债券持有人提供“变现”服务，即债券到期前，如果债券持有人急需用钱，可以通过招财宝另行发布一个质押“变现”的借款信息，向招财宝平台上的投资者进行变现融资。在债券“变现”融资环节，由众安保险为借款人提供保证保险的融资增信服务。

2016 年 12 月 15 日至 2017 年 1 月 11 日，侨兴债面临违约风险，浙商财险启动保证保险理赔。最终，浙商财险面临了高达 10 亿元的赔付金额。受此影响，该公司 2017 年第 4 季度末亏损扩大至 1.63 亿元，同期公司净现金流降至－6 758.79 万元。经营活动产生的现金流量净额为－5.58 亿元，是造成公司净现金流为负的直接原因。

问题分析

2018年初，保监会在行业内部下发《浙商财险侨兴私募债保证保险业务风险事件分析及启示》，深刻剖析了浙商财险在此次事件中所存在的问题，并警示行业应从中汲取教训和经验。

- 未按规定办理再保险。2014年底，浙商财险资本金加公积金为14.91亿元，而侨兴债项目累计本金达10亿元，对于超过公司承保限额的业务，浙商财险未按《保险法》第103条的规定办理再保险。
- 未按规定使用条款。浙商财险在只有一年期保证保险产品的情况下，为承保两年期的侨兴债保证保险业务，通过拆分保单、连续出具两张一年期保单的方式承保，违反了《保险法》及保险产品管理的相关规定。
- 内控管理机制不规范。业务框架、流程设置存在缺陷：对于投保人的尽职调查、银行保函验证、承保资料的审核以及后期跟踪检查等没有形成制度规范，忽视投保人尽职调查，业务操作未强化关键性节点风控。事后发现，广发银行惠州分行出具的是假保函，而浙商财险却未发现。岗位设置未实现有效风险隔离：浙商财险因开展信保业务的人员不足，存在一人多岗现象，未实现绝对的风险隔离，导致不能客观准确地判断风险，在利益驱动下容易放松风险管控。业务风险管控的领导机制流于形式：浙商财险保证保险业务风险审核机制及项目审核流程均无明确规范，且业务和风控在一个部门封闭运作，内部决策流于形式。

二、产品质量保证保险

产品质量保证保险(Product Quality Guarantee Insurance)是指因被保险人制造或销售了丧失或不能达到合同规定效能的产品给使用者造成了经济损失时，由保险人对有缺陷产品本身以及由此引起的有关损失和费用承担赔偿责任。凡经国家法定产品检验机构检测，经政府有关部门批准生产，均可以适用产品质量保证保险。依法设立并生产或销售上述产品的企业是义务人，可以作为产品质量保证保险的投保人，产品的购买者或消费者是产品质量保证保险的权利人。此处的产品是指经过加工、制造用于销售的产品。该产品已运离被保险人，并不再为被保险人所有、保管或控制。

与产品责任保险相同的是，产品的销售地区在产品质量保证保险中非常重要。因为各地的产品质量的法律法规不一样，所以在投保时通常都要写明销售的地区。

(一) 保险责任

保险合同一般规定，在保险单明细表中列明的追溯期起始日之后，由被保险人生产或销售的产品，由于下列原因之一，导致权利人在保险期间首次向被保险人提出索赔，依法应由被保险人承担修理、更换或退货责任，对于其中产品本身的质量赔偿责任，保险人在保险单明细表中约定的赔偿限额内予以赔偿：不具备产品应当具备的使用性能而事先未作说明的；不符合在产品或者其包装上注明采用的产品标准的；不符合以产品说明、实物样品等方式表明的质量状况的。除此之外，由于保险产品的修理、更换或退货引起的应由被保险人承担的鉴定费用、运输费用和交通费用，保险人也负责赔偿。

保险责任中所包含的几种情况是我国《产品质量法》中规定的生产者应当负责进行修理、更换和退货的三种情况。因此，产品质量保证保险以《产品质量法》的规定为准。一般而言，产品都在包装上标明了该产品所采用的标准，但倘若产品的实际情况达不到该标准，保险人将赔偿权利人的损失。如果没有相关的国家标准，而是自定标准的产品，则可以通过产品说明或事物样品来确定。如果产品的规格、性能、所含主要成分的名称或含量与产品说明规定的标准不符或低于标准，或所销售产品的质量达不到事物样品的标准，保险人也负责赔偿权利人的损失。

（二）除外责任

保险人对由于下列原因造成的损失和费用不负责赔偿：

(1) 绝对除外责任：投保人及其代表的犯罪或故意行为；投保人的欺诈行为；战争、军事行为、恐怖事件、罢工、骚乱、盗窃、抢劫；核反应、核辐射、放射性或其他任何形式的污染；政府有关当局的没收；投保人或权利人的欺诈行为；地震、雷击、火灾、爆炸、暴雨、洪水、台风等自然灾害和意外事故。

(2) 权利人的主观过错：权利人的欺诈行为；权利人不按使用说明违规操作；权利人认可并接受有质量问题的产品。当产品本身不合格或达不到规定的标准，投保人对此已明确告知后，权利人同意以原价或折价接受产品，则表明权利人和义务人之间具有了新的权利义务关系，不能按照原来的标准来鉴定是否合格。

(3) 义务人的主观过错：产品召回；出厂时未经检验，或经检验不合格仍允许出厂，以及无法确定生产日期或销售日期的产品；超过安全使用期或有效期或保质期销售的产品；被保险人停业、关闭或破产以后销售的产品。这些行为中，大多违反了《产品质量法》的规定，属于违法行为，保险公司当然不予赔偿。

(4) 除外的损失：产品的自然消耗或磨损；因保险事故造成的一切间接损失；运输或仓储过程中外来原因所致的损失（货运险赔偿）；产品生产时国内市场技术水平尚不能发现的缺陷；任何原因造成的人身伤亡和保险产品之外的财产损失；关联企业之间的相互索赔；罚款、惩罚性赔款；被保险人承诺免费维修的费用。

产品质量保证保险一般要求义务人应当遵守《中华人民共和国产品质量法》及其他相关法律、法规的规定，认真执行产品生产的技术标准和原材料进厂及产品出厂时的检验制度，加强质量管理，认真做好产品售后服务工作。如果义务人没有履行上述要求的违法行为，保险公司不予赔偿。所以，从保险责任和除外责任的界定可以看出，产品质量保证保险实际上保障的是生产商按国家产品标准正常生产中偶尔出现的次品对消费者造成的损失。那些故意制造的假冒伪劣产品，则不是产品质量保证保险的保证对象。当然，生产商通过购买产品质量保证保险，提高了自我产品的信用，更容易被消费者所认可和购买。

(三) 赔偿处理

产品质量风险也大多是长尾巴风险，故产品质量保证保险采用期内索赔式。发生保险事故时，保险人在保险单明细表中列明的赔偿限额内按下列处理方式进行赔偿：

- 因设计、制造等原因导致产品零部件、元器件失效或损坏时，赔偿该部件或元器件的重置价和修理费用；
- 整件产品需要更换、退货时，其赔偿金额以产品出厂价格或销售价格为限。若出厂价格或销售价格高于购买地重置价时，其赔偿金额以重置价为限；
- 保险人负责赔偿因产品修理、更换、退货引起的鉴定费用、运输费用和交通费用，赔偿金额在赔偿限额之外单独计算，但合计赔偿金额在同一赔案中不得超过赔偿金额的30%；
- 更换或退回的产品残值在赔款中扣除。

(四) 费率与风险防范

产品质量保证保险的保险金额一般按投保产品的总价值来确定，基于产品的出厂价、批发价或零售价等，并要求义务人定期汇报销量，从而在预收保费的基础上调整实际保费，提供充足保障。在确定产品质量保证保险的保险费率时，考虑的因素通常包括：

(1) 产品制造者、销售者的技术水平和质量管理情况。

(2) 产品的性能和用途。

(3) 产品的数量和价格。

(4) 产品的销售区域。

(5) 保险人承保的该类产品以往的损失记录。

对一些家用电器产品投保产品质量保证保险时，其保险费是按件(个、台)数收取的固定保险费。一般而言，费率水平如下：每千元销售额的保费是0.5～1.0元，即费率为0.5‰～1.0‰。

保险公司在销售产品质量保证保险时，为了保护自己的利益，有时会要求义务人缴纳反担保金，从而作为保险人向权利人支付赔款的准备金。通常，反担保金的金额是根据投保人上年度索赔费用总额的30%来确定的。在保险有效期内，保险人在反担保金的限额内向权益人支付赔款。当累计赔款超过了反担保金时，保险人再向投保人追偿其超过部分的赔款；累计赔款未超过反担保金时，节余部分则由保险人退还投保人或转作下一年续保的反担保金。

（五）产品质量保证保险与产品责任保险的区别

产品质量保证保险保障的也有缺陷产品的质量问题；产品责任保险则是保障有缺陷产品所产生的责任。两者保障的载体都一致，都是与产品直接相关，其风险都源于产品本身且均需要产品的制造者、销售者或修理者承担法律责任。但是，产品质量保证保险和产品责任保险作为两类不同性质的保险业务，仍然有着本质的区别。

(1) 风险性质。产品责任保险承保的是被保险人的侵权行为，且不以被保险人是否与受害人之间订有合同为条件，基于民法进行赔偿。产品质量保证保险承保的是被保险人的违约行为，以供给方和消费方签订合同为必要条件，基于合同法进行赔偿。

(2) 法律原则。产品责任事故的法律原则，在许多国家采用严格责任原则。产品质量保证保险的违约责任则只能采取过错责任原则。严格责任原则与过错责任原则显然具有很大区别。

(3) 责任范围。产品责任保险承保的是因产品质量问题导致第三者（除保险人和投保人）财产损失或人身伤亡依法应负的经济赔偿责任，对产品本身的损失不予赔偿。产品质量保证保险则承保因产品质量问题所应负责的修理、更换产品的赔偿责任，即产品本身的损失。

(4) 责任承担者。在产品责任保险中，责任承担者可能是产品的制造者、修理者、消费者，也可能是产品的销售者甚至是承运者。其中制造者与销售者负连带责任。受损方可以向任何一方或同时向多方提出赔偿请求。在产品质量保证保险中，责任承担者仅限于提供不合格产品的一方，受损人只能向其提出请求。

(5) 受损方。产品责任保险的受损方可以是产品的直接消费者或用户，也可以是与产品没有任何关系的其他法人或者自然人，只要因产品造成了财产或人身损害。在产品质量保证保险中，受损方只能是产品的购买者。

(6) 赔偿处理。产品责任保险通常只能采取赔偿损失的方式，赔偿受损方的实际经济损失，而不受产品本身实际价值的制约。产品质量保证保险中，保险公司承担的责任不会超过产品本身的实际价值。

(7) 诉讼管辖权。产品责任保险所承保的是产品责任事故，因产品责任提起诉讼案件应由被告所在地或侵权行为发生地法院管辖。产品质量保证保险所承保的违约责任案件则由合同签订地和履行地的法院管辖。

(8) 保险性质。产品责任保险是代替责任方承担经济赔偿责任，属于责任保险。产品质量保证保险提供的是带有担保性质的保险，属于保证保险。

产品质量保证保险与产品责任保险的区别如表 11-3 所示。

表 11-3 产品质量保证保险与产品责任保险的区别

	产品质量保证保险	产品责任保险
风险性质	违约行为，以合同为必要条件，法律依据是合同法	侵权行为，不论是否有合同，法律依据是民法
法律原则	过错责任原则	许多国家采用严格责任原则
责任范围	产品本身的损失及修理、更换产品的费用	第三者的财产损失或人身伤亡
责任承担者	产品的制造者	产品的制造者、修理者、消费者，或销售者甚至承运者
受损方	购买方	任何人
赔偿处理	不超过产品本身的实际价值	不受产品本身实际价值的制约，仅受保险金额限制
诉讼管辖	合同签订地和履行地的法院	被告所在地或侵权行为发生地法院
保险性质	保证保险	责任保险

由于这两者的本质差异，保险公司在经营这两类保险业务时，必须严格区分，以避免因顾客不了解而产生不必要的纠纷。不过，在实务中，保险人一般同时为同一产品承担产品责任保险和产品质量保证保险，以此控制风险、降低费用，提高服务水平。

三、个人贷款保证保险

个人贷款保证保险(Private Loan Bond Insurance, PLBI)是个人在向银行等金融机构申请贷款时，受银行要求而向保险公司购买的保证保险。一般而言，由于个人贷款保证保险是银行要求购买的，具有半强制性的特征。如果贷款人不购买，则通常无法获得贷款。因此，只要是年满 18 周岁、具有完全民事行为能力、个人信用记录良好、有稳定收入的公民均可以投保个人贷款保证保险。凡是经金融监督管理部门批准，与投保人签署真实、合法、有效的贷款合同的商业银行等金融机构和具有经营房贷业务许可的小额贷款公司等非存款类放贷组织，均可以作为被保险人。

(一) 保险责任

个人贷款保证保险中，保险人承诺，保险期间内，投保人未能按照与被保险人签订的贷款合同的约定履行还本付息义务，且投保人拖欠任何一期欠款的时间超过保险单约定的索赔等待期以上的，被保险人向保险人提出赔偿请求后，保险人对投保人在贷款合同项下应偿还而未偿还的贷款本金及相应利息在扣除免赔金额之后向被保险人支付赔偿金。

其中，索赔等待期是保险人为了确定保险损失已经发生及其程度，在被保险人向保险人提出书面索赔前需要等待的一段时间。比如，由于投保人疏忽或过失而暂时延迟了几天归还贷款，则不在此限。个人贷款保证保险还要求被保险人在索赔等待期中应采取一些必要合理的手段进行催收，比如对担保人请求赔偿金、处置担保物品等，在最大程度上减少损失。索赔等待期则自贷款合同约定的还款日次日开始计算，具体天数由投保人与保险人协商确定后在保单中载明。

个人贷款保证保险的保险责任采用的是概括式，只要投保人不是因除外责任的原因而未能按时还贷，保险人都予以赔偿。所以，无论投保人是无意的还是故意拒不偿还贷款；无论什么原因，死亡、意外伤害、疾病、失业、破产……耍赖、逃避、偷跑……客观困难还是主观原因，保险公司都予以赔偿。这才是真正意义上的保证保险。但是，如此运作的话，保险公司的风险会比较大，因此绝大多数的保险公司设计的产品还是从中进行了取舍，只保证导致违约的部分原因。

（二）除外责任

个人贷款保证保险的除外责任通常包括下列情况：

（1）贷款合同：贷款合同被依法认定无效或被撤销且投保人依法无须承担还款义务。

（2）被保险人过错：投保人与被保险人采用欺诈、恶意串通等手段订立贷款合同，损害保险人的利益；未经保险人书面同意，投保人、被保险人擅自变更贷款合同；被保险人与投保人、担保人就偿还贷款合同项下款项达成和解协议；被保险人将承保的贷款合同项下的担保合同约定的抵押物或质押物进行转卖、转让或转赠等损害保险人利益的行为；因被保险人或其代理人未按照贷款合同约定履行义务，导致投保人拒绝足额还款或拖欠还款；投保人、被保险人的故意行为、重大过失行为，但投保人逾期或拒不偿还贷款的行为除外。

（3）绝对除外责任：行政行为或司法行为，针对投保人的不在此限；洪水、台风、地震、海啸及其他人力不可抗拒的自然灾害；核裂变、核聚变、核武器、核材料、核爆炸、核辐射、核污染及其他放射性污染；战争、类似战争行为、敌对行为、军事行动、武装冲突、罢工、骚乱、暴动、恐怖活动；由于交易平台或第三方支付机构或银行基础设施故障和系统发生损坏、故障或被非法入侵。

（4）除外的损失：投保人不履行贷款合同约定的还款义务所造成的罚息、复利、滞纳金、违约金、赔偿金及其他除贷款本金、利息以外的任何费用。

一般而言，保险金额由投保人和保险人根据贷款合同中列明的贷款本金和利息协商确定，最高不超过本利和。保险期限应当与贷款期限保持一致。而且，当发生保险责任范围内的损失时，保险人在向被保险人赔偿时将扣除下列项目后计算赔偿金额：投保人已经偿还的贷款本息；被保险人行使贷款合同项下的担保权利或通过其他还款保障形式获得清偿的贷款本息。也就是说，个人贷款保证保险虽然也是担保，但却是最后一位的担保。

（三）相关产品

保险公司通常会为不同主体的贷款业务，比如个人贷款或企业贷款，或者不同消费领域的个人贷款业务，比如房贷或车贷，分别提供保险产品。这些产品的具体规定与前面所述的个人贷款保证保险都非常相似。

1. 个人住房抵押贷款保证保险

个人住房抵押贷款保证保险是为以贷款购买的商品房向银行进行抵押的个人提供还款保证的保证保险。投保人是购买商品房并以商品房作抵押物向银行借款的个人。被保险人是向购房人提供商品房抵押贷款的银行。

保障购房人由于下列原因而未履行偿还贷款责任：投保人丧失偿还能力；投保人死亡无继承人或受赠人；投保人死亡而其继承人或受赠人无偿还能力或丧失偿还能力；投保人死亡而其继承人或受赠人拒绝履行贷款合同。

但是，保险人对发生的下列情况不负赔偿责任：被保险人未按《贷款通则》对投保人进行审核及贷款催收；被保险人的故意行为；没有征得保险人的事先同意，变更贷款合同或附件内容。除此之外，由于战争、政府有关部门扣押、核事故及自然灾害等，保险人不负赔偿责任。

住房抵押贷款保证保险的保险金额为贷款余额及利息之和。赔偿金额为投保人所拖欠的已到还款期限的本金和利息，以及以后按期支付的欠款，直至投保人恢复履行偿还贷款责任或保险人付清投保人的全部欠款为止。保险期限是自保单签发次日起，至贷款合同履行期届满 6 个月时止。被保险人以书面形式提出代偿要求时，投保人尚未偿清贷款合同的本息部分。

知识窗 11-3　　个人抵押贷款住房综合保险

凡符合中国人民银行《个人住房贷款管理办法》有关规定，向商业银行申请住房抵押贷款的借款个人均可参加本保险。个人住房抵押借款合同项下的主贷人为本保险合同的被保险人。保险标的为被保险人用银行抵押贷款购置的房屋。

保险责任分为财产损失保险和还贷保证保险两部分。还贷保证保险部分的保险金受领人为贷款银行。

财产损失保险的保险责任：火灾、爆炸；暴风、暴雨、台风、洪水、雷击、泥石流、雪灾、雹灾、冰凌、龙卷风、崖崩、突发性滑坡、地面突然塌陷；空中运行物体坠落以及外来不属于被保险人所有或使用的建筑物和其他固定物体的倒塌；发生保险事故时，被保险人为防止或者减少保险标的损失所支付合理的、必要的施救费用。

还贷保证保险的保险责任：被保险人在保险期间，因遭受意外伤害事故导致死亡或伤残而丧失全部或部分还贷能力，造成连续三个月未履行或未完全履行个人住房抵押借款合同约定的还贷责任的，保险人按合同约定就借款余额的全部或部分履行还贷责任。

该保险产品实际上等于“家庭财产保险一房屋”+“贷款人人身意外伤害保险”。其中，财产损失保险部分相当于是家庭财产保险的房屋部分；还贷保证保险部分则相当于人身意外伤害保险。因为在还贷保证保险部分，其仅仅保障被保险人因为遭受意外伤害事故导致死亡或伤残而丧失全部或部分还贷能力时的违约责任，并没有保障被保险人主观上的信用风险，因而不能称为真正意义的保证保险。

2. 个人汽车消费贷款保证保险

个人汽车消费贷款保证保险是为用贷款购买汽车的个人提供还款保证的保证保险。投保人为借款购车人，被保险人为提供汽车消费贷款的金融机构。

在个人汽车消费贷款保证保险中，如果购车人连续 3 个月未履行或未完全履行购买机动车辆借款合同所约定的还款义务，则由保险人承担赔偿责任。但是，保险人对于由于下列原因引起投保人不履行约定的还款义务的情况不承担赔偿责任：车辆被政府征用；因购车人违法使其车辆及其他财产被罚没、查封、扣押、抵债及车辆转让、转卖；所购车辆毁损或灭失，并且无法得到机动车辆保险的赔偿；因车辆的质量问题致使投保人不履行还款义务。

我国于 1997 年由平安保险公司试办汽车分期付款销售信用保险，1999 年中国保监会批准中国人民保险公司在全国开办机动车消费贷款保证保险，使消费信贷保证保险业务在全国范围内全面推开，也大大推动了汽车消费贷款的开展。但后来，由于汽车消费贷款拖欠情况严重，2004 年，很多保险公司停办了这一业务。

3. 高新技术企业小额贷款保证保险

高新技术企业小额贷款保证保险是保险公司为了扶持高新技术企业而提供的保证保险。凡根据监管部门规定，与商业银行签订借款合同并提供符合条件担保的高新技术企业，均可作为投保人，各开办企业贷款业务的商业银行为被保险人。

在保险期间，投保人连续三个月完全未履行与被保险人签订的借款合同中约定的还款义务，即为保险事故发生。发生保险事故后，被保险人根据借款合同的约定向投保人和担保人进行追偿后，对于不足以清偿投保人的借款本金与借款利息的剩余部分，保险人按照合同约定负责向被保险人赔偿。除此之外，保险人还负责被保险人因保险事故而被提起仲裁或者诉讼的，对应由被保险人支付的仲裁或诉讼费用以及事先经保险人书面同意支付的其他必要的、合理的费用。

除外责任大多与前面的保险相近，但是特别之处在于：被保险人违反《中华人民共和国商业银行法》和《贷款通则》等有关规定，未对投保人进行资信调查或未按规定程序进行贷款审批；投保人未提供符合条件的担保而签订借款合同；投保人提供虚假证明材料；对借款合同设定的担保被依法确认为无效。

第三节　忠诚保证保险

忠诚保证保险(Fidelity Bond Insurance)又称为雇员忠诚保险、员工忠诚保险，它是指因雇员的不忠诚行为而使雇主遭受经济损失时，由保险人承担赔偿责任。所谓不忠诚行为，主要是指雇员任何不诚实的行为，包括但不限于盗窃、贪污、侵占、非法挪用、故意误用、伪造、欺骗、舞弊、拿回扣等行为。忠诚保证保险承保的是雇员的品德和信用。

通常，由于忠诚保证保险中有“保证”字样，故将其归为保证保险。忠诚保证保险是由雇主购买的，雇主是投保人和被保险人；而雇员是被保证人；保险标的是雇员的品德和信用。在雇主与雇员的这种关系中，雇主是权利人，雇员是义务人。根据信用保险和保证保险的定义，权利人购买的应该是信用保险。但是，忠诚保证保险除了付费是由权利人承担之外，其他技术方面的处理与保证保险一致。故在本书中仍然把忠诚保证保险列入保证保险的范畴。所以，实际上的逻辑关系是，雇主通过购买忠诚保证保险，将雇员因信用风险而可能导致的经济损失转移给了保险公司。但保险人是否愿意给该员工提供保证，与保证保险中的处理完全一致。忠诚保证保险的保险标的是雇员的信用风险。本书以大地财产保险股份有限公司忠诚保证保险(2017)为例进行介绍。

一、保险责任

只要是合法的法人企业，均可购买忠诚保证保险。忠诚保证保险的保险责任比较宽泛，只要是保单中列明的任何一名或一名以上雇员在不中断的雇用期间从事与雇员有关的职业和职责时，在赔偿期内因欺骗或不诚实行为而导致被保险人遭受的直接经济损失。

通常，要求雇员的欺骗和不诚实行为应符合下列三个条件：被保险人的雇员在保险期间实施欺骗和不忠诚行为；被保险人在保险期间或保险期间结束后6个月内或其雇员死亡、被解雇或退休后6个月内发现其雇员的不忠诚行为，以先发生者为准；被保险人在发现其雇员不忠诚行为之后12个月内向保险人提出索赔。从这里可以看出，忠诚保证保险采用的是期内发生式并结合发现期的处理方式。

除此之外，保险事故发生后，被保险人因保险事故而被提起仲裁或者诉讼的，对应由被保险人支付的仲裁或诉讼费用以及事先经保险人书面同意支付的其他必要的、合理的费用，保险人也负责赔偿。

一些保险公司还明确指出，不忠诚行为包括盗窃、诈骗、职务侵占、挪用资金和其他故意违法行为。

二、除外责任

保险公司一般不对下列责任承担赔偿：

- 绝对除外责任：投保人、被保险人及其代表的故意行为；战争、敌对行动、军事行为、武装冲突、罢工、骚乱、暴动、恐怖活动；核辐射、核爆炸、核污染及其他放射性污染；大气污染、土地污染、水污染及其他各种污染；行政行为或司法行为。
- 雇主有过错：被保险人的营业性质变更、针对该违法雇员的雇用职责或条件发生变更、在未得到保险人认可的情况下减少该雇员的报酬，或者被保险人对账目的准确性未采取预防和检查措施，由此导致被保险人的损失；被保险人获知其雇员的欺骗和不忠诚行为对被保险人造成损失之后，该被保险雇员继续实施欺骗和不忠诚行为所造成的损失。
- 除外的行为：被保险人的雇员与本身职务无关的行为所致被保险人的损失；被保险人雇员在保险期间之前的欺骗和不忠诚行为对被保险人造成的损失；账目清理出现的差额或库存盘点发现的短少。
- 除外的对象：被保险人或其雇员的人身伤亡及其所有或管理的财产的损失；被保险人应该承担的合同责任，但无合同存在时仍然应由被保险人承担的经济赔偿责任不在此限。
- 除外的损失：罚款、罚金及惩罚性赔偿；精神损害赔偿；间接损失。

所以，从这些除外责任中可以看出，雇主应对自己的不公平处置而招来的报复承担责任。所以，保险公司不赔偿因雇主擅自减少雇员工资待遇或加重工作任务而导致雇员不诚实行为所带来的损失，以及雇主没有按照安全预防措施和尽职督促检查而造成的经济损失。并且，一旦雇主发现某个被保障的雇员不诚实，即使雇主仍然留用他，但这个雇员立即从保障名单中除名，保险人再也不为该雇员提供保证。一些保险公司还将下列行为列为除外责任：被保险人的高级管理人员单独或与雇员共谋实施的不忠诚行为；被保险人未对雇员的任职前诚实情况进行查询，或保险事故发生时无法提供雇员诚实查询资料；被保险人的数据损失等。这些除外责任也考虑得比较细致和周全。

三、投保方式

投保忠诚保证保险时可按下列几种方式进行：

(1) 个人保证。在个人保证中，只针对一个指名的雇员提供保险，保险人对他进行调查后做出是否承保的决定。这是典型的保证保险，应按保证保险的经营原理来处理。

(2) 姓名表保证。姓名表保证扩大了个人保证的范围，适用于对两个至四个雇员的保证，在契约中列出了每个雇员的姓名，并附上每人的赔偿限额。保证保险是跟随着这些雇员的，无论这些雇员担任什么职位，都提供保证。当名单中的雇员被解雇，或雇主希望将新雇员加入保障时，必须办理批改手续。在姓名表保证保险中，虽然被保证的人多了一些，但也是典型的保证保险。

(3) 职位表保证。职位表保证中不列姓名，只列出各种保证的职位及其保证的人数。例如列明三位会计、一位出纳员、一位财务主管、两位收货员等。保险是跟随着职位的，无论是谁担任，只要在这个职位上就得到保证，而一旦离开则不再保证。因此，当某个职位上的雇员进行人事调动时不必通知保险人，只有当某个职位上的雇员人数发生了变动时才需要向保险人办理批改手续。如果雇主没有通知某个职位上的人数变化，则一旦发生损失，雇主要承担部分损失，按照类似于不足额保险的方式进行处理。职位表保证与姓名表保证一样，只是被保证的人多了一些，但也是典型的保证保险。

(4) 总括保证。上述三种保证都是忠诚保证保险的早期形式，如今广泛使用的是总括保证。在总括保证中，企业的所有雇员都是被保证的对象，新雇员只要成为正式雇员，就自动成为被保证对象，而无须通知保险人。总括保证能够有效避免逆选择和道德风险，而且更加符合大数法则的要求。当然，对某些处在特别岗位上的雇员仍然可以在总括保证的基础上使用上述三种保证作为补充，提高该员工/职位的赔偿限额。总括保证由于被保证的人数较多，在某些时候可以基于大数法则来进行定价，此时更接近信用保险的处理方式。

忠诚保证保险的保险期限一般为 1 年，期满可以续保。忠诚保证保险通常规定有发现期。一些保险公司的忠诚保证保险是自动续保的，只要一方不提出解约，忠诚保证保险会继续生效。保费每年或每隔 3 年缴付一次即可。

四、赔偿处理

雇员不忠诚显然是长尾巴风险，正是所谓"知人知面不知心""日久见人心"。因此，保险公司在忠诚保证保险的赔偿处理时需小心处理。

当雇员发生了不诚实的行为，保险人判断是否应该进行赔偿处理时，通常应该注意下列问题：首先，任何不诚实行为必须是发生在雇员连续无中断的工作期间；其次，不诚实的行为应该在发现期内被发现，即任何不诚实行为引起的损失必须是在雇员被辞退或退休或死亡之后 6 个月内或忠诚保证保险合同期满 6 个月内发现。另外还需注意，发现期是从保险合同终止时开始计算的，而不是从损失发生时开始。因此，倘若雇主与保险人签订了不间断总括忠诚保证保险合同，在雇主能够证明自己的损失时，对已离开他不满 6 个月的雇员，在 10 年前给他造成的损失，也可获得保险人的赔偿。除此之外，被保险人的雇员在保险期间和保险期间之前造成的损失金额若无法区分，保险人按照雇员欺骗和不忠诚行为的时间比例承担赔偿责任。

雇主及其代理人在发现雇员有不诚实行为，并造成钱财损失时，应及时通知保险人。自发现之日起，应在 3 个月内提交完整的索赔单证。赔偿时要受到每次事故限额和累计赔偿限额的限制。通常，雇员实施的任何单一或一连串具有相关性、连续性或重复性的不忠诚行为视为一次保险事故。比如，某雇员连续工作了 5 年，事后雇主发现该名雇员每年非法占有雇主钱财约 10 000 元，如果该雇员的赔偿限额是 20 000 元，则保险公司会将该名雇员 5 年内的非法行为视为一次事故处理，最多赔偿 20 000 元。自发现雇员有不诚实行为之日起，若雇主还有应付给雇员的薪金或佣金或其他钱财时，应当在保险赔偿金额中扣除。

雇主向保险人索赔时，应协助保险人向有不诚实行为的雇员进行追偿。保证人在赔偿雇主损失之后可以向不诚实的雇员追偿。根据完全追偿条款，只要雇主没有得到全部赔偿，雇主就对追回的金额或财产享有权利，保证人应把追偿来的金额或财产交付给雇主，雇主获得全部赔偿后的多余部分归保证人所有。

案例 11-2

1998 年初，广州一家合资公司策划在上海某百货商场举办护肤用品专柜特卖活动月。为组织好这次特卖活动，该公司通过某人才市场招聘了 5 名小姐担任此次活动的推销员。有一天，该公司急需将价值五万多元人民币的 20 箱护肤用品从公司驻沪办事处运往商场。当时正值下午 4 时，公司专用送货车辆均已外出未归，活动现场又急等要货。为此，负责这次活动的业务员便安排推销员 A 叫一辆出租车送货，并再三吩咐其随车押货到指定的商场，同时联系商场专柜售货组，派人在商场门口接货。但数小时过后，在商场门口接货的人员却始终未见随车押货的推销员A的踪影。业务员根据公司提供的寻呼机号码与推销员A联系，可是一位回电话的男士声称是机主，却根本不认识业务员要找的推销员A。由于公司招聘资料只有推销员A的呼机号码及一般个人资料，该公司一时无法找到推销员A的下落。发现这批货物已遭不测后，该公司立即向当地派出所报了案。公安刑警人员根据该公司提供的情况和资料，通过向有关寻呼台查询，结果发现推销员A提供的寻呼号码与实际机主身份不符。同时，推销员A在人才市场所留下的身份证及姓名、地址也有不少疑点。对于此案，公安部门虽然对所有的线索做了进一步的追查，但终究没有明确的结果。该公司事后根据投保的雇员忠诚保险向保险公司提出索赔申请。

保险公司接到受损公司的索赔申请后，立即向该公司的有关人员进行了调查取证，并根据保险单所列明的条款，要求被保险人提供雇用推销员A时对其受雇前情况进行查询所获得的证明资料。但事实表明，该公司在雇用推销员A时，未对其受雇前情况做必要的查询。由于被保险人在使用雇员前，未通过必要的查询来防范其雇员在忠诚信用方面潜在的风险，因此保险公司依据保单条款对此案做出了拒赔的决定。

保险公司拒赔的理由是充分的。因为参照国际上的习惯做法，无论是采用哪种方式承保雇员忠诚保险，我国保险公司现行使用的保险条款中都列明，被保险人必须对其雇员受雇前的情况进行查询，并保存查询资料，在索赔时如有必要，应提供给保险公司，通过对其雇员受雇前情况的必要查询来防范被雇用者在忠诚信用方面潜在的风险，这是被保险人的义务之一，也是保险公司提供雇员忠诚保证保障的前提。

五、其他类似产品

(1) 公务员保证保险。这种保证由地方法律规定，作为就职的一项条件，对政府工作人员的诚实信用提供保证。可以分为两类：一类是诚实总括保证，是对公务员不诚实或欺诈行为所造成的损失承担赔偿责任；另一类是忠实执行职务保证，是对公务员因工作中未能忠于职守而给政府造成的损失承担赔偿责任。

(2) 家政人员忠诚保证保险。这与企业购买的雇员忠诚保证保险也是相似的。只是由家庭户主购买，保障家政人员的品德和信用。在保险期间，被保险人因其雇用的家政人员在雇用期间的欺骗或不诚实行为，造成被保险人及其家庭成员的直接经济损失或人身伤害，自公安部门认定的案发之日起六十天内，无法全部或部分从该家政人员处获得赔偿或被盗抢财产仍未查获的，保险人按合同约定在赔偿限额内负责赔偿。其中不诚实的行为包括：家政人员盗窃、抢劫，或勾结、串通他人盗窃、抢劫保险财产；家政人员恶意破坏保险财产；家政人员故意伤害被保险人或其家庭成员。

本章小结

- 保证保险是被保证人根据权利人的要求，请求保险人担保自己信用的保险。保证保险的保险人代被保证人向权利人提供担保，如果由于被保证人不履行合同义务或者有犯罪行为，导致权利人受到经济损失，由保险人承担赔偿责任。
- 保证保险与传统财产保险具有以下区别：保证保险不基于大数法则；保证的是被保证人的品质、诚实守信等可以控制的主观风险；保证人代替被保证人履行义务之后，有权利向被保证人进行追偿；损失的最终承担者还是被保证人自己，风险并不因为其购买了保证保险而转移。保险费实质是手续费。
- 保证保险与信用保险具有以下区别：投保人不同，保证保险的投保人是义务人。投保目的不同，投保人投保保证保险的目的是为了提高自身信用。风险特征不同，保证保险仅保证义务人的商业信用风险。保险人承担的风险不同，保险人在保证保险中可以要求反担保，并且可以在赔偿后追偿。
- 保证保险与保证在以下方面具有明显区别：主体资格；合同对价；保证关系结束；合同地位；债产生的原因；责任承担前提；保证范围；抗辩权力。
- 确实保证保险承保被保证人(即义务人)不按合同约定履行义务而造成权利人发生经济损失时，由保险人负责赔偿，再由保险人向被保证人追偿因保证所造成的损失及发生的费用。投保人是义务人，被保险人是权利人。
- 确实保证保险中运用较多的是投标保证保险和履约保证保险，大多在建筑工程中使用。
- 产品质量保证保险是指因被保险人制造或销售了丧失或不能达到合同规定效能的产品给使用者造成了经济损失时，由保险人对有缺陷产品本身以及由此引起的有关损失和费用承担赔偿责任。
- 产品质量保证保险与产品责任保险的风险都源于产品本身且均需要产品的制造者、销售者或修理者承担法律责任。但两者在下列方面有着本质的区别：风险性质；法律原则；责任范围；责任承担者；受损方；赔偿处理；诉讼管辖权；保险性质。
- 忠诚保证保险是指因雇员的不诚实行为而使雇主遭受经济损失时，由保险人承担赔偿责任。忠诚保证保险承保的是雇员的品德和信用。
- 忠诚保证保险包括个人保证、姓名表保证、职位表保证和总括保证，处理方式有些许不同。

习题

1. 请分析保证保险的运作流程。

2. 请分析保证保险与传统财产保险的区别。

3. 请分析保证保险与信用保险的区别。

4. 请分析保证保险与保证的区别。

5. 请分析合同保证保险中投标保证保险的含义。

6. 请分析合同保证保险中履约保证保险的含义。

7. 请分析产品质量保证保险与产品责任保险的异同。

8. 忠诚保证保险中的“忠诚”究竟是什么含义?

9. 忠诚保证保险大多是由雇主(权利人)交费的,为什么还把它看作保证保险而不是信用保险呢?请解释原因。

10. 忠诚保证保险中的个人保证、姓名表保证、职位表保证和总括保证是否符合大数法则?为什么?

第三部分

财产保险经营与监管

第十二章　财产保险公司的经营与监管

财产保险公司的经营具有一定的特征。虽然从流程来看,财产保险公司的经营环节与人身保险公司非常相似,都包括产品开发、销售、核保、理赔等,但是各个环节的含义及重要性不同。其中比较重要的环节是费率厘定、再保险、准备金提存和偿付能力管理。当然,核保与理赔在财产保险公司中也是非常重要的环节,但这两个环节主要和各个保险产品有关,本章主要介绍在保险公司较为宏观层面的重要经营环节以及相关的监管规定。

第一节　财产保险的费率厘定

一、保险费率的构成

保险费率(Premium Rate)是保险产品的价格,是每单位保险的价格。保险产品的单位通常为千元保额。因此,保险费率是保险人按单位保险金额向投保人收取保险费的标准,也是被保险人为获得每一单位保险金额的保险保障应交纳的保险费的比例。因此,保险费率是计算保险费的基础,通常表示为保险金额的千分之多少或者百分之多少。在保险公司进行保险产品开发时,费率厘定是重要的一个环节。投保人应缴纳的保险费为保险费率和保险金额的乘积:

$$保险费=保险金额\times保险费率$$

保险费率是根据保险产品所保障风险的损失概率、损失程度以及与保险人相关的经营费用而决定的。保险费率包括纯费率(Pure Rate)和附加费率(Surcharge Rate)两个部分。纯费率又称为净费率或自然费率,是根据所保障风险的损失概率和损失程度计算得到的,主要目的是用于满足保险赔偿的需要。附加费率则是根据保险公司经营管理费用而计算的,主要目的是为了弥补保险公司的各项营业费用和支付税金等。保险费率的公式如下:

保险费率＝纯费率＋附加费率

(一) 纯费率

1. 保额损失率

纯费率是保险费率中最为基本的部分。以纯费率为基础而收取的保险费主要用于保险赔偿。因此，纯费率的计算是依据大数法则，将少数不幸事故的损失金额分摊到每一个投保人。保额损失率(The Loss Rate of the Insured Amount)是计算纯费率的基础。保额损失率是保险期限内保险赔偿总额与总保险金额的比率。即假设某风险在保险期限内的平均损失金额为 S，而该保险的保险金额为 A，则保额损失率为 S/A。保额损失率为 S/A 就是纯费率的计算基础。

2. 安全附加系数

保险人是根据历年的统计资料，计算出保险期限内的平均保额损失率，以估计未来单位保险金额的有效索赔额，进而确定纯费率水平。但是，这样确定出来的纯费率并不一定完全精确。因为，平均保额损失率是根据以往的历史资料计算的，而保险标的未来的风险状况可能会发生变化，因此预计的平均保额损失率有可能偏离了实际水平，并且是因基于相对有限的空间和时间范围的历史资料所作出的统计估计，故可能存在误差。比如，历史数据不一定反映了可能的极端概率事件，若未来发生了巨灾，则依平均保额损失率得出的费率就难以保证赔付了。通常为了保障保险人有足够的赔偿能力，必须在平均保额损失率的基础上考虑安全附加，这种附加一般以若干单位的标准差表示。附加的标准差倍数越大，则实际发生的损失金额超过纯费率的概率就越小。一般认为，安全附加系数(Additional Safety Factor)取平均保额损失率的 10%～20%。在开发新险种时，保险人没有自己的经验数据，可通过对社会平均损失统计资料的利用和调整计算纯费率，或通过判断法估算纯费率。因此，纯费率的计算公式如下：

纯费率＝(1＋安全附加系数)×平均保额损失率

当然，也有多种方法来处理安全附加系数。假设 S/A 为保险标的可能发生的保额损失率，PM 为对该保险标的应该收取的纯费率，则增加安全附加系数的方法有以下几种：

(1) 均值法：在保额损失率的期望 $E\left(\frac{S}{A}\right)$ 上增加一个安全附加费率。假设安全附加系数为 θ，则

$$PM = (1+\theta)E\left(\frac{S}{A}\right)$$

(2) 方差法：在保额损失率的期望 $E\left(\frac{S}{A}\right)$ 的基础上加上一个与保额损失率的方差 $Var\left(\frac{S}{A}\right)$ 成比例的安全附加费率，则

$$PM = E\left(\frac{S}{A}\right) + \alpha Var\left(\frac{S}{A}\right)$$

(3) 标准差法：在保额损失率的期望 $E\left(\frac{S}{A}\right)$ 的基础上加上一个与保额损失率的标准差成比例的安全附加费率，则

$$PM = E\left(\frac{S}{A}\right) + \beta\sqrt{Var\left(\frac{S}{A}\right)}$$

例 12-1　　　　纯费率的简化计算示例

某全损险，只有当保险标的发生全部损失时才进行赔偿。假设保险标的发生全部损失时的损失金额为 X，发生事故的概率为 p。假设总共有 N 份保单，每份保险金额均相同，为 A，则计算如下：

保险期限内可能发生的保险事故次数为：Np

保险期限内所发生保险事故的总损失金额为：NpX

保险期限内的总保险金额为：NA

保额损失率为：$NpX/NA = pX/A$

假设保险公司采用的安全附加系数为 5%，则

纯费率 $= pX/A(1+5\%)$

3. 纯费率考虑因素

当然，例 12-1 中所举的计算示例是最为简化的示例，其假设保险产品只保障了一种风险，假设损失金额只有全部损失一种情况，并假设了保险期限内只可能发生一次保险事故。实际上的财产保险产品没有那么简单。通常，某一个保险产品会保障多种风险，比如火灾与盗窃，因此需要就每一种风险计算纯费率之后加总，同时考虑风险之间的相关性；损失金额多种多样，可能发生全部损失，也可能发生部分损失，因此需要计算每次事故的期望损失金额；保险期限内可能会发生多次事故，因此还需要计算保险期限内保险事故的期望次数，然后再与期望损失金额相结合，得到期望损失。所以，一般而言，保险产品的纯费率取决于下列因素：

- 单一风险保险事故的发生概率，即保险期限内某一特定风险可能发生的期望次数；
- 单一风险保险事故的损失程度，即保险期限内某一特定风险每次事故的期望

损失；

- 保险产品所保障的风险数量；
- 保险产品所保障风险之间的相关程度。

纯费率与上述四个因素都是成正相关关系。单一风险保险事故的损失概率越大、损失程度越大，则纯费率越大；保险产品所保障的风险数量越多，则纯费率越高；倘若两个风险之间是完全不相关的，则纯费率等于两个风险纯费率之和；倘若两个风险之间有相关性，则需在两个风险纯费率之和的基础上适度提高。

(二) 附加费率

保险人经营保险业务时，必然要支出各种费用和税收，比如人工费、核保费、理赔费用、税收等。这些费用也应当由投保人来承担。除此之外，保险公司的股东还需要从保险经营中取得合理的利润，羊毛出在羊身上，利润也必须由全体投保人分享。所以，费率除了包括纯费率之外，还包括附加费率，从而反映并弥补保险营业成本和期望利润。

通常，附加费率表示为费率的一定比例，其计算基础是保险公司的财务分析。保险公司为保险产品定价时，将分析整理与该保险产品有关的所有费用，比如员工工资、业务费、管理费、代理手续费、税金、意外准备金等项目，并考虑该项目的合理利润。将上述各费用之和与保险金额相比之后，即得到附加费率。

例 12-2　　附加费率的计算示例

例如，某财产保险项目的保险金额为 100 亿元，纯费率为 2.1‰。保险公司经过财务核算，认为该保险项目的附加费用有：代理手续费 65 万元，其他管理费 150 万元，职工工资等 90 万元，营业税收 106 万元，并考虑预期经营利润 40 万元。则附加费用率为：

(65 万元＋150 万元＋90 万元＋106 万元＋40 万元)/100 亿元＝0.451‰

保险费率则为：

保险费率＝纯费率＋附加费率＝2.1‰＋0.451‰＝2.551‰

附加费率是保险费率中处于次要地位的因素。在竞争比较激烈的市场，保险公司有时可能会通过牺牲利润、甚至牺牲费用的方式来提高自身的竞争能力从而获得业务。另外，保险公司在提高自身竞争能力时，通常采用的办法也只有提高经营效率、压缩附加费用进而降低附加费率。

二、保险费率的厘定原则

确定保险费率是保险公司在产品设计过程中最为重要的环节，是保险经营的基础。保险费率的高低直接关系到保险合同双方当事人的利益，也关系到保险人的市场竞争力。因此，保险公司在厘定保险费率时应遵循下列原则：

（一）公平与效率的原则

即保险费率需要遵守公平性。公平性即费率计算上的公平，对相同风险的保险标的应当实行相同的费率，而对不同风险的保险标的实行不同的费率。公平性包括两个方面的含义，一方面保费收入必须与预期赔偿金额相对称；另一方面被保险人所负担的保费应当与其所获得的保险权利相一致，保费的高低应与保险种类、保险期限、保险金额、被保险人年龄、性别等相对称。因此，从公平性来讲，由于每个标的都有所不同，则极端的差别费率即实行一人一价。当然这是不可能的。所以，需要注意的是，保险费率的厘定实际上是一种相对公平。

公平通常都是与效率相左的。极端公平的情况下应该一人一价。倘若真如此，则保险公司会花大量的功夫在费率厘定方面，哪怕有些许差别，也要表现出来。如此则失去了效率，同时也与大数法则不符。而在极端有效率的情况下，则是采用统一价格，“一刀切”的方式简单又快捷。但如此又失去了公平，无论风险高低，费率却完全相同。所以，保险费率的厘定实际上是一种相对公平，依据大数法则寻求平均的规律，然后根据个体特征进行微调，从而在公平与效率之间寻求一个平衡点。

（二）合理与充分的原则

这里包含两个方面的内容：合理性与充分性。其中，合理性是指保险费率水平应与保险标的的风险水平和保险人经营水平相一致。保险费率水平不能过高，倘若投保人缴付的保费多于他们获得的实际价值，则保险人会获得超额利润，过高的费率显然不符合公众的利益。

充分性是保险费率的厘定必须保证保险公司有足够的资金来源和赔偿能力，能够应付正常赔款支出及合理的营业费用、税收和公司的预期利润，并能积累一定的保险准备金，应付异常的灾害事故。充分性实际上是指保险费率水平不能过低，从而保证保险人有充足的赔偿能力。

因此，保险费率水平不易过高，也不易过低，而应当与保险标的的风险和保险公司的经营水平相一致。

（三）稳定灵活的原则

这里也包括稳定性和灵活性两个方面。其中，稳定性是指保险费率一经确定，在一定时期内应保持相对稳定，不要过分频繁地变动。灵活性是指保险费率虽然要保持相对稳定，但随着损失风险和经济状况的变化，保险费率也能够进行灵活的变化，以确保保险费率的公平和合理。

因此，保险费率应当在一定时期内保持稳定，以保证保险公司的信誉；同时，也要随着风险的变化、保险责任的变化和市场需求等因素的变化而调整，具有一定的灵活性。

(四) 简明可接受性

简明性是指保险费率制度应该简明，容易被人理解。过于复杂的费率制度不利于使用，或者会提高保险公司的经营成本。可接受性即保险公司所采用的费率因子应当符合法律规定，符合人们的价值观念和习惯。比如，数据显示，相对于其他颜色的车辆，红色车辆发生事故的概率比较高，但是倘若就因为投保车辆是红色的，就要被收以较高的保费，消费者可能会对此产生不理解甚至不认可的情绪。那么就不能考虑这一费率因子。这也正如人身保险中有些国家规定采用混合生命表而不能按男女分别定价一样，这样被认为是性别歧视。

(五) 促进防灾防损

促进防灾防损是指保险费率的厘定应鼓励投保人和被保险人主动采取防灾防损的措施，从而有助于减少损失。即厘定费率时要反映投保人和被保险人的风险防范措施，给予相应的费率优惠；并且，保险公司参与防灾防损活动时所发生的费用也应该在厘定费率时加以考虑。除此之外，还可以在续保时采用无索赔折扣等措施进一步鼓励大家做好防灾防损的工作。对防灾工作做得好的投保人可以降低其费率；对无损或损失少的被保险人，实行优惠费率；而对防灾防损工作做得差的被保险人，实行高费率或续保加费。

知识窗 12-1 《财产保险公司产品费率厘定指引》(2017 年 1 月)

费率构成：

产品保费包括风险保费和附加保费。风险保费又称纯保费，是指保险公司为支付预期的保险赔偿金收取的保费。附加保费是指保险公司为满足风险管理要求、支付经营管理费用、获取正常利润等目的而收取的保费。附加保费包括费用附加、风险附加和利润附加等。其中，费用附加是指保险公司因获取保单、维持保单和履行保险责任等经营管理行为所产生的费用成本。风险附加是指保险公司因实际赔偿金额可能高于风险保费的不确定性而承担的成本。利润附加是指保险公司销售保险产品的预期利润。

保险费率由基准费率和费率调整系数组成。基准费率包括纯风险损失率和附加费率，纯风险损失率是指风险保费与风险暴露的比率，附加费率是指附加保费与总体保费的比率。

费率原则：

保险公司进行费率厘定时应遵循合理性原则。不得因费率过高而获得与其承保风险不相称的超额利润，不得在费率结构中设置与其所提供服务不相符的高额费用水平，从而损害投保人、被保险人的合法利益。费率设定应与保险条款相匹配，并有利于激励保单持有人主动进行风险控制。

保险公司进行费率厘定时应遵循公平性原则。费率水平应与被保险人和保险标的的风险特征相匹配，且不得根据风险特征以外的因素作出歧视性的费率安排。

保险公司进行费率厘定时应遵循充足性原则。费率水平不得危及保险公司财务稳健和偿付能力或妨碍市场公平竞争，计入投资收益后的费率水平原则上不得低于其所对应的各项成本之和，费率结构中所设置的费率调整系数不得影响费率充足性。

费率厘定时考虑的因素：

(1) 风险因素：与费率厘定过程有关的各种风险及风险之间的相关性，明确费率厘定的约束条件。

(2) 产品特点：保险产品责任范围、免赔、退保等保单条款的相关约定。

(3) 基础数据：数据质量、可获得性和可操作性等。

(4) 数据组织形式：结合产品特点和数据质量，合理选取事故年度、保单年度、日历年度等数据组织形式。

(5) 风险单位：选择合适的风险单位作为风险驱动因子。风险单位应能合理反映风险，且可以准确度量。

(6) 风险细分：将风险单位细分成具有相似风险特征的风险类别，并合理平衡风险同质性和数据可信度之间的关系。

(7) 准备金充足性状况与损失进展：充分考虑准备金充足性状况，采取适当的精算方法，合理估计与现有已报告赔款对应的最终赔款。

(8) 趋势：考虑风险单位、赔付成本和费用成本在未来的变化趋势。

(9) 巨灾：根据保单条款责任，考虑巨灾的影响及成本。

(10) 再保险：考虑再保险安排对费率厘定的影响。

(11) 资本成本：结合产品特性，综合考虑投资收益和股东对资本回报的要求。

(12) 公司经营行为变化：考虑公司在承保、理赔、准备金评估和市场营销等方面的变化。

(13) 外部因素：考虑司法环境、监管政策、税收政策、通货膨胀、市场竞争和资本市场等保险公司外部环境的变化。

三、财产保险条款与费率的监管

各国保险监督管理机构都对保险费率的厘定进行了严格监管。保险公司在厘定费率时必须遵守有关法律的规定，同时还必须注重保险公司的业务准则，使保险费率不仅能帮助保险公司收取足够的保险费以支付赔款和相应的费用，而且有利于保险公司市场竞争力的提高，并不增加投保人的负担。目前，我国财产保险产品的条款与费率方面的监管根据是《财产保险公司保险条款和保险费率管理办法》(2010 年 4 月实施)。

(一) 审批制与备案制

保险公司应当依据法律、行政法规和中国银保监会的有关规定制订保险条款和保险费率，并对保险条款和保险费率承担相应的责任，由其总公司向监管机构申请保险条款和保险费率审批或者备案。因此，在我国，财产保险产品有审批制和备案制两种。

所谓审批制，是指这类财产保险产品的条款和费率需要经过监管机构的批准之后方能在保险市场上公开销售。具体而言，下列保险险种应当实行审批制：

- 关系社会公众利益的保险险种。
- 依法实行强制保险的险种。

对于应当申请审批的保险条款和保险费率，在监管机构批准前，保险公司不得经营使用。国务院保险监督管理机构审批时，应当遵循保护社会公众利益和防止不正当竞争的原则。监管机构可以委托保险行业协会或保险公司拟订主要险种的基本保险条款和保险费率。

除上述需审批的险种之外的其他险种，均采用备案制。即在向监管机构报备的同时就可以进行销售。监管机构可以根据市场情况对险种范围进行调整。当然，保险公司对已经备案的保险条款中的保险责任或者保险费率进行修改调整的，应当重新报监管机构备案。

现在，除了上述的几类需审批的险种之外，其他保险产品的条款和费率的制定权都交给了保险公司。这不仅体现了市场化的原则，也是整顿市场秩序的治本之举。保险条款费率相关规定的修改，对保险公司和保险监管机构都是一次严峻的挑战。就保险公司来说，对其费率厘定能力和经营管理水平提出了更高的要求。费率的厘定要依靠充分的统计信息、过硬的精算技术和丰富的管理经验。同时，保险公司必须找准市场需求，最大限度地节约成本，才能开发出既适应市场又具有竞争力的产品。就监管机构来说，不再制定条款费率绝不意味着对保险条款费率撒手不管。相反，由保险公司制订条款和费率，必将带来保险产品的差异化的趋势，从而增加条款费率审批备案的难度和复杂性；条款费率的差异性在客观上使得被保险人识别和选择产品的难度加大，这就要求监管机构必须强化对保险公司条款费率信息披露行为的监督和对费率执行情况的稽查。

（二）组合式及共保保险条款和保险费率

所谓组合式保险，是指保险公司将保险产品进行组合销售。倘若这些保险产品是已经审批或备案且保险条款和保险费率未作修改的，则组合之后的保险产品无须重新报送审批或备案。但是，倘若这些产品虽已经审批或备案，但组合式保险中对其保险条款和保险费率做出修改的，则应当重新报送审批或者备案。在经营使用组合式保险条款和保险费率时，保险公司应当分别列明各保险条款所对应的保险费和保险金额，以便对照查看。

除此之外，在多家保险公司提供共同保险的业务中，其他保险公司可以直接使用首席承保人经监管机构审批或者备案的保险条款和保险费率，无须另行申报。

（三）法律责任人和精算责任人

监管规定，保险公司应当指定一名法律责任人（Legal Responsible Person）和一名精算责任人（Actuary Responsible Person），分别负责保险条款和保险费率的法律和精算事务。可以说，法律责任人和精算责任人是保险公司中技术性含量较高的专业人士，也是该领域内职业发展的最高职位。保险公司指定的法律责任人和精算责任人，应当经监管机构核准之后才有效。保险公司在审批或备案保险产品的条款和费率时，则应该提交由精算责任人签署的精算报告和出具的精算责任人声明书，以及由法律责任人出具的法律责任人声明书。

当然，监管机构对法律责任人和精算责任人进行了比较严格的监管。保险公司应当向法律责任人和精算责任人提供其承担工作职责必需的信息，并充分尊重法律责任人和精算责任人的专业意见。保险公司应当加强对法律责任人和精算责任人的管理，建立、健全法律责任人和精算责任人内部管控、问责等机制。保险公司法律责任人和精算责任人的内部管理制度应当报送中国银保监会。

1. 法律责任人

保险公司法律责任人应当具备下列条件：在中华人民共和国境内有住所；属于公司正式员工，且在公司内担任部门负责人及以上职务；通过律师资格考试或者国家统一司法考试，或者有其他经历足以证明其具备良好的法律专业能力；具备连续三年以上国内保险或者法律从业经验；过去二年内未因违法执业行为受到行政处罚；未受过刑事处罚等。

法律责任人主要是对保险产品的条款承担责任，具体责任则是确保保险条款达到以下要求：符合《中华人民共和国保险法》等法律、行政法规和监管机构的有关规定；不损害社会公共利益，不侵害投保人、被保险人和受益人的合法权益；保险合同要素完备、文字准确、语言通俗、表述严谨等。

2. 精算责任人

符合下列条件的人员，经监管机构核准后可以担任保险公司的精算责任人：中国精算师，或者通过中国准精算师资格考试部分科目（包括数学基础Ⅰ、数学基础Ⅱ、复利数学、风险理论、非寿险精算数学与实务），或者经中国银保监会认可的精算人员；从事保险精算工作或相关工作3年以上；在中华人民共和国境内（不含港澳台）有住所；无违法犯罪记录；在执业中，无不良记录。

符合下列条件的人员，每年经监管机构核准后可以担任保险公司的精算责任人，但累计担任的时间不得超过5年：获得国外精算专业资格；从事财产保险（再保险）精算工作或相关工作5年以上；在中华人民共和国境内（不含港澳台）有住所或固定办公场所；无违法犯罪记录；在执业中，无不良记录。

精算责任人主要是对保险产品的费率承担责任：精算报告内容完备；精算假设和精算方法符合通用精算原理和监管机构的有关规定；对有利益演示的产品，利益测算方法符合通用精算原理和监管机构的有关规定；保险费率厘定合理，结果满足充足性、适当性和公平性原则等。

第二节 财产保险的再保险

再保险（Reinsurance）是保险人为了分散风险，在原保险的基础上通过签订分保合同，将其承保的部分或全部风险责任向其他一个或多个保险人进行保险的方式。由于财产保险存在巨灾风险，因而财产保险的经营过程中，再保险必不可少。

一、再保险的功能

正如人们需要获得原保险的保障一样，保险人也需要把集中的风险再进行分散。保险人可以运用再保险扩大其承保能力，将承保的责任在国内和国际范围内分散，使灾害事故责任均衡化。再保险的基本功能便是分散风险或责任。具体而言，再保险具有以下功能：

1. 再保险能扩大保险人的承保能力，增加其业务量

我国《保险法》第102条规定："经营财产保险业务的保险公司当年自留保险费，不得超过其实有资本金加公积金总和的四倍。"第103条规定："保险公司对每一危险单位，即对一次保险事故可能造成的最大损失范围所承担的责任，不得超过其实有资本金加公积金总和的百分之十；超过的部分应当办理再保险。"这些规定正是为了保证保

险人的偿付能力，使其在财务状况允许的范围内承保业务，从而保护了被保险人的利益，但同时也限制了保险人的业务量。再保险就是解决这个矛盾的有效途径。保险人通过再保险可将超过自身财务能力的那部分业务分给其他保险人，这样就可以在不增加资本金的情况下扩大保险人的承保能力，使其有能力接受原本不能承保的业务，从而增加了业务量。

2. 再保险能控制保险人的责任，保证经营的稳定性

保险人在承保业务时，不仅要考虑自身的承保能力，还要考虑承保标的的风险大小。为了保证经营的稳定性，保险人可以拒绝承保风险大的标的，也可以采取各种承保控制的措施有条件地予以承保。某些保险险种的业务经营在年度间有波动性，会出现亏损。此时，保险人可通过再保险将自己已经承保的业务分给其他保险人，从而使风险控制在合理的范围内，达到经营稳定的目的。

3. 再保险可以促进保险人加强管理

再保险业务与直接保险业务相比，涉及面更加广泛，对保险人的业务水平和专业知识都有更高的要求。保险人不仅要正确评估自己承保的风险，合理确定自留额和分保额，以确保保险费不会过多地流失，而且要了解国际保险市场信息，以寻找合适的再保险人，选择最优的再保险方式，进行合理的再保险安排。另外，再保险还涉及外汇以及各国不同的政策法律等问题。所以，再保险要求保险人具备更加丰富、更加全面的专业知识，尤其要提高风险管理和业务管理水平，才能与国际接轨。因此，再保险可以推动保险人加强管理。

4. 再保险为保险业的健康发展提供保障

通过建立再保险关系，处于不同国家和地区的保险人加强了联系和合作，形成了联合的巨额保险基金，增强了整个保险业应付巨灾的能力，使风险在世界范围内得到分散。比如某个国家发生了巨灾，仅靠本国保险人的力量是远远不够的。如果没有再保险，就可能导致多家保险公司破产。而保险公司通过再保险将风险分散到世界各地，一旦某个地区发生巨灾，保险人可及时从再保险人处获得摊回赔款。特别是新的保险公司或专业自保公司有了再保险作后盾，就可以得到技术上和财务上的支持，改善经验不足和财力匮乏的状况，保证业务稳定发展。另外，世界上有些发展中国家还利用再保险作为宏观调控国内保险市场的经济手段，培育和发展国内保险市场。

5. 再保险间接保障了社会公众的利益

再保险是保险人的保险，是对保险人偿付能力的有效保障。而对保险人偿付能力的保障，归根结底还是为了保证被保险人乃至社会公众的利益。此外，如果没有再保险，如有大额业务，一个保险人可能没有足够的承保能力，投保人可能要与多个保险人签订共同保险合同才能达到分散风险的目的。通过再保险，投保人只需与一个保险人

签订合同，再由保险人进行再保险即可，不必向多个保险人投保。这样便简化了投保手续，为社会公众转移风险提供了便利，从而也间接地保障了社会公众的利益。

二、再保险的方式

再保险作为保险人转移和分散风险的一种手段，其方式是多种多样的，但归纳起来可以分为两大类：比例再保险和非比例再保险。

（一）比例再保险

比例再保险（Proportional Reinsurance）是指分出公司和分入公司分别对总承保额承担一个固定的比例，按照这个比例来分配保险费，也按照这个比例来承担保险责任。比例再保险是以保险金额为基础来确定分出公司和分入公司各自责任的一种方式。比例再保险可以分为成数再保险、溢额再保险和成数溢额混合再保险三种形式。

（1）成数再保险（Quota Share Reinsurance）。成数再保险是指原保险人将每一危险单位的保险金额，按照约定的比例分给再保险人的再保险方式。双方按照这个比例分摊保险费和保险责任。这种方式的最大特点是"严格按比例"，堪称为按比例再保险的代表方式，同时也是最简单和分摊最彻底的再保险方式。成数再保险的手续比较简化，可以节省人力和费用，并且在成数再保险中，再保险合同双方的利益是一致的。但是，成数再保险缺乏灵活性。

（2）溢额再保险（Surplus Reinsurance）。溢额再保险是由原保险人和再保险人签订协议，对每个危险单位确定一个由原保险人承担的自留额，保险金额超过自留额的部分称为溢额，分给再保险人。溢额再保险的手续繁琐、费时费力，由于每个危险单位的保险金额不同，所以，不同的危险单位要计算不同的分保比例，并据此逐笔计算有关的分保费和摊回赔款。溢额再保险的优点在于，分出公司可以根据具体业务种类、质量和性质以及自身的财务状况来灵活地确定自留额，特别是对大额或高额业务的处理较有弹性。溢额再保险是保险实务中运用最为广泛的再保险方式。

（二）非比例再保险

非比例再保险（Non-proportional Reinsurance）是以保险赔款金额为基础来计算分出公司自留责任和分入公司接受责任的一种分保方式，也称为超额损失再保险（Excess of Loss Reinsurance），即当保险标的的损失金额超过分出公司和分入公司约定的分出公司自留的额度和标准时，分入公司承担超过部分的一定额度。非比例再保险包括多种方式，其中最常用的主要有险位超赔再保险（Working Cover）、事故超赔再保险（Catastrophe Cover）、赔付率超赔再保险（Excess of Loss Ratio Reinsurance）三种。

（1）险位超赔再保险。险位超赔再保险是以每一危险单位所发生的赔款金额为基础来计算原保险人的自负责任和分入公司的分保责任的一种再保险方式。险位即危险单位。在这种方式下，对每一危险单位发生的保险赔款，双方都要约定分出公司自负的金额和分入公司接受的金额。如果发生的保险赔款在分出公司自负金额之内，则由分出公司自己负责赔偿；若发生的保险赔款超过了分出公司的自负额，则由分入公司进行赔付。分入公司的赔付责任通常也是有一定限制的。

(2) 事故超赔再保险。事故超赔再保险是以一次事故中所造成的总赔款金额为基础来确定分出公司自负责任和分入公司接受责任的一种超赔分保方式，也称为巨灾超赔保障。在这种形式下，不论一次事故中涉及了多少个危险单位，保险金额有多大，只要总赔款金额在分出公司的自负责任限额之内，就由分出公司承担赔付责任；当总赔款金额超过分出公司自负责任限额时，则其超过部分的一定额度由分入公司承担。

(3) 赔付率超赔再保险。赔付率超赔再保险是以某一业务在一定时期的赔付率为基础来确定分出公司自负责任和分入公司接受责任的再保险方式。赔付率即赔款金额与保险费的比例。即在约定的某一时期(一般为一年)内，当赔付率超过一定标准时，由再保险人就超过部分负责至某一赔付率或金额，两者以低者为限。由于这种再保险可以将分出公司某一年度的赔付率控制在一定的标准之内，所以对于分出公司而言，又有停止损失再保险或损失中止再保险之称。

三、再保险的安排

再保险安排是指分出公司如何运用各种再保险形式与接受公司建立再保险关系。再保险安排的基本方式有临时再保险、合约再保险和预约再保险三种。

(一) 临时再保险

临时再保险(Facultative Reinsurance)是分出公司根据承保业务的需要，将有关风险或责任进行临时分出的再保险安排。临时再保险在安排时需要将分出业务的具体情况和分保条件逐笔告知对方，接受公司是否接受和接受多少均可自主决定。同样，分出公司也可自主决定是否分出和分出多少。分出公司和接受公司对临时再保险业务均有自由选择权，对双方不具强制性。由于临时再保险是对风险的临时分出安排，因此往往是分出公司针对个别特殊保单或危险单位采取的临时处理风险的措施。临时再保险业务条件清楚，分保费支付较快。但由于临时再保险是逐笔安排的，手续相对繁琐，增加了营业费用开支。此外，分出公司一般须在临时再保险安排完毕，才能对原被保险人承保，因而时间性很强。

(二) 合约再保险

合约再保险(Treaty Reinsurance)是分出公司和接受公司预先订立分保合同，分出公司按照合同的规定将有关风险或责任转让给接受公司的再保险安排。合约再保险也称固定再保险,合同将业务范围、地区范围、除外责任、分保佣金、自留额、合约最高限额、账单编制和结付等分保条件用文字予以固定,明确双方的权利和义务。因此合约再保险对分出公司和接受公司均有约束力,订约双方无自由选择权,分出公司有义务按合同规定分出,接受公司有义务按合同规定接受。

(三) 预约再保险

预约再保险(Open Cover)是介于临时再保险和合约再保险之间的一种再保险安排,往往作为合约再保险的补充。对分出公司来说,预约再保险具有临时再保险的性质,分出公司可以选择是否分出;对接受公司来说,预约再保险具有合约再保险的性质,接受公司必须按预约再保险的规定接受分入,没有选择余地。分出公司可以根据业务的实际情况,灵活自由地决定是否办理分保,而一旦需要分保,就可利用所拥有的分保主动权,自动安排分保。但预约再保险对接受公司具有约束力,凡属预约分保范围内的业务,分出公司一经分出,接受公司就必须接受,没有挑选余地。

知识窗 12-2　　中国法定再保险的变迁与监管

法定再保险(Compulsory Reinsurance)是指按照国家的法律、法规,原保险人必须将其承保业务的一部分向国家再保险公司或由政府指定的再保险公司进行分保,即由国家法律规定强制实施。由于法律本身具有强制性,这种再保险也称强制再保险。一国实行法定再保险的目的主要在于以下方面:通过法定再保险对该国保险市场实施保护,从而扩大该国保险市场的承保能力,减少对外国公司的再保险依赖,控制分保费外流;加强政府的监督管理,维护保单持有人的利益;积聚资金,提高保险业的偿付能力。但是,由于法定再保险指定了办理再保险的公司,而且履行法定再保险责任的公司大多是本国保险公司,所以,在世界经济一体化进程中,在打破贸易壁垒的要求下,法定再保险逐渐被取消。

中国法定分保业务起始于 1985 年。国务院颁布的《保险企业管理暂行条例》,要求各保险公司必须向中国人民保险公司办理 30%的法定分保业务。1995 年 6 月,《保险法》第 101 条规定:"除人寿保险业务外,保险公司应当将其承保的每笔保险业务的 20%按国家有关规定办理再保险。"据此,各家保险公司向中保再保险公司进行法定分保,后被称为中国再保险公司。1999 年,中国保监会制定了《法定分保条件》,规定:法定分保业务范围是指除人寿保险业务外的承保业务;法定分保业务的计费基础为每笔保险业务毛保费收入的 20%。2001 年,中国加入世贸组织时承诺,将每年降低 5%的法定再保险比率,直至 2006 年时,中国的法定再保险业务完全取消,代之以各家保险公司自由办理再保险的商业再保险业务。

2010 年 5 月，中国保监会出台了《再保险业务管理规定》，并于 2015 年 10 月 19 日进行了修订。其中就再保险比率方面做了如下规定，但均不再指定办理再保险的保险公司：

第十条　保险人应当依照《保险法》规定，确定当年总自留保险费和每一危险单位自留责任；超过的部分，应当办理再保险。

第十一条　除航空航天保险、核保险、石油保险、信用保险外，直接保险公司办理合约分保或者临时分保的，应当符合下列规定：

（一）以比例再保险方式分出财产险直接保险业务时，每一危险单位分给同一家再保险接受人的比例，不得超过再保险分出人承保直接保险合同部分的保险金额或者责任限额的 80%；

（二）每一临时分保合同分给投保人关联企业的保险金额或者责任限额，不得超过直接保险业务保险金额或者责任限额的 20%。

第三节　财产保险公司的准备金监管

与一般企业不同，保险公司是典型的负债经营模式。一般企业的利润都等于收入减去支出即可，但保险公司的利润除了收入减去支出之外，还要减去各种准备金。因为准备金是保险公司的负债，并非保险公司的收入，因此需要减去之后才可以得到利润。所以，准备金在保险公司经营过程中非常重要。准备金的计提直接关系到保险公司的利润水平，因此，保险公司在计提准备金时必须按照国家监管的规定严格执行。目前，我国有关准备金的监管规定主要还是 2005 年颁布的《保险公司非寿险业务准备金管理办法（试行）》（以下简称《办法》）。

一、非寿险准备金的种类

《办法》中首先规范了保险公司必须计提的准备金种类，保险公司非寿险业务准备金包括未到期责任准备金、未决赔款准备金和监管机构规定的其他责任准备金。

未到期责任准备金（Unearned Premium Reserve）是指在准备金评估日为尚未终止的保险责任而提取的准备金，包括保险公司为保险期间在一年以内（含一年）的保险合同项下尚未到期的保险责任而提取的准备金，以及为保险期间在一年以上（不含一年）的保险合同项下尚未到期终止的保险责任而提取的长期责任准备金。

未决赔款准备金（Outstanding Loss Reserve）是指保险公司为尚未结案的赔案而

提取的准备金，包括已发生已报案未决赔款准备金（Incurred and Reported Outstanding Loss Reserve）、已发生未报案未决赔款准备金和理赔费用准备金。已发生已报案未决赔款准备金是指为保险事故已经发生并已向保险公司提出索赔、保险公司尚未结案的赔案而提取的准备金。已发生未报案未决赔款准备金又称为 IBNR 准备金（Incurred but not Reported），是指为保险事故已经发生，但尚未向保险公司提出索赔的赔案报案而提取的准备金。理赔费用准备金（Claims Expense Reserve）是指为尚未结案的赔案可能发生的费用而提取的准备金，其中包括为直接发生于具体赔案的专家费、律师费、损失检验费等而提取的直接理赔费用准备金，以及为非直接发生于具体赔案的费用而提取的间接理赔费用准备金。

除了未到期责任准备金和未决赔款准备金之外，监管机构还规定了保险公司应当提取的其他责任准备金，如巨灾风险责任准备金等。这些准备金则是在其他规定中另行处理的。

二、未到期责任准备金

未到期责任准备金又称为保费责任准备金，是从保费的角度提取的。提取该准备金的原因在于，我国的会计年度是从每年的 1 月 1 日至 12 月 31 日，而保单年度则是随意地从任意一天开始直至 365 天结束。因此，保单年度与会计年度之间存在着不一致的现象。当保险公司在销售保险产品时，在保单年度之初向投保人预收了一年的保费，这实际上是保险公司的负债，而不是保险公司自己的资产；而当会计年度结束需要进行会计核算时，则保险公司只赚取了已经过去了的部分保单年度所对应的保费，这部分称为已赚保费（Earned Premium）。而对于未来尚未经历的部分保单年度所对应的保费，即未赚保费（Unearned Premium），则不属于保险公司的资产，而是负债，故应当计提准备金，而不能算作是当期收入。

未到期责任准备金的提存原理可以用图 12-1 来进行解释。

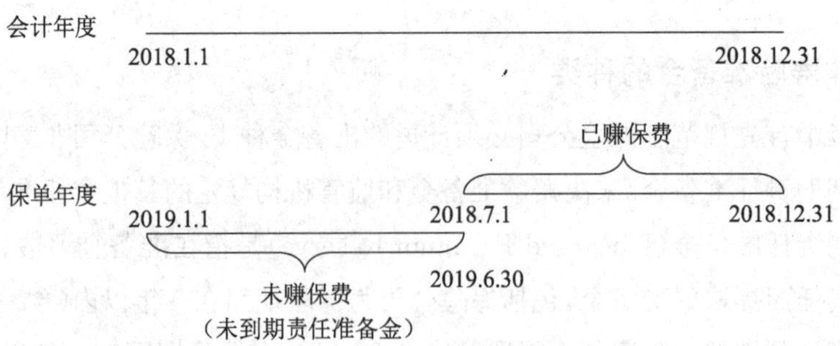

图 12-1 未到期责任准备金示意

比如，某一张保单是2018年7月1日签发的，并且在2018年7月1日之前已经收取了一年的保费。则其保单年度为2018年7月1日至2019年6月30日。在2018年12月31日要进行2018年会计年度的会计核算，此时，保单年度只经历了2018年7月1日至2018年12月31日，而2019年1月1日至2019年6月30日这部分保单年度尚未经历。因此，2018年7月1日至2018年12月31日这部分保单年度所对应的保费称为已赚保费，应当计入2018年会计年度的当期收入；但是，2019年1月1日至2019年6月30日这部分保单年度所对应的保费则称为未赚保费，这部分虽然已经被保险公司收入囊中，但并不是保险公司自己的钱，而是投保人的钱。因而称为未赚保费，并作为未到期责任准备金从当期收入中扣减。

未到期责任准备金的提取，就应当采用下列方法的其中之一：以月为基础计提的二十四分之一法；以天为基础计提的三百六十五分之一法；对于某些特殊险种，根据其风险分布状况可以采用其他更为谨慎、合理的方法。其中，对于机动车辆法定第三者责任保险，应当采用三百六十五分之一法评估其未到期责任准备金。由于准备金的提存影响保险公司的利润水平，因此，未到期责任准备金的提取方法一经确定，不得随意更改。以图12-1中的保单为例，如果假设保费在保单年度中是均匀分布的，则在2018年12月31日正好经历了一半的保单年度，则已赚保费为保费的一半，而未赚保费即未到期责任准备金也为保费的一半。所以，二十四分之一法是假设保费在12个月之间均匀分布，计算精度到月即可；而三百六十五分之一法则是假设保费在365天之间均匀分许，计算精度需要到天。

保险公司在评估未到期责任准备金时，要对其充足性进行测试。未到期责任准备金的提取金额应不低于以下两者中较大者：预期未来发生的赔款与费用扣除相关投资收入之后的余额；在责任准备金评估日假设所有保单退保时的退保金额。当未到期责任准备金不足时，应提取保费不足准备金，提取的保费不足准备金应能弥补未到期责任准备金和上述两者较大者之间的差额。

三、未决赔款准备金

未决赔款准备金是从赔款的角度来提取的准备金。其原因是，在保险公司理赔的过程中，需要时间进行调查、理算等，因此各个环节之间必定会存在一定的时间延迟，而实际上在被保险人提出索赔的时候，虽然这部分赔款还没有赔出去，但在未来可能要赔出去；故从那时起，这部分未来可能发生的赔款就已经不是保险公司的资产了，而是被保险人的资产、保险公司的负债，所以必须把这部分钱作为准备金，从收入中扣除。除此之外，在处理赔案的过程中还会发生各项费用，这些费用在未来也是必然会发生的，因此也要提前作为准备金，从收入中扣除。未决赔款准备金包括了已发生已报案未决赔款准备金、已发生未报案未决赔款准备金和理赔费用准备金，分别针对保险公司处理赔款过程中存在的各种延迟。

未决赔款准备金的提存原理可以用图 12-2 来进行解释。

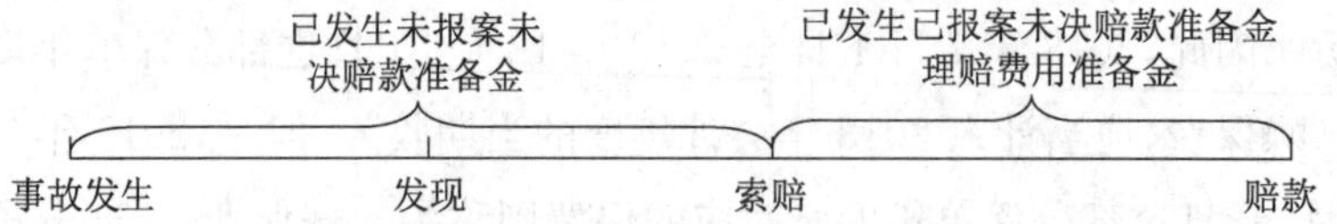

图 12-2 未决赔款准备金示意

图 12-2 中显示，每一次事故的发生与索赔，都要经过发生、发现、索赔和赔款四个环节，各个环节之间都有时间的延迟。其中，在被保险人提出索赔时，由于处理索赔是需要时间的，特别是对于一些复杂的大案，处理索赔的时间更长，因此需要为未来的赔款提存已发生已报案未决赔款准备金。另外，理赔过程中还会发生多项理赔费用，因此需要提存理赔费用准备金，当然包括直接理赔费用准备金和间接理赔费用准备金。除此之外，还有一些事故已经发生了，但是尚未向保险公司提起索赔，因此需要为这类赔案提存已发生未报案未决赔款准备金（IBNR 准备金）。特别是针对长尾巴风险而言，由于其在事故发生与发现之间的时间间隔较长，因此已发生未报案未决赔款准备金（IBNR 准备金）显得尤其重要。相对而言，短尾巴风险在事故发生与发现和索赔之间的间隔较短，已发生未报案未决赔款准备金（IBNR 准备金）相对而言不是那么重要。

对已发生已报案未决赔款准备金，应当采用逐案估计法、案均赔款法以及监管部门认可的其他方法谨慎提取，而且不得扣减为相应赔案所预付的赔款。对已发生未报案未决赔款准备金，应当根据险种的风险性质、分布、经验数据等因素采用至少下列两种方法进行谨慎地评估与提取：链梯法，案均赔款法，准备金进展法，B-F 法等其他合适的方法。并且，应当根据评估结果的最大值确定最佳估计值。对于直接理赔费用准备金，应当采取逐案预估法提取；对间接理赔费用准备金，采用比较合理的比率分摊法提取。对含投资或储蓄成分的保险产品，其风险保障部分也应该按照保障型保险产品提取未到期责任准备金和未决赔款准备金。

保险公司应当谨慎评估未决赔款准备金。对于在中国（不含港、澳、台）开业时间不足三年或本年度保费收入增长率超过 50％的保险公司，按照评估的未决赔款准备金计算的本公司本事故年度赔付率不得低于全行业上一事故年度的平均赔付率。

第四节　财产保险公司的偿付能力监管

偿付能力(Solvency)是指保险公司清偿到期债务的能力,即保险公司有能力按照保险合同约定给付被保险人保险金或责任范围内的事故发生后能及时赔偿被保险人损失。当前,各国的保险监管模式都逐步采用了以偿付能力监管为核心,逐步放松对过程的监管这一模式,即"放开前端、关注后端"的监管模式,给予保险公司日常经营以足够的自由度。我国的保险监管也是如此,偿付能力监管(Solvency Regulation)一直都是监管的核心,并经历了多次变化。

我国的偿付能力监管在借鉴国外先进经验的同时,结合当前的国情,特别是我国保险业特殊的发展状况。2003年3月24日,保监会发布并实施《保险公司偿付能力额度及监管指标管理规定》,这是在原《保险公司最低偿付能力及监管指标管理规定》的基础上所做的重大修订,是我国偿付能力监管迈出的关键一步。2008年9月1日,《保险公司偿付能力管理规定》开始实施,将偿付能力的监管更加规范化,此称为"偿一代"。2009年《保险法》则规定:保险公司应当具有与其业务规模和风险程度相适应的最低偿付能力。保险公司的认可资产减去认可负债的差额不得低于国务院保险监督管理机构规定的数额;低于规定数额的,应当按照国务院保险监督管理机构的要求采取相应措施达到规定的数额。

"偿一代"实施了大约8年的时间,2015年,保监会根据欧洲的Solvency II监管规则,推出了《保险公司偿付能力监管规则1号——17号》,从此,中国的偿付能力监管步入了"偿二代"时期。

一、"偿二代"的整体情况

中国第二代偿付能力监管制度体系的中文名称为"中国风险导向的偿付能力体系"(简称"偿二代"),英文名称为China Risk Oriented Solvency System(简称C-ROSS)。其特征是以风险导向的偿付能力监管体系。"偿二代"的目标在于:第一是要科学全面地计量保险公司面临的风险,使资本要求与风险更相关。第二是守住风险底线,确定合理的资本要求,提高我国保险业的竞争力;建立有效的激励机制,促进保险公司提高风险管理水平,促进保险行业科学发展。第三则是积极探索适合新兴市场经济体的偿付能力监管模式,为国际偿付能力监管体系建设提供中国经验。"偿二代"的整体框架由制度特征、监管要素和监管基础三大部分构成,如图12-3所示。

"偿二代"的制度特征是基于我国保险市场环境和发展阶段特征的一种现实选择,

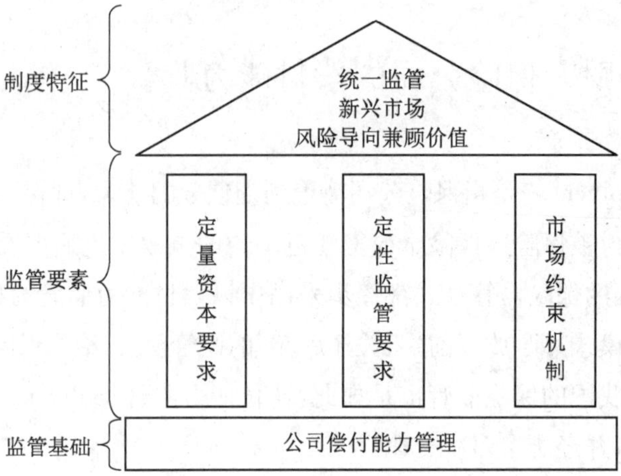

图 12-3 偿二代整体框架

是开展偿付能力监管各项工作的出发点。统一监管是指由监管机构根据国务院授权，依照法律、法规统一监督管理全国保险市场。新兴市场是指“偿二代”根据我国保险市场仍处于发展初级阶段的特征，更注重保险公司的资本成本、定性监管，以及各项制度的可操作性。风险导向兼顾价值则是指防范风险是偿付能力监管的永恒主题，“偿二代”的资产负债评估能适时、恰当地反映保险公司面临的实际风险状况及变动，资本要求要更加全面、准确地反映保险公司的各类风险，监管措施要更加具有风险针对性。

监管要素是偿付能力监管的三支柱，是偿付能力监管的重要组成部分。三支柱分别从定量资本要求、定性监管要求和市场约束机制三个方面对保险公司的偿付能力进行监督和管理，主要规范偿付能力监管的内容、原则、方法和标准。第一支柱定量资本要求主要防范能够量化的风险，主要包括五部分内容：一是第一支柱量化资本要求，具体包括：(1)保险风险资本要求；(2)市场风险资本要求；(3)信用风险资本要求；(4)宏观审慎监管资本要求，即对顺周期风险、系统重要性机构风险等提出的资本要求；(5)调控性资本要求，即根据行业发展、市场调控和特定保险公司风险管理水平的需要，对部分业务、部分公司提出一定期限的资本调整要求。二是实际资本评估标准，即保险公司资产和负债的评估标准和认可标准。三是资本分级，即对保险公司的实际资本进行分级，明确各类资本的标准和特点。四是动态偿付能力测试，即保险公司在基本情景和各种不利情景下，对未来一段时间内的偿付能力状况进行预测和评价。五是监管措施，即监管机构对不满足定量资本要求的保险公司，区分不同情形，可采取的监管干预措施。

第二支柱定性监管要求，是在第一支柱的基础上，进一步防范难以量化的风险，如操作风险、战略风险、声誉风险、流动性风险等。第二支柱共包括四部分内容：一是风险综合评级，即监管部门综合第一支柱对能够量化的风险的定量评价和第二支柱对难以量化风险（包括操作风险、战略风险、声誉风险和流动性风险）的定性评价，对保险公司总体的偿付能力风险水平进行全面评价。二是保险公司风险管理要求与评估，即监管部门对保险公司的风险管理提出具体监管要求，如治理结构、内部控制、管理架构和流程等，并对保险公司风险管理能力和风险状况进行评估。三是监管检查和分析，即对保险公司偿付能力状况进行现场检查和非现场分析。四是监管措施，即监管机构对不满足定性监管要求的保险公司，区分不同情形，可采取的监管干预措施。

第三支柱市场约束机制，是引导、促进和发挥市场相关利益人的力量，通过对外信息披露等手段，借助市场的约束力，加强对保险公司偿付能力的监管，进一步防范风险。其中，市场力量主要包括社会公众、消费者、评级机构和证券市场的行业分析师等。第三支柱主要包括两项内容：一是通过对外信息披露手段，充分利用除监管部门之外的市场力量，对保险公司进行约束；二是监管部门通过多种手段，完善市场约束机制，优化市场环境，促进市场力量更好地发挥对保险公司风险管理和价值评估的约束作用。

监管基础表明，保险公司内部偿付能力管理是外部偿付能力监管的前提、基础和落脚点，两者既相互依存，又相互制约、相互促进。内部偿付能力管理是保险公司的“免疫系统”和“反应系统”。科学有效的内部偿付能力管理制度和机制，可以主动识别和防范各类风险，对各类风险变化及时做出反应。

二、第一支柱量化资本要求

（一）偿付能力充足率(Solvency Margin Ratio)

“偿二代”的第一支柱量化资本要求中，评价保险公司偿付能力状况的指标有三个：核心偿付能力充足率(Core Solvency Margin Ratio)、综合偿付能力充足率(Comprehensive Solvency Margin Ratio)和风险综合评级(Comprehensive Risk Rating)。其中，核心偿付能力充足率是指核心资本(Core Capital)与最低资本(Minimum Capital)的比率，反映了保险公司核心资本的充足状况。综合偿付能力充足率是指核心资本和附属资本(Supplementary Capital)之和与最低资本的比率，反映保险公司总体资本的充足状况。风险综合评级则是综合第一支柱对能够量化的风险的定量评价和第二支柱对难以量化风险的定性评价，对保险公司总体的偿付能力风险水平进行全面评价所得到的评级，评级结果反映了保险公司综合的偿付能力风险。

$$\text{核心偿付能力充足率} = \frac{\text{核心资本}}{\text{最低资本}}$$

$$\text{综合偿付能力充足率} = \frac{\text{核心资本} + \text{附属资本}}{\text{最低资本}} = \frac{\text{实际资本}}{\text{最低资本}}$$

核心偿付能力充足率、综合偿付能力充足率反映了保险公司量化风险的资本充足状况，风险综合评级反映公司与偿付能力相关的全部风险的状况。

（二）实际资本

实际资本（Real Capital）是指保险公司在持续经营或破产清算状况下可以吸收损失的经济资源。实际资本等于保险公司认可资产（Admitted Assets）减去认可负债（Admitted Liabilities）后的余额。

$$实际资本 = 认可资产 - 认可负债$$

其中，认可资产是保险公司依据规定，以偿付能力监管为目的所确认和计量的资产。偿付能力监管体系中的认可资产，不同于财务会计报告体系中的资产，需要根据偿付能力监管的目的，进一步考虑确认和计量的差异，对资产金额进行适当调整。例如，有迹象表明保险公司到期不能处置或者对其处置受到限制的资产（如被依法冻结的资产、由于战乱等原因无法处置的境外资产等），在偿付能力监管体系中，不能确认为认可资产，或者其确认和计量的原则不同于财务会计报告体系中的资产。认可资产包括：现金及流动性管理工具；投资资产；长期股权投资；再保险资产；应收及预付款项；固定资产；独立账户资产；其他认可资产。保险公司的下列资产为非认可资产：无形资产（土地使用权除外）；由经营性亏损引起的递延所得税资产；长期待摊费用；有迹象表明保险公司到期不能处置或者对其处置受到限制的资产等。

认可负债是保险公司依据规定，以偿付能力监管为目的所确认和计量的负债。偿付能力监管体系中的认可负债，不同于财务会计报告体系中的负债，需要根据偿付能力监管的目的，进一步考虑确认和计量的差异，对负债金额进行适当调整。例如，保险公司的资本性负债，在偿付能力监管体系中，其确认和计量的原则可能会不同于财务会计报告体系中的负债。认可负债包括以下类别：保险合同负债，包括未到期责任准备金和未决赔款责任准备金；金融负债；应付及预收款项；预计负债；独立账户负债；资本性负债；其他认可负债。保险公司的下列负债为非认可负债：保险公司根据有关规定对农业保险业务提取的大灾风险保费准备金；保险公司发行的符合核心资本或附属资本标准、用于补充实际资本且符合计入资本相关条件的长期债务等。

保险公司偿付能力监管与一般财务会计报告体系完全不同。根据一般企业的会计准则，倘若没有“认可”二字，资产减去负债则等于所有者权益。但是，保险会计准则中，加上了“认可”二字，则是考虑了资产与负债的风险之后的价值。

根据资本吸收损失的性质和能力，实际资本分为核心资本和附属资本。其中，核心资本是指在持续经营状态下和破产清算状态下均可以吸收损失的资本。核心资本分为核心一级资本和核心二级资本。附属资本是指在破产清算状态下可以吸收损失的资本。附属资本分为附属一级资本和附属二级资本。各种资本在永续性和次级性方面有着明显差别(见表12-1)。

表12-1　　各种资本的清偿顺序

<table>
<tr><th></th><th>资本种类</th><th>期限</th><th>清偿顺序</th><th colspan="2">规定比例</th></tr>
<tr><td rowspan="2">核心资本</td><td>核心一级资本</td><td>没有期限</td><td>受偿顺序排在最后</td><td colspan="2"></td></tr>
<tr><td>核心二级资本</td><td>无到期日或不低于10年</td><td>列于保单持有人和一般债权人之后,先于核心一级资本</td><td colspan="2">不得超过核心资本的30%</td></tr>
<tr><td rowspan="2">附属资本</td><td>附属一级资本</td><td>期限不低于5年</td><td>列于保单持有人和一般债权人之后,先于核心资本</td><td></td><td rowspan="2">不得超过核心资本的100%</td></tr>
<tr><td>附属二级资本</td><td>期限可以低于5年</td><td>列于保单持有人和一般债权人之后,先于附属一级资本</td><td>不得超过核心资本的25%</td></tr>
</table>

(三) 最低资本

最低资本是指保险公司为了应对市场风险、信用风险、保险风险等各类风险对偿付能力的不利影响,依据监管机构的规定而应当具有的资本数额。最低资本的计算在“偿二代”中是重点和核心的内容,而且是比较复杂的部分。

保险公司最低资本由三部分组成:

(1) 量化风险最低资本,即保险风险(Insurance Risk)、市场风险(Market Risk)、信用风险(Credit Risk)对应的最低资本。保险风险是指由于死亡率、疾病率、赔付率、退保率等假设的实际经验与预期发生不利偏离而造成损失的风险。市场风险是指由于利率、汇率、权益价格和商品价格等的不利变动而遭受非预期损失的风险。信用风险是指由于交易对手不能履行或不能按时履行其合同义务,或者信用状况的不利变动而导致的风险。

(2) 控制风险最低资本,即控制风险(Control Risk)对应的最低资本。

(3) 附加资本(Additional Paid-in Capital),包括逆周期附加资本、国内系统重要性保险机构的附加资本、全球系统重要性保险机构的附加资本以及其他附加资本。

三、第二支柱定性监管要求

第二支柱反映的是难以量化的风险,包括操作风险(Operation Risk)、战略风险(Strategy Risk)、声誉风险(Reputational Risk)和流动性风险(Liquidity Risk)等。这一支柱中的风险比较难以量化,因此采用“专家打分”的方式,由监管机构进行风险综合评级。风险综合评级,即分类监管,是指监管机构根据相关信息,以风险为导向,综合分析、评价保险公司的固有风险和控制风险,根据其偿付能力风险大小,评定为不同的监管类别,并采取相应监管政策或监管措施的监管活动。

分类监管的评价包括以下内容：对操作风险、战略风险、声誉风险和流动性风险共四类难以量化的固有风险进行评价；综合偿付能力充足率及上述四类难以量化风险的评价结果，评价保险公司的综合偿付能力风险。其中，操作风险是指由于不完善的内部操作流程、人员、系统或外部事件而导致直接或间接损失的风险，包括法律及监管合规风险(但不包括战略风险和声誉风险)。战略风险是指由于战略制定和实施的流程无效或经营环境的变化，而导致战略与市场环境和公司能力不匹配的风险。声誉风险是指保险公司的经营管理或外部事件等原因导致利益相关方对保险公司负面评价从而造成损失的风险。流动性风险是指保险公司无法及时获得充足资金或无法以合理成本及时获得充足资金以支付到期债务的风险。

在对操作风险、战略风险、声誉风险、流动性风险的固有风险进行评价的基础上，银保监会结合保险公司的偿付能力充足率指标，得到对保险公司偿付能力风险的综合评级。

四、评估结果与惩罚措施

分类监管评价结果综合反映保险公司偿付能力风险的整体状况，包括资本充足状况和其他偿付能力风险状况。监管机构按照偿付能力风险大小将保险公司分为四个监管类别：

- A类公司：偿付能力充足率达标，且操作风险、战略风险、声誉风险和流动性风险小的公司；
- B类公司：偿付能力充足率达标，且操作风险、战略风险、声誉风险和流动性风险较小的公司；
- C类公司：偿付能力充足率不达标，或者偿付能力充足率虽然达标，但操作风险、战略风险、声誉风险和流动性风险中某一类或几类风险较大的公司；
- D类公司：偿付能力充足率不达标，或者偿付能力充足率虽然达标，但操作风险、战略风险、声誉风险和流动性风险中某一类或几类风险严重的公司。

监管机构在市场准入、产品管理、资金运用、现场检查等方面，对A、B、C、D四类保险公司及其分支机构实施差异化监管政策。

对B类公司，监管机构可根据公司存在的风险，采取以下一项或多项具有针对性的监管措施，包括但不限于：风险提示；监管谈话；要求限期整改存在的问题；进行专项现场检查；要求提交和实施预防偿付能力充足率不达标或完善风险管理的计划。

对核心偿付能力充足率或综合偿付能力充足率不达标的C类公司，除可采取对B类公司的监管行为外，还可以根据公司偿付能力充足率不达标的原因采取以下一项或多项具有针对性的监管措施，包括但不限于：责令调整业务结构，限制业务和资产增长速度，限制增设分支机构，限制商业性广告；限制业务范围，责令转让保险业务或者责令办理分出业务；责令调整资产结构或交易对手，限制投资形式或比例；责令增加资本金，限制向股东分红；限制董事和高级管理人员的薪酬水平；责令调整公司负责人及有关管理人员。

对操作风险、战略风险、声誉风险、流动性风险中某一类或某几类风险较大的C类公司，除可采取对B类公司的监管措施外，还可采取以下监管措施：对操作风险较大的C类公司，针对公司存在的具体问题，对其公司治理、内控流程、人员管理、信息系统等采取相应监管措施；对战略风险较大的C类公司，针对公司在战略制定、战略执行等方面存在的问题，采取相应监管措施；对声誉风险较大的C类公司，针对公司产生声誉风险的原因，采取相应监管措施；对流动性风险较大的C类公司，针对公司产生流动性风险的原因，根据有关规定采取相应监管措施。

对D类公司，除可采取对C类公司的监管措施外，还可以根据情况采取整顿、责令停止部分或全部新业务、接管以及监管机构认为必要的其他监管措施。

五、偿付能力风险管理评估

"偿二代"中，监管机构还会对保险公司进行偿付能力风险管理的能力与水平进行评估(SARMAR评估)。这也是采用"专家打分"的方式，由监管机构对保险公司有关偿付能力风险的管理能力进行评估，从而确定保险公司控制风险的水平。首先，监管机构根据保险公司的发展阶段、业务规模、风险特征等，将保险公司分为I类保险公司和II类保险公司，分别提出偿付能力风险管理要求。

偿付能力风险管理评估包括：偿付能力风险管理的制度健全性，即保险公司的偿付能力风险管理基础、环境、目标和工具等是否科学、全面、合规；偿付能力风险管理的遵循有效性，即保险公司的偿付能力风险管理制度、机制是否得到持续的、有效的实施。具体的评估指标包括：风险管理基础与环境；风险管理目标与工具；保险风险管理；市场风险管理；信用风险管理；操作风险管理；战略风险管理；声誉风险管理；流动性风险管理。

监管机构在评估时，可以根据需要采用材料调阅、现场查验、问卷调查、质询谈话、穿行测试等方式。倘若涉及分支机构的，则会抽取必要数量的分支机构进行符合性测试；必要时也会对保险公司集中核算、委托投资、信息技术服务、销售、理赔等外包业务的受托方进行延伸评估，根据延伸评估的结果进行综合评定。

监管部门进行评估以后，根据各项风险管理要求的制度健全性和遵循有效性，每项风险管理的评估结果包括"完全符合""大部分符合""部分符合"和"不符合"四类。监管机构根据四类评估结果给予监管评分。其中，完全符合是指执行程度达到

100%;大部分符合则指执行程度达到80%~100%;部分符合指执行程度达到50%~80%;不符合指执行程度在50%以下。每项风险管理具有不同的权重,将得分与权重相结合,则得到最终的结果。这一结果虽然不像监管的硬性指标那样具有强制性,但是结果的好坏表示该家公司偿付能力风险管理的水平和能力,也会影响保险公司的形象与声誉。

知识窗 12-3　2018年财险公司偿付能力充足率(部分)

2019年2月,共有140多家保险公司公布了2018年第四季度的偿付能力报告,其中有两家保险公司的风险综合评级为D,其中财险公司为长安责任,寿险公司为中法人寿。平均而言,72家财产险公司核心偿付能力充足率平均值为504.03%、综合偿付能力充足率平均值为508.26%。下面是部分保险公司的偿付能力充足率。

序号	公司名称	核心偿付能力充足率(%)	综合偿付能力充足率(%)	风险综合评级
1	融盛财险	7 152	7 152	A
2	粤电自保	2 158	2 158	A
3	汇友自助	2 158	2 158	A
4	太平科技	1 887	1 887	A
5	黄河财险	1 519	1 519	A
6	阳光信用	1 199	1 199	B
7	诚泰财险	1 060	1 060	A
8	东海航运	970	970	A
9	恒邦财险	920	920	B
10	海峡金桥	917	917	A
11	众惠互助	904	904	A
12	富德财险	716	716	A
13	众合财险	684	684	A
14	鑫安汽车	638	638	A
15	珠峰财险	616	616	A
16	建信财险	610	610	A
17	铁路自保	609	609	A
18	安联财险	547	547	A
19	安诚财险	530	530	B
20	燕赵财险	482	482	A

本章小结

- 保险费率是保险人按单位保险金额向投保人收取保险费的标准，也是被保险人为获得每一单位保险金额的保险保障应交纳的保险费的比例。
- 保险费率包括纯费率和附加费率两个部分。纯费率用于保障，是在保额损失率基础上增加安全附加的考虑；附加费率则用于保险公司的经营管理费用与成本。
- 保险公司进行费率厘定时应遵循合理性、公平性和充足性原则。除此之外，还要兼顾效率、稳定灵活、简明可接受性、促进防灾防损的原则。
- 保险产品的条款和费率监管有审批制和备案制两种。其中，关系社会公众利益的保险险种和依法实行强制保险的险种应当报监管机构审批。
- 精算责任人和法律责任人是保证保险条款和费率合理、合法的专业人士。
- 为了转移风险，保险公司也需要购买再保险。再保险能够扩大保险人的承保能力，增加其业务量；能控制保险人的责任，保证经营的稳定性；可以促进保险人加强管理；为保险业的健康发展提供保障并且间接保障了社会公众的利益。
- 再保险的方式多种多样，可归纳为比例再保险和非比例再保险。再保险安排的基本方式有临时再保险、合约再保险和预约再保险三种。目前中国已经不存在法定再保险，各家公司自主办理再保险。
- 保险公司的利润等于收入减去支出，还要减去各种准备金。准备金在保险公司经营过程中非常重要。
- 保险公司非寿险业务准备金包括未到期责任准备金、未决赔款准备金和监管机构规定的其他责任准备金。未决赔款准备金包括已发生已报案未决赔款准备金、已发生未报案未决赔款准备金和理赔费用准备金。
- 偿付能力是指保险公司清偿到期债务的能力，即保险公司有能力按照保险合同约定给付被保险人保险金或责任范围内的事故发生后能及时赔偿被保险人损失。
- 偿付能力充足率是保险公司风险预警信号，偿付能力充足率不达标并不等于破产。
- 中国第二代偿付能力监管制度体系基于“三支柱”：定量资本要求、定性监管要求和市场约束机制。对于偿付能力不达标的公司会施以相应的惩罚措施。

习题

1. 请解释下列词语的含义：保险费、费率、纯费率、附加费率、安全附加、保额损失率、比例再保险、成数再保险、溢额再保险、非比例再保险、险位超赔再保险、事故超赔再保险、赔付率超赔再保险、临时再保险、合约再保险、预约再保险、未到期责任准备金、未决赔款准备金、已发生已报案未决赔款准备金、已发生未报案未决赔款准备金、理赔费用准备金、偿付能力充足率、实际资本、认可资产、认可负债、最低资本、核心资本、附属资本、保险风险、市场风险、信用风险、控制风险、操作风险、战略风险、声誉风险、流动性风险。

2. 在费率厘定时,如何兼顾公平与效率?

3. 请分析在费率厘定时需要考虑哪些因素。

4. 哪些险种需要报监管机构审批后方能销售?

5. 请解释精算责任人和法律责任人在保险公司中的地位和作用。

6. 再保险具有哪些作用?

7. 请简述中国法定再保险的变迁历史及其被取消的原因。

8. 请分析准备金对于保险公司的重要性。

9. 请分析提存未到期责任准备金的原因。

10. 请分析提存未决赔款准备金的原因。

11. 请分析偿付能力的含义及其对保险公司的重要性。

12. 请简述偿付能力监管中认可资产、认可负债与会计准则中资产、负债的区别。

13. 请分析“偿二代”中“三支柱”的含义。

14. 请分析偿付能力充足率不达标时所采取的惩罚措施。